《现代汉语词典》与《简明牛津词典》 宏观结构多维度对比研究

A Multidimentionally Comparative Study of Modern Chinese Dictionary and Concise Oxford Dictionary

于屏方 谭景春 李明琳 著

科学出版社

北京

内 容 简 介

本书以理论词典学的词典结构观为基本框架，系统性对比分析《简明牛津词典》1—12 版、《现代汉语词典》1—7 版的宏观结构。本书首次确立了语文词典宏观结构对比分析中的三组二元对立参数——语文性与百科性、共时性与历时性、规范性与描写性。本书描写、对比了上述三组参数在《简明牛津词典》与《现代汉语词典》相关版次宏观结构中的体现、分布、调整及竞争性并存，并分析了影响宏观结构中上述参数调整的词典内、外因素。

本书可供语言学专业的本科生、语言学或词典学专业的研究生及词典编纂者使用，对英汉对比研究感兴趣的读者也可阅读。

图书在版编目（CIP）数据

《现代汉语词典》与《简明牛津词典》宏观结构多维度对比研究/于屏方，谭景春，李明琳著. —北京：科学出版社，2020.6

  ISBN 978-7-03-065165-5

  Ⅰ. ①现… Ⅱ. ①于… ②谭… ③李… Ⅲ. ①词典-结构-对比研究 Ⅳ. ①H06-03

中国版本图书馆 CIP 数据核字（2020）第 085503 号

责任编辑：常春娥 / 责任校对：贾伟娟
责任印制：李 彤 / 封面设计：正典设计

斜 学 出 版 社 出版
北京东黄城根北街 16 号
邮政编码：100717
http://www.sciencep.com

北京中石油彩色印刷有限责任公司 印刷
科学出版社发行 各地新华书店经销

*

2020 年 6 月第 一 版 开本：720×1000 B5
2020 年 6 月第一次印刷 印张：20
字数：334 000
定价：112.00 元

国家社科基金后期资助项目
出版说明

　　后期资助项目是国家社科基金设立的一类重要项目，旨在鼓励广大社科研究者潜心治学，支持基础研究多出优秀成果。它是经过严格评审，从接近完成的科研成果中遴选立项的。为扩大后期资助项目的影响，更好地推动学术发展，促进成果转化，全国哲学社会科学工作办公室按照"统一设计、统一标识、统一版式、形成系列"的总体要求，组织出版国家社科基金后期资助项目成果。

全国哲学社会科学工作办公室

目　　录

第一章　绪　　论

目前，词典编纂工作中所取得的经验还没有得到普遍传播（至少没有在国际范围内），词典编纂法知识的主要来源之一是细心地研究好手头的词典。在这方面，我的确力图把我的著作建立在对不同语言的各类词典进行普遍研究的基础之上。

——兹古斯塔（Zgusta，1971：10）

第一节　研　究　对　象

一、词典类型学视角下的语文词典

随着社会、语言与文化的发展，词典用户的查询需求在不断变化，词典类型也日趋多样。在当代社会，由于计算机技术的飞速发展，词典类产品与非词典类产品的边界变得越来越模糊，哈特曼（Hartmann，2001）指出，在现代社会中，由于"词典"的涵盖面过于宽泛，语焉不详，已经有被"工具书科学"（reference science）取代之势。

在工具书科学的视角下观察词典，可以发现"词典"存在着广义狭义之分。广义的"词典"指任一类型的信息汇编，很多按照一定顺序排列的语篇片段甚至也被冠以"词典"之名，如诙谐讽刺类的《魔鬼词典》和作为小说的《马桥词典》。狭义的词典指的是"词汇词典"（lexical dictionary）或"语言词典"（language dictionary），其功能是"提供某一语言社团中作为交际工具的语言的相关信息"（Dubois，1981；Béjoint，2010：21），表现形式为"汇集词语（包括词语的组合或词语的某些成分）、加以分别处理、提供一定数量的信息，并按一定方式进行编排"（黄建华、陈楚祥，2001：2）。本书中的"词典"指狭义的词典，即传统意义上的语言词典①。考虑到我国词典编纂学界的术语使用习惯，本书称之为语文词典。

语文词典内部包含不同的子类型。斯文森（Svensén，2009）从词典与语言符号间的关系、词典与时间因素、词典与语言规范、词典的通用性与专业性、词典所涉及语言的数量、词典插图的比重等方面对语文词典进行了细致的区分。本书的研究对象是通用语文词典。

通用语文词典同样表现为一个范畴，其内部成员在收词规模、释义方法以及目标用户群等方面都存在着较大差异。晁继周（1992）指出，（通用）语文词典分为规范型和查考型两类，前者是为促进民族共同语规范化服务的词典，后者则是为解决词典用户在文本阅读中可能遇到的疑难问题而编纂的词典。规范型语文词典重视对常用词汇的处理，注重立目单位自身的典型性；查考型语文词典则强调词典词表的涵盖范围，注重立目单位整体的周遍性。规范型词典与查考型词典只是通用语文词典的一种分类，其他的一些参数，如单语与双（多）语、内向与外向、解码与编码、基于形式（form-based）与基于概念（concept-based）等，也都可以成为语文词典的分类标准。如果对上述各种对立要素进行析取、组合，还可以产生分类更为细致的语文词典的子类型，如本森（Benson，1990）从词语搭配的角度出发，以通用性与专业性、解码与编码、内向与外向为分类参数，对语文词典进行次范畴化，认为至少还应该区分出两类语文词典。第一类是单语解码型词典（monolingual decoding dictionary，MDD）。本森认为该类型的词典应该多收难词，以扩大词目数量。为保证词典中词目的数量，本森建议用尽可能小的篇幅去处理目标语言中的核心词汇，只提供立目单位的基本搭配信息②。第二类是同时面向本族语使用者和二（外）语学习者编纂的单语词典，需要兼顾编码功能和解码功能。这一类型的词典被称为通用单语语文词典（monolingual general-purpose dictionary，MGPD），本森认为这是最理想的语文词典，这一类型的词典应该提供详解型释义，尤其是关于核心词汇的详细释义。同时该类型的词典还应该关注同义词辨析、关注

---

① 此处的"语言词典"，沿用的是德国词典学家威甘德（Wiegand，1988）的词典分类。威甘德认为，从词典用户的视角看，词典可以分为三类：语言词典，提供关于所描写语言系统的相关信息；物典（dictionary of things），提供非语言世界的信息；百科辞典（encyclopedic dictionary），向用户同时提供语言信息和非语言信息。

② 本森的这一观点在《简明牛津词典》第10版中得以践行，这也是《简明牛津词典》第10版被称为阅读型词典的原因之一。

语言单位的语体差别，并通过用法注释进行显示，并且也要包含大量的示例性组合。后一种类的词典是不同语言文化传统中的代表性词典，英国的《简明牛津词典》（*Concise Oxford Dictionary*，COD）和我国的《现代汉语词典》都属于此类。

贝朗（Béjoint，2002：40）从认知语言学的范畴观出发，认为通用单语语文词典是词典家族中的原型，在各国词典编纂场景以及相应社会文化中都占有无可比拟的重要地位。斯德肯伯格（van Sterkenburg，2003：3）同样认为"词典"是一个具有原型特点的认知范畴，该范畴中的典型成员是"按照音序排列的单语通用型词典"（the alphabetical monolingual general-purpose dictionary）。两位学者认为通用语文词典的主要特点包括：词典的源语与目标语为同一种语言；词典注重立目单位收录的全面性，除语文词目外，也可能包括百科词目；词典强调所提供信息的语言性而不是百科性。

Gouws 和 Potgieter（2010）认为，词典的类型决定了词典宏观结构（macro-structure）的基本面貌，也决定了编纂者对词典微观结构（micro-structure）的处理广度和深度。因此，必须在词典类型学的视角下开展词典研究。从词典类型学视角来看，本书的研究对象是单卷本①、通用型、共时性、内向型的单语语文词典。本书在这一意义上使用"语文词典"这一术语。

二、本书的具体研究对象

在关于"词典考古学"的论述中，伊尔森（Ilson，1986a：127）指出研究者可以对同一词典的不同版本进行对比，也可以对源于同一部词典的相关词典进行对比，还可以对同一出版商出版的各种词典进行对比，由此揭示词典编纂中的一些重要问题。本书秉承"词典考古学"的观点，以汉、英语文词典的典范之作——《简明牛津词典》②与《现代汉语词典》为研究对象，对两部词典的不同版本进行纵向的、历时性比较，同时对上述两部词典进行横向的、共时性对比。

---

① 基于历时原则编纂的词典一般都规模宏大，通常包括多个版本，也有单卷本的历时性词典，如英国的《钱伯斯二十世纪词典》（*Chambers Twentieth Century Dictionary*）。与英国的情况不同，美国的单卷本历时性词典的编纂较为繁荣，著名的《梅里亚姆-韦伯斯特大学词典》（*Merriam Webster Collegiate Dictionary*）到 2010 年已经出到了第 11 版。

② 《简明牛津词典》到第 11 版更名为《简明牛津英语词典》（*Concise Oxford English Dictionary*），以便与后起的《简明牛津美语词典》《简明牛津德语词典》等多语种系列相区别。本书统一使用最早的名称《简明牛津词典》。

　　本书的研究属于对比词典学范畴。词典对比研究可以从多个角度、多个层面进行，本书只对《简明牛津词典》与《现代汉语词典》的宏观结构进行多维度的、系统性对比研究。

　　词典宏观结构与微观结构相对，指"由所有立目单位组成的有序集合"（Hausmann & Wiegand，1989：328），在传统词典学研究中多称之为"词表"。但是，"词表"只是"词汇单位的汇编"，着眼于立目单位的线性排列，对词汇单位的内部关系并不关心。宏观结构强调的是词表内部相关立目单位之间的结构性和有序性，并关注在立目单位结构性和有序性的推动下词典宏观结构所进行的调整。因此，宏观结构关注的不仅仅是词表的线性关系，还包括词表内部成员之间的层次性关系。

　　《简明牛津词典》和《现代汉语词典》所涉及的版次很多。在1911—2011年的100年间，前者包括12个版次，后者包括7个版次（早期的试印本与试用本不计算在内）。初版和最新版次之间时间跨度较大，在这期间语言系统发生了一定的变化，并对词典编纂产生相应的影响。同时，词典编纂工程浩大，费时耗力，编写人员多，词典文本多出自不同编纂者之手，因此不同版次的词典在宏观结构安排上必然会出现程度不等的调整，有时调整的幅度非常大，甚至与母本词典形成方向性的偏离。由此可见，在词典修订过程中，不同版次在宏观结构上的调整力度并不相同。因此，在对《简明牛津词典》与《现代汉语词典》宏观结构进行对比分析时，我们没有对两部词典的各个版本平均用力，而是把关注点放在与之前版本相比，词典宏观结构的调整力度较大，甚至是出现了方向性调整的版本之上。下面是本书着重分析的《简明牛津词典》与《现代汉语词典》的代表性版次。

　　（一）《简明牛津词典》及其代表性版次

　　贝朗（Béjoint，2010：201）认为，在20世纪，英语国家的语文词典大致分为三大类型：英国的学术型词典、美国的用法型词典以及兴起于英国并逐渐扩展到其他国家的学习型词典。《牛津英语词典》是英语学术型词典中当之无愧的典范之作。在《牛津英语词典》的基础上，衍生了一系列的词典，其中包括本书所研究的《简明牛津词典》。在英国词典编纂史上，《简明牛津词典》是牛津词典系列中最具代表性的一部中型语文词典，发行量位居牛津词典系列之首，是一部为世界所公认的权威性英语语文词典。夸克（Quirk，1972）曾对220名英国大学生的词典使用情况进行调查，结果发现，共有161名大学生受试者使用的是牛津系列词典，其中有 63 个受试者使用的是《简明牛津词典》，这是大学生用户使用最广泛的词典。对受试者父母的调查表明，有 133 人使用牛津系列词典，使用《简明牛津词典》人数同样最多。由此可见《简明牛津词典》在英国社会中的受欢迎程度。截至 2011 年，《简明牛津词典》共推出了 12 个版次，从词典编纂范式的继承及调整情况来看，大致可以划分为两个阶段。

第一阶段是以实现语言解码功能为主的传统英国规范型语文词典编纂阶段。《简明牛津词典》第 1 版到第 5 版都属于这一阶段。

《简明牛津词典》第 1 版以《牛津英语词典》为蓝本词典进行研编[①]。其特点是重视常用词的收录，释义简明，习语和搭配信息丰富。但是因为要在同样的篇幅内尽可能多地描述立目单位及其相关信息，文本信息高度压缩，版面设计较差，用户检索困难。第 2—5 版基本继承了第 1 版的做法，修订工作主要是进行零散的、修补性的词条增收[②]。《简明牛津词典》第 8 版的主编艾伦（Allen）认为这在词典编纂史上是个奇迹："在《简明牛津词典》史上，令人惊奇的一点是在 65 年间[③]该词典历经 5 个版本，没有进行重大的改动，而且销售良好，长盛不衰。"（Allen，1986）总体来看，在《简明牛津词典》第 1 版之后，因为良好的销售成绩和极高的美誉度，该词典在一定程度上被认为是"不易之典"。所以第 2 版到第 4 版的修订一直处于出版社严格的控制之下，

① 《简明牛津词典》自 1906 年开始编纂，而《牛津英语词典》早在 1857 年便已开始编纂。由于词典编纂的宗旨、目标用户、篇幅相差很大，两部词典的编写进度很不一样。《牛津英语词典》的编纂规模空前浩大，该词典在 1884—1933 年分为 13 卷出版。在《简明牛津词典》于 1911 年 6 月出版之际，《牛津英语词典》刚刚编写到字母 R 部分，这样在《简明牛津词典》的编纂过程中，福勒兄弟能够利用的只是《牛津英语词典》A-R 部分的条目，在涉及其余部分时则需要独立研编（Allen，1986）。

② 《简明牛津词典》1—5 版在词典文本方面并没有进行结构性的调整，但是在其他方面有相应的改进。例如，在 1934 年出版的第 3 版中，主持修订工作的 Le Mesurier 增加了补编部分，包括 2400 多个条目，共 61 页，这是第 6 版之前增补条目最多的一版。《简明牛津词典》第 4 版则改变了前面 3 版中只通过标点符号连接或区别义项的方法，在相关义项之前使用阿拉伯数字进行区分，使义项标注的明晰化程度得到了很大的提高。这在一定程度上反映出了编纂者多义词义项切分意识的强化，同时也方便用户检索。而且，在前 3 版中，当立目单位在右项部分出现时，习惯做法是在首字母后面加上破折号。自第 4 版开始，首字母被去掉（在第 6 版和第 7 版中，配例中出现的立目单位的写法又恢复了最初的状态，第 8 版又改回），采用代字符号 ~。也是从第 4 版开始，《简明牛津词典》使用了与《牛津袖珍词典》（Pocket Oxford Dictionary，POD）同样的语音标注系统。《简明牛津词典》第 5 版对部分词源信息进行了修订，第一次在词典中指出了缩略符号"LL"和"med.L"所代表的大致时期。

③ 65 年指的是从 1911 年《简明牛津词典》第 1 版出版，到 1976 年《简明牛津词典》第 6 版出版。

后来的修订者只能采取保守性的编纂策略，对该词典进行小范围的修订，在编纂理念及范式上没有大的改动。此时编纂者的主要任务是守成而不是创新。自第 1 版到第 5 版，《简明牛津词典》的目标用户都是受过良好教育的（exclusive educated）英国精英阶层①（Landau，2001：95），词典的主要目的是帮助目标用户解决文本阅读中出现的问题。因此，上述各版次普遍强调对书面词汇的收录，对文学词汇更是极为重视；释义极为拢要，用词精准，释义中使用大量的难词；词源信息简约。这一编纂模式受到用户的欢迎，也赢得了学界普遍的好评。

第二阶段是世界性的、描写特征逐渐增强的英语语文词典阶段，包括自《简明牛津词典》第 6 版之后的所有版本。

自第 6 版开始，《简明牛津词典》开始进行全面的、大幅度的改动，而且是"逐行逐行的修改"（line-by-line revision），《简明牛津词典》自此得以"进入现代时期"（Allen，1986）。在宏观结构方面的一个重大调整是：《简明牛津词典》前 5 版中非常明显的文学倾向得到控制，现代英语社会中不再使用的古旧词汇从词表中被清除。大量新词，尤其是新产生的科技术语，开始系统性地进入词表之中。而且，从《简明牛津词典》第 6 版开始，词典目标用户群不再仅仅限定为英国国内受过良好教育的精英阶层，而是同时面向国内外的英语用户。因此与之前文本相比，词典文本更注重"用户友善"（user-friendly）特征，以适应涵盖范围更大、分布更广泛，同时在人员组成上也更为多样的词典用户群体。

从编纂技术层面看，《简明英语词典》第二个阶段中所包括的 6 个版次的词典又可分为三个小类。第一小类是以传统引文档案库（citation files）为资料来源编纂的语文词典，第 6 版和第 7 版即属于这一类型。第二小类是计算机辅助编纂的英语语文词典，主要包括第 8 版和第 9 版。《简明牛津词典》第 8 版完成了词典文本的电子化，方便使用计算机技术对词典中某一特定信息类型进行提取。也是从该版开始，福勒兄弟在《简明牛津词典》第 1 版中所倡导的"电报体"式简约风格成为过去时（Knowles，2011）。自第 8 版开始，《简明牛津词典》中出现了用法注释（usage notes），词典文本的描写程度进一步加强。第三小类是基于语

---

① 除了学界公认的收词方面的文学性倾向之外，《简明牛津词典》第 1 版面向"精英用户"的具体表现还包括：释义用语包含大量的科技词汇与罕见词汇，以便更好地实现释义的精准性；用户在获取词源信息时需要大量的知识储备；信息密集型的词典文本设计等。

料库编纂的描写型语文词典，包括第 10 版、第 11 版和第 12 版。在这一阶段中，大型动态语料库的使用成为《简明牛津词典》编纂的标配。词典编纂中更强调对目标语言系统的观察和记录，描写性特点非常突出。尤其是在第 10 版中，被福勒兄弟视为"语言入侵者"而被摒弃在外的科技词汇大量涌入词典文本，自此，《简明牛津词典》第 1 版所宣称的"这是一部词典，不是一部百科全书"的声明被完全颠覆。

　　本书对《简明牛津词典》的 12 个版本都有所涉及，但并不平均用力，着重关注《简明牛津词典》的以下四版，分别概述如下。

　　1.《简明牛津词典》第 1 版。这是该词典的开山之作，由福勒兄弟主编，由此开始确立了英语中型通用语文词典编纂的基本范式。克里斯特尔（Crystal，1997）指出，《简明牛津词典》编纂范式的确立，与当时的社会语言背景紧密相关。20 世纪早期的英国社会，非常注重对标准英语与非标准英语的区分，因此规范性成为词典编纂的重要标准。并且，在《简明牛津词典》第 1 版编纂期间，英国国力鼎盛。盛世修典，历来如此。《简明牛津词典》第 1 版体现出明显的"英国中心"倾向，即在收词方面采用英语一元标准论，以英伦三岛所使用的英语为正宗，从英国人的视角编写释义，注重探究英语词汇的语源等。在 1929 年、1934 年、1951 年和 1964 年，《简明牛津词典》修订后推出了第 2—5 版，但都属于小范围修补，基本框架仍然遵循福勒兄弟在第 1 版中所规定的内容。这种查漏补缺式的修订，除了对第 1 版编纂范式的推崇和继承外，客观上也与第 2 到第 4 版词典的修订期正好处于两次世界大战期间有关。

　　2.《简明牛津词典》第 6 版。这是非常重要的一个版本，由赛克斯（Sykes）主持编写，对早期版本进行全面修订。主要表现在如下方面：第一，该版本摒弃了大国沙文主义倾向，不再狭隘地认为英语只是居住在英伦三岛的英国人的英语，自然也放弃了"英式英语才是标准英语"的英语一元标准论。该版本增加了英伦三岛以外的其他地区所创造的英语词汇，对非本土词汇的收录广度比较大，使用星号来标明非英国本土的英语词汇，并且几乎每页都可看到星号。第二，在释义方面，该版本是"六十年来改动最大的一版"（见该版词典前言），每条释义都被逐一斟酌，将相互关联的词语的释义系统化，剔除了重复的释义，对一些过分简单的释义进行了扩充。第三，在义项排列方面，强调以频率原则为义项排列的依据，义项排列的共时性原则代替了以往版本中的历时性原则。不过因为编写的疏漏，有一些多义词仍然是按照历时原则进行的义项编排。第四，在词典版面上，更注重信息检索的便捷性。第 6 版之前的各版本，尤其是在第 4 版以前，词典版面的安排极度密集，释义与例证相互混杂，没有明显的形式标志，用户信息检索较为困难。从第 6 版开始，除采用传统的分号和数字来标示义项之外①，《简明牛津词典》还使用了字母形式。其中，阿拉伯数字用来区分主要义项，字母则用来区分次义项。同时，该版本词典用黑体字形式标注立目单位，提高了立目单位的视觉凸显度。第五，在目标用户的定位方面，该版本的目标用户群比以往版本都要广泛，不仅面对本国的"精英"用户群，也兼顾其他水平的用户，除此之外，还面对英国之外的潜在英语用户群。词典的"用户友善"特征初见端倪。

3. 《简明牛津词典》第 10 版。这是自第 6 版之后编纂者对《简明牛津词典》进行重大修订的另一个全新的版本。可以说，在第 10 版中，《简明牛津词典》在编纂范式上产生了根本性的改变。首先是蓝本词典的改变。第 10 版不再使用《牛津英语词典》为蓝本词典，改之以《新牛津英语词典》（*New Oxford Dictionary of English*）为蓝本。汉克斯（Hanks，2010）指出，到目前为止《新牛津英语词典》是第一部，也是唯一一部在编纂过程中同时使用英语阅读项目引文数据库和语料库数据的、面向本族语使用者的语文词典。第 10 版沿用《新牛津英语词典》的基本编纂原则和编纂范式，"在继承和保持以往各版的特色和优点的基础上做了较大幅度的改进"（见《简明牛津词典》第 10 版"出版前言"）。因此，《简明牛津词典》第 10 版也是该词典家族中第一部完全建立在语料库基础之上的语文词典。其次，在第 10 版中，大量的专业性词汇进入词典宏观结构之中。福勒兄弟在第 1 版中所强调的"词典"与"百科全书"的区分在该版词典中变得更加模糊。

4. 《简明牛津词典》第 12 版。这是该词典自 1911 年首版之后的百年纪念版。该版本以 2010 年发布的《牛津英语词典》第 3 版为蓝本词典。《牛津英语词典》使用了 2 亿词容的"牛津英语语料库"以及"牛津英语阅读计划"中的引文数据库，以之为蓝本的第 12 版对目标语言系统的描写更为全面、客观，反映了该系列词典的最新发展趋势。

---

① 在《简明牛津词典》第 1 版到第 3 版中，多义词位的义项是通过分号区分的。第 4 版在义项区分中首先使用了数字。"有 30% 的词条使用数字（区分义群）。这些词条的右项往往比较长，包含了不止一个词项（lexical category）。"卡明斯卡（Kamińska，2014：134）在《简明牛津词典》第 8 版中，用数字区分义项成为常规做法。

（二）《现代汉语词典》及其代表性版本

《现代汉语词典》是我国语文词典编纂史上最重要的里程碑，在我国语言文字规范方面起到了历史性的作用。《现代汉语词典》是第一部确定现代汉语词汇规范的词典，在收词、释义、注音等方面都超越了它以前的词典，达到了前所未有的高度（晁继周，2005：184，191），为我国现代语文词典的编纂确立了基本的设计特征（design features）。《现代汉语词典》迄今为止已经出版了七个版本。本书着重分析如下各版本。

1. 《现代汉语词典》（试印本）。该版是《现代汉语词典》系列最早的版本。作为"具有明显原创性的规范类词典"（王宁，2009），试印本确定了《现代汉语词典》的总体框架和基本体例，后来的版本都在试印本的基础上进行修订，去粗取精、去伪存真。因此，试印本是真正意义上的现代汉语"母本"词典。

2. 《现代汉语词典》第 3 版修订版。该版词典"修订涉及范围较广，改动幅度较大……可以说是《现代汉语词典》正式出版后第一次规模较大的修订"（韩敬体，1997），修订工作在词典宏观结构和微观结构中都有所体现。并且，《现代汉语词典》第 3 版修订版贯彻了国家制定的新的语言文字规范标准（晁继周，2012），规范程度进一步加强。值得注意的是，该版本在立目单位的读音标注上表现出描写主义的倾向。这也是《现代汉语词典》的一个重要特点：作为一部旨在对现代汉语词汇进行规范的词典，在相关语言文字规范没有涵盖或者是没有准确涵盖的领域，坚持以语言事实为基础的"约定俗成"处理原则。

3. 《现代汉语词典》第 5 版。该版是继《现代汉语词典》第 3 版之后，对《现代汉语词典》进行的另一次幅度较大的修订。该版本进一步贯彻了国家确立的现代汉语规范标准，全面贯彻了《第一批异形词整理表》的相关规定。同时，该版本区分了词与非词的界限，首次为汉语语文词典中"词"这一语法单位系统性地标注了词类，实现了词典词类标注从局部到系统、从隐性到显性的转变。

4. 《现代汉语词典》第 7 版。作为《现代汉语词典》家族中最新的一部词典，该版词典体现了《现代汉语词典》在编纂方面的最新动态，是我国语文词典编纂领域重要的指向标。

除了上述版本之外，在研究过程中，出于词典对比的需要，有时还涉及其他的一些英、汉语文词典以及部分外向型学习词典。

三、本书的具体研究问题

词典宏观结构的最终确定取决于两个方面：一是词典编纂者对词典的定位以及体例设计，二是词典用户的查询需求。虽然早期词典编纂也注意到用户需求对词典编纂的影响，但现代意义上的词典用户调查研究兴起于20世纪60年代。在这之前，在词典编纂中，编纂者的主体作用非常明显，在词典宏观结构的确立方面同样如此。《简明牛津词典》自1906年开始编纂，选词立目以编纂者视角为主。50年之后《现代汉语词典》开编，当时国内学界尚未开展词典用户研究。因此，本书主要从词典编纂者的视角出发，适当兼顾词典用户视角，采取横向对比与纵向对比相结合的方法，对《简明牛津词典》第1到第12版、《现代汉语词典》自试印本到第7版的宏观结构进行分析，具体包括如下6个问题：

①《简明牛津词典》与《现代汉语词典》在宏观结构上的增容及其特点；②《简明牛津词典》与《现代汉语词典》宏观结构的语文性与百科性分析；③《简明牛津词典》与《现代汉语词典》宏观结构的共时性与历时性分析；④《简明牛津词典》与《现代汉语词典》宏观结构的规范性与描写性分析；⑤现代语言学理论对语文词典收词立目的影响；⑥《简明牛津词典》与《现代汉语词典》的共性与个性特征、未来语文词典的发展趋势以及《现代汉语词典》的可能优化空间。

第二节　研究理据

一、语文词典在词典家族中的基础性地位

一般认为，欧洲最早出现的词典是双语语文词典[①]，主要表现为难词词集的形式。在欧洲之外的国家，最早出现的则是单语语文词典（Boisson，Kirtchuk & Béjoint，1991）。随着社会的发展，语言社团成员查询需求日益多样化，语文词典内部的类型不断细化，现在语文词典已经发展成为"所有词典中结构最复杂的词典类型"（章宜华、雍和明，2007：101）。

语文词典结构的复杂性与语文词典自产生之日起就需要担负的多种

---

① 布瓦松、柯查克和贝朗（Boisson，Kirtchuk & Béjoint，1991：292）认为，在书写系统出现之前，词典就已经以口头的形式而存在，而且这些词典很可能是单语的。但是这一论断并没有相应材料予以证明，只能当作一种假说。

功能相关。随着用户查询需求的多元化发展，语文词典的功能也相应地具有多元化特点。对语文词典功能的分析有三个视角：语言视角、社会视角、语言–社会双重视角。

（一）语言视角的语文词典功能分析

通用型单语语文词典的主要目标用户是国内用户。通常情况下，国内用户都具有良好的母语语言交际能力，所以传统的通用型单语语文词典更强调语言的解码功能而不是编码功能。随着外向型学习词典的兴起，词典的编码功能日益凸显。由于词典类型间的渗透和影响，通用型单语语文词典的编码功能也不断得以开发。一些通用型单语语文词典，如《新牛津英语词典》，开始吸收外向型学习词典的特点，在词典语篇之中增添越来越多的编码信息，对词典的微观结构和分布结构都产生了较大的影响。在当代社会中，语文词典普遍呈现出越来越明显的功能兼容性特点。

（二）社会视角的语文词典功能性分析

语文词典作为最古老的词典类型，被赋予"典"的地位。作为最重要、最权威的查考工具，语文词典担负着解决社会生活中语言疑难问题的功能。一些因为遣词造句、语义理解引发的问题在法律上形成争议时，往往需要语言学家进行判断和裁决，他们所凭借的依据通常是某一权威性词典中的相关信息。关于这一点，罗杰·舒伊在《文字之讼——语言与民事案件》一书中提供了大量的例子。因此，从社会需求的角度看，语文词典所包含的信息必须具有系统性、广泛性和科学性的特点，语言词典因此才能获得语言使用上的权威性。

（三）语言–社会双重视角的语文词典功能性分析

哈特曼（Hartmann，1986：5）提出了通用型语文词典的如下七个功能：语文词典是语言用法的权威；语文词典是词汇的集合，尤其是难词的汇集；语文词典是提高语言交际能力的工具；语文词典是确立语言地位的手段；语文词典可以促进用户对语言的思考；语文词典是外语学习的助手；语文词典是意识形态的武器。哈特曼的论述，尽管在功能分类上出现了交叉，但基本上如实反映出通用型语文词典一直所担负的多重功能。在功能实现过程中，语文词典可能会因为如实反映语言使用情况而形成"镜像效应"（mirror effect），也可能会因为选择性地呈现编纂者所认为的"正确""得体"的语言而形成"梳子效应"（comb effect）。

总之，任一语文词典都会在一定程度上解决目标语言社团在语言、知识或者价值判断等方面的信息查询问题。无论是在教学领域还是在日常交际领域，没有一部关于语言的书比语文词典的使用范围更广。"一部中型语文辞书，是该民族共同语词汇整体的缩影。"（张志毅、张庆云，2015：35）语文词典的基础性地位决定了对其进行研究的必要性。

二、语文词典对比研究的可行性

无论是在基本结构上还是在主导功能上，各国的语文词典都表现出一定程度的相似性。这一方面是因为词典编纂具有范式继承性特点，代代相因（这并不等同于抄袭）现象在词典编纂中极为常见，绝大多数词典在编纂过程中，都会选择一（几）部词典作为所依据的蓝本，《简明牛津词典》与《现代汉语词典》同样如此。同时，在基本的设计特征方面，不同的蓝本词典往往表现出一定程度的趋同性，以之为蓝本的后起词典自然也会有相似性。从词典用户视角，我们发现，不同社会文化中的词典用户，总是希望语文词典是词语拼写、发音、释义以及使用方面的"权威指导"（authoritative guides）（Abecassis，2008：1），或者是"知识的源泉"（sources of knowledge）（Tarp & Gouws，2008：236）。词典用户大致相似的查询需求，决定了各语文词典的主导性功能基本相同。因此，无论是从编纂者角度还是从使用者角度分析，不同的语文词典之间都存在着一定程度的相似性，这是语文词典对比研究的基础。

如果我们把语文词典的共核部分视为词典的常体，能够很容易想象出不同的语文词典会根据词典编纂目的、目标描写语言系统以及词典用户的不同，在常体的基础上进行不同维度、不同程度的调整，最终形成源于同一部常体词典的、不同的语文词典变体形式。不同语文词典建立在同一性基础上的差异性，形成了语文词典之间"同中有异""异中有同"的局面，这既能反映出目标描写语言系统的同与异，也能反映出各自词典编纂过程中的得与失，是词典对比研究中需要特别关注的方面。

三、语文词典宏观结构对比的基础性

雷伊-德布芙（Rey-Debove，1971）提出了传统的词典结构二分观——宏观结构与微观结构，大致分别对应传统上所说的词典词表与词典释义。在雷伊-德布芙词典二分观的基础上，考虑到词典编纂者在词典正文之外植入了越来越多的外部信息，哈特曼（Hartmann，2001）提出了词典结构的三分观——词典的框架结构（megastructure）、宏观结构和微观结构。具体如图 1-1 所示。

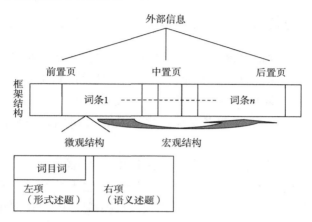

图 1-1 哈特曼（Hartmann，2001）的词典结构图

从图 1-1 可以看出：从词条 1 到词条 n 所组成的线性序列，形成了词典的宏观结构。立目单位既是词典宏观结构的基本节点，也是词典微观结构的"话题"（topic）。在词典学界，一种广为流传并被普遍接受的观点是"释义是词典的灵魂"，卡特和麦卡锡（Carter & McCarthy，1988：113-114）的词典用户调查似乎也证明了这一点。卡特和麦卡锡发现，母语使用者最经常查询的是意义，而在对意义的查询中，母语使用者查询的主要是一些难词，包括容易弄混或误用的词、百科性词语、新词、古词或生僻词等。但是，如果因此就得出"释义是词典的灵魂"的结论未免为时过早。任何释义必然要针对一个特定的立目单位才能展开，如果某语言单位在词典中未能获取立目资格，释义自然无从谈起。"皮之不存，毛将焉附"？卡特和麦卡锡的词典调查恰恰证明了词典宏观结构在词典编纂中的基础性地位。词典宏观结构是微观结构得以存在并展开的先决条件，词典宏观结构如果出现问题，将会直接影响词典文本的信息性。

卡特（Katre，1965；转引自李锡胤，1986）认为词典的信息性主要表现在两个方面：信息的广度和信息的深度。"如果 L1、L2、L3……Ln 代表词典所收录的词汇单位，则 n 表示该词典的覆盖广度；如果 F1、F2、F3……Fm 代表 L 在各种言语环境中的功能意义，则 m 表示 L 的另一面，即处理深度"。卡特认为，"m"表示的是"L"的另一面——处理深度。可见，词典宏观结构的设置决定了词典的信息广度，在保证信息广度的基础上，才可能更好地实现信息的处理深度。因此，在词典对比研究中，宏观结构的对比研究具有基础性地位。

四、为什么选择《现代汉语词典》与《简明牛津词典》？

从词典发生学的角度看，语文词典是最早出现的词典类型之一，并且发展迅速，类型多样。无论是在编纂数量还是质量上，语文词典都领先于其他类型的词典。因此，如果对语文词典展开对比研究，可供选择的词典非常多，研究者需要筛选出最具有文化代表性和范式典型性的词典。

从第 1 版问世到现在，《简明牛津词典》的跨越超出了一个世纪。《现代汉语词典》从 1960 年的试印本到现在，也走过了 60 个年头。两部词典至今已分别出到了第 12 版和第 7 版，且仍然处在不断的修订之中。两部词典的长盛不衰表明了用户对它们质量的认可。在不断的修订中，两部词典的基本设计特征日益显豁，基本编纂范式不断完善，已经成为国内外同类型语文词典编纂中重要的蓝本词典，对后世语文词典的编纂产生了巨大的影响。同时，在语言文化变迁、语言学理论发展、词典编纂技术进步以及词典用户多元化需求的推动下，《简明牛津词典》和《现代汉语词典》后期版本在秉承母本词典基本编纂范式的前提下，不断进行调整和创新，甚至与母本词典在某一维度上形成了根本性的偏离，代表或预示了语文词典编纂未来的发展方向。因此，《简明牛津词典》与《现代汉语词典》相关版本所表现出来的继承和发展，极具学术研究价值。

（一）《现代汉语词典》与《简明牛津词典》的"词典形象"与"母本效应"

夸克（Quirk，1972）对英、美两国的语文词典形象（the image of dictionary）进行分析，认为英国词典与美国词典一样，都被语言社团视为语言的《圣经》，而且是语言唯一的《圣经》[①]。夸克非常哲学地指

---

① 阿莱格（Alego，1989：29）从社会语言学视角分析英语词典与英国社会的关系。他认为英国有两个重要的文化符号——一是《圣经》，二是词典。关于词典在英国社会中的文化象征意义，他的解释是"在别的国家纷纷开始建立科学院的时候，英国人（因为没有科学院）只能求助于词典"，这说明英国词典用户对词典的高度依赖性，源于英国人对稳定、标准英语的群体性期待。美国词典用户对词典的依赖则是因为美国是一个著名的移民国家，民众普遍地对英语语言知识有不确定感，因此需要词典来提供语言知识，甚至还要提供所需的百科知识。所以美国人必然赋予词典以权威地位。

出，"就像我们能够买到不同尺寸、不同装订的《圣经》一样，各部词典看起来虽然各不相同，但实际上它们只是一部（独一无二的）词典的不同版本而已"。夸克的观点，反映了语文词典核心功能的相似性，以及英、美语文词典在编纂范式（paradigm）①上的趋同性。而且，因为功能相似导致的范式趋同一般都发展为语文词典基本的设计特征。我们可以利用语言学中常体和变体的观点来理解夸克的比喻：在不同文化传统中，总会存在着一部超越变体的、具有一定常体特征的"超级"词典，这部"超级"词典确定了该文化传统中这一类型词典的基本范式。其他的词典只是这部"超级"词典在不同参数影响下形成的条件变体而已。

　　超越变体的常体型词典是同类型词典中的典范之作，并自然而然成为后起词典编纂的借鉴性模板，甚至干脆成为被抄袭对象。兰多（2005：69）曾经对约翰逊的《英语词典》（Johnson，1755）进行评价，指出《英语词典》自出版之日起，就被后来的词典编纂者视为合法的剽窃来源。无独有偶，《牛津英语词典》几乎影响了全世界范围内历时性语文词典的编纂并成为公开的数据源。以《牛津英语词典》为蓝本编纂而成的《简明牛津词典》，也发展成为世界范围内语文词典编纂的范本。包括一些双语词典，如英日、英法、英汉词典等，也以《简明牛津词典》为底本。中尾（Nakao，1989）表示，在日本，《简明牛津词典》一直被大学教师看作最好的英语词典，同时也是高阶英语学习者不可或缺的参考书，在英日词典的编纂中也被当作最可信赖的蓝本词典，中尾（Nakao，1989）甚至认为一些英日词典几乎就是《简明牛津词典》的日语翻译版。随着外向型学习词典的兴起，尤其是五大英语学习词典的相继问世，旨在面向本族语使用者的《简明牛津词典》在二语习得领域内的优势地位已经大为减弱，但是，对英国国内用户而言，《简明牛津词典》依然保持着不可动摇的权威地位。

　　如果说《简明牛津词典》的权威性源于其词典文本的学术性，《现代汉语词典》的权威性则除了源于其学术性外，还源于它对现代汉语词汇进行的全面规范。

　　黎锦熙于中华人民共和国成立初期主编的《国语辞典》是第一部现代汉语词典。但《国语辞典》对汉字、词的注音采用的是注音字母，词

---

① 范式由美国科学哲学家托马斯·库恩（Thomas Kuhn）在《科学革命的结构》（*The Structure of Scientific Revolutions*，1970）中提出并进行了系统性阐释。范式指"常规科学所赖以运作的理论基础和实践规范"；在词典学领域，"词典范式（dictionary paradigm）指词典设计、编纂与研究的理论模式和实践样式。"（雍和明、彭敬，2015：10）。

典释义也没有实现完全的白话，存在文白夹杂的情况，不能胜任中华人民共和国成立以来现代汉语语言文字的规范工作。自20世纪50年代开编的《现代汉语词典》，"继承、发展了这部词典，替代了它的作用"（王宁，2008）。曹先擢和晁继周（2002）的评价是："《现代汉语词典》是第一部确定现代汉语词汇规范的词典。在它之前还没有这样的词典；它以后的同类性质的词典则是沿着它开辟的道路在某一些方面加以改进的。从这个意义上说，《现代汉语词典》是汉语辞书发展史上的一个里程碑。"鲍克怡（1993）分析了《现代汉语词典》在各类型现代汉语词典编纂中巨大的参考价值，认为"《现代汉语词典》已成为编写汉语词典不可缺少的重要参考书，因此它实际上已处在'母本'词典的地位"。后来的汉外双语词典、汉语与少数民族语言词典、汉语方言类词典以及我国其他的语文词典，包括对外汉语教学词典，都在不同程度上从《现代汉语词典》的收词、立目、释义以及用法说明等方面汲取营养。于屏方（2007）以动作动词为研究对象，提取动作动词中所包含的意义抽象参数，以此为标准，对汉语学习词典与《现代汉语词典》中动作动词的释义进行统计分析。研究发现，后起的汉语外向型学习词典全面继承了《现代汉语词典》的释义模式。总的来看，后来的汉语语文词典基本上都会沿袭《现代汉语词典》的编纂范式，不过通常也会在某一个维度上进行调整以凸显自身的特点。有些词典在某方面表现出的对《现代汉语词典》的偏离，只是为了与《现代汉语词典》有所区别而刻意为之。

总之，《简明牛津词典》与《现代汉语词典》在它们所处的社会文化中都被词典用户广泛接受，在一定程度上都被视为"语言标准"的代表，对同类型的词典具有明显的示范效用。二者在词典类型、词典形象以及在各自国家词典编纂场景中所处的地位基本相似，具有很强的可比性。

（二）《简明牛津词典》对《现代汉语词典》编纂的影响

《简明牛津词典》自第1版到第12版，整整跨越了100年，在英国内外具有很高的美誉度。《简明牛津词典》在出版伊始，就已经显示出与同时代英语语文词典迥异的创新性，如以常规语言符号为收录主体、释义语言高度凝练、信息密度高、词典文本高度压缩等。当时的评论界对其好评如潮，认为该词典是"出自技巧高超的词典编纂者之手的、信息量巨大的学术奇迹"（转引自 McMorris，2002：95）。可以说，作为一部单卷本的内向型通用语文词典,《简明牛津词典》代表了当时词典编纂的最高水平,体现了当时最先进的编纂理念,是现代语文词典编纂的开路先锋,其重要程度不言而喻。

1.《简明牛津词典》的蓝本效应

《简明牛津词典》的蓝本效应,首先体现在《简明牛津词典》后续版次对第 1 版编纂范式的继承上。第 8 版的主编艾伦(Allen,1986)甚至认为,"(后来的)《简明牛津词典》的修订者所面临的基本问题是:如何在不破坏《简明牛津词典》第 1 版基本特点的前提下,对相关版本进行更新"。艾伦的观点是有事实根据的,实际上,第 1 版之后的四个版次对《简明牛津词典》第 1 版几乎奉为圭臬,所做的修订只是零散、少量的词目补录以及少许的释义调整。可以说,坚决不越雷池一步的"守成式修补"是《简明牛津词典》第 2 至第 5 版在修订过程中的突出特点。自第 6 版之后,《简明牛津词典》各版本在宏观结构、微观结构以及版面设置方面出现了较大调整。尤其是第 10 版,《简明牛津词典》改以《新牛津英语词典》为蓝本词典,与初版所确立的基本范式形成较大程度的偏离。尽管如此,《简明牛津词典》第 1 版无疑为后续版本打下了坚实的基础,它所倡导的"共时性"与"简明性"是各个版次一直保留的重要的设计特征。

《简明牛津词典》是一部面向国内用户的通用型语文词典,但该词典的编纂范式却影响了 20 世纪二三十年代兴起的面向外(二)语学习者的学习词典编纂。考伊(Cowie,2002:47)指出,英语学习词典的开山之作、《牛津高阶英语词典》的前身《英语习语与句法词典》(*Idiomatic and Syntactic English Dictionary*,1942),在立目单位的确定以及释义方面,主要参考的是《简明牛津词典》第 3 版。也就是说,一方面,外向型学习词典吸收了《简明牛津词典》被学界普遍认同,同时也被词典用户广泛认可的结构特征,另一方面,在全面审视《简明牛津词典》、总结出内向型学习词典基本设计特征的基础上,外向型学习词典最终发展出与其相区别的、属于自己的基本设计特征。这也可以解释为什么《牛津高阶英语词典》一经出版,即获得了学界与用户的广泛认可。

2.《简明牛津词典》对《现代汉语词典》编纂的示范作用

从出版时间来看,《简明牛津词典》第 1 版(1911)与《现代汉语词典》试印本(1960)相差近 50 年。在《现代汉语词典》试印本于 1956年开始编写之时,《简明牛津词典》已经修订到了第 4 版。"《现代汉语词典》编纂前……还做了另外一些准备工作,研究了国内外一些有代表性的词典……"（杨文全，2000：221）。杨文全并没有明确指出《现代汉语言词典》到底参考了哪些国内外词典，但从词典编纂界常规的做法来看，一部词典在编纂伊始，总是要参考同类型的代表性词典，这些代表性的词典之中应该包括《简明牛津词典》。《现代汉语词典》自1956 年开始编写，1965 年出试用本，1973 年内部发行，一直处在不断的修订之中，直到 1978 年，《现代汉语词典》第 1 版才正式出版。在这期间，《简明牛津词典》第 4、第 5、第 6 版先后于 1951 年、1964 年和 1976 年出版。从时间上看，《现代汉语词典》试印本在编纂中可能会参考《简明牛津词典》的前 4 版。但是按照词典蓝本选择的"从新从近"原则，在《现代汉语词典》于 1956 年开编之时，参考《简明牛津词典》第4 版的可能性最大。可资佐证的是，商务印书馆《现代汉语词典》的责任编辑柳凤运（1997）谈到在 1975 年的中外语文词典规划会议之后，自己有幸聆听过丁声树先生的教诲。丁先生谈到编纂词典需要借鉴外国词典编纂的经验，并赠送他一本《简明牛津词典》第 4 版。

　　总体上，《现代汉语词典》与《简明牛津词典》的第 1 版到第 4 版确实有相似之处，具体体现在如下方面：①都是典型的语文详解词典；②都非常关注语言的解码功能，同时也提供一些语法信息；③都以编纂者视角为主，兼顾词典用户视角；④都以现代常用词汇为主要处理对象；⑤都属于释义中心型词典；⑥都采用同形词并列式宏观结构（totally-homographic macrostructure），通过在立目单位的右肩上面标注阿拉伯数字，以区分多义词与同音词[1]；⑦都表现出浓厚的语言学驱动倾向。前三个方面是传统内向型语文词典的普遍特征，后四个方面则是这两部词典的共同特点。考虑到编纂时间的差异以及词典编纂中的范式继承，后四个方面很有可能是《简明牛津词典》所具有的范式示范效应在《现代汉语词典》中的借鉴式体现。

---

[1] 从对同形词的词典处理方式来看，语文词典大致分为两种不同类型的宏观结构——同形词并合式宏观结构（non-homographic macro-structure）和同形词并列式宏观结构（Svensén，2009：365）。前者指在一个立目单位下包含了与该书写形式有关的所有义项，对各义项间的语义联系不予考虑。后者则以义项间的词源或语义联系为标准，不属于同一词源或者没有语义联系的同形词分别出条。《简明牛津词典》和《现代汉语词典》都属于后者。在《简明牛津词典》第 1 版中，"bank"分立为 5 个词目，分别是 bank¹、bank²、bank³、bank⁴和 bank⁵；在《现代汉语词典》试印本中，"道"分立为 4 个条目，分别为道 ¹、道 ²、道 ³和道 ⁴。两部词典都通过这种显性标注的方法，在词典文本中区分了同音词与多义词。国内有学者认为通过在立目单位右肩标注数字来区分同音词与多义词是《现代汉语词典》的首创，这是不符合实际的。再往前追溯，19 世纪开编《牛津英语词典》已经采用了这种处理方式。

　　通常，在词典编纂的初期阶段，或者在系列词典第一版的编纂中，因为涉及词典总体结构的确定问题，编纂者对相关蓝本词典的参照程度最高，而且这种参照往往是体系性的，直接影响目标词典编纂范式的确定以及词典主要设计特征的安排。词典发行之日，同时也是修订之始。此时编纂者还会继续借鉴同类型词典的编纂经验，对所修订的词典进行局部，甚至是全盘性的结构调整与优化，但后者的可能性非常小。因为所修订词典的基本体例和范式已经成形，修订本对相关蓝本词典的依赖程度会相应降低。《现代汉语词典》在第 5 版之后，确立了基于现代汉语自身特点的汉语语文词典编纂的基本范式，词典文本的原创性特点非常突出，完全摆脱了原始的蓝本词典的影响。或者说，当《现代汉语词典》自身已经成为各类型现代汉语词典编纂的蓝本词典时，说明其编纂范式经过实践的验证，是同类型词典中最优的。在这种情况下，《现代汉语词典》有两种可能的发展趋势：一是像《简明牛津词典》第 2 到第 4 版的修订者那样，奉《简明牛津词典》第 1 版为圭臬，保持词典基本框架不动，只是根据有限的用户反馈信息以及编纂者自己的观察和思考，做一些零零散散的修补性工作。这种处理方法，能够在短时间内稳妥地保持词典已有的学术权威地位并且继续占有市场，但长久来看，会因为编纂理念的陈旧、词典文本信息的滞后而被淘汰。二是在语言学、词典学相关理论以及计算机、语料库技术的推动下，对词典持续进行结构性的优化，这种调整可以发生在词典整体结构、宏观结构、微观结构以及中观结构的任一层面，如《简明牛津词典》第 8 版和第 10 版即是如此。考虑到词典编纂所天然具有的范式传承性特点，这种处理方法因为要在一定程度上打破传统，可能引来部分用户甚至是学界的质疑，最终可能会被认为是一场不成功的"试误"（error trial）而重回老路。不过，更经常的情况是，这些调整也有可能被证明是非常成功的改进，并稳定下来成为新的词典设计特征或编纂范式。显然《现代汉语词典》采用的是第二种方法。

五、本书所做研究的意义

　　"人们往往想不到能够并且应该借鉴别人编辑的语言特点迥异的词典的经验。其实，词典学中的分析词义，编写词条的某些问题具有人们想象不到的适用于任何语言的普遍意义。"（Zgusta，1971：19）对相关词典编纂经验的借鉴，一个重要的方面是进行词典对比。黄建华（1999）从学科建设的角度指出，词典对比研究应该成为一个与理论词典学、应用词典学平行的、相对独立的研究课题，即"对比词典学"。

　　词典对比研究的途径之一是对相关词典整体或者某一部分进行横向或纵向对比。雷伊-德布芙（Rey-Debove，1971：316）明确指出，单语语文词典的语际对比研究非常重要。"对若干语言中的单语词典进行比较研究，可以揭示它们在对语言系统元语言的应用方面所具有的共性特征，同时也可以揭示这些词典所体现出来的、独立于语言之外的、因为所处社会环境不同而具有的差异"。德布芙认为，通过单语词典的语际对比研究，可以达到如下两种目的：一是彰显不同语种的单语词典之间的共性特征。这种研究是从词典本体角度进行的，是一种内部的研究。二是可以分析不同文化背景下同类型词典之间的社会性差异。这种研究旨在揭示词典与社会的互动关系，采取的是外部视角。总体来看，词典对比研究包括两个大的方面：词典编纂实践的对比与词典理论的对比。到现在为止，这两方面的词典对比研究数量不多，研究问题具有随意性和零散性，研究方法多以简单枚举法为主，缺少全方位的、系统性的词典对比研究。

　　中国的语文词典编纂具有悠久的历史，并且取得过非凡的成就。但正如王铁琨（2007）所言，中国是一个辞书古国，也是一个辞书大国，但还不能称得上是一个辞书强国。主要表现在"二十世纪中国通用型语文词典发展尚不够成熟……发展参差，结构失衡；单兵作战，权威性差；研究滞后，深度不够"（雍和明、罗振跃、张相明，2006：520）。要提高我国语文词典的编纂质量，一个重要的方面是开展对不同语言文化编纂传统下同一类型词典的对比研究。通过对比研究，可以清楚地发现比较对象各自的特点、编纂中的优劣得失以及存在的问题。这将有助于在横向对比的基础上，明确我国语文词典编纂在世界词典编纂场景中的位置，了解我国词典编纂与辞书强国词典编纂的具体差异所在，避免因缺乏国际化视野而形成"天下之美尽在己"的过度褒扬。同时，语际词典对比研究必然要采取"从内而外""从外而内"的双重视角，这也有助于研究者对相关词典进行更为客观的评价分析，对二者的优劣得失有更为清楚的认识，对国内外语文词典编纂实践与理论研究进行更为全面的了解。在此基础上，词典研究者或编纂者可以分析我国语文词典编纂中存在的问题，在合理借鉴和扬弃的基础上，提出相对可行的解决方法。

第三节　本书的理论框架、研究方法以及主体结构

　　本书运用横向对比与纵向对比相结合的方法，对《简明牛津词典》

与《现代汉语词典》相关版本宏观结构中的共性特征与个性特征进行描写、分类和归纳，在此基础上分析上述两部词典相关版本在宏观结构方面的特点、优势以及不足，以期促进《现代汉语词典》在宏观结构设置方面的进一步优化。下面，我们分别阐述本书的理论框架、主要研究方法以及主体框架。

一、本书的理论框架

词典的收录对象是特定语言系统中各种不同类型的词汇单位。由于词汇系统所具有的开放性和动态性特点，任何一部词典，即使是多卷本描写型历史词典，也不可能悉数收录全部的词汇单位。《简明牛津词典》和《现代汉语词典》属于中型通用语文词典，从词典类型和目标用户群来看，两部词典的相关版本必然都根据词典类型以及目标用户群来划定词典宏观结构中的核心词汇单位群，以此为中心，充实其他非核心类的词汇单位。因此，对语文词典宏观结构的研究至少需要考虑两个问题：①目标描写语言中词汇系统的特点；②词典编纂者根据词汇系统特点而对立目单位进行的分类、筛选和记录。

（一）词汇系统的特点

任何语言的词汇系统的形成都不是毕其功于一役的短时速成，而是在漫长的发展过程中，因为受到社会的影响以及为了满足人际交往复杂性的需要，逐渐发展、丰富起来的。共时性词汇系统的形成，是各词汇单位经历了历时发展变化之后，在某一时间横截面上形成的相对平衡和稳定的状态。因此，任一词汇的共时态中必然会包括历时性成分。郭锐（2002）曾对现代汉语书面语的异质性特点进行分析，认为现代汉语书面语中可以分出两个历史层次：一是夹杂于现代白话底子的文言词，如"兹"，二是夹杂于白话底子的文言用法，如"车"。可见，在对特定词汇系统的描写中，历时与共时因素经常相互交织，甚至是竞争性并存。

社会语言学提出了著名的"异质同序"语言观。温瑞克、拉波夫和赫佐格（Weinreich, Labov & Herzog, 1968：100）宣称，"我们必须学会这样来认识语言：无论从共时和历时的角度来说，语言都是一个有序异质（ordered heterogeneity）的客观实体"。其中的"异质"，是指语言系统是由不同"质"的成分组成的，这些不同"质"的成分形成了语言中的各种变体，如地域变体、语体变体以及语域（register）变体等。

本书赞同社会语言学的"异质同序"观，认为词汇作为语言系统中的子系统，与语言系统一样具有异质性特点。

汉、英语都有着悠久的历史，词汇系统丰富发达，异质性程度突出。在词典编纂中，因历时层面的发展演变而形成的现代汉语词汇中异质性成分混杂性并存，是词典编纂者在确定词典宏观结构时必须要考量的问题。除此之外，词汇系统中相关词汇变体的确定、分类、选择和立目，对词典宏观结构描写性和规范性特征的凸显都会产生直接影响。

（二）词汇系统特点制约下词典宏观结构对比分析的基本评判参数设定

自雷伊-德布芙（Rey-Debove，1971）提出词典的二分结构观之后，学界对其不断完善、补充（参见 Hausmann，1985）。迄今为止，在理论词典学研究中，词典结构观已经基本形成。其中，词典的宏观结构是词典整体的基石，词典结构确定了词典单位的整体面貌，因此本书在词典结构观理论指导下，分析《简明牛津词典》与《现代汉语词典》相关版本在宏观结构上的特点。

如前所述，汉、英语词汇系统具有明显的异质性特征，对词汇异质性特点的处理是语文词典宏观结构设计时要面对的首要问题，这就涉及语言学研究的两个基本路向：规定和描写。本书为语文词典宏观结构的对比分析提供了系统性的评价参数，确立了汉、外单语语文词典宏观结构对比研究的三组二元对立性特征，分别为规范性与描写性、语文性与百科性以及共时性与历时性。这三组二元对立特征为词典宏观结构的平行评价参数，其下又可以分为多个子参数。具体如图 1-2 所示。

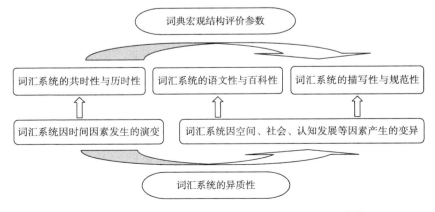

图 1-2　语文词典宏观结构对比研究的三组二元对立参数

二、主要研究方法

（一）词典考古学法

"词典考古"（dictionary archaeology）由罗伯特·伊尔森（Ilson，1986b）提出，指同一部词典不同版本之间的比较，以及同源于一部词典的不同词典之间的比较，甚至是出自同一个出版者的不同词典之间的比较。哈特曼和詹姆斯（Hartmann & James，2000）和詹姆斯（Gregory James）在伊尔森论述的基础上进行了扩展，认为词典考古的目的，是通过研究不同词典的内容、历史和亲缘关系，发掘词典之间的相互关系。本书从词典考古学的维度，描写、分析《简明牛津词典》第 1 到第 12 版与《现代汉语词典》试印本到第 7 版在宏观结构上的发展与演变，从词典版本发展史的角度探究二者之间的源流、发展以及相互关系，同时，对两部词典的相关版本进行语内的纵向比对，分析前后版次之间的联系、发展、调整和优化。

（二）对比分析法

比较与对比，是语言学研究中的一对重要区分，也是语言研究中经常采用的方法。通常认为比较研究为纵向，属于历时分析；对比研究则为横向，属于共时的分析。本书从历时视角关注《简明牛津词典》与《现代汉语词典》相关版次在宏观结构上出现的调整变化，是一种语内的纵向比较。同时，从共时角度对《简明牛津词典》与《现代汉语词典》相关版本的宏观结构进行平行对比，是一种语际的横向对比。本书确立了汉外单语语文词典宏观结构对比研究的三组二元对立特征，对《简明牛津词典》与《现代汉语词典》相关版次的宏观结构进行多个维度、不同层次的系统性纵向比较与横向对比，以期描写两部词典在宏观结构方面的表现，并勾勒出两部词典宏观结构的发展状况。

（三）描写与解释相结合

本书从描写与规定、语文性与百科性、历时与共时三个层面，对《简明牛津词典》与《现代汉语词典》相关版本中的宏观结构信息进行细致的分类、描写和对比。在充分描写的基础上，分别从语言系统外部因素、语言系统内部因素、词典编纂本体因素等方面对两部词典相关版本中宏观结构的设计、调整和优化情况进行多角度、全方位的解释。

（四）定性与定量相结合

定量研究具有实验性和实证性的特点，定性研究则被认为具有观察性和解释性的特点。这两种研究方法各有短长，相互补充。采用定性研究可以更有效地研究主观的体验，而通过定量研究可以获得量化的信息（常俊跃，2005）。本书采用定量与定性相结合的方法，在充分占有语言材料的基础上，对《现代汉语词典》与《简明牛津词典》的宏观结构进行对比研究，提出相应观点并通过量化手段予以验证。

三、本书结构

本书旨在对《简明牛津词典》第 1 到第 12 版与《现代汉语词典》自试印本到第 7 版的宏观结构进行多维度、系统性的平行对比，着重分析这两部词典中的代表性版本在宏观结构上所表现出的语文性与百科性、共时性与历时性以及规范性与描写性特点，观察上述对立特征如何在两部词典中竞争性并存，在后续版次中又通过怎样的调整以达到词典结构上的优化，并满足词典用户的多元化查询需求。以此为基础，归纳总结《简明牛津词典》与《现代汉语词典》在宏观结构上的共性与个性特征，并分析现代语言学理论对两部词典的宏观结构产生的影响。

全书共分为八章。

第一章为绪论，简要说明本书的研究对象、研究理据、具体研究问题、研究方法，确立本书的总体框架。第二章是关于汉、英通用型语文词典对比研究的述评。该章选择汉、英词典研究领域具有代表性的数据源，对国内外词典对比研究现状进行全面的梳理，总结汉、英语文词典对比研究的特点和整体趋势，并指出其中存在的主要问题。第三章从词典考古学的视角出发，分析《简明牛津词典》与《现代汉语词典》宏观结构中立目单位的总体增容趋势，并从内部和外部两个视角予以分析。其中词典增容的内部视角分析主要关注因词典收词系统内部优化引起的立目单位的结构性调整与词目增容，外部视角分析关注语言系统变化引起的词典宏观结构的增容。该章指出，词目增容是《简明牛津词典》与《现代汉语词典》共同的发展趋势，但是二者在增容的方向上体现出差异。第四章、第五章与第六章采用了二分对立的视角，分析了《简明牛津词典》与《现代汉语词典》相关版本在宏观结构上的语文性与百科性、历时性与共时性、规范性与描写性特点，以及它们彼此之间形成的对立、竞争与调和。其中第四章描述了《简明牛津词典》与《现代汉语词典》中通用词汇与百科词汇的收录情况。特别关注两部词典对专有名词以及专业词汇的收录与处理、不同版次词典在百科词汇收录方面出现的调整，以及这种调整是否会影响语文性特征在两部词典中的主体地位。第五章关注的是两部词典在收词立目方面表现出的共时性与历时性特点。对两部词典收词的共时性特点分析，主要集中在新词、外来词以及口语单位的收录方面；对收词的历时性特点分析主要关注古旧词语的增减。第六章分析了《简明牛津词典》与《现代汉语词典》宏观结构的规定性与描写性特点。两部词典所描述的目标语言系统不同，因此在所规范的语言对象上也存在较大差异。其中，对《简明牛津词典》宏观结构规定性与描写性的分析，主要关注的是世界英语变体以及禁忌语在相关版本中的收录及调整情况；对《现代汉语词典》宏观结构规定性与描写性的分析，则关注异体字、异形词以及字母词的立目情况及其相应的规范策略。两部词典的编纂目的不同，所担负的主导性功能不同，因此二者在宏观结构的规定性与描写性上出现了较大的差异，这也是第五章论述的重点。在本书中，笔者认为现代词典编纂必须建立在相关语言理论的基础之上，因此第七章分析的是在现代语言学理论影响下，汉英语文词典宏观结构在收词立目方面出现的新趋势。该章主要从语用学、语料库语言学以及认知心理学角度，分析相关语言理论如何影响语文词典中话语标记语、复杂词汇单位以及语义透明性（transparent word）单位的收录与立目，并分析、总结了两部词典在上述语言单位立目资格判定中所存在的问题。第八章为结论，总结了《简明牛津词典》与《现代汉语词典》在宏观结构上的共性与差异性，并讨论了语文词典未来的发展方向以及《现代汉语词典》可能的优化空间。

第二章　汉、英通用语文词典对比研究述评

比较词典学……通过对不同语言文化的词典，或同一语言文化不同时期的词典进行对比研究，探索各自的特征或差异，把握其共性，以便从中找出普遍规律，解释相同语言文化或不同语言文化中词典的异同与关联，为双语词典或单语词典的编纂提供借鉴和参考的依据。从国际词典学发展的现状来看，词典学的语际对比研究显得尤为重要。

——章宜华、雍和明（2007：32）

从词典史的角度看，词典研究中的基础性工作是摸清家底。语文词典是人类文化史上最早出现的词典类型之一，词典数量众多，类型多样。相关研究非常丰富，研究范围很广，涉及收词、释义、例证、词源、语法搭配、凡例设置、编纂技巧等各方面。因此，关于词典研究的总体情况、主要特点以及未来发展趋势需要及时进行总结。本章从对比词典学的视角，关注汉、英语文词典宏观结构中的收词立目问题，通过分析英、汉词典研究中的代表性数据源，总结汉、英语文词典对比研究在词典整体研究中的表现，在此基础上，分析学界在语文词典收词研究方面的总体特点、其中存在的主要问题以及未来的发展方向。

第一节　国内词典对比研究概览

于屏方和杜家利（2010：41）统计了《辞书研究》1980—2008 年所刊载的词典对比研究文献，指出在这一区间之内，国内词典对比研究"主要集中在语内词典对比方面"，而且"在语内词典研究中，（外向型）学习词典对比研究是语文词典的两倍"。可见，世界各国经济交流的加强对二语学习者的语言能力的要求变得更高，外向型学习词典充当了重要的辅助性语言学习工具。相应地，学界对外向型学习词典的编纂与研究的关注度也非常高，这一点与《国际词典学学刊》的研究趋势基本吻合。国内学界关于与五大英语学习词典之间的对比研究仍然是主

流，外向型汉语学习词典的对比研究的数量也在逐渐增加，但总体比例仍然较低。

在语内词典对比研究方面，学界对《现代汉语词典》给予了极大的关注。刘庆隆（1982）、印成姬（2000）、周道娟（2001）、程娟（2004）、关俊红（2008）等都对《现代汉语词典》相关版本进行过纵向对比研究。2004年之后，在国内词典学界中，有关《现代汉语词典》与《现代汉语规范词典》的对比分析成为热点问题，学界对二者的"规范"之争展开了非常激烈的讨论。厉兵（2004）指出，"这场争论的内容，已经超出对一部辞书的评价，其中涉及的也不仅是语言规范与词典编纂问题"。

相比之下，《辞书研究》中语际语文词典对比研究的数量较少。相关研究主要包括：杨金华（1987；1988；1991）对《现代汉语词典》与《小罗贝尔法语词典》在义项切分、排列以及释义方面的问题进行对比分析；郑述谱（1993）对《现代汉语词典》《牛津高阶英语词典》以及《俄语词典》中对应词目的义项切分精细度进行分析；柳凤运（1997）梳理了《现代汉语词典》与《简明牛津词典》之间的渊源关系等。总之，在 1980—2008 年，"汉、英语文词典的对比在中国期刊全文数据库（1980—2008）中出人意料地极为少见。"（于屏方、杜家利，2009：42）

本章以"国内唯一关于辞书编纂理论和实践的学术性、知识性和资料性期刊"、中国辞书学会会刊《辞书研究》为数据源，观察、分析2009—2018 年国内学界的词典对比研究是否出现了新变化。2009—2018年，《辞书研究》中所刊载的国内词典对比研究大致可以分为三种类型：与英语学习词典相关的对比研究、语内词典间的对比研究以及语际词典对比研究。下面分项陈述。

一、与英语学习词典有关的对比研究

2009—2018 年，《辞书研究》中关于英语学习词典对比研究的数量最多，其中既包括语内词典对比，也包括语际词典对比，其共同特点是：关于学习词典的对比研究通常会以英语学习词典中的"五大名典"为参照标准展开。按照词典源语与目标语的关系来看，这部分研究主要包括三类。第一类是外向型单语学习词典之间的对比研究，如刘柳和陈丛梅（2010）对《牛津高阶英语词典》三个版本中前置页和后置页内容设置以及编排情况进行对比分析；李涛（2010）则分析了五部英语学习词典中正误对比信息的呈现模式。由于篇幅所限，研究者的论题总是以学习词典宏观结构、微观结构或中观结构中的某一方面为切入点，关注的是研究"点"的深入，而无暇顾及"面"的概貌。第二类是关于单语词典与双语（解）词典间的对比研究。荣月婷（2009）分析了五部英英学习词典、五部英汉学习词典对话语标记语等语用信息的处理；王馥芳（2010）比较了《朗文当代英语词典》第 5 版与《新英汉词典》第 4 版的异同；徐海（2012）对五大英语学习词典与《新英汉词典》进行对比，分析了两部词典中配例的解码功能与编码功能的实现问题。上述研究还涉及一个重要问题：单语词典和双语（解）词典哪一种对学习者更有帮助，关于这一问题的研究都涉及《新英汉词典》。通常来说，一部具有相当社会美誉度的词典的修订版，在问世之后总会引起学界的关注，并有相应的评介性文章出现。《新英汉词典》第 4 版于 2009 年问世，作为国内英语学习者常用的工具书，学界将其与同类型词典进行对比是自然而然的事情。第三类是双语（解）词典间的对比。这一部分的研究较为零散，研究者多从自己的研究兴趣出发，选择相应的研究问题，如高永伟（2010）对 1949 年之前的九部英汉成语词典进行分析，还讨论了《新时代汉英大词典》与《新世纪汉英大词典》中字母词的收录、释义以及排列问题。源可乐（2011）分析了剑桥、朗文、牛津三家出版社各自发行的英语发音词典，分析了英式英语发音在注音体系方面的变更，并分析了我国出版的英汉词典的注音问题。

二、语内词典间的对比研究

国内学界对词典的语内对比研究有一个突出特点：大多以《现代汉语词典》为对比主体。苏新春（2007）认为"对《现代汉语词典》的研究将大大有助于挖掘我国自身的语言文字资源，有助于形成立足于自身资源的理论体系"，并提议建立"现汉学"。笔者在 2017 年 1 月 31 日以"篇名"为检索项，键入"《现代汉语词典》"，在中国期刊网中的相关研究多达 1269 项。其中大部分有关《现代汉语词典》的研究，是就《现代汉语词典》宏观结构或微观结构中某一方面的问题，如收词、注音、义项切分、释义、配例、括注的使用等方面进行分析。通常的流程是：提出观点、举例说明，最后在充分肯定的基础上指出存在的少量问题，但大多数并不会提出改进建议。其中有小部分研究也属于对比词典学范畴，但多限于语内词典对比。数量最多的是对《现代汉语词典》不同版本之间的研究，有 43 项；关于《现代汉语词典》与《现代汉语规范词典》的对比研究有 21 项；关于《现代汉语词典》与《国语辞典》（包括《新编国语辞典》）的对比研究有 14 项；关于《现代汉语词典》与《新华字典》的对比研究有 9 项；关于《现代汉语词典》与《商务馆学汉语词典》的对比研究有 5 项；关于《现代汉语词典》与《说文解字》的对比研究有 2 项。此外，关于《现代汉语词典》与《现代汉语频率词典》《现代汉语语法信息词典》《现代汉语大词典》《新词语大词典》《新编国语日报辞典》《现代汉英词典》的对比研究各 1 项。除此之外，有少量的词典对比研究针对的是《现代汉语词典》之外的其他词典，如张一鸣（2013）对比、分析了《湖海新闻夷坚续志》与《汉语大词典》的收词和释义；郭熙（2013）对比分析了《校正注音国语新词典》和《学生词典》，探讨了民国时期学习型工具书的特点以及当时对语言的规范措施；刘慧（2013）从语义韵视角分析了四部外向型汉语学习词典，对微观结构中释义和配例的优化提出建议。除此之外，高少萍（2009）对比分析了《苏联百科词典》和《俄罗斯百科词典》间的若干差异。总的来说，国内词典对比研究的热点是对《现代汉语词典》的相关版次的纵向对比研究，同样属于"词典考古学"范畴。这在一定程度上推动了《现代汉语词典》研究，但这种"由内而内"的对比视角单一且狭窄，不利于发现问题。

三、语际词典间的对比研究

2009—2018 年，汉、外语文词典语际对比研究数量同样很少，仅包括刘丽燕（2009）对《现代汉语词典》第 5 版和《柯林斯高阶英语词典》中名物词基义释义进行的对比；叶梦（2012）对《现代汉语词典》与《牛津高阶英语词典》中手部动词的释义分析。从研究对象的可比性来看，《现代汉语词典》为内向型汉语语文词典，注重对语言解码功能的处理，用户为汉语使用者；《柯林斯高级英语词典》与《牛津高阶英语词典》为外向型英语学习词典，注重对语言编码功能的处理，用户为英语二语学习者。因此对上述词典进行对比研究的价值不大。

总的来看，国内词典对比研究的范围比较广，同时也比较零散，总体上看，研究焦点有两个：一是对外向型学习词典的对比研究，尤以对五大英语学习词典的研究为多，这与《国际词典学学刊》所表现出的研究趋势基本相似；二是以《现代汉语词典》为中心的语内对比研究，这部分研究数量多，内容丰富，但主要采取的是内部视角，从外部视角进行的对比分析数量很少，且论题分散。

第二节　国外词典对比研究概览①

总的来看，国外辞书学界所展开的对比研究，涉及的词典语种、词典类型、具体研究问题都非常广泛。在发布相关研究成果时，国外辞书学界所使用的语言也多种多样，不过其中以英语、法语和德语居多。本章以国际词典学界最具有权威性的词典学期刊——创刊于 1988 年，由牛津大学出版社出版发行的《国际词典学学刊》为数据源，搜集、整理该期刊自 1988 年创刊到 2018 年 12 月 30 日为止有关词典对比研究的相关论述，对此进行分类和分析，以期勾勒出国际词典学界在词典对比研究方面的主要研究成果、关注的焦点以及热点问题。

《国际词典学学刊》词典理论与实践并重，所发表论文的内容涉及词典设计、词典编纂、词典中各个信息模块、词典使用等各个方面，词典所涉及的语种很多，其中也包括汉语词典。该期刊所刊载的文章，具有学术前沿性、国际性和代表性的特点，能够全面反映出当前国际范围内词典学理论与实践中的主要问题。从词典类型学视角来分析，1988—2018 年，《国际词典学学刊》所刊载的词典对比研究主要分为两类：一是同一类型词典的对比研究；二是不同类型词典的对比研究。

一、《国际词典学学刊》中同一类型词典的对比研究

同一类型词典的对比研究，主要包括通用型词典间的对比研究以及专科词典间的对比研究。《国际词典学学刊》中关于专科词典间的对比研究非常少，仅仅包括富尔特斯-奥利维拉和贝拉斯科-萨克里坦（Fuertes-Olivera & Velasco-Sacritán，2001）对两部英—西经济学词典的宏观结构和微观结构进行的对比，绝大多数词典对比研究针对的是各种类型的通用词典。其中，通用词典间的对比研究又可以细化为四类：一是语文词典间的对比研究，二是外向型单语学习词典间的对比研究，三是双语词典间的对比研究，四是不同词典类型间的对比研究。下面分项论述。

---

① 这一部分的相关内容，作为本书研究课题前期的背景研究，以《近三十年来国外词典对比研究的现状与特点——以〈国际词典学〉为例》为题，对《国际词典学学刊》自 1988 年创刊到 2014 年所刊载的词典对比研究成果进行整理、分类和分析，全文于 2016 年发表于《辞书研究》第 1 期。在本书中，笔者又补充了 2015—2018 年《国际词典学学刊》所发表的词典对比研究文献，以期反映出国际词典学研究的最新动态。

（一）《国际词典学学刊》中语文词典对比研究

以英语词典为分类参照点，《国际词典学学刊》中语文词典的对比研究又可以分为三个小类。

一是英语语文词典[①]间的对比研究。其中，一部分研究与词典宏观结构相关，主要涉及词典宏观结构在收词立目时对某种词汇类型的处理。例如，布瓦松（Boisson，1988）分析了 76 个源于美国的英语词语在《牛津英语词典》和《韦氏新大学词典》第 9 版中的收录情况；阿莱格（Alego，1994）分析了《韦氏新世界词典》大学版第 3 版与《兰登书屋英语词典》第 2 版中对新词语的收录；兰多（Landau，1994）比较分析了美国四部著名大学词典的收词情况；厄当（Urdang，1997）分析了《简编牛津英语词典》《牛津英语词典》《兰登书屋词典》《韦氏新国际英语词典第三版》对专名的收录问题。奥格尔维（Ogilvie，2008）从目前英语使用的世界性角度，分析了波尔奇菲尔德主编的四卷本《牛津英语词典补编》（1972—1986）与奥尼恩斯（Onions）和克雷吉（Craigie）爵士主编的《牛津英语词典补编》中的 9 000 多个词条，认为后者对词汇的收录真正体现了世界英语的特点。狄克逊（Dixon，2008）分析了《兰登书屋词典》（1987）、《澳大利亚国家词典》（*The Australian National Dictionary*，1988）以及《澳大利亚原住民英语词汇的起源与意义》（*Australian Aboriginal Words in English：Their Origin and Meaning*，1990）这三部词典对原居民土著词汇的收录。除此之外，另一部分研究属于词典考古学（dictionary archaeology）研究的范畴。例如，兹古斯塔（Zgusta，1989）详尽比较了理查德词典[②]（1836—1837）的编纂模式在《牛津英语词典》中的继承，分析了意大利秕糠协会的意大利语词典和法兰西学院的法语词典对《牛津英语词典》所产生的影响，并分析了 19 世纪德国学者帕索（Passow）的词典编纂原则在《牛津英语词典》中的体现，以及法国的利特雷词典与德国的《格里姆德语词典》与《牛津英语词典》间的关系等。罗德里格斯-阿尔瓦雷斯和罗德里格斯-吉尔（Rodríguez-Álvarez & Rodríguez-Gil）（2006）比较了恩提科

---

① 这里的英语词典是一种广义的概念，不仅指英、美两国所编写的词典，还包括澳大利亚、新西兰以及南非等其他英语国家所编纂的英语词典。

② 查尔斯·理查德是一位教师，在 1837 年编写了一部两卷本的《新英语词典》。理查德认为，词典释义是人为规定的结果，词典编纂者如果在词典中说明立目单位的用法才更有价值。因此，该词典没有提供释义，而是提供立目单位在不同时期的引文，以此作为例证说明立目单位曾经的使用情况。理查德的做法被认为是词典编纂中"历史主义原则"的体现。

（Entick）的《新拼写词典》（*The New Spelling Dictionary*，1765）和菲舍尔（Fisher）的《精编新拼写详解词典》（*An Accurate New Spelling Dictionary and Expositor of the English Language*，1773）之间的异同。奥赛尔顿（Osselton，2006）分析了 17、18 世纪英语语文词典中用法标签的使用情况，并指出在约翰逊的《英语词典》出版之前，英国词典编纂界已经形成了规定主义的传统。康恩奈（Coinnigh，2013）以处在宏观结构和微观结构中的习语成分为封闭域，分析贝格利（Begley）和迈克柯提恩（McCurtin）的《英格兰-爱尔兰语词典》（*The English-Irish Dictionary*，1732）、博耶（Boyer）的《皇家词典》（*The Royal Dictionary*，1699，1729）与贝利（Bailey）的《通用英语词源词典》（*An Universal Etymological English Dictionary*，1721）之间的渊源关系，首次指出博耶的词典是《英格兰-爱尔兰语词典》和《通用英语词源词典》的蓝本词典。此外，提科比耶什（Takebayashi，1998）分析了《朗文发音词典》（*Longman Pronunciation Dictionary*，1990）和《英语发音词典》（*English Pronouncing Dictionary*，1997）中音位的处理情况，并分析了二者的优劣短长。兰伯特（Lambert，2017）以 7 部印度英语词典为研究对象，分析它们对"鸟"类异称词的处理情况，并提出了立目单位的选择标准。

在《国际词典学学刊》中，语文词典对比研究的第二个次类型是英语语文词典与其他语种语文词典间的对比。该类型研究只有安迪森（Andreasson，1996）的一篇文章，比较了两部历时性语文词典——《瑞典皇家科学院词典》（*Svenska Akademiens Ordbok*, SAOB）与《牛津英语词典》的微观结构，尤其注重分析两部词典中多义词目所统辖的各个义项之间的组织原则。英语语文词典与其他语种语文词典间的对比研究数量如此之少，这与语文词典在词典家族中的核心地位是极不相称的。

第三个次类型是关于非英语语种的语文词典间的对比研究。贝德尔（Baider，2007）分析了三部历时性的法语词典，说明历时性词典对目标语言系统与历史的建构作用。德·塞萨雷（De Cesare，2003）分析了六部意大利语词典对副词词目的处理，证实了副词词目在意大利语词典立目中的附属地位。富里亚西（Furiassi，2003）分析了意大利电子词典对"英语假朋友"词汇的处理情况。西普曼（Siepmann，2015）从语料库语言学的视角，分析了十部法语单语与双语词典，关注口语单位的词典处理情况。普尔西尼（Pulcini & Scarpino，2017）选取了八部意大利语语法书、意大利语词典和意-英词典，对比分析它们对英国语法信息的处理。总体而言，这类研究的数量较少，而且论题比较分散，没有形成研究焦点。

（二）《国际词典学学刊》中外向型单语学习词典对比研究

《国际词典学学刊》中关于外向型单语学习词典的研究非常丰富，主要分为两个小类，具体如下。

一是英语学习词典间的比较。1987 年，《柯林斯合作英语词典》与《朗文当代英语词典》第 2 版同时出版。1989 年，豪斯曼和戈尔巴恩（Hausmann & Gorbahn）从质与量两个方面，卡特（Carter）从词典内要素间关系以及词典与世界关系的角度，分别对上述两部英语学习词典进行全面的对比分析。莱门斯和韦克（Lemmens & Wekker，1991）分析了《朗文当代英语词典》《柯林斯合作英语词典》《牛津高阶英语词典》对语法信息的处理。伯高兹（Bogaards，1996）从学习者的语言解码和编码任务两个方面，分析了 1995 年同时面世的英语四大名典——《牛津高阶英语词典》第5版、《朗文当代英语词典》第3版、《柯林斯合作英语词典》第2版和《剑桥高阶英语词典》第1版，并对它们进行评价。基尔加里夫（Kilgarriff，1997）分析了学习词典中标注词频信息的重要性，并对《朗文当代英语词典》第 3 版与《柯林斯合作英语词典》第 2 版的词频标注系统进行对比分析。梅尔（Meer，1999）从认知语言学概念隐喻的角度，分析了 1995 年出版的四大英语学习词典对立目单位字面义与派生义的处理情况。朗德尔（Rundell，1998）从英语词典与第二语言教学相结合的角度出发，对比分析 1995 年出版的四大英语学习词典，指出英语教学词典中呈现出来的、需要引起学界广泛注意的新特点。普阿西克（Prćić，1999）从派生词在英语词汇构成中占优势的角度，分析了英语学习词典四大名典对词缀的处理。伯高兹（Bogaards，2001）一反以往在词典学研究中对语法信息完整性和系统性的关注，对比分析了《牛津高阶英语词典》第5版、《朗文当代英语词典》第3版、《柯林斯合作英语词典》第 2 版所提供的语法信息的有用性和可用性程度。爱丽丝·陈和泰勒（Chan & Taylor，2001）的研究则属于元词典学范畴，他们从词典编纂的方法论、所包含的词典学原理、语言信息论述风格方面，对关于五大外向型英语学习词典的评论进行元评论。蒙罗伊（Monroy，2004）比较了《英语发音词典》《朗文发音词典》《牛津当代英语发音词典》在二语学习者语音学习过程中的功用问题。徐海（Xu，2005）采用量化方法，比较五大英语学习词典中的配例对人称、时间以及地点等语篇指示词的处理，并关注词典中的配例与语料库中真实使用实例的匹配情况。科菲（Coffey，2006）分析了 40 个高频语法词在五大学习词典中的处理情况，指出外向型高阶学习词典已经从注重语言描写发展到强调词典在二语教学中的效用。奥赛尔顿（Osselton，2007）梳理了英语学习词典中"单句释义"体例的历史源流和传承关系，并分析了该释义的创新性。塞伯克维科（Sobkowiak，2008）选取 A 字母下的英语缩略语和首字母缩写词，比较了 CD-Rom 版的《麦克米伦高阶》第 2 版和 CD-Rom 版的《朗文当代英语词典》第 4 版对这些词发音情况的处理，指出数字化学习词典在语音系统标注方面所存在的系统性问题。徐海（Xu，2008）对比了英语五大学习词典的配例策略，认为学习词典的配例策略应该随着立目单位的频率、搭配和句法的复杂程度、用户需求和查询特点的不同而进行调整。沃克（Walker，2009）分析了三部通用型学习词典、三部搭配词典以及两部商务英语学习词典对搭配信息的处理，认为搭配信息是学习词典信息呈现的重要方面，但在学习词典中的处理却并不系统。兹米安克（Dziemianko，2011）对比分析了四大英语外向型学习词典中语法信息标注体系的用户友善程度，认为从信息查询的角度来看，英语学习词典中的语法信息标注初见成效，但仍需要改进。两年之后，兹米安克和卢（Dziemianko & Lew，2013）比较了由 "when" 引导的释义（when-definition）①与传统分析型释义、句子释义法的异同，特别分析了"when 型释义"在英语单语学习词典中的应用情况，以及"when 型释义"与其他主导型释义之间的历史渊源。徐海（Xu，2015）从认知语言学的视角，通过大量的语料，分析了著名的外向型英语学习词典对空间介词"to"的处理。Guiying Jiang 和 Qiaoyun Chen（2017）对比分析了五大英语学习词典释义中原型理论的应用零散性和无意识性特点。

　　从上述研究可以看出，《国际词典学学刊》对英语外向型学习词典的研究极为关注，这种情况可以从如下方面得到解释：首先，英语作为国际交流共同语的优势地位催生了非英语母语学习者对英语学习词典的持续性需求。外向型英语学习词典作为一种新的词典类型，在社会效应与经济效益上获得双重成功，必然会引起学界的关注与讨论。其次，英语学习词典

---

①　"when 型释义"是一种从句型释义，即在释义中只出现从句，如在《朗文当代英语词典》第 5 版中，立目单位 "unemployment" 的第二个释义为 "when someone does not have a job"。这种释义法是一种片段型释义，与《柯林斯合作英语词典》中出现的"从句+主句"型的"整句释义法"形成对照。

编纂场景中出现了五大学习词典竞争性共存的局面，它们之间的共性和差异性自然成为学界关注的重点，相关出版社在市场营销方面的努力也起到了推动作用。最后，《国际词典学学刊》创刊于 1988 年，而在其创刊的前一年，《牛津高阶英语词典》与《朗文当代英语词典》间的竞争局面已经形成。到了1995年，四大英语学习词典同时推出新版，可对比程度非常之高，商业竞争也更为激烈，相关研究的广度和深度也自然进一步加强，在《国际词典学学刊》刊发的对比性研究也相应增多。

　　二是非英语语种学习词典之间的对比研究。E. H.霍顿和 B. W.霍顿（E. H. Horton & B. W. Horton，1996）对英语母语使用者在日语学习过程中使用的两部日本汉字词典——《Kodansha's 精选中国汉字指南》（*Kodansha's Compact Kanji Guide*，1991）和《中国汉字用法新词典》（*A New Dictionary of Kanji Usage*，1982）进行对比，指出二者在中国汉字的覆盖率、立目单位的质量以及索引的有效性方面存在着巨大差异。德·斯基维（de Schryver，2011）对比分析了三部目标词典用户分别为 8 岁以上儿童、10 岁以上儿童和成年人的荷兰语学习词典，分析其释义与目标用户的语言能力之间的适配关系问题。Pengcheng Liang 和 Dan Xu（2017）对比分析了 5 部汉英双语学习词典对中动结构的处理。

　　总体来看，在《国际词典学学刊》中，非英语语种学习词典间的对比数量很少，未形成系统性的研究。

（三）《国际词典学学刊》中双语型学习词典对比研究

　　布雷（Bray，1988）分析了德-意词典与意-德词典在 17 世纪的兴起与发展状况。诺曼（Norman，1995）对比分析了印度的两部语文词典。中尾（Nakao，1989）从立目单位的选择、义项的排列与解释、语法信息的设置等方面，分析了英日双语学习词典编纂中存在的问题。萨勒诺（Salerno，1999）分析了 5 部意-法双语词典所提供的语法信息，认为在信息表征的准确性与全面性方面需要加强。杜波沃斯基（Dobrovol'skij，2000）在认知隐喻学的框架下，分析了俄国与德国的部分双语词典对习语的处理。科米尔和费尔南德斯（Cormier & Fernandez，2005）对法-英、英-法双向型词典——《皇家词典》和《大法语词典》进行词典考古学分析。清见（Chujo，2006）以《柯林斯合作英语词典》和四部双语英语学习词典为分析对象，对其中所标注的高频词与日本中学课本中的常用词汇、英国国家语料库的高频词以及日本大学考试中各级常用词汇的重合度进行分析。兹佩拉（Szpila，2006）对双语词典中的假性同源词处理进行分析，指出在发音、语法、语义以及搭配方面需要提高假性同源词处理的完备性和精确性。陈玉珍（Chen，2010）对比分析了用户对纸质词典与电子词典使用情况的差异以及纸质词典与电子词典对二语学习产生的影响。随后，陈玉珍（Chen，2011）对比分析了《牛津高阶英汉词典》《朗文当代英语词典》和《新英汉英语词典》在中国大学生中的使用效能问题。巴特龙（Balteiro，2011）分析了系列西-英词典在对英语词语处理中所表现出来的规定性和描写性倾向。哈尔彭（Halpern，2016）对比分析了与日语、汉语与阿拉伯语相关的三部双语词典，尤其关注义项的排列、义项间逻辑关系、汉字的语义透明性、语素能产性、词目选择的标准以及多词单位处理等当代词典学研究的热点问题在这三部词典中的体现。

　　由此可见，在《国际词典学学刊》中，双语型词典的研究较为丰富，这与二语学习者对该类型词典的依赖有关——处在初、中级阶段的二（外）语学习者，在使用单语学习词典方面存在较大的困难，因此，双语词典成为首选的词典类型。此外，很多二（外）语学习者在语言学习过程中会出现"石化现象"，二语学习形成较长时期的停滞，这在一定程度上加深了二语学习者对双语词典的依赖程度，加长了二语词典的使用时限。双语词典在二（外）语学习过程中的高介入性必然会引起学界的普遍关注。

二、《国际词典学学刊》中不同类型词典的对比研究

　　按照不同的分类参数，同一部词典可以归入不同的类型，因此基于词典类型的对比研究往往形成交叉。《国际词典学学刊》中不同类型词典间的对比主要包括如下类型。

　　第一类是内向型词典与外向型词典间的对比研究。例如，维尔普拉（Vilppula，1995）以"day"的释义为个案，分析了《简明牛津词典》《柯林斯合作英语词典》《钱伯斯英语词典》《牛津高阶英语词典》以及西班牙、德国、瑞典等国的词典在释义中存在的问题。诺里斯（Norris，1996）分析了五部英国版语文词典、两部英国版外向型学习词典以及三部美国大学词典[①]中地域标签的使用情况，指出在词典编纂中应该精确、系

---

① 　五部英国版的语文词典包括《柯林斯英语词典》《朗文英语词典》《钱伯斯英语词典》《简明牛津词典》和《牛津英语词典》。两部英国版的学习词典包括《柯林斯合作英语词典》和《牛津高阶英语词典》。三部美国大学词典包括《美国传统英语词典》《兰登书屋英语词典》以及《韦氏新国际英语词典第三版》。

统地使用地域标签。伊尔森（Ilson，1999）选取了九部英语词典①，对比分析了这些词典在规模、收词、搭配、句法信息、释义、对语言变体收录等方面的异同。诺里斯（Norris，2000）分析了七部英国版的内向型语文词典、外向型学习词典以及三部美国大学词典②对贬义词目的标注问题。麦克里里（McCreary，2002）比较了《美国大学词典》《朗文当代英语词典》《柯林斯合作英语词典》在二语学习者语言学习过程中的有用程度。穆恩（Moon，2004）分析了英语学习词典五大名典对概念隐喻的处理情况，同时与三部内向型通用语文词典——《新牛津英语词典》《钱伯斯二十世纪词典》《柯林斯英语词典》进行对比，凸显《麦克米伦高阶学习词典》对认知隐喻学相关原理的系统性体现。卡明斯基（Kamiński，2016）采用量化分析的方法，对《英语词典》（1755）、《韦氏大学美语词典》（1865）、《牛津英语词典》（1888—1928）、《钱伯斯英语词典》（1952）、《朗文当代英语词典》（2005）以及《简明牛津词典》的常用词以及词串的使用频率与分布情况进行对比，分析这六部词典在释义风格上的特点。诺瑞（Norri，2018）着重分析了三部英语学习词典和三部美国大学词典对一些敏感医学词汇的释义，认为类似立目单位的释义需要词典编纂者与医学专家通力合作，以保证释义的科学性。

　　不同类型间词典比较的第二个类型是单语词典与双语词典的对比研究。卡尔（Carr，1994）分析了相关日语单语和双语词典对"大和魂"的释义，指出词典编纂者在释义中应该给予语义标签并抛弃种族以及民族偏见。米切尔斯（Michiels，2000）利用计算机检索技术，根据对应词与语境的相关度，分析双语词典《罗伯特-柯林斯法英词典》《牛津-哈歇特英法词典》对立目单位所属信息领域的处理，并分析这种处理方式是否便于词典用户选择合适的语际对应词。同时，该研究还涉及词网、《罗热同义词词典》以及三部外向型单语词典（《朗文当代英语词典》《柯林斯合作英语词典》以及《剑桥高阶英语词典》）对立目单位的处理情况，是一种语料库词典学视角下的词典对比研究。

---

① 这九部词典包括《作为二语学习词典的美国传统英语词典》、《朗文美语词典》第 2 版、《麦考里澳大利亚学习词典》、《Newbury 书屋美语词典》、《NTC 美语学习词典》、《牛津美国 Wordpower 词典》、《兰登书屋韦氏美语基础词典》、《兰登书屋韦氏美语词典》和《时代-钱伯斯基础英语词典》第2版。

② 七部英国版英语词典包括《柯林斯合作英语词典》《柯林斯英语词典》《朗文英语词典》《钱伯斯词典》《牛津高阶英语词典》《简明牛津词典》和《牛津英语词典》。三部美国版英语词典是《美国传统英语词典》《兰登书屋简编词典》和《韦氏新国际英语词典第三版》。

三、《国际词典学学刊》词典对比研究的基本特点

作为国际性的权威学术期刊，《国际词典学学刊》基本上能够反映出当代社会词典学研究的重点和热点。总体而言，《国际词典学学刊》中的词典对比研究具有如下三个特点。

（一）词典对比研究的"欧洲中心"特点

《国际词典学学刊》中的词典对比研究表现出明显的"欧洲中心"特点，更确切地说，是"英语中心"特点——大多数词典对比研究都与英语词典相关。原因可能在于：①在世界范围内，英语词典编纂界无论是在词典理论研究还是在词典编纂实践方面，都取得了令人瞩目的成绩，在世界词典编纂场景中居于领先地位，社会效应与经济效益的双重丰收必然引起学界的关注以及其他国家同类型词典对其的模仿与追随，这是词典研究呈现"英语中心"特点的主要原因。②《国际词典学学刊》虽冠以"国际"之名，但其创刊地在英国牛津大学。同时因为英语所具有的国际性通用语地位，《国际词典学学刊》所刊发的文章主要是用英语完成的。以英语为母语或第一语言的研究者，包括可以熟练使用英语进行二语写作的研究者，自然而然会特别关注英语词典的编纂与研究。这些因素都使《国际词典学学刊》向英语词典研究倾斜。

（二）国际词典对比研究的热点是英语外向型学习词典

从 1988 年到 2018 年，《国际词典学学刊》中的词典对比研究主要集中在外向型英语学习词典的对比研究上。自 1995 年英语学习词典四大名典问世之后，关于这四部词典的研究明显形成峰值。在《麦克米伦高阶英语词典》出版后，英语学习词典五大名典（Big Five）并列的格局形成，关于五大名典的研究更是激增。针对五大名典的对比研究范围非常广泛，除宏观结构之外，还涉及微观结构中的释义、配例、发音、语法信息等方面，同时一部分研究还注意分析语言学理论在外向型学习词典中的体现，如隐喻在词典中呈现、解码功能与编码功能的设置、教学词典的范畴特点等。这种局面形成的主要原因如下：①从语言经济学的视角看，英语学习词典的编纂在世界范围内获得了文化和商业两方面的巨大成功，英语学习词典所确立的学习词典编纂基本范式需要进行深度研究。②英语单语学习词典之间形成了良性竞争，这种竞争有利于促进相

关词典努力优化自身，形成百花齐放、各有千秋的竞争性共存局面。各部学习词典的优劣得失在对比研究中可以更好地体现。③相对英语学习词典而言，其他语种学习词典的发展刚刚起步，或者虽有发展，但基本上沿用的仍是英语学习词典的编纂范式，短时间之内无法摆脱英语学习词典的影响，更不用说与英语学习词典分庭抗礼。

（三）汉外词典对比研究严重不足

从《国际词典学学刊》刊载的文章来看，西方学者对汉语词典编纂的关注度不高，仅有少数几篇文献与汉语词典相关。例如，梅尔（Mair，1991）在研究中指出，现行的汉语词典是以"字"而不是以"词"为基本单位，导致用户查询多有不便，梅尔因此建议在汉语词典编纂中按音序组织词目。但这一点已经是汉语词典学界的共识，在现代汉语词典编纂中也早已普遍实行，甚至比梅尔的建议做得还要好。这也从一个方面说明：国外部分研究者对汉语的特点并不清楚，对中国的词典编纂概况也很不了解，因此其研究结论比较片面，甚至会出现令人惊讶的常识性讹误。除此之外，兹古斯塔（Zgusta，1992）分析了捷汉词典的编纂问题，主要关注的是双语词典编纂中语际对等词的选择。卡尔（Carr，1993）从认知语言学的视角，比较了日语与汉语词典对汉语"心猿意马"类的"猴子隐喻"（monkey metaphor）的处理，关注的是不同语言文字系统中概念隐喻类在词典文本中呈现情况的差异。对中国词典编纂非常关注的西方学者之一克里默①（Creamer）在 1989 年的《国际词典学学刊》第 3 期中，集中讨论了"词典作为语篇"的理论。在该期中，克里默（Creamer，1989）介绍了东汉许慎所编纂的《说文解字》，并对我国的文本批评（textual criticism）形式——校勘学进行分析。这算不上是严格意义上的词典本体研究。1993 年，克里默又分析了《汉英歇后语词典》（*A Chinese-English Dictionary of Enigmatic Folk Similes*，1991）中歇后语的处理情况。因为克里默对汉语歇后语的把握并不精准，而且分析对象仅限于专项词典，该词典在国内的影响又很小，因此并未引起学界关注。

我国词典研究者在《国际词典学学刊》发表的文章，绝大多数都与英语或双语词典相关。例如，徐海（Xu，2005，2008）一直关注五大英

---

① 克里默也在北美辞书学会会刊《DSNA 词典学》（1980—1981）上对吴景荣主编的《汉英词典》进行评论。除此之外，在国际词典学会议上，克里默还对中国的双语词典编纂进行分析讨论。克里默还曾与我国的双语词典编纂者合作，编写过双语词典。

语学习词典的配例问题；王馥芳和陆谷孙（Wang & Lu，2007）则论述了《新英汉词典》在修订过程中的继承与创新；杨文秀（Yang，2007）分析了语用信息在英语学习词典，尤其是在《朗文当代英语词典》第 4版中的呈现。陈玉珍（Chen，2010）则侧重对二语词典用户进行分析。陈玉珍（Chen，2010）分析了英汉、汉英双语和双解型纸质词典与电子词典对用户的词典使用和二语学习所产生的影响，并从用户视角分析了双解型的《牛津高阶英汉词典》、单语型的《朗文当代英语词典》和双语型的《新英汉词典》在中国大学生中的使用有效性问题。2012 年，陈玉珍又分析了中国英语专业的大学生在使用纸质、电子英汉双解词典以及不使用词典的情况下对英语短文阅读任务的完成情况。赵刚（Zhao，2014，2015，2016）侧重于向国际词典学界引介与汉语有关的语文词典，分别对《新时代汉语词典》第 2 版和《现代汉语词典》第 6 版进行评介，对《新世纪汉英词典》修订版的用户友善特征进行分析。杨娜和魏向清（Yang & Wei，2016）分析了《麦克米伦高阶英语词典》中隐喻信息的呈现与效用问题，卢华国和魏向清（Lu & Wei，2016）分析了对高阶英语学习者而言，英语搭配词典中所提供的搭配信息的可及性。

　　在《国际词典学学刊》中，国内学者对英语单语学习词典和双语词典的关注，主要是因为术业有专攻——上述学者的研究方向多集中在外国语言学与应用语言学领域，对英语语言学以及词典学非常熟悉，而对汉语词典则鲜有关注，或习焉不察。关注汉语词典的国内学者，又因为英语写作语言能力问题，无法以英语为工作语言向世界介绍中国的词典编纂或理论研究情况。因此，在《国际词典学学刊》中，以汉语词典为主体进行的词典本体研究极为罕见，到目前为止还没有关于汉、英语文词典对比研究的系统性论述，相关研究亟待开展。

第三节　汉、英语文词典收词对比研究概览

　　关于词典收词的研究，国内外的相关著述主要可以分为四类。

　　第一类从词典类型的角度分析词典收词立目问题，主要涉及语文词典、学习词典与专科词典三个类型（Urdang，1997）。此类研究属于功能类研究，从不同词典类型的典型功能入手，分析不同类型词典在收词方面的主要特点。通常来说，语文词典的收词既强调宏观结构总体上的语文性

特点，也强调语文词典收词立目对目标语言系统的覆盖率问题，这往往会涉及通用语词与科技术语、现代词汇与古旧词汇、常用语词与新词之间的关系及比例的配置。对学习词典的收词研究则多强调语言单位的高频优先性，同时也关注如何通过大型平衡语料库，确定语言符号的使用频率、高频词与低频词的收录比例等问题。对于专科词典，学界则普遍关注收词立目中的概念优先性。还有一部分研究着眼于词典所涉及的源语与目标语是否具有同一性，分析单语和双语词典在收词立目中的特点与差异性。与单语词典只关注如何对一种语言系统内部的语言符号进行系统性收录不同，针对双语词典的收词立目研究注重两种语言符号系统之间的对应性关系，尤其强调如何系统性呈现那些具有民族性特点的源语词汇。

总体而言，从词典类型出发分析词典收词立目，有助于明确相关类型的词典在宏观结构上所具有的基本设计特征，强化词典收词立目的针对性、系统性以及差异性。其中存在的主要问题是：目前学界对词典类型的描写性分类并不一致，且时有分歧；词典类型之间确实也存在着一定程度的交叉。因此，基于词典类型的收词立目研究在理论上往往是清楚的，但在实际操作中却具有一定的难度。

第二类涉及词典收词原则分析。国内外学者从多个角度出发，确定了词典收词的若干指导性原则，包括社会通用性（黄建华，2000：51）、普遍性、规范性、理据性、高频性（章宜华、雍和明，2007：213-218）、系统性、完备性（潘雪莲，2001）等。此类研究探讨了词典立目的基本原则和参数，具有较高的理论价值。不足之处在于：语言符号具有多样性特点，因此词典在收词立目中往往会采用多个原则。但有一些原则，如完备性与高频性、描写性与规范性之间相互抵触、难以兼容。并且，当多个原则竞争性并存时，对哪个（些）是主导性的基本立目原则，哪个（些）是辅助性立目原则，也很少进行讨论。

第三类涉及某一（些）特定类型的语言单位的词典收录问题。这类分析通常包括语文词汇与百科词汇、新词语与古词语（Boisson，1988；Alego，1994；Landau，1994；Ogilvie，2008）以及方言词与通用词的收录数量或比例问题（Dixon，2008）。该类型的词典收词立目研究充分注意到语言符号的异质性特点，特别关注在有限的词典空间之内，如何实现词典收词典型性和平衡性。在语言发展的过程中，新的事物和概念不断涌现，自然要求有相应的语言形式予以承载，新词语或新用法不断出现，并产生入典需求。而词典对古旧、过时词汇又倾向于记录性的保留。因此，如何在有限的词典空间之内，对不同类型的词汇单位进行合理配置就显得非常重要，也非常困难。到目前为止，对语文词典中语文词汇、百科词汇、通用词汇以及各类语言变体形式的关系与比例研究，仍处于理论探索状态，词汇系统中核心词汇单位与边缘词汇单位在词典立目中的比例依然难以确定。

第四类针对某部具体词典的收词指瑕，这是最常见的一种研究类型。此类研究多采用举例法或局部抽样法，对某词典——尤其是新出版的词典在收词立目方面进行分析，指出其中的优缺点以及需要解决的问题。这种类型的研究有一定的时效性和针对性，不过缺点也很明显：因为采用的是简单枚举法，无论研究者做出何种结论，总会在词典中找到相关的例子予以佐证，差异只是例子数量的多少而已。同时，此类研究往往是"揪其一点，不及其余"，很难从整体上对相关词典的收词立目进行系统性分析。

随着计算机和语料库技术的发展，语言研究的定量化特征日趋明显。在语料库广泛介入词典编纂的现在，西方词典学界，尤其是英语词典学界，非常关注语料库在词典选词立目中能够提供的数据资源（Rundell，1988；Atkins & Rundell，2008）。在语料库语言学基础上展开收词立目的全面量化研究，体现了语料库时代背景下词典收词的计量性特点，这也是未来词典立目的发展方向。

第四节　本 章 小 结

词典对比研究是词典学中的重要研究领域，可以采取由外而内、由内而外的双向视角。但从本章的调查情况来看，国内外词典学界对词典对比研究的重视程度并不够。在目前为数不多的词典对比研究中，中外学界普遍关注的是五大英语学习词典的语内对比，这种状况与英语作为世界通用交际语的语言经济学地位相关，短期内难以改变。在汉语语文词典的对比研究中，作为比较对象的汉语语文词典通常是《现代汉语词典》。国内研究者所做的词典对比研究多集中在词典微观结构中的义项切分、义项排列与词典释义等方面，与传统词典学界一直秉承的"释义是词典编纂的灵魂"（参见 Zgusta，1971；Svensén，1993；Cowie，1999；Landau，2001）观点基本一致。

如前所述，由于英语在世界交际中具有优势地位，学界对英语的研究极为广泛和深入。语言研究的相关成果会在词典编纂中得到一定程度的体现，并提高词典的编纂水平。因此，展开英语语文词典与汉语语文词典的对比研究，无疑会对我国的语文词典编纂起到促进作用。但是，由于英语语文词典在世界词典编纂场景中占据领先位置，英语词典研究者不太可能会关心英、汉语文词典的对比研究，这一部分的工作显然应该由我国的学者完成。我国研究者对汉、英词典开展对比研究，一个可行的维度是采取词典结构观，首先关注词典最基本的两个结构：宏观结构与微观结构。宏观结构构建了词典文本系统的基本框架，是词典之骨架；微观结构描写了宏观结构中每个节点词的基本语言信息，是词典之血肉。在此基础上，可以进行词典中观结构、检索结构等方面的对比研究，逐步实现汉、英词典对比研究的层次性、渐进性和系统性。

第三章 《现代汉语词典》与《简明牛津词典》宏观结构的增容

任何一部词典词目的确立应有一个统一的标准，不可随意而为。

——黄建华、陈楚祥（2001：31）

简单地说，词典可以被视为"关于词的一份单子"（转引自黄建华，1987：4），但是，真正意义上的词典，绝不仅仅是关于词的一份单子。"词典存在的价值不仅仅在于它的收词规模"（Ilson，1988：10），"在选择一部词典时，还存在着许多更为重要的标准"（Jackson，1998：28），如立目单位的系统性和合理性、释义的准确性、用法信息的典型性以及词典信息提取的简便性等。

夸克（Quirk，1986：5）指出，由于词典评价标准并不明确，词典用户对词典的选择通常以收词量的多少为评价标准。对词典用户而言，收词量是验证词典查得率最直观、最简单的参数。词典用户希望可以在一部词典中查到自己想查到的所有词语，这种"一站式"查询无论是从经济成本还是从时间成本上看都是最有利的，而其得以实现的基础是词典收词的全面性。夸克以小说家戴维·洛奇（David Lodge）为例，说明收词量在普通词典用户心目中的重要地位。戴维·洛奇对夸克说过，他自己对词典好坏的评判标准，就是翻看词典中是否收录"Y-fronts"（英男士内裤商标名）这个词。戴维·洛奇觉得"《柯林斯英语词典》不好"，理由是"它没收'Y-fronts'这个词"，而"《朗文英语词典》很不错，因为《朗文英语词典》收录了'Y-fronts'这个词"。戴维·洛奇是一个文学家，但在词典评判方面是外行，其评判标准也非常简单。不过这个事例很好地说明：普通的词典用户，即使是具有很高语言文学素养的大师，对词典词目的收录广度也极为重视，"觅之不得"的信息查询是最为失败的。在《简明牛津词典》第 2 版的前言部分，主编 H.福勒提到在《简明牛津词典》第 1 版出版发行之后，他收到的第一封信是用户要求词典退款的，原因是该用户没有在《简明牛津词典》第 1 版中查到"gal(l)iot"这个词。而该用户声称：他之所以买《简明牛津词典》第 1 版，就是为了了解"gal(l)iot"这个词的拼写情况。所以，"没有受过相关词典知识培训的购买者，因为无法从质量上判断一部词典的优劣，往往会把收词量大小当作权衡买与不买某部词典的关键的，甚至是唯一的评判标准"（于屏方、杜家利，2010：67）。可能是基于上面的考虑，词典编纂者在词典立目中一般既包括已有词典中的立目单位，同时也会补充以往因为某种/些原因被遗漏的语言单位，更会及时补充各种新词。在商业性词典的竞争环境下尤其如此。这很容易理解。词典是一种文化产品，同时也是一种商品，必须要最大限度地满足词典用户的信息查询需求，才可能获取更好的社会效益与经济效益，因此用户对词汇量的要求必然会体现在词典文本之中。

用户因素只是词典中词目增容的外在因素，其内在因素是语言发展带来的词汇变化。词汇系统处在不停的变动之中，随着新事物、新概念的不断出现，新的语词大量产生，其中的一些新词语因为与社会生活具有很高的关联度，使用频率日益提高，由初显词发展为类固定词或稳定词。词典作为目标语言系统的记录者，必然要在词典中对其进行收录。同时，一些失去生命力的语言符号由于种种原因仍然在词典文本中沉淀、保留，形成"死而不亡"的局面。因此词典必然会成为语言中不同使用层次、结构层次以及历史层次的语词汇集。

编纂者自身因素也是词典词目增容的主要原因。在不同的历史时期，语文词典收词立目的原则会发生相应的变化，如英语词典在 18 世纪强调立目单位的规范性，在 20 世纪后期则强调收词立目的描写性等。无论收词原则如何变化，语文词典词目收录的总体趋势如下：词目由少而多；立目形式由简而繁；词汇单位由单一性向多元性发展。

无论是从理论上还是实践上，在一部容量有限的词典中收录无限的语言符号是不可能的。尽管如此，词典编纂者依然在为尽可能地接近这一目标而努力。总体上，汉、英语文词典在收词方面都在不断增容，一个明显的例子是：新版词典总是在宣传比旧版增收了多少词。这其中自然有迎合、吸引词典用户的广告意图，但不可否认的是，词典编纂者在词典编纂或修订过程中所关注的重点之一就是如何在有限的词典文本中容纳更多的词汇单位。

第一节　汉、英语文词典收词立目标准的调整与发展

词表是词典宏观结构的具体表现形式，是词典编纂者进行深度信息加工的基础。词典词表中立目单位的立目标准需要根据编纂宗旨、用户需求以及语言的发展变化情况进行相应的调整。从语言符号的使用频率角度进行分析，语文词典收词立目标准的调整体现在两个方面：通用词汇与生僻词汇的收录数量、范围以及比例分配。

一、生僻词汇的收录

16 世纪晚期，一些教师和传教士为了教学或传道的需要，把英语中的一些生僻词或难词汇编成词集（glossary）。由于古典拉丁语在西方文化史上的特殊地位，同时也出现了一些与拉丁语相关的双语词汇表。考德里（Cawdrey）著名的《英语词汇表》，全名为《为淑女以及其他非专业人士编写的、源于西伯莱语、希腊语、拉丁语或法语的难词、非常用词词汇表》（*A Table Alphabetical, containing and teaching the true writing and understanding of hard, unusual words borrowed from the Hebrew, Greek, Latin or French for the benefit of gentlewomen and other unskillful persons*，1604），从上面的词典名称中就可以看出其主要收录对象以及对目标用户的定位。在这之后，包括 1616 年布洛卡（Bullokar）的《英语词诠》、1623 年科克拉姆（Cockeram）的《英语词典——英语难词详解》以及 1656 年布朗特（Blount）的《词集》等，都是典型的"难词词典"。伍斯特（Worcester，1846）对此的解释是，英国早期词典编纂的目的先是方便用户学习拉丁语，后来是方便用户学习希腊语，再后来是帮助用户学习其他现代外语……总之，早期英语词典数量有限，但目的都是解释英语中所谓的"难词"。

我国辞书的最初编纂目的多与解经相关。《说文解字》是中国字典的发轫之作，对小篆的形体进行整理和规范化，同时也部分呈现了商代甲骨文、商周钟鼎文以及战国古文的字形。《说文解字》无疑是一部文字学的巨著，在以"字"为基本书写与意义单位的古代汉语交际系统中，它确实有助于使用者通过了解古字形以达到"因形求义"的解经目的。与英语早期的难词词典不同，《说文解字》也收录了大量的常用汉字，如"一""人""天""主"等。这部分领头字的字形虽简，但其

难度或体现在随后出现的小篆字形上，或体现在如何通过爬梳剔抉小篆形体与字义之间的关系，对今文学家解经过程中出现的讹误进行纠正。我国最早的词典《尔雅》，以当时通行的常用词语解释先秦典籍中的字词。王充在《论衡》卷十七《是应篇》中指出，"《尔雅》之书，五经之训"，可见其用途体现在对五经进行意义训释方面。

　　总体而言，早期的汉、英语文词典担负的功能主要是难词检录。一方面，这与当时辞书用户的特点有关。在受教育成为特权的时代，为社会"精英"服务必然会成为辞书编纂的主导思想，忽视一般民众耳熟能详的普通词汇也在情理之中，因为这些通常不在"精英"词典用户的查询范围之内。另一方面，早期辞书的难词收录倾向与词典编纂时代的语言学发展水平相关。一直到 19 世纪，随着历史比较语言学的兴起，语言学才获得了独立地位，并对历时性语文词典的编纂产生了巨大的影响。而 19 世纪之前编纂的辞书，除了引文档案之外，所能依靠的只有编纂者的语言直觉、语言素养以及文字表述能力。在语言学尚未成为一门独立学科、语言的系统性特点未得到充分展示的时代文化背景下，早期辞书中词汇收录的相对随意性以及主观的选择性是无法避免的。在语言使用者的认知中，难词具有更高的认知凸显度，它们在词典文本中的大量呈现非常自然。

二、通用词汇的收录

　　在语言系统的多个子系统中，词汇系统最具开放性。词汇系统中的核心词汇相对稳定，非核心部分则经常处于动态调整之中。而且，核心词汇与非核心词汇也不是一成不变的，在适当的条件下会相互转化。从原型论的视角来看，通用词汇中的核心成员总是会被词典收录并立目，边缘性的词汇单位是否能够被立目，与词典的编纂宗旨、词典规模、载体形式以及用户需求等因素相关，总是在进行动态的调整。

　　在十七八世纪，规定主义成为语言学研究中的主流。为保持民族语言的"纯洁性"，意大利的秕糠学会以及法国的法兰西学院相继成立，二者的主要任务之一，就是编写学院词典以纯洁和规范各自的词汇。这些以语言规范为目的词典，突破了先前词典仅仅收录难词、罕见词或外来词的限制，开始将普通词汇纳入描写范围之内，使普通词汇变成了基本的词典处理单位（treatment unit）。18 世纪是现代语文词典编纂的转折点，"英语词典收'难词'的传统终于让步于服务词典用户查阅各种语词意义这一更加实用的思想"（Landau，2001：55），"这（一）时期，欧洲（特别是法国和英国）的普通语文词典……专录难词、专门词之风渐衰，收录普通词汇之举渐占上风"（王馥芳，2004）。克西（Kersey）的《新英语词典》（*A New English Dictionary*）是目前已知的第一部同时系统性收录难词和普通词汇的英语词典。在这一时期，"书面语至上"的词目收录原则占主导地位，语文词典收录的普通词汇多限于书面语体，其中尤以文学语言为主，语文词典的规范性功能开始确立。由于词典的规范性特点，编纂者在立目过程中非常注重词汇单位的"纯洁性"，以期为普通民众提供"符合标准与规范"的语言形式。相应地，编纂者对口语、俗语以及俚语单位的收录则非常谨慎。

在 20 世纪五六十年代，受语言研究中的描写主义倾向影响，词典编纂者开始从语言的规定者和批评者转变为语言的观察者和记录者，词典立目单位更具有广泛性和普遍性。除了编纂者语言学态度上的变化，现代语文词典对普通词汇的收录还与词典编纂技术的发展紧密相关。从技术手段看，词典编纂大致可以分为两类：基于专家语感的（intuition-based）词典编纂与基于语料库的（corpus-based）词典编纂。基于专家语感的词典编纂主要依靠内省法和引文档案法。内省法与语言使用者的语言素养相关，引文档案一般只是用来记录语言单位的特殊用法，二者都强调语言单位在认知上的凸显度（cognitive salience）。基于语料库的词典编纂得益于计算机技术与语料库技术的发展，重视的是语言单位的社会性凸显（social salience）。总体而言，认知上凸显的语言单位以难词和生僻词居多，社会性凸显的语言单位则通常是言语交际中的常见单位。

在现代社会中，语文词典对普通词汇的收录呈现出系统性和精细性的趋势。主要表现在两个方面：一是对普通词汇进行类型的细化，如划分出通用词汇、科技词汇、本土词汇、外来词汇、语文词汇以及百科词汇等，各个类型在词典宏观结构中都占有一定的比例，并可以通过词典标签的形式在词典文本中进行显示；二是通过传统的、基于语感的方法来提取词典立目单位的比例在逐步下降，而通过语料库来提取词典立目单位的比例则不断上升。虽然在某些词典中，前者仍然是词典立目单位的主要提取方法，但却不再是唯一的方法。在现代语文词典中，词典立目由"以词为中心"（word-centred）转向"以词项为中心"，词表结构的复杂程度增大。

（一）普通词汇类型的细化

阿特金斯（Atkins，1992）指出，对词典立目单位的语言类型分析包括三个方面。一是立目单位的词汇类型（lexical type）分析，关注的是词典宏观结构中是否只包括独立的整词。关注其他的边缘类语言单位，如复合词汇单位（multi-word items）、字母词（alphabetism）以及缩略语等，是否也要被词典收录或立目。二是立目单位的形态类型（morphological type）分析，关注词表中是否应该包括派生词、词的屈折变化形式以及词缀等，这些是屈折语语文词典所关注的重要内容。三是立目单位的语义类型（semantic type）分析，关注词表中是否包括种族、宗教等社会禁忌语以及是否要包括专名等百科性单位。

首先分析立目单位的词汇类型。在现代词典编纂中，对复杂形式的词汇单位的处理广度和深度得到了前所未有的发展，这除了语言研究方法上的改变，更得益于计算机与语料库技术在语言学研究中的开发应用。亨斯顿和弗朗西斯（Hunston & Francis，2000：7）对真实语篇中的语言使用情况进行调查后发现，"大部分情况下，语言构建的基本单位不是单词，而是具有完全或相对固定形式的词素的序列"。语言研究中的"语块意识"不断强化，并得到极大发展。在词典编纂中，除了"词"这一具有原型特点的立目单位之外，复杂性词汇单位立目的情况越来越多，短语立目①的情况也更为常见，且呈现出越来越明显的系统性。

立目单位的形态类型分析主要是针对屈折语而言的。在目标描写语言为屈折语的语文词典中，派生词、词的屈折变化以及词缀等通常都会在词典文本中出现，只是派生词多作为内词目出现。在现代语文词典中，派生词作为独立词目出现的情况越来越多。词的屈折变化关系到词典立目的同一性问题，一般会在若干变体形式中抽象出常体形式立目，如对"walking""walked""walks""walk"等屈折变化形式，选取的立目单位是"walk"。词缀数量有限，但具有能产性，总是会获得立目资格。汉语因为缺乏形态变化，且主要构词方式为复合法，在派生词、词的屈折变化与词缀这三个方面，需要注意的只是词缀的收录问题。通常情况下，中型以上汉语通用型词典对前缀与后缀的收录较为全面，但是对中缀则鲜有收录或解释。

---

① 18 世纪，约翰逊已经意识到短语动词在英语中的重要性，并在其《英语词典》中进行了详尽的处理，但短语动词并未整体立目。

从语义类型的视角来分析词典立目，可以发现不同语种的词典表现出较大的差异。在专名收录方面，英国语文词典历来秉承一种较为审慎的观点，这是可以理解的。因为从词典类型学的角度看，语文词典的目的是释"词"而不是说"物"，在有限的纸质词典空间内，必须优先处理语言系统中的常规词汇单位。相比之下，美国编纂出版的通用型语文词典非常重视对专名的收录，这可以被看作美国语文词典编纂中的百科性传统。我国的语文词典在专名收录问题上表现不一。以《现代汉语词典》为例，该词典较为严格地执行"专名不入语典"的收录原则，除了机构、事件、朝代之外，人名、地名等专名很少收录其中，派生出引申义的除外。《应用汉语词典》则表现出明显的百科性，专名的收录比例非常高，这可能是同一语言文化传统中不同词典文本互补性的一个表现，可以满足不同类型词典用户的信息查询需要。需要注意的是，词典介质的改变同时也会改变语文词典对百科条目进行压缩的传统做法。电子词典以及网络词典由于拥有海量的存储空间，在很大程度上改变了英语语文词典的传统收词原则。在光盘版的语文词典中，专名的收录比例大为提高。如果从认知语言学的视角看，语言能力是认知能力的一部分，语言知识与百科知识之间非但没有明显的界限，反而是相互融合的，形成了"你中有我，我中有你"的混合态。从这一角度看，传统纸质词典对百科词目的排斥，不是因为百科条目的异质性，而是受制于纸质词典空间的限制。

（二）"基于语料库"的词典收词原则

词典词目主要有三个来源：已有词典中的立目单位、阅读计划中摘录的语言单位（citation reading）以及语料库所提供的实例（corpus evidence）（Hanks，2010）。在现代词典编纂中，由于语料库以及语料检索工具的使用，频率性原则成为现代词典编纂中收词立目、义项排列的重要原则。克利尔（Clear，2001：41）指出，在可以从语料库自动提取到的语言信息中，占第一位的就是词频信息。鲍、哈利和杰利斯（Baugh，Harley & Jellis，1996）分析了语料库在《剑桥国际英语词典》编纂中的作用，指出该词典在词目选择、义项排列、例证配置、搭配顺序等方面都秉承频率优先原则。《剑桥国际英语词典》是外向型学习词典，采用"高频优先"的立目原则，符合二（外）语学习者的二（外）语习得规律。

对内向型语文词典而言，立目单位频率原则的使用也同样方便有效。自《柯林斯英语词典》之后，频率原则已然成为语文词典立目的重要原则，同时也会辅以其他方法。克利尔（Clear，1987：45）指出，《柯林斯英语合作词典》词表的确定得益于六份词表，其中三份词表源于其他词典，是主词表；两份词表是面向外语学习者的针对性词表，还有一个词表是从一个由 TEFL（Teaching English as a Foreign Language，英语作为外语的教学）考卷组成的小型语料库中提取出来的。这六个词表中的每一个词项都被赋予了一个编码，用来说明它在这六个词表中的归属度。经过编码的词表再与柯林斯-伯明翰语料库中的词频结果进行比照，最终形成《柯林斯英语词典》自己的词表。可见，涵盖语言交际中各个相关参数的、理想的词典词目表的确定，是建立在大型平衡语料库的基础之上的。

汉语语文词典编纂者充分认识到频率原则的重要性，但是由于汉语语料库规模较小，以及语料检索工具在汉语词典编纂中的普及程度尚需提高，相对于同类型的英语语文词典，汉语语文词典立目的主观性程度突出，甚至会出现一些疑似生造词的立目单位，在《商务馆学汉语词典》中出现的"电话局"即属于此类。总之，在现代语文词典编纂中，一方面，词典选词立目要基于语料库中的语言使用实例，另一方面，编纂者也要以此为基础进行有效的人工干预。

第二节 《现代汉语词典》与《简明牛津词典》立目单位调整情况分析

一、《现代汉语词典》与《简明牛津词典》立目单位调整的主要特点

从词典考古学的视角看，一部历史久远、不断修订且历久弥新的词典，在漫长的修订过程中，会经历语言系统自身的调整，所处社会文化环境的变化，词典编纂者，尤其是主编人选的调整，以及词典编纂范式的改变等。这些必然会导致同一部词典的不同版本在某一方面出现方向性的调整甚至是偏离。词典宏观结构作为词典编纂中最基础的环节，在历次修订中都会发生相应的变化。可以说，在语文词典的修订中，立目单位的调整变化是最为显性的一个环节。

（一）《现代汉语词典》立目单位调整的主要特点

刘庆隆（1982）在《现代汉语词典的收词》中指出，1958 年《现代汉语词典》着手编写时，提出了若干收词细则，主要包括：①词目收录

以普通词汇为主，其中的单纯词悉数收录，合成词以及词组是否出条，看其是否需要注释。②不收一般方言词汇，但经常在书刊上出现的，酌量选收。③经常出现在现代书刊中的古汉语词汇可以选收。④只收现代常用的成语。⑤单字只收现代单用以及在合成词或成语中出现的。⑥专科词汇选收常用的、已经进入一般语言中的。《现代汉语词典》试印本基本上按照上述细则收词立目。不过由于词典编纂是集体工作，众多编纂者在对标准的把握上难免出现偏差。但作为内部送审本，试印本为后续版本立目单位的调整提供了比较可靠的底本。1965 年的试用本为更好地满足词典用户的查询需要，增收了一些生僻字头以及包含生僻字的词语，其中占较大比重的是古汉语字词。这应该是基于如下考虑：汉字作为典型的表意文字，其字形与字音之间没有内在的联系，识读较为困难。在中华人民共和国成立初期，词典用户的平均受教育水平较低，对生僻汉字字音、字形的查询需求相对突出。这种词目增容特点在 1978 年《现代汉语词典》第 1 版中依然保持。与试印本与试用本相对照，在第 1 版新增的词目中，"生僻字、古代汉语词汇、方言词汇占的比重较大"（刘庆隆，1982），这与《现代汉语词典》开编时所制定的收词细则相悖。

韩敬体（2006）指出，规范性的语文词典必须适应时代的发展，跟上语言的发展变化，与时俱进，才能较为全面地反映当前语言的词汇面貌。《现代汉语词典》的每次修订都把词目的增删作为工作重点。总体来看，《现代汉语词典》各版次的词目一直处于增容状态。唐余俊（2007）以《现代汉语词典》中 A、E、O、Z 四个字母下的立目单位为分析对象，通过历时性比对，指出《现代汉语词典》五个版本在收词数量上呈"三级跳式"的增容。从最早版本来看，《现代汉语词典》试印本共收录词、词素、词组、成语等共计 43000 余条。《现代汉语词典》第1版和第2版收词56000余条，变化不大。第3版收字、词60000余条，其中增加词目9000多条，删除词目4000多条，净增5000多条，这是《现代汉语词典》相关版本中词目调整最大的一次。语言学研究表明：语言社会具有共变性。当社会生活产生巨大变化时，语言也随之发生相应的变化，词典必然要体现这种变化。《现代汉语词典》第 3 版增加的大量新词，反映了中国的改革开放对社会生活，进而对语言系统产生的巨大影响。第 4 版收录条目 61000 余条；第 5 版收字、词 65000 余条；第 6 版达到 69000 条；第 7 版增收词目 400 余条，以新词居多，增幅较小。具体情况如图 3-1 所示。

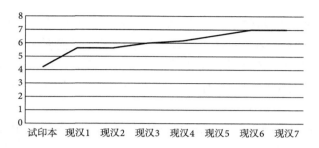

图 3-1　《现代汉语词典》试印本及第 1—7 版收词情况

从图 3-1 可见，与《简明牛津词典》第 10 版收词量猛增和第 11 版收词量陡降不同，《现代汉语词典》自试印本开始，其收词数量一直呈现出缓慢而匀速的增长状态。这与语言发展的渐变性特点是吻合的，同时也体现出《现代汉语词典》收词策略的相对稳定。收词策略的稳定首先得益于《现代汉语词典》作为规范性词典的精准地位，此类型词典在收词上都倾向于稳健。其次也与《现代汉语词典》现行的、由国家支持、学术机构负责的修订模式相关。《现代汉语词典》一直由中国社会科学院语言研究所负责编纂和历次修订，词典编纂队伍比较稳定，词典编纂策略也具有连续性和一贯性。在这种修订模式影响下，《现代汉语词典》不必像商业性词典那样，为了获取最大的商业回报，不得不把出版商和用户的要求作为首先考量的因素。《现代汉语词典》当然也获得了经济上的成功，但它所凭借的，是自身的学术性与规范性。

（二）《简明牛津词典》立目单位调整的主要特点与发展趋势

奥赛尔顿（Osselton，1998）指出，从 1604 年算起，经过约 150 年的发展，英语语文词典的编纂方法基本确立。17 世纪上半叶和下半叶分别是难词词典和百科词典的发展期，18 世纪早期出现的通用型词典（universal dictionary）的收词立目既包括所谓的难词，也包括日常语言中所使用的词汇。这种收词传统也体现在现代语文词典的编纂之中。

作为 20 世纪语文词典典范的《简明牛津词典》，自然不可能表现出16 世纪晚期的英国语文词典惯有的、对"难词"的关注。1911 年，《简明牛津词典》第 1 版在前言中明确宣称：本词典不收古旧词语，也不收科技术语，收词以语文性条目为主。《简明牛津词典》第 1 版特别强调对常用词的处理。一些最常用的介词、副词、动词以及名词的释义、搭配、用法和相关习语之丰富程度，都远非其他同类型词典所能企及。从

"词典生态观"的角度来看，在传统纸质词典有限的空间之内，系统内一个要素的扩张势必引起其他要素的相应缩减。《简明牛津词典》对常用词的详尽处理势必会影响到其对立目单位的收录广度。《简明牛津词典》第 1 版共 1064 页，大约包含 38000 个词目，与同类型的英语词典相比，其收词量明显偏少①。

　　《简明牛津词典》第 1 版在宏观结构上所采取的"常用优先、当代优先"的收词策略一直延续到第 5 版。从时间上看，从 1911 年第 1 版到 1964 年的第 5 版，跨越了半个世纪，英语的词汇系统必然会有相应的变化。从理论上说，词典的立目单位也应该有相应的增删，但实际上，这五个版本的立目单位几乎没有变化。卡明斯卡（Kamińska，2014）对《简明牛津词典》进行抽样分析，统计结果表明：在字母 B、F、M、R、T 和 W 部分，第 2 版新增立目单位的数量分别是 5 个、2 个、5 个、1 个、0 个和 0 个；第 3 版更少，只在 M 字母下增加了一个词目，余者不变；第 4 版新增立目单位的数目分别为 6 个、0 个、4 个、2 个、2 个和 1 个；第 5 版新增立目单位的数目为 3 个、0 个、1 个、3 个、0 个和 0 个。除了编纂者对《简明牛津词典》第 1 版收词范式的继承之外，外部因素可能对词典产生了更大的影响。《简明牛津词典》第 1 到第 4 版问世之际，正值两次世界大战。所谓"乱世扬武，盛世修典"，尽管英国在两次世界大战中都是战胜国，但战争的阴霾和残酷依然影响很大，作为《简明牛津词典》第 1 版主编的福勒兄弟也必须要服兵役。在这种动荡的社会状态下，《简明牛津词典》第 1 到第 5 版在收词立目方面基本没有变化（其他方面，如释义或用法说明等，变化也很少）可以理解。

　　《简明牛津词典》第 1 版是 20 世纪初期大英帝国鼎盛时期的产物，因此在收词方面带有较为浓厚的英国沙文主义倾向，只强调收录英国本土的语言符号，对外来词语持排斥的态度。在《简明牛津词典》第 6 版中，编纂者开始关注英伦三岛之外的英语词汇。第 6 版第一次在宏观结构中系统性地提供美式英语拼写，这是英语沙文主义色彩在《简明牛津词典》中开始淡化的标志。卡明斯卡（Kamińska，2014）的抽样分析结果表明：在字母 B、F、M、R、T 和 W 部分，第 6 版增加的立目单位内的数量为 15、6、8、28、8 和 22，而删减的词目数量分别为 3、4、1、3、6 和 2，二者综合之后，共增词 87 个，比前 5 版的增幅要大得多。

---

① 美国大学英语词典，收词量在 16000 到 18000 条。即使更小一些的美国案头英语词典，收词量也通常在 60000 到 80000，比《简明牛津词典》还要多一些。

　　总体上，在较早的版本中，《简明牛津词典》更关注对常用词的处理深度，而不是对英语词汇系统整体的处理广度。其中一个主要原因，可能是在词典编纂之初，其自身定位只是大型多卷本历时性词典《牛津英语词典》的简编本。出于商业目的，该词典需要尽早编成出版并尽可能多地获利，以弥补《牛津英语词典》编纂经费的匮乏。《牛津英语词典》作为多卷大型历时性语文词典，以描写主义为基本的收词原则，打算收录英语中所有词汇单位，描写它们曾经出现过的所有用法，尽管在实际上很难做到，但这样的编纂宗旨必然会耗时费力烧钱。《简明牛津词典》独辟蹊径，走了与《牛津英语词典》完全不同的道路，强调所收录语言符号的共时性以及常用性。因为秉承"常用优先"的原则，尽管比起之前的版本，《简明牛津词典》第6版在宏观结构上的增容幅度要大一些，但一直到1982年《简明牛津词典》第7版问世①，也只不过收录了词条40000个左右，如果算上词条内部所提供的派生词、复合词等内词目，总共也只有词74000个左右。与同时期的美国语文词典——《梅里亚姆-韦氏大学词典》第9版（1983）相比，《简明牛津词典》第7版的收词量仅为其一半左右。

　　在《简明牛津词典》第8版中，立目单位数量大增。该版词典的收词量增加到120000条，已经接近美国大学词典的收词规模（源可乐，1991）。《简明牛津词典》第8版的词目增容主要表现在如下方面：对新词语的收录，这是新版词典必然要涉及的领域，也是词典对语言系统进行"镜像"描写的重要标志。除此之外，第8版中宏观结构的大幅增容归因于该版在对立目单位的确立标准上出现了策略性调整，大量增加对派生词的收录，尤其是在内词目中列举了尽可能多的派生词，如在词目"slow"之下，《简明牛津词典》第7版只收录了"slow-worm"，第8版除此之外，还收录了"slowish""slowly""slowness"。或者说，第8版收词数量的激增还应该归因于词典词目统计方法②的灵活性。这也是英、美语文词典在商业营销过程中经常采取的策略。《简明英语词

---

① 　《简明牛津词典》第6版和第7版的编写者都是赛克斯（Sykes），两个版次的基本框架相同，收词数量也基本持平。

② 　英语词汇计量单位包括以下四种：词型（type）、词例（token）、词目（lemma）和词族（word family）。对同一词典收词量的统计，如果计量单位不同，数量上会有很大差异。如果以词型为计量单位，布朗语料库中标注的词型为61805个；而如果以词目为计量单位，则有37617个，总量削减了近40%。哈特曼（Hartmann，2001：55）指出，词典中词目计量的单位包括词、词项、指称意义（reference）、词目词（headwords）、词条、释义（definition）和意义（meaning），除此之外，常见的计量单位还有短语（phrase）和词族（word family）。计量单位不同，同一词典的收词量也会收缩或膨胀。

典》第 9 版的收词原则与第 8 版一致，该版中立目单位继续增容，但增幅不大。

在《简明牛津词典》各个版次中，第 10 版是非常特别的一版，其蓝本词典由以往的《牛津英语词典》变为《新牛津英语词典》，在收词策略上也发生了实质性的改变。《简明牛津词典》第 10 版收录的单词、短语和义项共计 240000 个，比《简明牛津词典》第 9 版增加了约 100000 个之多！词目单位的激增除了与前文提到的词目计量方法①有关之外，更主要是因为词目收录原则的变化。第 10 版的收词宗旨是：在保持词典篇幅基本不变的情况下，在同样的词典空间内，尽可能地容纳最多的词汇。这种词目收录原则与美国大学词典颇为类似。

《简明牛津词典》第 10 版主要采用两种方法进行词目增容。首先是对词典文本内容进行压缩或删减，以挤压出更多的篇幅来容纳更多的语言符号。对词典文本的压缩处理采用了两种方法，一是高频词压缩处理法，即压缩最常用词——"have""be""go"等的表述空间②。按照通常的语文词典编纂方法，高频词在词典中总是占据最多的篇幅，因为高频词汇往往都是多义词汇，而且在句法搭配型式上也具有多样性。同时高频词汇往往与语言的习语性特征密切相关，在语义、语法、语用等方面复杂度高，必然占据较大的表述空间。这也是《简明牛津词典》第 1 版会采用常用词、高频词"优先收录、重点说明"的处理范式的原因。但是与词典编纂者对高频词处理的殚精竭虑形成鲜明对照的是，本族语词典用户很少查询高频词汇，相反，低频词汇的查询率一直居于高位。为解决这一长期存在的"编用矛盾"，《简明牛津词典》第 10 版将高频词的表述空间压缩至通常词典的二分之一左右③。二是采用删除法。一些在构词上可分析的语言单位，如"beach ball"（沙滩+球=沙滩球）和"hen house"（母鸡+住所=鸡舍）等，其意义可以根据其

---

① 在收词量计算过程中，各出版单位所使用的计量单位并不相同。有的词典除了计算立目单位，还计算其变体形式；有的甚至把立目单位的屈折变化形式作为内词目的派生词，甚至把微观结构中的习语都计算在内。伊尔森（Ilson, 1988）、杰克逊（Jackson, 1998）尖锐地指出：词典护封上关于收词量的信息往往具有误导作用。

② 罗伯特·卢（Robert Lew）在《纸质词典与电子词典的空间限制及其对词典设计的影响》一文中指出，词典的空间限制（space restriction）包括两个方面：一是储存空间（storage space），即包含词典全部内容的空间容纳能力；二是表述空间（presentation space），即对相关词目信息的呈现广度和深度。

③ 这种"双轨制"的处理方法在外向型学习词典编纂中也有体现，只不过重点发生了转移，如在《麦克米伦高阶》中，高频词被处理得非常详细，低频词往往只有简短的释义或配例。

构成成分进行语义加合，属于语义透明性单位。同时，此类词汇单位在组合上具有开放性，数量较大。第 10 版的编者将此类语词从词目表中删除。

在词典文本压缩后得到的富余空间内，《简明牛津词典》第 10 版主要植入的是科技词汇以及世界英语的区域变体。《简明牛津词典》第 10 版中科技词汇增幅很大，这一点同样与美国大学词典极为相似。同时，受世界英语（world Englishes）理论的影响，大量的非英、美语源的英语词汇作为立目单位出现，其立目单位覆盖范围由英语内圈至外圈，并且延伸到扩展圈，如南非英语中的"boerbull"（布尔狗），西印度群岛英语中的"saga boy"（花花公子），澳大利亚、新西兰等国使用的"barkie"（烤肉）以及印度英语中的"zemindar"（地主）等都作为立目单位出现。与通用词汇的多义性不同，科技词汇和英语的区域变体作为非常用语言符号，通常是单义的。因此，在同样的空间容量之内，科技词汇和区域变体的收录数量显然会大大高于通用语言单位的收录数量。最终的结果是，《简明牛津词典》第 10 版"在收词量方面超过美国大学型词典"，不利的方面是，"大量压缩常用义项、常用成语、删除绝大部分例证，走上片面追求收词量的道路"（源可乐，2002b）。

2011 年，《简明牛津词典》第 12 版出版，词目增容的趋势同样较为明显。该版词典的篇幅扩充到 1682 页，比第 1 版 1064 页的正文部分，增加了 618 页；词目数量为 66500 条，比第 1 版增加了 28500 条。与第 11 版相比，《简明牛津词典》第 12 版增收了约 400 个新词条，300 个新义项（见《简明牛津词典》第 12 版序言）。

图 3-2 是《简明牛津词典》1—12 版的收词概况。

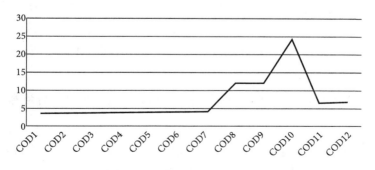

图 3-2　《简明牛津词典》1—12 版收词情况

《简明牛津词典》第 1 版到第 4 版的编纂基本上处于两次世界大战期

间，战争期间，语文词典能够照样进行修订、出版已属不易，因此在各方面表现出明显的"守成"特点。第 6、7 版增加 400 个左右新词，扩充幅度也较小。此后各版本中词目增容的趋势明显，到第 10 版达到峰值。这主要是因为第 10 版在立目策略上出现的巨大改变，同时也与词典收词的计算方法有关。第 10 版的做法与第 1 版"语文性为主，常用性优先"的收词策略相去甚远。刘庆隆（1982）的看法是公允而现实的。"词典篇幅有限，不可能解决所有的需要查考的问题，而只能解决一部分问题。一部词典能把它所要解决的那部分问题解决好，就应该说是一部好词典了"。第 10 版追求"大而全"不得，反而有"大而泛"之嫌。第 11 版对此进行了纠正，收词数量回落到 66000 左右，第 12 版在此基础上有小幅增加。

从总的发展趋势看，各语文词典的修订版本中绝少出现词目缩减的情况。这一方面与语言系统中待收录词汇的日益丰富相关，同时也与部分旧词依然占一席之地相关。从用户视角看，增容式的立目策略迎合了词典用户对新版词典篇幅的心理预期，在词典用户需求日益重视的背景下，编用之间的协调显得更为重要。

二、《现代汉语词典》与《简明牛津词典》立目单位调整的内、外视角分析

语言随着社会的变化而变化。作为描写语言的工具，语文词典必然要反映这种变化。同时，一部词典编纂完成之后，词典自身会形成一个相对独立的系统。在任何一个系统内部，各要素之间会相互依存、彼此制约，形成动态的相对平衡。词典宏观结构同样如此。因此，对语文词典宏观结构的增容分析，可以从两个视角进行：一是语言系统的变化引起的词典宏观结构的调整和变化，这是一种外部视角；二是从词典系统内部结构优化的角度来分析词典宏观结构的调整和变化，这是一种内部视角。

（一）立目单位调整的外部视角——语言系统变化引起的词典宏观结构调整

因为语言系统变化而引起的词典宏观结构的调整主要体现在两方面：新词语增补入典以及古旧词语从宏观结构中删除。

1. 新词的收录

社会语言学认为，社会与语言具有共变关系，社会的变化会在语言

系统中产生相应的投射。随着社会的发展，新事物不断出现，与之对应的新概念和新的表达方式也随之产生。新词源于社会生活的不同领域和层面，其内部的异质性程度很高。新词主要包括两大类：通用词汇与专业词汇。前者包括指称新事物、新概念的新造词、方言或外来词；后者主要包括科技词汇与专名形式。新词的作用主要有两个：一是填补词汇系统中的空白，实现语言的"补位"功能，如"房奴"就是一个相关概念在经过词汇化之后形成的综合型表达单位。二是实现语言表达中的"新奇效应"（surprise value）（Lyons，1977）。这种情况是指词汇系统中原来有类似的表达，但是为了追求语言表达中的求新求异效果，语言社团又另外创造出新的表达方式，如"瘦身""美体""塑形"之于"减肥"，"queer"之于"gay"与"homosexual"（同性恋）等。新词语具有明显的时间性特征，主要表现在三个方面：一是首见时间，即在某一特定时间点之后才开始出现。二是在较短时间内有极高的近现率，即新词在出现之后开始被高频率地大量使用，短时间内成为语言共同体耳熟能详的热点词。三是热点过后在短时间内其使用频率迅速降低，进而放缓，大部分新词语最后会从日常交际淡出，乃至完全消失。

新词是语文词典编纂者永远不会忽视的问题。编纂者必须根据编纂宗旨以及词典类型的差异，决定选择哪种（些）类型的新词入典，并确定其相应比例。但是，在对新词的选择以及立目方面，不同词典的编纂者往往见仁见智。梅里亚姆公司的编辑认为，一个词至少需经过一年左右的普遍使用，在获得一个明确的意义之后，才能进入《韦氏大学词典》，这强调的是新词的稳定性与意义的明确性。牛津大学的特纳·克莱尔则认为，一个词要被收录进词典，需要在五年之内、在不同的地方被使用过五次以上[①]。克莱尔也强调新词的稳定性，同时还要求新词在使用上具有分散度。巴恩哈特（Barnhart，1962）认为，足够的书证是决定一个新词是否应该被词典收录的重要依据。谢德洛尔（Sheidlower，1995：53）则提出了四条新词收录标准：书证的数目、书证来源的多样性和分布度、使用的时间跨度以及在交际中的重要程度。王馥芳和陆谷孙（2004）则指出，应该根据词语的复现率、来源的多样性以及是否具有理据性等，判断是否应该被收录。可见在新词入典标准的把握上，学界观点并不统一。

---

① 特纳·克莱尔指出也不是所有的新词都必须经过五年以上的使用才能进入词典，如"发短信（text messaging）"出现之后不久就被收入了词典。

在新词收录原则上，《简明牛津词典》与《现代汉语词典》各有偏重。《简明牛津词典》自第 6 版之后开始大量收录新词，虽仍以通用词汇为主，但科技词汇的比例明显增高。在第 8 版之后，科技词汇的收录大幅增加，这与当时社会科技进步的程度相关，也与主编艾伦所秉承的词目修订原则紧密相关。艾伦认为科技术语在现代语言交际中非常重要，因此特别强调对此类单位的收录。在第 10 版中，科技术语的收录达到历史峰值，至第 12 版有所下降。《现代汉语词典》自第 3 版一直到第 7 版，收录的新词都以通用词汇为主。科技词汇与古旧词汇也有所增加，但是数量远远不及通用词汇。

2. 旧词的删除

如前所述，新词的出现总会有"首见年限"，通过大量的语料分析，研究者大致可以判断出新词在何时进入语言系统，何时的使用达到峰值，何时使用频率开始下降，因此新词的出现是显性的。与新词相比，旧词是缓逝的，也是隐性的。很难发现一个词语单位到底是何时开始淡出语言使用并最终走向消亡，这是可以理解的。普通用户从交际目的出发，往往只关注使用中的词汇，因为这是有意义的，可以生成各种语言表达形式。普通人很少会关注不再使用的词汇，就算是研究者，对旧词语的兴趣也远不如对新词语的兴趣。所以，无论是在语言学研究领域还是在词典编纂中，旧词永远是一个"熟悉的陌生人"——大家都知道它的存在，但很少去关心它的存在。

在《简明牛津词典》与《现代汉语词典》的历次修订中，旧词删减的数量远远少于新词的增录。东村（Higashi，1992）对《简明牛津词典》第 7 和第 8 版中 A、D、I、P、S 五个字母下的词条进行统计，发现新增词目 141 个，删减词目 119 个，增删差异不大。源可乐（2002a）对《简明牛津词典》第 9 和第 10 版的 F、G、H、L、P 字母下的词条进行统计，发现新增词目 62 个，删减词目 26 个。刘川民（2000）对《现代汉语词典》第 2 和第 3 版的 H、Q 字母下立目单位进行逐一比对，发现《现代汉语词典》第 3 版新增立目单位 766 条，删除旧词 454 条。第 3 版删除的词条较多，是因为要减少百科词目在《现代汉语词典》中的比例，进一步强化《现代汉语词典》的语文性特征。自此之后，《现代汉语词典》词目删减的数量大为减少。李枫（2014）对《现代汉语词典》第 5 和第 6 版的词目增删进行全面的统计，发现第 6 版增收新词语和其他词语共 3148 条，删减的旧词语仅 56 条。总体上，语文词典更倾向于增加新词而不是删减旧词，因此在词典文本中会出现大量的旧词语"死而不亡"的现象。立目单位的汰旧工作需要加强。例如，现代汉语交际中几乎没有人会使用"赛璐珞"来指称"塑料"，但"赛璐珞"在《现代汉语词典》第1到第7版中一直作为立目单位出现。这个例子可以解释为什么《简明牛津词典》与《现代汉语词典》的各个修订版的宏观结构总是在增容——如果把词典宏观结构视为蓄水池，其进水口的水量总是要大于出水口的。

《简明牛津词典》与《现代汉语词典》应该考虑从表中删减的旧词包括：①过时的或过于冷僻的专业词汇；②部分失去生命力的古语词；③部分被废弃的方言词。除此之外，《简明牛津词典》还需要适时删减一些已经基本退出流通领域的世界英语变体形式，《现代汉语词典》需要考虑删减已经被弃用的音译词，如"拿摩温"。

（二）立目单位调整的内部视角——词典宏观结构内部优化引起的结构性调整

语言系统在发展，词典编纂技术和理论在进步，相应地，语文词典的收词立目也不可能毕其功于一役。词典的后续版本通常要对词典立目系统进行结构性调整，这是编纂者从专业角度对词典宏观结构进行的补救，以实现词目配置的优化。

现有的关于词典收词立目研究多从外部视角分析词典收词立目的变化，对因词典宏观结构内部优化引起的结构性调整或技术性补救则鲜有关注。下面，我们从编纂者优化词目配置的角度，分析词典宏观结构在结构性调整中所包含的四种主要类型。

1. 对常用语言符号的补充性收录

一些语言符号或符号串在日常交际领域一直较为通用，但是由于某些原因，如编纂者所依据的文本档案或语料库的平衡性、代表性问题，有时甚至是编纂者主观上的好恶，在《简明牛津词典》和《现代汉语词典》较早的版本中被遗漏，后续版次需要对其进行增补，以便更好地体现目标语言系统中的词汇整体面貌。而且，由于词汇的动态性发展以及词典编纂手段及技术的制约，词典立目单位的查漏补缺工作会一直持续，只是在数量上有所差异而已。

对常用语言符号的查漏补缺在《简明牛津词典》早期版本中较为常见。《简明牛津词典》第1版问世之后，福勒兄弟诚实地表示：如果有某些习用的语言单位没有在《简明牛津词典》中出现，不是因为它们不值得收录，而仅仅是因为它们被遗漏了。这种意义上的增词是编纂者对词典宏观结构进行的自我完善。实际上，因为《简明牛津词典》第 1 版在出版之后受到学界普遍的赞誉并获得了商业上的巨大成功，后来的修订者并不被允许对其进行大的改动。"《简明牛津词典》第1到第4版几乎没有进行大的改动，但是却在 65 年的时间里长盛不衰，简直令人惊叹"（Allen，1986）。H. 福勒于1933年去世，梅热勒（Le Mesurier）接任《简明牛津词典》第 3 版的修订工作。梅热勒所做的主要工作，是根据 1933 年出版的《牛津英语词典补编》、热心词典用户的建议以及个人的经验，增补第1和第2版遗漏的词汇单位。第3版补录的词汇单位包括习用的"activate"（触发、激活）、"artefact"（人工制品、制造物）、"isotope"（同位素）、"poppycock"（胡说、废话）以及"reflation"（通货膨胀）等。一直到第 7 版，常用语言单位的增补工作一直在继续，但是数量不大。

　　在计算机技术应用到英语语文词典编纂之后，也就是在《简明牛津词典》第 8 版问世之后，常用符号的漏缺现象大为改观。这应该有三方面的原因。第一，由于文字自身的特点，英语中词与词之间的界限非常清晰，在"以词为中心"的词目收录原则下，英语常用词汇的漏收情况比汉语少。第二，计算机强大的查检功能使常用语言符号的漏收可能大为降低。第三，《简明牛津词典》后续版本的修订周期不断缩短，词典在宏观结构方面的改进机会越来越多，对失收语言单位的补录非常及时。

　　自第 3 版开始，《现代汉语词典》对常用语言符号的补录成为常态。《现代汉语词典》第 3 版补录的书面语体的词汇单位有"寒舍""何曾""空中楼阁""花容月貌""好善乐施"等，补录的口语语体的词汇单位有"灰头土脸"等；第 5 版补录了"蓬荜生辉""赔了夫人又折兵""迫在眉睫""七步之才""杞人之忧"等书面语体词汇，也增补了"墙头草""屁股蹲ʼʼ"偏心眼ʼʼ"喊哩喀喳""七老八十"等口语单位；第 6 版增补了"安于""之所以""于是乎""黯然神伤""颠沛流离""顶礼膜拜""不虚此行""不痛不痒""翻腾""千山万水""闪烁其词""唯唯诺诺""一以贯之"等书面语词汇单位，增补了"行了""不敢""别看""闭嘴""问话""出难题""摆样子""别说是""犯嘀咕""爱理不理"等口语语体词汇单位；第 7 版本增补的书面语体的立目单位有"夙夜在公""丹书铁券""毕其功于一役""戾气"等，口语语体有"裸官""差评""逆袭"等。从语言系统的层级性来看，《现代汉语词典》补录的常用符号分属为三个层面：一是词汇层面，如"爱理不理""不虚此行""不敢""犯嘀咕"等，这一层面补收的立目单位数量最多。二是语法层面的"于是乎""之所以"等。三是语篇层面的"别说是""行了""算了""可不是"[①]等。后两类的数目都比较少。特别需要注意的是第三类，此类词语的增补，与《现代汉语词典》第 6 版注意吸收语法化、词汇化研究的相关成果有关，虽然数量少，但体现了编纂者对语文词典立目单位性质的重新审视，从最初的主要关注语义层面发展到以语义层面为主体、兼顾语法和语用层面。

对常用符号的补录工作在后续版本依然会持续，如学界普遍认为"真的"可以用作表示确认、强调的语气副词（参见陆俭明，1982；侯学超，1998；张斌，2001），但最新的《现代汉语词典》第7版并未收录立目。一些语言使用中常见的词汇单位，如"梅开二度""大打出手""水土不服""成何体统""不声不响""主菜"等也未被第 7 版收录立目。汉语语文词典中常用语言符号的失收，有时是因为典籍浩瀚，名言警句可能会被重新启用，但因为词典修订周期长无法及时收录，如"守职不废""逢山开路，遇水搭桥"等，有时是因为编纂者秉承规范性原则，对语言符号进行价值判断，如"剩女""剩男"，但更多的原因是大型平衡语料库以及语料库相关技术在收词立目中使用不足。

2. 某一聚合内部相关成员增录引起的结构性增词

结构性增词是指为实现词典宏观结构立目的平衡性和系统性，后期版本补录了另一个（些）词汇单位，目的是与词典中已有的某一个（些）词汇单位形成对应关系。结构性增词可以反映词语之间的相互关系，更好地体现语言的系统性，同时也满足了词典立目的平衡性要求。

从语文词典编纂的发展过程看，立目单位的结构性缺失在各语言的语文词典编纂中一直存在。在早期的语文词典编纂中，这种结构上的收词缺陷非常严重。这种状况与早期词典的编纂方法相关。早期的词典编纂者需要依靠自己的语言直觉、语言素养以及词典编纂经验，通过人工手段在引文档案库中选择词条，主观性较为突出，很难实现收词的全面性。谢弗（Schäfer，1980：29）指出，作为全世界历时性语文词典典范的《牛津英语词典》，在第 1 版中收录了"East Indies"（东印度群岛）、"England"（英格兰）、"Holland"（荷兰）、"Iceland"（冰岛）、"Lapland"（拉普兰）以及"Poland"（波兰）等地名，但是没

---

① 《现代汉语词典》试印本中已经收录了话语标记语"得了"。

有收录"France"（法国）、"Germany"（德国）、"Ireland"（爱尔兰）、"Scotland"（苏格兰）和"Wales"（威尔士）等。沙夫认为一些国家名称之所以被收录，是因为"（词典阅读计划）的读者恰好把这些词记在纸上了"，而没有被收录的国家名称，则是因为词典阅读计划的读者"恰好把这些词遗漏了"。这听起来很令人吃惊，但实际情况就是如此。这种情况在以《牛津英语词典》为蓝本的《简明牛津词典》第1到7版中都有所体现。到《简明牛津词典》第8版，情况有所改观。主要是因为该版本的编纂者借助语料库，对语言单位进行基于语言使用数据的选择，词典收词的客观性增强①。在这之后，《简明牛津词典》的编纂进入语料库时代，以《简明牛津词典》第12版为例，该版词典中的结构性增词主要与新词语相关。我们以与现代生活紧密相关的词缀"cyber-"为例予以说明。与《简明牛津词典》第10版相比，第12版中除了第10版中原有的"cybernetics"（控制论）、"cyberphobia"（电脑恐惧症）、"cyberpunk"（计算机科幻小说；网络黑客）、"cyberspace"（网络空间）、"cybersquatting"（域名抢注）之外，新增的立目单位包括"cyberattack"（网络袭击）、"cyberbullying"（网络欺诈）、"cybercafe"（提供网络的咖啡馆）、"cybercrime"（网络犯罪）"cybersecurity"（网络安全）、"cybersex"（网络性爱）、"cyberterrorism"（网络暴力）和"cyberwar"（网络战）。第12版中的这种结构性增词，充分考虑到同素词族具有的聚合性特点，对同一聚合内的语言符号收录比较全面。

在《现代汉语词典》为实现收词立目的平衡性而增加对应性语言单位时，最常见的情况是对某聚合内部相关词汇单位的主副条资格进行调整。最常见的情况是内词目调整为独立的立目单位。结构性增词总是与语言中各类型的聚合关系有关。常见的调整包括：近义词、反义词、类义词、同形词等。

汉语中存在大量的近义词。在《现代汉语词典》早期版本中，这些异形词、近义词有时被放在立目单位的右项，通过"也说……""也叫……""也作……""简称……""俗称……""通称……"等引出，作为内词目出现。下面是近义词聚合中，内词目在后期版本中调整为词目的例子，如《现代汉语词典》第4版中"导火线"立目，其右项

---

① 《简明牛津词典》第8版体现出较为明显的"基于语料库，但同时又不囿于语料库"的编纂理念。

部分引出"也叫导火索"，但"导火索"并不立目。而在第 5 版中，
"导火线"依旧立目，"导火索"也独立立目：

　　【导火线】dǎohuǒxiàn ① 使爆炸物爆炸的引线。<u>也叫导火索</u>。
② 比喻直接引起事变爆发的事件……
　　【导火索】dǎohuǒsuǒ 导火线。

　　类似的还有第 4 版中"观世音俗称观音""前仰后合也说前俯后
仰""花岗岩通称花岗石"等，"俗称""也说""通称"后面引出的
语言单位在第 5 版中都调整为立目单位。这种主副条的调整在第 6、7 版
中也存在，并且第 6 版中的数量尤其多。第 5 版中主条目"游山玩水"的
右项部分指出"游山玩水"也说"游山逛水"，但"游山逛水"不立
目。在第 6 版中，"游山玩水"和"游山逛水"分别立目。《现代汉语
词典》第 5 版中"薰莸不同器"立目，第 6 版增补了立目单位"薰莸异
器"；第 5 版中有"生米煮成熟饭"，第 6 版中又增补了立目单位"生米
做成熟饭"。出于同一原因在第 6 版中增补的词目还有"有一搭无一
搭""月下老儿""不名一钱""穿靴戴帽""出群拔萃""掂斤播
两""对不住""翻箱倒箧""狗血淋头""灵丹圣药""附骥尾"
等，它们分别与《现代汉语词典》第 5 版中的"有一搭没一搭""月下
老人""不名一文""穿鞋戴帽""出类拔萃""掂斤簸两""对不
起""翻箱倒柜""狗血喷头""灵丹妙药""附骥"等形成对应关
系，并分别作为立目单位与前者并列。总体而言，《现代汉语词典》第
6 版在同义聚合的系统性收录方面着力甚多，效果明显，只是偶尔会出
现遗漏，如"翻江倒海"的释义中有"也说倒海翻江"，但后者并没有
立目。
　　除了查漏补缺式的调整，在《现代汉语词典》第 6 版新增立目单位
中，一些同义聚合的变体形式同时也被《现代汉语词典》第 6 版增收，
如"出乖露丑"和"出乖弄丑"、"丢盔弃甲"和"丢盔卸甲"、"撕
肝裂肺"和"撕心裂肺"、"天打雷击"和"天打雷劈"等。
　　第二种情况是对反义聚合内相关语言符号的增补。在《现代汉语词
典》第 3 版中"长篇"作为立目单位出现，第 5 版补收了"短篇"和"中
篇"与之对应；第 4 版中"孟春""仲春""孟夏""仲夏""孟秋"
"仲秋""孟冬""仲冬"都立目，第 5 版中增补了立目单位"季春"
"季夏""季秋"和"季冬"。第 5 版中收录了"无线电"和"黑名

单"，第 6 版增补了"有线电"和"白名单"。出于同一原因增补的立目单位还有"白板""半日制""小众""绩优股"等，分别对应于先前版本中的"黑板""全日制""大众"和"绩差股"。另外值得注意的是属性词的收录。李天明（2013）指出，级差类属性词用以区分人或事物的等级，这类属性词在逻辑上应该有中间项的存在。《现代汉语词典》很注意对级差词族的系统性收录。在第 1 版中，"大型""中型""小型"已经同时立目。在后续版本中，级差词组的结构性增词工作也一直在进行。第 1 版中"高度"为立目单位，第 6 版还同时增补了"轻度""中度"和"重度"三个立目单位。《现代汉语词典》在级差类属性词的结构性增词中也存在一些小的瑕疵，如《现代汉语词典》第 6 版只是根据已有的立目单位"高速"增收了"低速"，但在"速度"的计量维度上，"中速"也是存在的，但第 7 版并没有收录"中速"。

对类义聚合，《现代汉语词典》的相关版本也进行了结构性增补，只是数量较少。《现代汉语词典》第 5 版收录了"蛋鸡"和"卵用鸡"，与之对应的是，第 6 版增收了"蛋鸭"和"卵用鸭"。

结构性增词的另一种主要类型是一些异形词从词典微观结构调整至宏观结构中，成为独立立目单位，例如：

> **措辞** cuò//cí 说话或作文时选用词句。也作措词。（《现代汉语词典》第 1—4 版）

> **措词** cuò//cí 同"措辞"。
> **措辞** cuò//cí 说话或作文时选用词句。也作措词。（《现代汉语词典》第 5—7 版）

另一种情况是异形词同时增补进宏观结构之中，并同时立目。第 6 版中同时立目的异形词包括"吃挂落""吃挂误"和"吃挂络"、"蛋挞"和"蛋塔"、"不温不火"和"不瘟不火"、"流言蜚语"和"流言飞语"、"损招儿"和"损着儿"、"叽叽歪歪"与"唧唧歪歪"、"叽叽喳喳"与"唧唧喳喳"、"阴招儿"和"阴着儿"、"招式"和"招势"等。

还有一种情况是，一些大的语言单位如果包含另外一个词或更小的语言片段，小的成分也可能被立目，如《现代汉语词典》第 6 版增收了"暗地"，原因之一可能是"暗地里"在以前诸版本中均单独立目，而

"暗地"作为"暗地里"的一个成词单位，也有必要单立词目。这样来看，《现代汉语词典》在增补某些语言单位时，似乎遵循的是双重标准：一方面，一些习用性的语块得以立目，如"卑鄙龌龊"①，另一方面，为了使立目单位具有较强的组合能力，一些语块的组成成分也可能会被离析出来单独立目，如"暗地"。二者之间如何进行平衡取舍，需要引起学界关注②。

结构性增词有助于实现立目单位的平衡性，是词典宏观结构整体加工的重要步骤，也是词典宏观结构得以优化的重要保证。但是，结构性增词注重的是词典宏观结构的体系完善，是从编纂者视角进行的宏观结构的优化。对词典用户而言，可能并没有增加信息量，对异形字、词主副条目的调整即是如此。

3. 词典收词立目原则变化引起的词目单位的扩充或调整

词典需要对目标描写语言系统中数以万计，乃至十万计的语言单位进行立目资格的判断与处理。面对如此多的语言单位，往往需要参考多个立目原则。不同立目原则有时相互对立，因此会出现立目原则的竞争。在现代语文词典编纂中，立目原则的竞争主要指在对语言单位立目资格进行判断时，是应该更注重语言单位的覆盖性，还是应该更注重语言单位的典型性。

语言单位的覆盖性是指语言单位对所有与之相关的语言使用情况的统辖程度。语言单位的典型性是指在同一个聚合中，某一语言单位对整个范畴的代表性程度。例如，"金玉"可以组成"金玉良言""金玉其外，败絮其中"，如果秉承覆盖性原则，则"金玉"立目，在配例中出现"金玉良言"和"金玉其外，败絮其中"即可。但是如果秉承典型性原则，则"金玉良言""金玉其外，败絮其中"应该立目，因为这两个词才是习用性单位。可见，覆盖性原则关注的是语言单位所有可能的组合关系，典型性原则关注的是语言单位在特定范畴内的聚合关系。这两

---

① "卑鄙龌龊"的立目资格需要商榷。由于汉语在词汇层面的冗余度问题，在语言单位的组合过程中往往会出现语义的重复，通常多见于词，如"途径""道路""寒冷""愚蠢"等。它们符合汉语"1+1"的语音韵律结构要求，通常被视为典型的词汇单位，自然也是词典中的立目单位。除此之外，一些词组或习语成分也具有冗余性特征，如"无耻下流""卑鄙无耻""美丽动人""机智灵活"等（汉语的一些句子也同样如此，如"只许成功，不许失败""要谦虚，不要骄傲"等，但它们不是词典立目对象，此处不予讨论）。因此，当"卑鄙龌龊"增补为立目单位时，考虑到词典立目的系统性标准，与之结构类似的"卑鄙无耻"等是否需要立目也应该考虑。

② 关于复杂词汇单位立目情况的分析，详见本书第七章第二节。

种原则在《简明牛津词典》与《现代汉语词典》的立目单位资格判定中总是竞争性并存的。

在《简明牛津词典》第 8 版之前，编纂者更关注立目单位的覆盖性，这样很多派生词或习用单位只能作为内词目出现，如在第 1 版中，"solely"被视为派生词，置于根词"sole³"之下作为内词目出现。在第 8 版中，"solely"从"sole"下分离出来并单独立目。第 8 版改变了前期版本的做法。"本词典包含了大量的派生词，比如'-ly''-ness''-able'等"（见《简明牛津词典》第 8 版前言）。在第 8 版中，"depersonalization""indefinitely""pledgee""plushy""plucky""softly""solidify"等派生词都独立立目。

自《简明牛津词典》第 10 版之后，除了派生词不再依附于根词单独立目之外，越来越多的词组和习语也从主词目下分离出来，成为独立词目。在第 10 版中，"cat's tail""ice milk""old man""small talk"等都独立立目，而不再像之前版本那样，分别置于主词目"cat""ice""old"和"small"之后。这是现代词典中以方便用户查询为导向的"用户友善"原则在词典立目中的体现，它使词典由综合型宏观结构变为分析型宏观结构。不过在语言单位由内词目调整为独立词目的问题上，《简明牛津词典》相关版本也有处理不一致的情况，如在第 10 版中，习语"green-eyed monster"（源于莎士比亚戏剧的绿眼妖魔，转指嫉妒）独立立目，而在第 12 版中，"green-eyed monster"则出现在词目"green"下的短语栏中，不再具有独立立目资格。与"green-eyed monster"同一性质的"catch-22"（第二十二条军规）在《简明牛津词典》第 6 版中被收录在"catch²"之下，而在第 12 版中则独立出条。这样就出现了同一类型语言单位的立目调整完全相反的情况。

由于汉语自身的特点，在《现代汉语词典》中，如果强调立目单位的覆盖性，则立目单位通常是词或语素。而如果强调立目单位的典型性，则除了语素、词之外，立目单位还可能是词组或习语。但是，现代汉语中词与词组的界限很难界定，所以立目单位的确定难度要高于同类型的英语词典。

自《现代汉语词典》试印版开始，"高跟儿鞋"就作为立目单位出现。谭景春（2013）指出，近年来，"坡跟儿鞋、平跟儿鞋"等说法也很常见。从语言符号聚合的角度看，这些语言单位构成了一个类义聚合。第6版本来打算仿照已经收录的"高跟儿鞋"，补收"坡跟儿鞋""平跟儿鞋"，即通过结构性增词的方式实现收词的平衡。但谭景春指出，与

"高跟儿鞋""坡跟儿鞋""平跟儿鞋"相比，"高跟、坡跟、平跟"的组合面较宽，并且可以用在"是……的"结构中，如"这双是高跟的"，因此第6版删掉"高跟儿鞋"，代之以"高跟"，同时增补了"平跟"和"坡跟"这两个立目单位。这是一个典型的覆盖性原则在词典立目资格调整中起作用的例子，在这一原则影响下，语言单位的组合能力成为立目资格的判定标准。

与上面的个例相比，极具典型性和代表性的一种情况是现代汉语词典对类词缀立目资格的判定。类词缀极具能产性，张家太（1988）指出，在20世纪80年代产生的新词中，相当多的一部分是词根与类词缀加合之后形成的附加式新词，如"企业化""可读性""留学热""外向型""知名度"等。王洪君和富丽（2005）将类词缀的能产性分为两个部分：一是参与构造已有词语的能力，即通常所说的"组合能力"；二是按照其搭配的单向性特点，构造出从未出现过的新词、新语的能力，即"新生类推潜能"。这样，在词典立目中，如果强调立目单位对尽可能多的语言使用实例的覆盖程度，则应该将类词缀立目。不过，因为类词缀是实词意义尚未完全虚化的结果，原有的词汇意义会被不同程度地保留，因此更常见的词典处理方式是在相关实词的词条结构中增设一个新义项，如：

> 奴　nú　① 旧社会受压迫、剥削、役使而没有人身自由等政治权利的人（跟"主"相对）：～隶|农～。② 青年女子的自称（多见于早期白话）。③像对待奴隶一样的（蹂躏、使用）：奴役。（《现代汉语词典》第5版）
>
> 奴　nú　① 旧社会受压迫、剥削、役使而没有人身自由等政治权利的人（跟"主"相对）：～隶|农～。② <u>称失去某种自由的人，特指为了偿还贷款而不得不辛苦劳作的人（含贬义或戏谑意）</u>：洋～|守财～|车～|房～。③青年女子的自称（多见于早期白话）。④ 像对待奴隶一样的（蹂躏、使用）：奴役。（《现代汉语词典》第6、7版）

在现代汉语中出现了大量的"X"+类词缀"奴"形成的词语，其中的一些，如"房奴"和"车奴"等，具有较高的社会接受度和使用频率。而且，考虑到"奴"的新词类推潜能，新的词汇随时可能会出现，如现在已经在使用的"孩奴""卡奴"等。因此自《现代汉语词典》第6 版开始，在原有的"奴"字头下面设立了新的义项，对相关语言使用实例具有很强的概括性，同时也为可能出现的新的类推词预留了位置。这是覆盖率原则在起作用。

需要注意的是，并不是每个类似"奴"的词族在《现代汉语词典》中都采取上述方式予以处理。《现代汉语词典》第 5 版收录了"黑客"，《现代汉语词典》第 6 版又补充了"播客""拼客"和"晒客"，这遵循的是典型性立目原则。而在语言使用中，"-客"作为一个具有较高能产性的后缀，还可以组成"闪客""骇客""秀客""拍客""背包客"等语言单位。从词典立目的系统性上考虑，对后缀"-客"的处理应该与"-奴"的处理一致，采用覆盖性立目原则更具有概括性。

4. 具有多个义项的语言单位在词典立目中的分合

多义词与同音词①是人类语言中常见的现象，是语言经济性原则的体现。《简明牛津词典》自第 1 版开始，就通过在立目单位右肩添加阿拉伯数字的方法，系统性地区分多义词与（同形）同音词。在《简明牛津词典》第 1 版中，词位"bank"被五次立目，分别是"bank¹""bank²""bank³""bank⁴"和"bank⁵"。《现代汉语词典》从试印本开始，对同音词与多义词的处理也沿用了这种方法。

词汇总是处在变化之中的，词典编纂者对词汇单位内部语义关系的梳理也一直在进行。相应地，在《简明牛津词典》和《现代汉语词典》中，同形词的立目分合也在调整。一些词位在最初版本中被确立为同音词，后被调整为多义词，出现了"多合一"的情况②。还有一些词位本来被视为多义词，后来被确定为同音词，需要分立条目，出现了"一变多"的情况。同形词"一变多"又分为两类。第一类是新的意义出现，与原来的某一语言单位偶然同形，如在第 1 版中，同形同音词"tart"被分立为两个立目单位"tart¹"和"tart²"，分别指"尖刻的；酸的；严厉的"和"果馅饼"之义。在第 10 版中，"tart"增补了"妓女"义，立

---

① 同音词分为同形同音词与异形同音词两类。前者如"bank"（银行）与"bank"（河岸）、"强项"（名词，实力强的项目）与"强项"（形容词，不可低头，形容刚强正直不屈服）；后者如"four"与"for"、"成"与"乘"等。在词典编纂中，异形同音词因为形体不同总是会独自分别立目，只有同形同义词才涉及立目单位分合的问题。因此本书中的同音词指的是同形同音词。

② "taste"在《简明牛津词典》第1版中被分立为"taste¹"和"taste²"两个立目单位。在第10版中"taste¹"和"taste²"合并为一个"taste"。分合的依据是第 1 版中，"taste¹"和"taste²"下分别有不同的词源信息，到第 10 版，"taste¹"和"taste²"被认为有同一个词源。立目单位的分合随着词源信息的调整而调整。在《简明牛津词典》第 7 版中分立条目的"incline""incense""incorporate""incuse""increase""indent""incumbent"等，在第 8 版中都全部被视为多义词，被调整为一个词位。

目单位变成了"tart¹""tart²""tart³"。第二类是后续版本中词源信息有了新变化,某一语言符号不再被认为是多义词关系而是同形同音关系,因此需要分别立目,如在第 8 版中"incense"被处理为多义词位,在第 10 版中则被分立为"incense¹""incense²",原因是"incense¹"(焚香产生的烟)的词源是古法语,"incense²"(激怒)的词源是拉丁语。同样的还有"indent",在第 10 版中也分立词目,"indent¹"(切割成锯齿状)产生于中古英语,"indent²"(缩进排版)是现代英语的产物。

值得称道的是,《简明牛津词典》对立目单位的分合,一直是建立在词源研究基础之上的。词源具有同一性的同形词被认为是多义词,而词源来源不同的则被认为是同音词。在中型语文词典中,这是非常难得的。从源头上看,这归功于《简明牛津词典》对其母本词典《牛津英语词典》在词源研究方面的继承与发展。

《现代汉语词典》中同形词立目的分合也一直在调整。自《现代汉语词典》试印本到第 5 版,字头"零"一直被处理为同音词,立目单位有"零 ¹"和"零 ²"两个。在第 6 和第 7 版中,"零 ¹"和"零 ²"合而为一,作为多义词目出现。同样地,第 5 版中只有表示"月球绕地球运行的轨道"义的"白道",在第 6 和第 7 版中,这一义项被置于"白道 ²"之下,另外增设了"白道 ¹",表示"正当的或合法的途径"以及"合法的组织,有时特指政府机关"。

与《简明牛津词典》相比,《现代汉语词典》同形词立目的分合强调的是相关义项在语义上的联系。语义联系是一个程度问题,主观性较为突出。"迄今为止,关于同形符号需要达到多大的意义区分度才能作为同音词单独立目,而不是作为多义词的义项之一出现,仍没有一个可操作性的标准进行判定。"(于屏方、杜家利,2010:68)

第三节 本 章 小 结

总的来看,《简明牛津词典》和《现代汉语词典》在宏观结构上呈持续增容状态,但增容方向不同。《简明牛津词典》自第 6 版之后,词目增容部分以科技类术语居多,多表现为词族形式的集合性增录。《现代汉语词典》第 3 版删除大量过时的科技词汇,并增收大量新词,语文性特点进一步彰显。自第 3 版之后,《现代汉语词典》增容体现在三个方面：一是新词语的增补，但科技类新词语数量比《简明牛津词典》少很多；二是第 3 版之后，各版次都在补收因为种种原因而失收的常用语言单位，如"翻腾""不敢""千山万水"等。三是结构性增词。这是《现代汉语词典》相关版本宏观结构通过内部优化而趋于完善的重要表现。

　　《简明牛津词典》与《现代汉语词典》在宏观结构增容方面表现出来的差异，与语言内外的因素有关。

　　首先，在一定程度上，汉、英语在文字系统上的差异导致了《简明牛津词典》与《现代汉语词典》在词目增容上的差异。英语为表音文字，书写系统随着读音的改变而发生相应调整，古今字形之间会形成明显的区别。并且，英语书写系统中，词与词之间的界限非常清楚。在现代语料库技术的帮助下，具有稳固性和习用性的语言符号失收的可能性不大。汉字的情况完全不同。与英语相比，汉字具有跨越时空和地域的特点，字形具有较强的稳定性，因此古汉字有更大的概率在词典的宏观结构中占有一席之地。这也是自第 3 版之后古旧词语在《现代汉语词典》宏观结构中得以"复活"的原因之一。

　　其次，是因为《简明牛津词典》和《现代汉语词典》的词典系统性和体系性的差异。毫无疑问，《简明牛津词典》是牛津家族中的经典之作。但是，由于英语居于国际通用语地位，英语语文词典编纂非常繁荣，数量众多，类型各异。除了《简明牛津词典》之外，《钱伯斯英语词典》《柯林斯英语词典》等同类型产品比肩存在，形成了非常完整的词典系列产品。因此，《简明牛津词典》无须面面俱到，反而更需要在词典之林中彰显自己的编纂特色。而《现代汉语词典》作为当代中国社会一部主要的通用型语文词典，需要满足各类用户的多种查考要求。在"一部《现代汉语词典》打天下"的情况下，《现代汉语词典》所担负的查询功能非常多，如《现代汉语词典》对部分古语词的复活性收录就与用户的查考性要求直接相关，因此必须在宏观结构中兼顾查考性需求。

　　最后，计算机技术和语料库技术在不同文化中的介入程度不同，这也在一定程度上改变了相应文化中的词典编纂传统，有时甚至加大了不同词典编纂传统中的差距。自第 8 版开始，计算机在《简明牛津词典》中的介入程度越来越深，大规模的词频统计成为词典立目的必要准备和基础条件，这从技术上保证了各类英语词汇——包括高频词、常用词、低频词以及科技词汇等的提取的科学和便捷。科技词汇由于种类繁多，数目巨大，在前计算机时代的词典编纂中只能依靠编纂者的主观判断，收录的非系统性突出。语料库的出现以及强大的语料提取工具的应用，为《简明牛津词典》对科技领域立目单位的选择提供了可靠的依据。在我国语文词典的编纂中，计算机辅助编纂功能尚未得到全面开发，语言单位的频率信息无法得到准确描写，因此汉语语文词典中常见词的失收较为常见。

第四章 《现代汉语词典》与《简明牛津词典》宏观结构的语文性与百科性

> 还必须记住，词典分为百科性与语文性两种，并不意味着一部词典必须非此即彼……我们将表明，几乎在所有词典中都有百科性成分。其中某些成分是不可避免的，某些成分是因为词典编纂者希望其著作具有某种特色。
>
> ——兹古斯塔（Zgusta，1971：274）

语文词典与百科词典是词典类型学研究中最早的、最重要的区分。在谢尔巴（Shcherba，1940）著名的《词典编纂学一般理论初探》中，"语文词典"与"百科词典"作为经典的二分对立类型出现。通常认为，语文词典收录、描写的对象是语言符号及其形式和意义，是"名"之典；百科词典收录的是词汇单位所指的客观对象，是对事物本身进行的说明，是"物"之典。但是，理论上的分类在词典编纂实践中却总是被违反——语文词典的词表总是包含着或多或少的百科条目，这甚至可以被认为是一个古老的词典编纂传统。

第一节 语文词典中的百科词汇

词典是一种重要的社会和文化产品，词典所呈现的内容涉及人类社会的方方面面。因此，词典宏观结构中主体成分——词典立目单位，自然具有异质性特点。阿特金斯和朗德尔（Atkins & Rundell，2008：178）在《牛津实用词典编纂指南》中论述了在确定语文词典所包含的词目类型时需要考虑的因素，具体如图 4-1 所示。

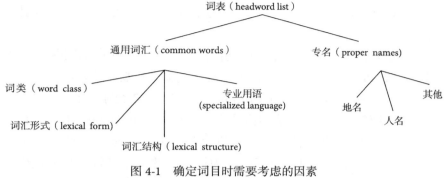

图 4-1 确定词目时需要考虑的因素
资料来源：Atkins & Rundell（2008：178）

　　语言哲学家密尔把绝大多数语言符号视为名称，认为名称分为通名和专名两类。密尔认为，通名既有内涵又有外延，专名没有内涵只有外延。后来的学者，如弗雷格，认为专名既有指称也有意义（转引自陈嘉映，2003：323，325）。从图 4-1 可以看出，阿特金斯和朗德尔认为语文词典的宏观结构中应该包含两个基本模块——通用词汇与专名，二者对应的就是密尔所说的通名与专名。在通用词汇之下，阿特金斯和朗德尔分出词类、词汇形式、词汇结构与专业用语四个子类型。这是词目确立时需要考虑的第二个层次。问题是，第二层次的四个分类——词类、词汇形式、词汇结构与专业用语并不在一个逻辑层面上。词类、词汇形式、词汇结构分别描写了通用词汇的语法属性、派生与屈折变化以及词汇单位的组成形式，是对语言单位基本属性的分类，而专业用语则与学科领域相关，是从使用方面着眼的。通常情况下，学界会把通用词汇、专业术语与专名并列，置于同一层面。但在阿特金斯和朗德尔看来，专业用语是作为通用词汇的下位分类出现的。这体现了英语语文词典编纂者对通用词汇与专业词汇关系的现代定位。换言之，在现代英语语文词典中，专业用语被认为是通用词汇的一个不可或缺的部分，必须包含在词表之中。传统上，汉语与学界倾向于把通用词汇等同于语文性词汇，并把专名与专业术语合在一起，统称为百科性词汇。这一种分类方法与谢尔巴关于"语文词典"与"百科词典"的分类吻合，也是本书所采用的分类方法。

　　目前，在百科词条的词典收录问题上，国内外语文词典编纂界有两种截然不同的观点。一种观点认为语文词典的主要任务是处理语言符号，在无法完全杜绝百科词汇入典的现实情况下，应该严格限制对百科词条的收录；另外一种观点则认为百科信息在日常生活中的介入程度越来越高，语文词典理应对其进行如实记录和描写（参见 Svensén，1993；

Atkins & Rundell，2008）。词典理论上的分歧必然导致词典编纂实践上的差异。

下面我们从词典用户视角分析百科词汇的词典收录问题。塔普（Tarp，2008）指出，词典用户的信息查询需求主要分为四类，分别是交际信息（communicative information）查询，指在交际场景中为了解决问题而产生的查询需求；认知信息（cognitive information）查询，即为了获取某一知识产生的查询需要；执行性信息（operative information）查询，即为了明白如何执行某一行为而产生的信息查询；解释性信息（interpretive information）查询，即为了解释或理解某一符号、指号或信号而产生的信息查询。在词典宏观结构中，交际信息表现为各种常规的语言单位，是语文词典收录的重点，也是其难点所在。认知信息表现为百科词目所承载的相关信息。执行性信息和解释性信息则与词典总体结构中的"用户指南"部分或者"符号说明"部分相关。可见，从用户视角来看，词典宏观结构部分至少要包含交际信息与认知信息，二者分别对应语言性信息和百科性信息。

按照认知语言学的观点，认知过程是多重知识同时参与的过程。语言是人类认知活动的一个重要组成部分，语言知识与百科知识之间并没有明确的界限。因此，语文词典是否应该包括百科词目，如果包括，应该包括何种类型的百科条目，百科条目的收录层次和比例如何等，都是词典编纂者需要考虑的问题。除此之外，编纂者也需要考虑百科词目在词典中所处的位置。

词典被认为是一种特殊类型的语篇（Frawley，1989）。词典中的大多数符号都被处理为语篇内成分（intra-textual material），余下部分被处理为语篇外成分（extra-textual material）。前者构成主词表（central wordlist），后者多表现为附录的一部分，为副词表。一些词典如果只有一套主词表，则对应的是单一型宏观结构。更多的词典除了主词表之外，还在附录部分集中收录某种（些）类型的信息，形成副词表。主、副词表结合在一起，形成复合型宏观结构。

语文词典以通用词汇为收录主体，多采用单一型宏观结构。但是，早期的一些语文词典采取了变通的处理方法，把一些百科词条集中放在后置页部分，作为附录出现。例如，《简明牛津词典》第 1 版在附录部分提供专有名词的发音，《现代汉语词典》试印本在附录部分收录了人名、地名约 5000 条。这种复合型宏观结构可以使词典正文部分呈现出更为纯粹的语文性特点，但从使用效果上看，词典用户往往只查询中心词表而忽略了附录词表。在词典用户视角研究日益受到重视的今天，现代语文词典编纂中更经常的做法是：百科词汇与通用词汇一起出现在主词表中，形成单一型的词表结构。本书只关注语文词典主词表中百科词汇的收录情况，如无特殊需要，对附录部分的百科条目不予分析。

在《简明牛津词典》和《现代汉语词典》中，主词表中立目单位的构成、立目单位的异质性程度以及立目单位的标准，一直在进行不同程度的调整和变化。下面，笔者分别分析专名和专业性词汇在两部词典中的处理情况。

第二节 《现代汉语词典》与《简明牛津词典》对专名的处理

语文词典的主要处理单位（treatment unit）是语言单位及其意义。专名因为只有指称（referent），没有意义，似乎不具备作为语文词典基本处理单位的资格。但是，在语言经济性原则的作用下，专名会通过隐喻或提喻等方法派生出新的义项，如"Pecksniff"（狄更斯小说中的人物佩克斯列夫，喜欢用甜言蜜语大谈仁爱之道）引申出的"伪善者"之义，原有的专名和后来派生的语文义共存。一些专名的引申义使用频率非常高，有可能超过专名义，如"红娘"和"Don Juan"（唐璜），原来的专名义甚至被淡化为隐藏的理据义。

从意义派生情况来看，专名可以分为两类：一是没有派生出任何通用意义的纯粹性单一性符号，如"New York""上海"等，本书称之为纯粹型专名。二是专名义与通用义并存的多义性符号，如"Dulcinea""泰山"，本书称之为兼容型专名。下面就这两种情况分别论述。

一、《现代汉语词典》中专名的立目情况分析

（一）《现代汉语词典》纯粹型专名的收录情况

与《简明牛津词典》第1版所明确宣称的"专名不入语典"不同，《现代汉语词典》试印本在定位上偏向百科性。该版词典在后置页的附录部分提供了"人名录"，收录"在历史上有较大作用、对今天社会有较大影响的历史人物（包括少数古史中传说人物）"。后置页部分还有"地名录"，收录"县级以上行政区划（不包括专区）和两万以上的县（人口指县治）及城镇；人口两万以下而在经济、文化、交通等方面有

重要意义的县和城镇；世界国家、各国首都、著名城市等；海洋、湖泊、大山、大河、著名高原、平原等"。还有"中国历代纪元表"，收录范围"从传说中的'五帝'时代开始，到 1949 年中华人民共和国成立为止"。

试印本的正文部分也收录了大量的人名并立目，其中有"西王母""女娲""鲁智深""嫦娥""猪八戒""孙悟空""武松""堂·吉诃德""保尔·柯察金""鲁滨逊"等中外人名；有"中法战争""武昌起义""北魏""北齐"等大量历史事件名称与朝代名称；还有大量的机构名称，如"中国共产党""中国国民党""中国共产主义青年团"等。相比之下地名立目较少。

关于词典宏观结构中是否可以出现纯粹型专名，试印本在处理上是矛盾的，如在试印本中"鲁班尺"立目，"鲁班"不立目；"诸葛亮会"立目，"诸葛亮"不立目。显然编纂者认为作为纯粹型专名的"鲁班"和"诸葛亮"不宜在语文词典中立目，但问题是"鲁智深""武松""鲁滨逊"等却在该版本中立目并释义，对纯粹型专名立目的差异性处理有自乱体例之嫌。而且试印本中"孙悟空""猪八戒"立目，但"唐僧""沙和尚"没有立目，这是试印本立目非系统性的一个表现。

《现代汉语词典》第 1 版中，后置页部分不再提供人名和地名，相关专名大部分被删除，小部分被移植到词典正文中，这样就从试印本中的复合型宏观结构调整为单一型宏观结构，体系性更为完整。在第 1 版中，试印本中立目的"西王母""女娲""嫦娥""猪八戒""孙悟空""鲁智深""武松""堂·吉诃德""保尔·柯察金""鲁滨逊"等人名在第 1 版中被全部删除，只有"西王母"依然立目。自此之后，《现代汉语词典》中纯粹型专名收录的主体是除朝代名之外，以哲学社会科学条目居多，且与我国政治政策高度契合。除试印本中的"列宁主义""马克思主义""五卅运动""五四运动"等哲社条目外，第 1 版中哲社条目的收录范围更广，"王小波李顺起义""陈胜吴广起义"也收录并立目。自第 4 版开始，反映我国新的政治政策的词语在《现代汉语词典》词表中系统性出现，如第 4 版新增"一国两制""三个代表""科教兴国"等；第 5 版新增"霸权主义""第三国际"等；第 6 版新增"党建""党组"等；第 7 版新增的此类词语尤其多，包括"中国梦""社会主义核心价值观""八项规定""两个一百年""简政放权""三严三实""四风""四个全面""中国特色社会主义""四项基本原则""新殖民主义""五大发展理念""一带一路"等①。可见，与《简明牛津词典》基本不收录纯粹型专名不同，《现代汉语词典》更注重收录具有历史意义和政治意义的纯粹型专名，意识形态特色鲜明。"语文词典收录哲学、社会科学词汇，势必涉及词典的思想性和倾向性问题"（刘庆隆，1982），如果"部分哲社条目一时难以定夺，专门抽印送有关专业单位和上级文化宣传的主管部门重点审查"（李志江，1996）。

《现代汉语词典》与《简明牛津词典》在哲社条目收录上的差异，主要源于两部词典在编纂宗旨和类型定位上的差异。《现代汉语词典》是由国务院责成编纂的语文词典，是国家重点项目，必须反映国家意志，起到文化引领的导向作用。《简明牛津词典》是由出版社发起编纂的，是旨在解决《牛津英语词典》编纂经费问题的商业性词典，更关注用户需求和市场效应。

（二）《现代汉语词典》对兼容型专名的收录

如前所述，对于派生出通用意义的兼容型专名，通常语文词典会考虑将其收入词典词表之中。在《现代汉语词典》试印本中有不少这样的例子。

阿Q Ā Qiū，Ā Kiū 又鲁迅著名小说《阿Q正传》中的主人公，是"精神胜利者"的典型，受了屈辱，不敢正视，反而用自我安慰的办法，把自己说成是个"胜利者"。现在常用来泛指具有这种性格的人。

阿斗 Ā Dǒu 三国蜀汉后主刘禅的小名。阿斗为人庸碌懦弱，现在常用来泛指具有这种性格的人。

西施 Xīshī 春秋时越王勾践送给吴王夫差的美女。历史把她当做美人的典型。也叫西子。

嫦娥 Cháng·é 神话中由人间飞到月亮里去的仙女。旧时文学作品中把她作为风姿出俗的美女的典型。

红娘 Hóngniáng 《西厢记》中重要人物之一，崔莺莺的侍女，聪明正直，活泼可爱，促成了莺莺和张生的结合，是帮助别人完成美满姻缘的善良人物的典型。

---

① 除此之外，一些新闻或政论中常见的词语，如"灯下黑""以其昏昏，使人昭昭""法不阿贵，绳不挠曲""踏石留印，抓铁有痕""丹书铁券""铁帽子王"等也被增补到第7版的词表之中。

但是，一些同样派生出语文义的专名，如"诸葛亮""雷锋""陈世美""祥林嫂""武大郎""东郭先生""孔乙己""林黛玉""葛朗台"等，在试印本中并没有立目。显然该版本中兼容型专名的立目标准并不明确，这在词典编纂初期，在基本编纂范式尚未确立的情况下是难以避免的。在后期版本中，兼容型专名的立目标准应该逐渐明晰和确定。下面我们逐一考查《现代汉语词典》第1—7版中上述专名的立目情况，如表4-1所示。

表4-1 《现代汉语词典》第1—7版兼容型专名立目情况个案分析

词典版本	专名								
	陈世美	东郭先生	葛朗台	孔乙己	雷锋	林黛玉	祥林嫂	武大郎	诸葛亮
第1版	未收	未收	未收	未收	未收	未收	未收	未收	未收
第2版	未收	未收	未收	未收	未收	未收	未收	未收	立目
第3版	立目	立目	未收	未收	未收	未收	未收	未收	立目
第4版	立目	立目	未收	未收	未收	未收	未收	未收	立目
第5版	立目	立目	未收	未收	未收	未收	未收	未收	立目
第6版	立目	立目	未收	未收	未收	未收	未收	未收	立目
第7版	立目	立目	未收	未收	未收	未收	未收	未收	立目

从表4-1可以看出，在上述兼容型专名立目的处理上，第1版与试印本完全一样。第2版中"诸葛亮"立目，其余未收录。从第3版开始，"陈世美""东郭先生"增补立目，一直到第7版，再未有任何变化。实际上，"葛朗台"的"吝啬"义、"孔乙己"的"寒酸迂腐的书呆子"义、"雷锋"的"不计报酬，乐于助人"义、"林黛玉"的"病弱"义、"祥林嫂"的"反复诉说悲惨经历"义、"武大郎"的"矮个子"义，在现代汉语中都已经基本固化，普通语文词典可以考虑增补这些专名并解释其相应的引申义。

二、《简明牛津词典》中专名的立目情况分析

传统上，英语语文词典对专名的收录一直较为谨慎。约翰逊在其《英语词典》的前言部分，就提出要少收专名。在《英语词典》中专名的缺失甚至破坏了词典释义的闭环性，"释义中用到的'Cartesian'（笛卡儿）、'Diogenes'（提奥奇尼斯）以及'Mahomet'（穆罕默德）等都没有立目"（郭启新，2011）。《英语词典》的专名处理范式在《牛津英语词典》中得以传承，如《牛津英语词典》在"aardvark"（土豚）的释义中使用了"south-Africa"（南非），但在该词典中

"south-Africa"并没有立目。《牛津英语词典》的主编默里（Murray）在词典前言中试图解释其中的原因，后来"African"被编入了《牛津英语词典》补编部分。实际上，对专名的排斥是 20 世纪之前牛津词典的一个传统做法（Higashi，1992）。作为《简明牛津词典》的蓝本词典，《牛津英语词典》对《简明牛津词典》专名立目的影响显而易见，而且在专名入典问题上，与之前的牛津家族其他语文词典相比，《简明牛津词典》的标准更为严格。

（一）《简明牛津词典》对纯粹型专名的收录概况

按照一直秉承的"专名不入语典"的原则，《简明牛津词典》不应该收录纯粹型专名。但是，在交际过程中，一些专名作为背景信息必须出现，否则会影响交际的顺利进行。在理解习语"carry coal to Newcastle"（往英国的煤炭之都纽卡斯尔运煤；多此一举）时，必须要以明了"Newcastle"是英国的煤炭之都为前提。同样，要理解"周瑜打黄盖""既生瑜，何生亮"这两个习语，还必须要知道在这两个习用性表达中，专名"周瑜"所激活的百科知识框架并不相同。因此，在交际过程中语言信息与百科信息相互交织，不可能把二者完全剥离开来。分析词典文本可以发现，《简明牛津词典》相关版本中收录了少量的纯粹型专名，具体分为如下四种类型。

1. 《简明牛津词典》中专名的隐性收录

《简明牛津词典》第 1 版比较严格地遵循"专名不入语典"的立目原则。在立目单位"Odyssey"（奥德赛）与"Iliad"（伊利亚特）的释义中都出现了专名"Homer"（荷马）和"Troy"（特洛伊），但二者在第 1 版中都没有立目。这种情况遵循了"专名不入语典"的立目原则，但却违反了语文词典编纂中的"闭环原则"——所有在释义中出现的词，同时必须是词典词表的立目单位（Burchfield，1980：6）。对"闭环原则"的违反是语文词典编纂中的大忌，这是早期语文词典编纂中经常出现的问题。

词典编纂是一个非常复杂的工程。一部优秀的词典必须要遵循刚性的原则，同时也会酌情使用一些柔性的策略。这一点在《简明牛津词典》的专名处理问题上尤其明显。一方面，福勒兄弟要尽力维护他们在《简明牛津词典》第 1 版前言中所宣示的编纂原则——"这是一部语文词典，不是一部百科全书"，由此保证词典宏观结构的语文性特征；另一方面，他们根据情况在语文条目右项部分的任意信息区域内，如释义、配例以及词源信息等区域，隐性地植入一些纯粹型专名，通常还提供释义，具体类型如下。

（1）在释义中隐性收录纯粹型专名

> Platonic, a. & n. Of <u>Plato</u>（与柏拉图相关的），<u>Greek philosopher</u>（<u>柏拉图是希腊的哲学家</u>）（d. circ. 347 B.C.），or his doctrine（与柏拉图的学说相关的）……

在其后的版本中，这种通过释义进行专名隐性立目的情况依然存在。下面的例子来自《简明牛津词典》第 12 版。

> Orwellian（奥威尔式的）adj. of or characteristic of <u>the work of the British novelist George Orwell</u>（1903-50），<u>especially with reference to the totalitarian stage as depicted in</u> *Nineteen Eighty-Four.*（英国小说家乔治·奥威尔（1903-50）风格的，尤指与他的<u>作品《一九八四》中描写的极权主义</u>相关的）

（2）在例证中隐性收录纯粹型专名

> Trojan, a. & n. (inhabitant) of Troy; *T. War*（特洛伊战争）（between Greeks under Agamemnon & Trojans under Priam）（<u>希腊人和特洛伊人的战争，希腊的主帅是阿伽门农，特洛伊的主帅是普里阿摩斯</u>）；（fig.）person who works or fights or endures courageously, esp. *Like a T.*

（3）在词源部分隐性收录纯粹型专名

> Homeric, a. Of, in the style of Homer or the poems ascribed to him. [f. L f. Gk homérikos [Homéros, traditional author of Iliad & Odyssey, see-IC]（<u>Homéros 源于希腊语 homérikos，homérikos 是《伊利亚特》和《奥德赛》的作者</u>）

上述对纯粹型专名的隐含式收录，可以看作《简明牛津词典》柔性处理策略的一种体现。一方面，福勒兄弟要尽量维护《简明牛津词典》宏观结构的语文性特征，因此"专名不入语典"的立目原则必须要遵守；另一方面，福勒兄弟也意识到语文信息与百科信息之间没有清楚的界限，一些语言单位必须要借助专名才能被正确地解码。基于上述原因，福勒兄弟把认为不适合在词条左项部分（即词典的宏观结构）出现的纯粹型专名，转移到词条的右项部分（即词典的微观结构），这不失为一种变通的做法。不过这种处理方式有时会导致词典的闭环性被连环式地破坏，如在立目单位"Trojan"（特洛伊式的）下植入了专名"Trojan war"（特洛伊战争），在"Trojan war"的释义中又出现了专名"Agamemnon"（阿伽门农）和"Priam"（普里阿摩斯），而这两个专名并没有在该词典中的任何一个地方出现。在"闭环原则"与"专名不入语典原则"相对立的情况下，福勒兄弟会选择后者，以最大限度地维护词典宏观结构的语文性特点。

2. 《简明牛津词典》中专名被"顺带收录"或"顺带释义"

"顺带"也是词典编纂中经常会使用的柔性策略之一，指的是按照词典编纂的常规做法，某一语言成分或意义单位应该在词典中被立目或释义。同时，由于语言经济性原则，或者由于不同语言间的接触，该语言成分可能与另一语言成分偶然同形，或与另一本来并无联系的意义单位共存于同一词形之中。而按照词典类型或编纂宗旨，后者本不必被词典收录和描写。但编纂者在为前者立目、释义时，把后者也"顺带"收录进词表中或进行释义，例如：

> Nizam, n. Ruler of Hyderabad（海得拉巴的统治者）；(man, men, of) Turkish regular army（土耳其常规军）
>
> Renaissance（文艺复兴），n. <u>Revival of art & letters under influence of classical models in 14th-16th cc.</u>，（<u>公元 14 到 16 世纪在古典思潮影响下艺术与文化的复兴</u>）period of its progress（指整个复兴时期），style of art & architecture developed by it（文艺复兴运动中兴起的艺术和建筑风格），(often attrib., as *r. painters, architecture, church*)（经常定语，比如"文艺复兴时期的画家、建筑、教堂"）；any similar revival（类似的运动）……

"Nizam"的第一个义项"海得拉巴的统治者"是一个典型的纯粹型专名，本不宜收录，但是因为第二个义项"土耳其常规军"是通用语文义，因此其专名形式也顺带被释义。"Renaissance"的第一个义项是专名义，其后的"文艺复兴时期""与文艺复兴有关的"是通名义。专名义本不应该被释义，但专名义是后面通名义产生的基础，因此专名也被"顺带"释义。

在某些情况下，"顺带"收词策略会与其他策略同时起作用。下面的例子来自《简明牛津词典》第 1 版。

> Odyssey（奥德赛），n. One of two great ancient-Greek national epics（希腊的两部古典史诗之一）(cf. ILIAD)（参见伊利亚特）describing adventures of Odysseus or Ulysses returning from siege of Troy（描写的是特洛伊战争之后，奥德赛奔赴故国的经历）; any of the 24 books of this（in the fourth & c. O.); series of wanderings, long adventurous journey（颠沛流离；危险的旅途）.
>
> Iliad（伊利亚特），n. Epic poem attributed to Homer & describing siege of Troy（伊利亚特，荷马史诗之一，描写特洛伊战争）: (fig.)（比喻用法）I. (long series) of woes（伊利亚特式的悲伤）.

"Odyssey"已经派生出非常稳定的义项"危险的旅途"，按照《简明牛津词典》第 1 版的立目原则，应该被立目，其专名义"希腊的两部古典史诗之一"属于顺带收录。问题出在"Iliad"的立目上。从上面的词条看，编纂者似乎认为"Iliad"已经派生出比喻义，并在右项部分出现了"fig."（比喻义）这一标识，但这一比喻义的载体是"Iliad of woes"而不是"Iliad"。我们认为，"Iliad"的收录，可能是"系统性收词"原则和"顺带收词"策略同时起作用的结果。从百科信息的角度看，"Odyssey"与"Iliad"是荷马的两部史诗，二者相互关涉、不可或缺。但是，这两部作品名称在意义引申过程中出现了意义发展的不平衡，前者有稳定的引申意，后者仍然只是一种专名指称，是不应该被词典收录的。但从收词系统性的角度看，两个并列的语言单位，如果一个被词典收录而另一个不被收录，则违反了系统性原则。可能是出于这一原因，"Iliad"就被"顺带"地收入词表之中。

3. 《简明牛津词典》中"以词带语型"的纯粹专名立目

传统语文词典编纂秉承"以词为中心"的收词理念，词是词典中最为常见的立目单位，短语通常出现在词的右项部分，作为内词目出现。如果词不立目，则相关短语无从依附。在《简明牛津词典》中，一些纯粹型专名的立目恰恰是为了引出与之相关的短语。从现代词典编纂的视角来看，短语才真正符合语文词典的立目要求。但早期语文词典倾向于"以词带语"，这可以被认为是英语词典立目"词本位观"的表现，例如：

> Greenwich(格林尼治) n. Town in Kent with State observatory（肯特郡的一个镇，国家天文台所在地）(**G. Time**, mean time for meridian of G., standard time in England & some other countries)（格林尼治标准时间，格林尼治本初子午线均值绝对离差时间，也是英国和其他一些国家的标准时间）
>
> John n. Masculine Christian name; *J. BARLEY corn; J. Bull,* English nation, typically English man. *Whence* **John-Bull**ism（约翰牛，指英国，尤指典型的英国人）……
>
> Solomon(所罗门), n. King of Israel reputed wisest of men (*is no S.*; SONG *of S.*), whence **Solomon**ic a.: S's seal, kinds of flowering plant with some likeness to lily of the valley.（所罗门的封印，指黄精，一种与百合相似的开花植物）

　　"Greenwich" 作为地名，属纯粹型专名，由其组成的习用短语 "Greenwich Time"（格林尼治标准时间）则属于进入交际领域的专业词汇，且其专业性程度因为在日常交际中使用的高频性而被淡化，理当被词典收录并释义。不过受"以词带语"的传统立目原则影响，"Greenwich Time" 在《简明牛津词典》第 1 版中只能作为 "Greenwich" 的配例出现。与一般配例不同的是，"Greenwich Time" 也被释义。同样，作为英语中常用的人名，"John" 不该立目，但《简明牛津词典》需由此引出 "John bull"（约翰牛，指英国，尤其是英国人）。同样，专名 "Solomon" 的立目，是为了引出派生词 "Solomonic" 和习用单位 "Solomon's seal"（黄精）。这种情况在《简明牛津词典》前期版本中较为多见。

　　在第 8 版中，一些纯粹型专名也作为立目单位出现，但不提供释义。收录的目的是列举与之相关的复合词、习语或谚语等，如 "Cain"（该隐，《圣经》中的人物）、"Coventry"（考文垂）和 "Melba"（澳大利亚歌剧演员梅尔巴）等，后面分别引出 "raise Cain"（大吵大闹）、"send a person to Coventry"（被忽视、被排斥）和 "Melba toast"（脆面包片）。

　　传统的"以词带语"的立目方式有其合理之处。我们可以从反面来看这个问题。在第 8 版中，纯粹型专名 "Rome"（罗马）从词表中被删除，这导致与"Rome"相关的习语，如"Rome was not built in a day"（罗马不是一天建成的）、"all roads lead to Rome"（条条大路通罗马）、"when in Rome do as Rome does"（入乡随俗）等都因无从附丽而从《简明牛津词典》中消失，这种情况一直延续到第 12 版。

4.《简明牛津词典》中部分纯粹型专名立目的主观性

1914 年，《简明牛津词典》第 1 版的增补版出版。在增补版的附录部分增补了一些伦敦的街道或建筑物名称，如"Bond Street"（邦德街）、"Buckingham Palace"（白金汉宫）、"South Kensington"（南肯辛顿）以及"Trafalgar Square"（特拉法加广场）等，这显然与福勒兄弟的"专名不入语典"立目标准相背离。福勒兄弟在增补版中对此的回应是，"我们觉得'Albert Hall'（阿尔伯特厅）和'Buckingham Palace'（白金汉宫）到目前为止已经产生了一些联想意义（connotative），词典用户可能会想知道它们的由来。词典用户可能想知道'Albert Hall'如何使用，谁住在'Buckingham Palace'里……至于'Albert Memorial'（阿尔伯特纪念馆），倒是一个不该收录的个例"。福勒兄弟的解释显然非常牵强，既然有词典用户想知道"Albert Hall"（阿尔伯特厅）怎样使用，难道就不会有词典用户想知道"Albert Memorial"（阿尔伯特纪念馆）是做什么用的吗？

《简明牛津词典》各版次在专名收录上都有一些主观性行为，导致即使在同一版中同一类型专名的立目也不统一。以《简明牛津词典》第 5 版为例。该版中立目的纯粹型专名包括神话人物"Apollo"（阿波罗）、"Zeus"（宙斯）；文学作品中的人物"Rip van Winkle"（美国作家华盛顿·欧文的代表作《美国见闻札记》中的人物瑞普·凡·温克尔）；伦敦的地名"Bond Street"（邦德街）、"Covent Garden"（考文特花园，伦敦中部的一个蔬菜瓜果市场）；国家或地区名称"New England"（新英格兰）、"United Kingdom"（大不列颠联合王国）等。至于这些立目单位为什么被立目，编纂者未做说明，学界对此也颇多疑问。例如，夸克（Quirk，1976）曾经质疑过《简明牛津词典》第 6 版为什么收录了"Lombard Street"（隆巴德街），但是却没收录"Charing Cross Road"（查令十字街），后者似乎更出名些。

《简明牛津词典》第 8 版删除了之前版本中的一些纯粹型专名，如自第 1 版就开始收录的"Dulcinea"（杜尔西亚）以及第 5 版中收录的"Apollo""Zeus""Rip van Winkle"等。除此之外第 8 版还删除了"Barcelona"（巴塞罗那）、"Rome"（罗马）、"Sahara"（撒哈拉）、"Newmarket"（纽马克特，英著名赛马中心）、"Plymouth Rock"（普利茅斯岩）、"Tanagra"（塔纳格拉，希腊地名）等地名；删除了"Daniel"（丹尼尔）、"Diana"（戴安娜）、"Solon"（梭伦，古雅典立法者）、"Eve"（夏娃）、"Juno"（主神朱庇特的妻子朱诺）等神祇名。这种处理与自第 1 版中明确宣称的收词宗旨是一致的，但问题是第 8 版仍然保留了一些纯粹型专名，如"Adam"（亚当），但与之相匹配的"Eve"（夏娃）则被删掉了，这显然违反了词典立目的平衡性。第 8 版的词表中还增补了一些纯粹型专名，如"East End"（伦敦东区）、"Horse Guards"（英国皇家骑兵卫队）等，增补理据不详。

在纯粹型专名收录问题上，特别值得注意的是第 10 版。如前所述，自第 10 版开始，《简明牛津词典》的蓝本词典改为《新牛津英语词典》。《新牛津英语词典》的特色之一就是收词中语文条目与百科条目并重，地名、人名以及其他专名多达 11500 条（源可乐，2002a），与美国大学词典如出一辙。但奇怪的是，第 10 版并没有继承《新牛津英语词典》这一收词策略，而是继续秉承自《简明牛津词典》第 1 版中就确立的"专名不入语典"的传统立目策略。第 12 版同样如此，只有"Vatican"（梵蒂冈）等少数的几个纯粹型专名被收录。

（二）《简明牛津词典》对兼容型专名的收录

如前所述，《简明牛津词典》立目单位以常用语言符号为主，纯粹型专名通常不立目，宏观结构的语文性特点突出。但是，有一些专名在使用过程中派生出了语文意义，我们称之为兼容型专名。兼容型专名在《简明牛津词典》中通常予以立目。下面的例子来自第 1 版。

Boswell（鲍斯威尔），n. Bibliographers like James B., writer of Johnson's life（像《约翰逊传》的作者詹姆斯•鲍斯威尔那样，为密友写传记的人）

Cinderella（辛德蕾拉），n. person of unrecognized merit or beauty（灰姑娘；一个美德或美貌没有得到承认的人）; C. dance or C.dance closing at twelve o'clock（十二点前结束的舞会）.[allusion to fairy tale]（源于童话故事）

Caliban（卡利班），n. Man of degraded bestial nature（退化成充满兽性的人）.[Shaksp., *Tempest*, & see CANNIBAL)]（源于莎士比亚戏剧《暴风雨》，参见 CANNIBAL 条）

Dulcinea（杜尔西内娅）, n. Idolized & idealized mistress（理想中的爱人）. [name of Don Quixote's mistress]（堂吉诃德情妇的名字）

Pecksniff（佩克斯列夫）, n. Unctuous hypocrite prating of benevolence & c.（虚情假意的伪君子；伪善人）[in *Martin Chuzzlewit*]（见《马丁·翟述威特》）

当专名派生出通用义，并且其通用义成为高频义项时，专名实际上已经转化为一个普通词汇，自然成为语文词典的收录对象。《简明牛津词典》第 1 版对上述单位的立目处理是适当的。不过，在第 1 版中，一些没有派生出通用义的专名也被立目，例如：

Adam（亚当）, n. The first man（史上第一个男人）; old A. (unregenerate condition), A's ale or wine (water), A's apple（projection of the thyroid cartilage of the larynx）

Eve（夏娃）, n. The first woman（史上第一个女人）; *daughter of E*.. Women (often w. allusion to feminine curiosity & c.).(f. Heb. Havvah orig.=life, living)

Zeus（宙斯）, n. (Gk ant.) King of the Olympian gods [Gk]

Solon（梭伦）, n. Sage, wise legislator.[name of Athenian lawgiver]

《简明牛津词典》第 1 版作为系列词典的开山之作，在原则上确立了兼容型专名在语文词典中的立目地位，这与自身的词典类型地位是吻合的。第 1 版中立目的纯粹型专名则多源于神话传说，而立目的兼容型专名则以文学作品中的人物居多，这也从一个侧面体现出第 1 版所表现出来的浓厚的文学倾向。

到了第 8 版中，兼容型专名的立目策略有所调整。自第 1 版开始就立目的许多兼容型专名，如 "Boswell" "Caliban" "Dulcinea" "Pecksniff" 等被删除。同时，一些纯粹型专名，如 "Solon" 和 "Zeus" 也被删除。这样做的原因并不清楚。类似情况也出现在后续版本中。在第 10 版修订版中，"Romeo"（罗密欧）①立目，第一个释义

---

① "Juliet"（朱丽叶）也被第 10 版收录，但提供的释义是 "指无线通信中的字母 J"。（Romeo 的第 2 个义项是 "指无线通信中的字母 R"）。可见在第 10 版中，"Juliet" 是作为科技词汇出现的。这种处理是合理的，因为 "Juliet" 并没有像 "Romeo" 那样派生出稳定的通用义。

是"忠诚的男性爱人",在其词源信息部分指出"Romeo"是莎翁爱情悲剧中的主人公,从而在派生义与小说人物形象之间建立了语义联系。"Bluebeard"(蓝胡子)也立目,释义是"杀妻狂魔",其后的"Origin"部分指出"from the name of a fairy tale character who killed several wives in turn for disobeying his order to avoid a locked room, which contained the bodies of his previous wives"(来自童话故事中的一个人物,先后杀死了几任妻子,因为她们违背他的命令进入一个上锁的、放着他前妻们尸体的房间)。但在第 1 版中已经立目的"Cinderella"(灰姑娘)则从词表中被删除。在第 10 版中,一些兼容型专名的本义与比喻义之间的关系在词典文本中有了更为清楚的呈现,体现了"用户友善"的现代词典学理念。但先前版本中的老问题依然存在:兼容型专名应该立目,但是应该选择哪一类兼容型专名立目?如何做到一以贯之?

三、汉、英语文词典专名立目的差异性分析

汉、英语文词典在专名立目问题上大致可分为三种类型。一是区分"名"典与"物"典,强化语文词典收词立目中的语文性属性,尽量淡化其百科性成分,《现代汉语词典》与《简明牛津词典》都属于此列。二是词典收词在总体上偏向语文性,同时酌收部分百科词目,如《梅里亚姆-韦氏大学词典》与《现代汉语规范词典》。三是淡化"名典"与"物典"的区分,百科词条大量进入中心词表之中,如《新牛津英语词典》与《当代汉语词典》。这说明无论是英语还是汉语语文词典,百科信息的词典收录都呈现出多元化趋势。

《简明牛津词典》与《现代汉语词典》在专名立目上的差异是多方面原因造成的。

首先与编纂者所秉承的语言学基本观点有关。经典范畴论认为,范畴与范畴之间的界限是清楚的。一个成员要么属于某一范畴,要么不属于某一范畴,没有中间地带的存在。在这种观念的影响下,语言信息范畴与百科信息范畴也被认为是截然二分的。而在原型范畴论的视角下,百科信息与语言信息被认为是相互融合的。从编纂年代来看,《简明牛津词典》第 1 版于 1911 年面世,《现代汉语词典》于 1956 年开始编写,1960 年出版了"试印本"。而认知语言学则兴起于 20 世纪 80 年代,从编纂源头上看,这两部拥有较长历史的语文词典所秉承的,一定是经典范畴论中关于百科信息与语言信息关系的论断。这可以从《简明牛津词典》第 1 版中福勒兄弟所宣称的"这是一部词典,不是一部百科全书"

中清楚地看出来。

1998 年出版的《新牛津英语词典》是认知语言学中"语言信息与百科信息相互交融"观点的忠实践行者。《新牛津英语词典》的编者宣称，"像'莎士比亚'和'英格兰'之类的条目，与'喜剧'或'语言'一类实无不同，都应该成为大词典收录的内容"（参见陆谷孙，2001：序）。在这一观点的支持下，《新牛津英语词典》中科技术语与专名类条目相加，占全部条目的 1/6 左右。《当代汉语词典》没有对其立目原则进行说明，但从收词情况看，该词典显然大大加强了百科条目的收录范围，只是在百科条目收录的系统性方面与《新牛津英语词典》相比需要加强。

其次与语文词典在相关文化中所处的地位相关。《简明牛津词典》与《现代汉语词典》分别是英、汉通用型语文词典的典范之作。牛津系列词典作为英语语文词典中的王牌，一百多年以来一直被视为英语词语的"终极权威"（last word）。《现代汉语词典》作为我国现代语文辞书编纂史上的一部里程碑之作，在一定程度上推进了理论语言学、理论词典学以及实践词典学等多个学科的发展。由于在本国词典中所具有的崇高文化地位，《简明牛津词典》与《现代汉语词典》除词典的实用性之外，尤其注重词典本身的学术性和理论性，秉承的是以语言为导向（a linguistic-oriented view）的编纂理念。同时，在多元化的出版环境下，为了谋求生存和发展空间，作为商业性词典（commercial dictionary）的《简明牛津词典》，还要尽可能地迎合词典用户的需求，注重发掘商业上的卖点，同时还要兼顾以词典用户为导向的编纂理念（a user-oriented view）。

学界所关心的问题是，在当代语文词典的编纂中，专名的收录是否必要？哈特曼（Hartmann，1994）曾对这一问题进行过针对性讨论。"《简编牛津英语词典》以及其他英语词典（受美国语文词典影响的《柯林斯英语词典》除外），对人名与地名的收录表现出强烈的排斥性。我一直不明白为什么这些英语词典在对'Freudian'（弗洛伊德式的）的解释中提供大量的背景信息，但'Sigmund Freud'（弗洛伊德）却不具备立目资格"。这种情况在各国的语文词典中都存在。在《现代汉语词典》中，我们可以查到"北京人"，但是查不到"北京"。

从认知语言学的视角看，语言不是自足的系统，其描写必须参照认知过程，语言能力内嵌于人类的认知能力之中，语言知识与百科知识之间也没有明显的界限。专名通过意义引申，可以转化为两栖类的，既有专名义、也有通名义的兼容型专名，如"红娘"。从认知连续统的观点出发，可以认为语文词典中专名的收录不是有或无的事实问题，而是多或少的程度问题。这样，语文词典在专名收录方面就具有相当程度的自由度和选择权。因此《简明牛津词典》与《现代汉语词典》在很大程度上秉承"专名不入语典"原则，《新牛津英语词典》与《当代汉语词典》则兼收并蓄，在这两种类型之间，还存在着意欲走中间道路的《现代汉语规范词典》。

从词典编纂者的角度来看，像《简明牛津词典》那样秉承"专名不入语典"的立目原则在理论上是可行的。在词典类型极大丰富且高度细化的今天，对专名的系统性处理是百科词典的任务。但是，如果从"用户友善"这一词典编纂理念出发，似乎没有理由强求词典用户在拥有语文词典的同时还必须拥有一部百科词典，普通用户总是期待有一部全能型词典，可以进行"一站式"查询。如果从"编用矛盾"着眼，可以发现"百科版"语文词典在一定程度上弥合了"纯粹版"语文词典的部分不足。以《现代汉语词典》为例，作为典型的语文词典，《现代汉语词典》通常只对派生出通名义的专名予以立目。这种处理原则彰显了词典本身的语文性特点，同时具有较强的可操作性，在体例上容易一以贯之，但缺点是牺牲了部分实用性。我们以"孔子"是否应该立目为例予以说明。孔子在我国传统文化中被奉为"至圣先师""万世师表"，被联合国教科文组织评为"世界十大文化名人"之首。中国传统文化长期奉行"为尊者讳"，"（宋）大观四年，避孔子讳……子孙读经史，凡云孔丘者，则读作某"（见钱大昕，2001）。在传统文化中，孔子之名不可随便称说，也不可随便书写，因此作为专名的"孔子"要派生出通名意义几无可能。按照"专名不入语典"的原则，"孔子"不应该被语文词典立目。但随着世界范围内"汉语热"的升温，世界各地出现了越来越多的孔子学院和孔子课堂。可见"孔子"发展到现在已经具有了组合能力。但大批非汉语母语的汉语学习者在汉语词典中却查不到"孔子""孔子学院""孔子课堂"等专名，这是专名收录标准过严引起的。

专名收录标准过于宽泛的语文词典则要注意专名收录的系统性和层次性问题。所谓系统，指专名立目中需要考虑所涉及的主要指称领域，这涉及专名立目的广度。层次性则指在同一指称领域内部，处于同一层次的专名应该具有同样的立目资格。例如，《当代汉语词典》中岷江

（长江支流之一）立目，但作为长江第一、二、三大支流的汉江、雅砻江和嘉陵江均未立目。同样，清华大学立目，北京大学、复旦大学、中山大学均未立目；巴尔扎克、莫泊桑、莫里哀等立目，而福楼拜、拉辛、梅里美，甚至包括获得诺贝尔文学奖的普吕多姆、纪德和加缪等均未立目。因此保持专名收录在同一层次上的平衡有很大的难度。综上，我们认为，在现行语文词典无法达到专名立目系统性、平衡性和层次性要求的情况下，在词典中严格专名立目标准，利大于弊。但是，在基本秉承刚性原则的前提下，对小部分在语言文化系统中占据重要位置的专名，如"孔子"，应该采取柔性策略将其立目。

第三节　《现代汉语词典》与《简明牛津词典》中专业性词汇的收录

一、语文词典中的专业性词汇

专业性词汇指在某一个（些）行业领域，如医学、物理、美术等领域中所使用的词汇，是语言符号系统中的一个重要组成部分。专业性词汇在使用语域上受限，具有使用上的标记性，即使是受过良好教育的本族语使用者也不可能完全掌握，是一种非常典型的社会方言。

早在 1747 年，约翰逊已经开始意识到专业性词汇在语言系统中的融入问题。在其《词典编纂计划》中约翰逊宣称，科技类术语在非科技背景中的使用无可置疑地证实了它们应该被普通语文词典收录。可见约翰逊已经注意到专业术语与通用词汇之间的单向派生关系。在《英语词典》中，约翰逊收录了大量关于战争、航海、法律和工业等方面的专业性术语。

事物的发展往往是螺旋式的，词典编纂同样如此。1857 年，特伦奇在《论英语词典之不足》中提出英语词典编纂的七大弊病，最后一个就是"（英语）词典不加斟酌地收录了大量神话人物、百科词汇等冗余信息"。特伦奇的观点被英国语文学会所接受，在特伦奇影响下编纂而成的鸿篇巨制《牛津英语词典》（1882—1928）没有收录当时已经被大量使用的科技词汇，这被评论界认为是《牛津英语词典》的重大缺陷之一。1933 年出版的《牛津英语词典》对此进行弥补，且"（所收录的）语词大多与各门技术相关，所涉及的学科有生物化学、无线通信、机械运输、航空动力、心理分析，还有电影"（温切斯特，2009：265）。

《牛津英语词典》第 2 版（1989）在此基础上增收了大量专业性词汇。
"《牛津英语词典》是词典编纂史上的一座丰碑，在英语词典史上无可
匹敌……在它之后出版的每一部词典都从中受益……是新编词典获取信
息的来源……"。《牛津英语词典》第 2 版所做的工作是：收录专业性
词汇，并区分出通用词位中所包含的专业性义项。到目前为止，这已经
发展成英语语文词典编纂中的基本范式。

在美语版的语文词典中，专业性词目的比例更高。巴恩哈特
（Barnhart，1978）认为美国大学词典中科技词汇占总词条数量的40%左
右。兰多（Landau，1984：21）提出了不同看法，认为在现代美国大学
词典或案头词典中，科技词汇的比例开始降低，约占 25%—35%。

传统上，汉语辞书也收录大量的专科词条。汉代的《尔雅》区分了
普通语词和专科词，《说文解字》收录了大量百科字目。发展到现在，
《现代汉语词典》中自然科学条约占总词目的 17%，社会科学条约占总
词目的11%（晁继周、单耀海、韩敬体，1995）。

综合来看，在百科性词汇是否入典的问题上，词典编纂者面对两
个问题：第一是语文词典是否要收录专业性词汇；第二是如果收
录，需要收录的专业领域有哪些？收录数量如何确定？第一个问题
实际上是个伪问题。因为从语言使用的角度看，通用词汇与专业性
词汇之间的界限并不是泾渭分明的，二者之间可以相互转化和渗透。
具有较高社会接受度的专业性词汇可能会派生出通用义，如"聚焦"
本来指"使光或电子束等聚集于一点"，后来喻指"视线、注意力等
集中于某处"；同样，通用词汇也会派生出专业性意义，如"桌面"
和"菜单"已经分别喻指"计算机视窗操作系统平台显示器上所显示
的背景"和"计算机选单"。再纯粹的语文词典也必然要包含专业性
词汇，并且大多数语文词典已经在这样做了。因此，词典编纂者需要
考虑的，是如何确定语文词典中百科词目的收录数量、类型以及收录
层次。

现代词典编纂在观点上的一个重要转变是"用户至上"原则。除了词
典编纂者之外，词典用户、研究者以及教师等多个角色都被纳入词典编纂
场景中，成为词典编纂场景中的重要参与者乃至决策者（Hartmann，
2001：25；图4-2）。因此，基于用户需求的词典编纂成为"用户友善"的
一个衡量标准。

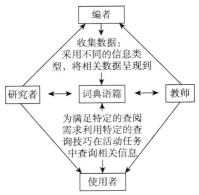

图 4-2　哈特曼（Hartmann，2001：25）"词典编纂场景主要参与者"示意图

　　从信息查询角度看，用户的信息需求分为两类：基本信息需求和次要信息需求。基本信息需求出现在泛词典语境（extra-lexicographical user situations）之中，面向所有常规词典用户；当某一具体的、具有针对性的词典查询情境产生时，普通用户变为特定用户群，需要词典提供次要信息从而产生次要信息需求（Tarp，2008：41-42）。专业词汇面向的是特定用户群或特定文本类型，属于次要信息需求中的一类。但是，用户的词典查询需求是不断变化的。并且，由于词典所具有的商品性特征，词典目标用户群的覆盖范围都在不断扩大，要尽可能满足不同用户群的信息需求。无论是从商业性还是从实用性角度考虑，词典总是具有多功能特点。在收词立目方面，词典的多功能性表现为对不同性质的语言单位的兼收并蓄。相关研究表明（参见 Landau，2001），用户词典查询的目的之一是查询语言符号的用法限制信息，其中包括对专业性词汇相关信息的查询。

二、汉、英语文词典中专业性词汇的处理——隐性蕴含还是显性收录

　　总的来看，语文词典对专业性词汇的处理主要分为三种情况：一是系统性的显性标注；二是随机性的说明；三是不做任何标注或使用说明。其中第二、三种情况经常相伴出现。

（一）《现代汉语词典》对专业词汇的收录

1. 《现代汉语词典》相关版本中专业词汇收录概览

　　《现代汉语词典》试印本在收词立目中表现出明显的"语文性为主、百科性为辅"的倾向。试印本收录的专科词条超过了总词目的四分之一，包括自然科学条目 9000 多条，社会科学条目约 6000 条（韩敬体，

1997）。横向对比可以发现，在专业性词汇在总词表中所占的比重上，《现代汉语词典》试印本明显超过《简明牛津词典》第 1 版。在字头"复"下，有"复摆""复比""复比例""复辅音""复盖作物""复根""复合""复合词""复合肥料""复合量词""复合元音""复句""复名数""复色光""复数""复线""复盐""复眼""复叶""复音""复音词""复种""复种指数"这 23 个专业词汇，占由"复"字组成的 60 个复合词的比重超过三分之一。《现代汉语词典》试印本对专业词汇的收录程度与 20 世纪美国大学词典（collegiate dictionary）极为相似。"除了《韦氏新国际英语词典第三版》之外，多数美国详解型语文词典都具有百科性宏观结构。"（Béjoint，2002）

在《现代汉语词典》第 1 版中，专业性词汇的收录与试印本差别不大。但《现代汉语词典》第 3 版删除了 4000 余条过于专门或过时的自然科学、社会科学的专科条目，如"肾盂炎""人工气腹""软脂酸""聚伞花序""安那其主义"等。这是一种方向性的调整，强调所收录的专业词汇的常见性。

李志江（2004）指出，《现代汉语词典》对专业性条目的收词原则主要包括四点：一是系统性原则。中学课程所涉及的以及与日常生活相关的专业词汇都要收入。二是实用性原则。基础学科多收一些。三是封闭性原则。这一原则与辞书释义中的闭环性原则有关，专业词汇释义中如果必须用到某一专业术语，无论这个术语是否具有基础性或习用性特征都必须收录。四是稳定性原则。一些编纂时存疑的专业性词汇不予收录，如"飞碟"在《现代汉语词典》第 1、2 版的词表中没有出现，直到第 3 版才增录入典。秉承上述原则，《现代汉语词典》相关版本对专业词汇的补录一直在进行。《现代汉语词典》第 3 版增补了"硬件""软件""程控""机器人""基因工程""安乐死""期货""债券"等；第 4 版增补了"克隆""纳米科学""数字化"；第 5 版增补了"编程""波导"等；第 6 版收录了"矮化""矮行星""爱克斯刀"等；第 7 版收录了"青蒿素""对冲""供给侧"等。

从词典文本来看，在专业性词汇收录的四个原则中，《现代汉语词典》所秉承的主导性原则是实用性原则，所立目的"蒙太奇""焦距""磁场""冠心病""动脉硬化""动脉粥样硬化"等专业词汇在日常生活中经常会被使用。但是，也有一些被收录的专业性词汇，其实用性程度并不高，如《现代汉语词典》中收录了大量与"岩石"有关的词汇，包括"沉积岩""变质岩""花岗岩""玄武岩""石灰岩""火成岩""大理岩"等。岩石从大类来看分为三类：岩浆岩、沉积岩和变质岩，而《现代汉语词典》只收录了后两个，这破坏了学科分类体系。

2.《现代汉语词典》相关版本中专业词汇的隐性收录

在《现代汉语词典》（试印本）的"凡例"部分，为"专科语汇中较专门的术语"提供了包含<地><纺><语><数><音><生理>等在内的 43 个专业标签列表①。与《简明牛津词典》第 1 版中设立的 11 个学科标签②相比，数量大为增加。在词典正文部分，试印本系统性地标识专业词汇所属的科目。这是现代汉语词典编纂史上对专业性词汇进行大规模显性标注的一次可贵尝试。正因为是首次尝试，所以存在一些不足。首先是专业分类的覆盖程度问题。并不是所有的专业词汇都能被上述专业标签所覆盖。一些具有较长历史的学科，如考古学、统计学、教育学等，都没有设立学科标签。同时，因为时代所限，"心理学""航空"等标签也没有出现。其次是专业分类不当导致的专业词汇学科标签标注上的不准确。例如，一些专业词汇会同时出现在两个以上的学科之中，如"拉力""变态"和"试管"等。而在试印本中，"拉力"标注的是"机"，其实"拉力"也广泛用于物理之中；"试管"标注为"化"，实际上"试管"可以用于物理、化学、生物等诸多领域；"变态"除了用于"动物学"，还可以用于"心理学"。最后是专业标签漏标问题，如对"雷酸"（一种有机化合物）、"花岗岩"、"草履虫"等没有进行学科标注。

《现代汉语词典》试印本在专业词汇标签设立方面做出了可贵的尝试。可惜的是，到了《现代汉语词典》试用本中，相关立目单位的学科专业标签被全部删除。后续的各版《现代汉语词典》也都没有再通过使用学科标签这种显性的方式将专业性词汇与通用词汇分开来，而是通过释义或其他方法暗示立目单位所属的学科领域。这一处理范式一直延续到《现代汉语词典》第 7 版。

尽管试印本之后的各版本并没有对其学科类属进行显性标注，但各版次都包含大量的专业词汇。到《现代汉语词典》第 3 版，"科技条目

---

① 除此之外，《现代汉语词典》试印本正文还使用标签<测>，表示"测绘用语"，用以标注词目"平面图""剖面"和"切面"等。

② 《简明牛津词典》第 1 版中的学科标签有"alchemy（炼金术）""astronomy（占星术）""architecture（建筑学）""ethics（伦理学）""horticulture（园艺学）""mineralogy（矿物学）""optics（光学）""pathology（病理学）""politics（政治）""science（科学）""typography（印刷术）"，共 11 个。

涉及的学科有数学、物理、化学、天文、地理等 20 余科；哲社条目涉及的学科有政治、哲学、经济、文学、历史等近 20 科"（李志江，1996），二者相加，约有 50 类，而且专业性词汇被不断地补录。以语言学科目为例：《现代汉语词典》第 3 版增收了"词根语""词义""词藻""语素""语法学""语料""语库""语料库""语种""音韵""语感""语意"等专业词汇。

自试印本之后，《现代汉语词典》对专业性词汇采用隐性蕴含的方法进行处理。所谓隐性蕴含，指把专业性词汇混合于常用词汇之中，不提供任何标签形式，有时在释义部分显示其所属的学科领域。下面的例子选自《现代汉语词典》第 7 版。

    a. 送气音 名 语音学上把发辅音时有比较显著的气流出来叫送气，没有显著的气流出来叫不送气……

    b. 基因 名 生物体遗传的基本单位，存在于细胞的染色体上，呈线状排列。

    拐点 名 ① 高等数学上指曲线上凸与下凹的分界点。② 经济学上指某种经济数值持续向高后转低或持续向低后转高的转折点：经济运行出现回升～。

    c. 变态 ① 动 某些动物在个体发育过程中形态发生变化，如蚕变蛹，蛹变蛾；蝌蚪变青蛙等。② 动 某些植物因长期受环境影响，根、茎、叶的构造、形态和生理机能发生特殊变化，如马铃薯的块茎、仙人掌的针状叶等。③ 动 指人的生理、心理出现不正常状态：心理～ ④ 名 不正常的状态。

    老化 动 ① 橡胶、塑料等高分子化合物，在光、热、空气、机械力等的作用下变得黏软或硬脆。② 生物体的组织或功能逐渐衰退：肌肤～◇心理～。③ 指在一定范围内老年人的比重增长：人口～｜领导班子～。④知识等变得陈旧过时：知识～。

    上面的例子分属三组。a 组中的"送气音"属于单一的专业性词汇，其释义中出现了"语音学"。b 组的"基因"和"拐点"从其释义看也应被归入单一的专业性词汇之列。与"送气音"不同的是，"基因"和"拐点"在日常交际中常用于比喻用法，如"这是我们中华民族的文化基因""她知道自己此刻站在一个非常重要的人生拐点上"等。c 组的"变态"和"老化"比 b 组前进了一步，已经由学科意义派生出了通用意义。但无论是哪种类型，《现代汉语词典》第 7 版都没有像《简明牛津词典》那样提供显性的学科标签，只是通过释义中的文字显示其大致的学科归属。

　　试印本之后的《现代汉语词典》取消学科标签可能是出于以下两方面考虑。第一，在早期学科类型没有完全确立的情况下，语文词典对专业词汇进行学科标注没有相应的学科领域作支撑，单靠词典编纂者难以完成如此浩大、精密的工程，在学科设置中很可能会出现归类不当，甚至是归类讹误的问题；第二，一种颇为流行的观点是，语文词典中学科标签的设置费时、耗力、占地且无用，即使是不使用学科标签也可以很好地处理立目单位的学科意义与通用意义，如前面提到的《现代汉语词典》第 7 版中专业词汇"变态"的各个义项都没有使用学科标签，但其释义中的"某些动物""某些植物"以及"人的生理、心理"，分别大致等同于《简明牛津词典》中的学科标签"动物学""植物学""医学"，信息上并未缺失。相当数量的专业-通用两栖性词汇，如"瘫痪""阻力""聚焦""聚集""背景""出局""前台""后台""游离""擦边球""走过场"等词目，在《现代汉语词典》中的处理都是如此。应该承认，在对这些意义引申呈链条状特点的两栖词汇的义项处理上，《现代汉语词典》不逊于《简明牛津词典》，在义项排列方面甚至比《简明牛津词典》后续版本采用的"多核心意义结构"①表现出更为清楚的意义派生关系。但是，这种随机的、非系统性的专业属性说明方式很容易导致对同类型词汇处理体例的不统一，例如：

　　a. **景深** 名 摄影用语，指用摄影机拍摄某景物时，可保持该景物前后的其他景物成像清晰的范围……。

　　收官 围棋术语，指棋局进入最后阶段，泛指工作接近结束、收尾。

　　变种 ① 生物分类学上指物种以下的分类单位…… ②……

---

①　《简明牛津词典》第 10 版的前言部分指出，在该词典的词条结构中，先出现的是核心意义。核心意义不一定是本义，也不一定是使用频率最高的义项（有时引申义或比喻义的使用频率最高），而是本族语使用者所公认的核心的字面意义，一个词位的核心意义往往不止一个。因此"alienation"的三个核心意义（一个通用意义，两个专业意义）为平行关系。次义项围绕核心意义展开，放在相关核心意义之后，以实心箭头导出，如前文中"alienation"第一个义项之下属于"psychiatry"（精神病学）领域的"精神错乱；人格解体"。

　　《现代汉语词典》在对 a 组中"景深""收官"和"变种"的专业属性说明中分别使用了"摄影用语""围棋术语"和"生物分类学"，其作用大致相当于《简明牛津词典》中的学科标签，这是一种相对显性的处理。但在对 a 组立目单位的解释中，"用语"和"术语"并用，无谓地增加了释义元语言。

　　b. 分析语　<u>语言学上</u>指词与词之间的语法关系主要不是靠词本身的形态变化，而是靠次序、虚词等来表示的语言。
　　综合语　词与词之间的语法关系主要靠词本身的形态变化来表示的语言……

　　b 组中的"分析语"和"综合语"是语言学中的两个并列的术语，按照"同场同模式"的词典编纂要求，二者的处理应该是一致的。但在学科属性的说明上，前者指出其所属的范畴为"语言学"，后者则没有任何的标志。

　　c. 带宽　名　频带的宽度。<u>在通信中</u>，指某一频带最高频率和最低频率的差（单位是赫兹）；<u>在计算机网络中</u>，指数据传输能力的大小（单位是比特/秒）。
　　打样　① 在建筑房屋、制造器具等之前，画出设计样图。② 排版完了，印刷之前，印出样张来供校对用。

　　c 组对"带宽"的释义中分别用"通信"和"计算机"来表示学科领域，但"带宽"的两个专业义项只通过分号区分开来。而"打样"的两个义项，一个与制造业相关，一个与印刷业相关，将二者分为两个义项予以分别处理。显然《现代汉语词典》对专业性义项的"并"与"合"并没有形成明确、一致的标准。如果按照《简明牛津词典》的做法设置学科标签，其义项自然应该是分开的。
　　学科标签的缺位使语文词典编纂者比较关注对通用语词及意义的处理，有时会忽视了专业-通用两栖型词汇中的学科意义，这在学科意义为后起义时尤为多见，例如：

　　指标　名　计划中规定达到的目标。
　　主张①　动　对于如何行动持有某种见解……②　名　对于如何行

动所持有的见解。

潜水 动 在水面以下活动。

　　除《现代汉语词典》所提供的通用意义外，"指标""主张""潜水"还分别用于医学（如"我的各项指标都还正常"）、法律（如"法院不支持他的主张"）和计算机科学（如"我一般只是潜水，很少发帖"）等相关专业领域。在现代汉语中，有很多被归入"新义"范畴的新增义项，实际上是立目单位的意义从通用领域向专业领域，或从专业领域向通用领域的扩展。如果设置标签，专业意义被遗漏的可能性大为降低。专业标签意识会让编纂者一直注意在词典编纂中区分通用词汇与专业词汇、通用意义与专业意义，并对其提供形式上的标记。

　　我们需要从正反两个方面看待自试印本之后《现代汉语词典》诸版本采取的专业词汇隐性收录的做法。其优点在于：①节省了词典的篇幅；②避免了因相关词目学科归属不清或不当而对词典科学性和权威性产生影响。但是，学科标签整体性缺失带来的不足更为明显。第一，没有对通用词汇与专业词汇进行形式性、系统性的区分。第二，对于具有语域两栖性特点的符号而言，学科标注可以成为义项区分的有效手段，此时专业性标签的缺失很有可能会伴随着义项的缺失，影响义项区分的精细度。第三，由于《现代汉语词典》在我国语文词典编纂中的领军地位以及对同类型词典所产生的"母本效应"，其对专业词汇的隐性蕴含式处理方法为其他汉语语文词典所沿用，目前的汉语语文词典在编纂中缺乏对专业词汇进行显性收录的意识，甚至认为根本无此必要。因此，明确专业技术性参数在词目描写中的地位，树立术语标注意识，并提供全面的显性标注系统，是汉语语文词典编纂者未来的着力之处。在这方面，《简明牛津英语词典》以及《现代汉语词典》试印本提供了可资借鉴的宝贵经验。

　　（二）《简明牛津词典》相关版本对专业词汇的收录

　　1. 《简明牛津词典》相关版本中专业词汇收录概览

　　在《简明牛津词典》第 1 版中，福勒兄弟认为科技词汇是语言系统的入侵者（intruder），是迥异于语言符号的异质成分，因此只注重对常用语言符号的收录，总体上排斥对科技条目的收录。但同时福勒兄弟也意识到：一些科技词汇已经被语言社团所熟知并使用。作为一部强调语言符号的常用性和实用性的中型语文词典，《简明牛津词典》如何对常用科技词汇进行处理成为一个问题。福勒兄弟指出，"对这些'语言入侵者'的选择非常困难，但是非常有必要"（参见《简明牛津词典》第1版，页 v）。在理论和实践的矛盾中，《简明牛津词典》第1版最终采取的原则是：收录科技术语，但对数量要严格控制。该版本收录了"agamogenesis"（无性繁殖）、"oecology"①（生态学）等为数不多的专业词汇。现在看来，《简明牛津词典》对科技术语的收录明显不足，但是福勒兄弟认为，与同时代同类型的词典相比，《简明牛津词典》第1版对科技术语的收录还算丰富。这种说法明显缺乏国际化视野，因为同时代的《韦氏新国际词典》（1909）所收录的科技术语比《简明牛津词典》第1版要多得多。

　　《简明牛津词典》第1版出版之后，修订工作的重点之一②是"更全面地处理科技条目"（Allen，1986）。第3版的实际修订人③梅热勒敏锐地意识到无线电作为新的传播媒体在科技词汇的传播中起到了重要作用。"在过去的几年中，普通英国民众培养了听无线电广播的新习惯，无线电让他们接触到了大量的政治、外交、哲学、科学、医药等方面的词汇。"（转引 Kamińska，2014）除此之外，梅热勒还从《自然》杂志中摘录了很多科技词汇以备用。遗憾的是这些专业词汇都没能被收录到《简明牛津词典》之中。艾伦（Allen，1986）对此的评论让人颇为唏嘘："如果梅热勒是一个年轻人，如果他被允准对《简明牛津词典》进行更为全面的修订，现在的结果可能会更有意思。"与梅热勒一样，第4、5版的修订者麦金托什（McIntosh）也必须是一个"守成者"（caretaker），需要"在牛津出版社严格的指导下工作"（acted under close instruction from Oxford），因为"他们（出版社）才是词典真正的监护人，而麦金托什只是个干活的"（They were the true custodians of the dictionary while McIntosh performed the drudgery）（Allen，1986）。基于上述原因，同时更因为修订时正值两次世界大战，第4、5版只是增录了一些与战争有关的词汇，在科技条目的增补方面做的非常少。自第 4

---

① 这是当时通行的写法，另外一个常用的形式是"ecology"。在1929年2月，伦敦国王学院的生物学教授赫胥黎（Huxley）向福勒兄弟提供了一个科技条目增补的建议清单，其中就有"ecology"。艾伦认为这是因为赫胥黎没有注意到《简明牛津词典》第1版中已经收录了"oecology"的缘故。

② 另一个修订重点是"系统性地处理标音系统"（Allen，1986）。

③ 当时福勒兄弟都已经过世。F. 福勒死于 1918 年，当时他还在第一次世界大战中服兵役。H. 福勒死于 1933 年。在 H.福勒去世之前，他安排老朋友、曾经协助他修订《简明牛津词典》的梅热勒负责第 3 版的修订。

版开始，《简明牛津词典》在后置页部分增加了"度量衡"（Weights and Measures），这可以看作该版词典对专业信息的一种变通的、柔性的处理方法——一方面，词典必须要延续福勒兄弟语文性突出的编纂传统；另一方面，考虑到用户需求，在词典正文之外植入少量的百科信息。

自第6版开始，《简明牛津词典》加大了对科技词汇的收录力度，这与主编赛克斯的编纂宗旨有关，即"我们要利用修订的机会，尽量减少不符合英语'当代性'的因素，增加一些新词汇，包括在通用文本中出现的科技术语"。大量的化学、植物学词汇进入了第6版的词目表中。

到第 8 版，作为立目单位的科技词汇在继续增加。卡明斯卡（Kamińska，2014：84）的调查表明：科技词汇在第8版中的增幅最大。自此，科技条目的收录数量不断增加。到第 10 版，其编纂者指出，"词典对词汇总体的覆盖程度需要加强……我们需要收录组成现代英语核心词汇（the central vocabulary of English）的所有的词、短语和义项"（COD10，页 vii），专业性词汇被视为英语核心词汇的有机组成部分。《简明牛津词典》第 10 版"为了扩大科技词汇量，不惜压缩常用的义项和短语"（源可乐，2002b）。尽管在科技词汇的收录方面，《简明牛津词典》第 12 版没有第 10 版那样狂热，但还是增收了"cybersecurity"（网络安全）、"webisode"（网络剧）等新兴科技术语。我们随机选取了《简明牛津词典》中"V"到"vice versa"部分，观察《简明牛津词典》第 12 版的词语增收情况。与第 10 版相比，《简明牛津词典》第 12版共增加了17个词语，其中12个是专业性词汇。这再一次证明：现代英语语文词典编纂过程中，专业性词汇的数量在大幅增加。

从版本的角度看，《简明牛津词典》第1-5版视专业性词汇为语言的"入侵者"，只对其进行极少量的收录。从第6版开始，一直到第9版，专业性词汇增多，多为在通用文本中高频使用的术语。专业性词汇从语言的"入侵者"变为语言的参与者。从第 10 版开始，专业词汇被认为是当代英语中心词汇（central vocabulary）的重要组成部分，《简明牛津词典》的宏观结构表现为一个具有异质性特点的层次性结构。

2. 《简明牛津词典》相关版本中专业词汇的显性收录

现代英语通用型语文词典对专业性词汇总体上采用显性收录法，即在专业词汇之后添加学科标签，标识所属的学科领域。英语语文词典对专业性词汇的显性收录有着悠久的历史传统。早在约翰逊的《英语词典》中，词目"fluxion""square"下就分别提供了学科标签"in mathematics"（数学）和"in geometry"（几何）。这一做法被后来的英语语文词典所传承，《牛津简明词典》同样如此。

在《简明牛津词典》第 1 版中，福勒兄弟坦诚地表示，"如果说我们在第 1 版中所收录的科技领域词汇比较少，那是因为我们收录了更多的口语、俗语和俚语"。的确如此。第 1 版中收录的专业词汇数量很少，例如：

> fluxion, n. Flowing (rare)[流动（罕用）]； continuous change (rare)[持续性的变化（罕用）]；（Math.）rate or proportion at which a flowing or varying quantity increases its magnitude [（数学）变化率，变化比]

福勒兄弟坚定地认为专业词汇是"语言入侵者"，"fluxion"的例子很好地说明了这一点。《简明牛津词典》是一部共时性词典，详解现代义，古义可以略收或不收。但在"fluxion"的释义部分，《简明牛津词典》第 1 版先是给出两个罕用义（rare），然后才是其学科义。福勒兄弟大概觉得，即使是罕见的语文义，也要比常见的学科义更重要些，也因此更有资格被语文词典收录。

在《简明牛津词典》后续版本中，编纂者对立目单位的学科意义有了新的认识，具有单一的学科义项的专业词汇也被单独立目，例如：

> **gene** n. Biology（生物学）a unit of heredity which is transferred from a parent to offspring and ……（父母遗传给后代的成分）（《简明牛津词典》第 10 版）

在普通语文词典中，标签的使用意味着词目在某方面（如地域或时间）偏离了词典所收录的主体词汇，不设置标签则表明词目属标准或通用词汇（Bergenholtz & Tarp，1995：131）。从第 1 版开始，通过在词典中设置学科标签，《简明牛津词典》所收录的立目单位被划分为两大类：无标记的"通用用途英语"（languages for general purposes）和有标记的"专门用途英语"（languages for special purposes，LSPs），使用户可以快捷而清楚地区分出立目单位在使用上的特点。

对于通用-专业两栖专业词汇而言，学科标签成为划分义项（包括主义项和次义项）的一种有效手段，体现了不同义项的学科标记性特点。

alienation, n. Estrangement（隔阂；疏远）；transference of ownership（所有权转移）；diversion to different purpose（目的转移）；(mental) a., insanity.（精神病学）精神失常（《简明牛津词典》第 1 版）

alienation n. 1. the state or experience of being alienate （疏离的状态）. *Psychiatry*（精神病学）a state of depersonalization or loss of identity in which the self seems unreal（精神错乱；人格解体）. 2. *Theatre*（戏剧）an effect, sought by some dramatists, whereby the audience remains objective and does not identify with the actors（一些戏剧家所追求的舞台效果，要求观众不进入角色，对舞台上演员的演出保持客观的态度；间离效果） 3. *Law*（法律） the transfer of the ownership of property rights（财产转让，所有权让渡）.（《简明牛津词典》第 10—12 版）

现代社会的科技发展很快，所需要表达的概念学科激增，而科学概念需要命名。受语言经济性原则的影响，语言系统中出现了大量的通用-专业两栖型词汇。在两栖型词汇的相关义项前设置学科标签，相关义项的使用范围被明确标注，专业义项被遗漏的可能性也大为降低。

随着科技的高速发展，现代社会中学科分类越来越细致，术语使用更为精确。《简明牛津词典》在学科标签的分类上也更加丰富。下面以《简明牛津词典》第 9 版和第 10 版为样本，分析二者所使用的学科标签类型（见表 4-2）。选择第 9 版和第 10 版的原因是：《简明牛津词典》第 1—9 版以《牛津英语词典》为蓝本，第 10 版则以《新牛津英语词典》为蓝本，二者分别代表不同编纂理念下英语语文词典对专业性词汇的处理。除此之外，我们还选取了同属牛津系列的外向型学习词典——《牛津高阶英语学习词典》第 7 版作为参照。

表 4-2　《简明牛津词典》第 9 版、第 10 版中学科标签的设置

词典	学科标签
《简明牛津词典》第 9 版	aeronautics（航空学）、anatomy（解剖学）、architecture（建筑）、astrology（占星学）、astronomy（天文学）、bible（圣经）、biochemistry（生物化学）、biology（生物）、botany（植物学）、chemistry（化学）、computing（计算）、eccl.（教会）、ecology（生态学）、economics（经济）、electronics（电子）、finance（金融）、geometry（几何）、golf（高尔夫）、grammar（语法）、heraldry（纹章学）、law（法律）、linguistics（语言学）、logic（逻辑）、card games（牌戏）、board games（棋类）、mathematics（数学）、医学（medicine）、military（军事）、music（音乐）、nautical（海事）、optics（光学）、philology（语文学）、philosophy（哲学）、phonetics（语音学）、physics（物理学）、physiology（生理学）、printing（印刷）、psychology（心理学）、RC church（罗马天主教）、rugby（英式橄榄球）、sports（运动）、statistics（统计学）、stock exchange（股票）、surgery（外科学）、theatre（戏剧）

续表

词典	学科标签
《简明牛津词典》第10版	zoology（动物学）、mountaineering（登山）、aeronautics（航空学）、American football（美式足球）、anatomy（解剖学）、anthropology（人类学）、archaeology（考古）、archery（箭术）、architecture（建筑）、art（艺术）、astrology（占星学）、astronomy（天文学）、ballet（芭蕾）、baseball（棒球）、basketball（篮球）、bell-ringing（敲钟）、billiards（台球）、biochemistry（生物化学）、biology（生物学）、bowls（球戏）、bridge（桥牌）、botany（植物学）、boxing（拳击）、Buddhism（佛教）、building（建筑）、carpentry（木工）、chemistry（化学）、Christian theology（基督神学）、Christian Church（基督教会）、climbing（登山）、computing（计算机）、cookery（烹饪）、cricket（板球）、dentistry（牙医学）、ecology（生态学）、economics（经济）、electronics（电子）、embryology（胚胎学）、engineering（工程学）、English law（英国法律）、entomology（昆虫学）、falconry（猎隼学）、farming（种植业）、fencing（击剑）、finance（金融）、fishing（渔业）、forestry（林学）、genetics（基因科学）、geography（地理学）、geology（地质学）、geometry（几何）、golf（高尔夫）、grammar（语法）、Greek mythology（希腊神话）、heraldry（纹章学）、horse racing（赛马）、horticulture（园艺学）、Hinduism（印度教）、hunting（打猎）、Judaism（犹太教）、ice hockey（冰球）、knitting（编织）、law（法律）、linguistics（语言学）、logic（逻辑学）、mathematics（数学）、mechanics（机械）、medicine（医药）、metallurgy（冶金学）、meteorology（气象）、microbiology（微生物学）、military（军事）、mineralogy（矿物学）、motor racing（赛车）、music（音乐）、nautical（航海）、needlework（针线活）、optics（光学）、ornithology（鸟类学）、paleontology（古生物学）、philosophy（哲学）、phonetics（语音学）、photography（摄影）、physics（物理学）、physiology（生理学）、printing（印刷）、psychology（心理学）、psychiatry（精神病学）、psychoanalysis（心理诊断和治疗）、railways（铁路）、rowing（划船）、rugby（英式橄榄球）、Scots law（苏格兰法律）、sculpture（雕刻）、skiing（滑雪）、snooker（斯诺克）、soccer（英式足球）、soil science（土壤科学）、statistics（统计学）、stock exchange（股票）、surgery（外科学）、surveying（测绘学）、telecommunication（电信）、theatre（戏剧）、theology（神学）、weightlifting（举重）、wrestling（摔跤）、zoology（动物学）、prosody（诗体学）
《牛津高阶英语学习词典》	anatomy（解剖学）、architecture（建筑）、art（艺术）、astronomy（天文）、biology（生物）、business（商业）、chemistry（化学）、computing（计算机）、geometry（几何）、grammar（语法）、geology（地理）、law（法律）、linguistics（语言学）、mathematics（数学）、medical（医药）、music（音乐）、phonetics（语音学）、physics（物理）、psychology（心理学）、technical（科技）、TM（商标）

根据表 4-2 可见，《简明牛津词典》第 10 版的学科标签设置最为充分，表现在三个方面：一是学科标签的增加。纵观英语语文词典编纂史，可以发现语文词典对专业性词汇的类型描写在总体上呈递增趋势。布朗特（Blount）在其《词集》（1656）的标题页中宣称收录了 9 个学科领域的词汇，菲利普（Philip）（1658）的词典收录了 41 个学科领域，贝利（Bailey）（1736）的词典扩展到 62 个学科。就《简明牛津词典》而言，第 9 版所涵盖的学科领域为 50 类左右，在第 10 版中达到 100 余类，

增幅非常显著。二是学科标签的细化。一个明显的例子是《简明牛津词典》第 9 版中的专业标签 sports（体育），在第 10 版中细化为 archery（箭术）、baseball（棒球）、basketball（篮球）、billiards（台球）、bowls（球戏）、bridge（桥牌）、boxing（拳击）、cricket（板球）、fencing（击剑）、 horse racing（赛马）、ice hockey（冰球）、motor racing（赛车）、rowing（划船）、skiing（滑雪）、snooker（斯诺克）、soccer（英式足球）、weightlifting（举重）、wrestling（摔跤）等。第 9 版中的 eccl.（ecclesiology，教堂建筑学；教会神学理论），在第 10 版中分化为 "Christian Church"（基督教会）和 "Christian theology"（基督神学）。第 9 版中的 law（法律），在第 10 版中分化为 "English law"（英国法律）和 "Scots law"（苏格兰法律）。这与当代社会分工日益精细、学科研究日益深入密切相关。三是学科标签语义透明性的增强。第 9 版中的 "mountaineering"（登山）在第 10 版被停止使用，代之以具有语义自明性特点的 "climbing"（登山）。

《简明牛津词典》第 9 版和第 10 版在专业性词汇标签种类上的差异与这两个版本采用的蓝本词典有关。第 9 版的蓝本词典为《牛津英语词典》，第 10 版的蓝本词典为《新牛津英语词典》。作为大型的描写型历时语文词典，《牛津英语词典》一直把科技词汇视为异质性成分，在第 1 版的前言中就明确表示要把科技词汇排除在词典词表之外。兰多（Landau，1999）对此进行了分析，认为 "《牛津英语词典》忽略对科技术语的收录，不仅仅是出于词典篇幅的考虑……当然也不仅仅是由于特伦奇的反对。除此之外，还由于专业性词汇，如商业和工业词汇，与上流社会的价值取向相背离，这是引起他们反感的主要原因"。以其为蓝本的《简明牛津词典》第 1 版秉承了《牛津英语词典》的词目选择范式，在《简明牛津词典》第 1 版的前言中，福勒兄弟认为 "在数以万计的、流通度较为有限的新、旧科技词汇中，有一些科技词汇是由于偶然的原因进入语言主体的"。可见在福勒兄弟看来，科技词汇不是语言系统的主体，而是语言系统中的异质成分。但是，福勒兄弟同时指出，"对一部简明但又要比同类型词典更为详尽地处理作为收录主体的通用词汇而言，对这些'入侵者'的选择尽管非常困难，但是十分必要"。从福勒兄弟的论述中我们可以看出，尽管福勒兄弟对专业词汇很是排斥，但在 20 世纪初，要将科技词汇从通用词汇中剥离出来已经十分难。因此，在词典编纂中，福勒兄弟只能对这些"入侵者"进行标注，从而对词典用户进行语言使用方面的警示。《简明牛津词典》第 1 版共提供了 11 个学科标签。在以后的版本中，学科标签的数量不断增多，第 9 版达到了 50 多类。

《新牛津英语词典》宣称其特点为"新牛津"（New Oxford）和"新英语"（New English）。而所谓"新英语"，其中的一个主要特点是对专业术语的收录。《新牛津英语词典》针对一些以往被忽略的专业领域，如计算机（computing）、补充医学（complementary medicine）、古董收集（antique collecting）以及冬季体育（winter sports）等，开展了一个特别的阅读计划（a specially commissioned reading programme）。以之为蓝本的《简明牛津词典》第 10 版，采用压缩高频词空间和删减语义透明性复合词的方法，将大量篇幅留给专业词汇，将专业词汇视为当代英语"核心词汇"的一个基本组成部分。以其为蓝本的《简明牛津词典》第 10 版，对专业词汇的收录和处理也达到了前所未有的广度和深度。

下面我们分析《简明牛津词典》第 10 版是如何对专业性词汇进行分领域、分层次的模块式处理的。按照指称内容，专业性词汇大致分为自然科学类、社会科学类和文体娱乐类三个平行范畴。这三个范畴的内部成员既有平行性，如自然科学类中物理、化学、生物学、植物学、动物学等学科的并列，也体现出层递性，如"语言学"下包含的"语音"和"语法"。平行关系体现的是对相关学科领域涵盖的周遍性问题，是一种学科间横向的、平衡关系的考虑；而层递关系除了要考虑各个子分支设置的横向平衡性外，还需要考虑对各个子分支下所包含的专业性词汇的收录深度是否具有一致性。

按照随机数表顺序，我们从《简明牛津词典》第 10 版中随机抽取 50 页，提取其中被标注学科标签的全部立目单位以及义项。在所抽样的 50 页中，共包含立目单位 1952 个，义项 2684 个，其中提供学科标签的专业词汇以及义项数分别占 19.5%和 14.2%。在《简明牛津词典》第 10 版中，显性收录的专业词汇数量接近立目总量的五分之一。

按照频率高低依次排列，在第 10 版中出现频次在 10 次以上的学科标签共 12 个，包括 medicine（医学，42）、chemistry（化学，38）、law（法律，25 个）、botany（植物学，25）、physics（物理学，22）、zoology（动物学，21）、biochemistry（生物化学，17）、computing（计算机，16）、music（音乐，14）、biology（生物学，14）、anatomy（解剖学，11）、商标名（trademark，11）；出现频率为 5—10 次的学科有 6 个，分别为 geology（地质学，9）、mathematics（数学，9）、astronomy（天文学，8）、grammar（语法学，8）、physiology

（生理学）、heraldry（纹章学，5）；出现频率不足 5 次的学科有 37 个，包括 philosophy（哲学、4）、architecture（建筑学，4）、entomology（昆虫学，4）、American football（美式足球，3）、archaeology（考古学，3）、baseball（棒球，2）、psychology（心理学，3）、rugby（英式橄榄球，3）、soccer（英式足球，3）、statistics（统计学 3）、Christian church or theology（基督教，3）、cricket（板球，3）、economics（经济学，3）、bridge（桥牌，2）、surgery（外科学，1）、technical（技术的，4）、theology（神学，3）、geometry（几何学，3）、linguistics（语言学，3）、psychiatry（精神病学，2）、psychoanalysis（心理分析，2）、fishing（渔业，2）、logic（逻辑，1）、geography（地理，1）、microbiology（微生物学，1）、weightlifting（举重，1）、wrestling（摔跤，1）、electronics（电子，1）、metallurgy（冶金学，1）、military（军事，1）、motor racing（赛车，1）、nautical（海事，1）、optics（光学，1）、ornithology（鸟类学，1）、palaeontology（古生物学，1）、prosody（诗体学，1）、finance（金融，1）。

综上可见，第 10 版对专业词汇的处理达到了《简明牛津词典》编纂史上的最高峰。在横向的、平行科目的学科标签设置方面，其分类的细致程度甚至接近专科词典的水平，如对 "botany"（植物学）、"zoology"（动物学）和 "entomology"（昆虫学）的三个分类。这得益于《简明牛津词典》第 10 版对大型平衡语料库以及专业语料库的应用。

有一些学科分类值得商榷，如 "linguistics"（语言学）、"grammar"（语法学）应该是上下位关系，不宜并列；"chemistry"（化学）、"biology"（生物学）、"biochemistry"（生物化学）等分类过于细致，学科交叉情况严重，且三者之间的差异不是普通的语文词典用户能够理解或乐于关注的。词典编纂永远要基于实用的目的，一些深层次的、过于专业性的语言信息可以考虑作为后台数据供词典编纂人员参考，不必作为前台信息在词典文本中呈现给用户。在不影响用户使用的情况下，一些学科分类可以适当合并。

三、专业性词汇收录的层次性分析

在词典编纂中，专名的收录以及收录数量与词典收词的广度和符号的覆盖率有关；而专业性用语的处理则关乎词典收词的层次性和平衡性问题。

（一）专业词汇的内部层次性

由于具有悠久的语言发展历史，汉语与英语的中心词汇（central vocabulary）都表现为由不同层次的语言成分组成的、具有异质性特点的混合性层次结构。在这一结构中，专业性词汇在日常交际中的作用日渐增大，并发展成为中心词汇中不可或缺的部分。

以专业性程度为衡量标准，可以发现由于专业性词汇在社会生活中的交际密度不同，其专业化程度也呈现出梯度性特征。有些专业词汇只在专业领域内使用，很少为外行所知晓，如数学中的"拓扑"（topology）是完全的专业性词汇。还有一些专业词汇，由于在日常交际活动中的使用率较高，或者与日常生活的关系较为紧密，其专业性程度相对较弱，在语言交际过程中的新奇效应不明显。不过除了专业意义之外，这些专业词汇并没有派生出其他的通用意义，在日常交际中，语言共同体使用的依然是其学科意义，如"B超""核磁共振"以及"X光"等。我们称上述两类为单一性专业词汇。另外一部分专业性词汇由于与社会生活结合紧密，得以进入日常交际领域并被高频使用，逐渐派生出通用意义，甚至随着语言的发展，其通用意义的使用频率更高，如在《现代汉语词典》试印本中，"群体""亲和力"和"前卫"的学科标签分别为"生物""化学"和"军事"。但对北京大学现代汉语语料库的检索结果表明，这三个符号在当代汉语中的学科意义淡化，主要用于日常交际领域。这类词汇被称为专业-通用两栖型专业词汇。

阿特金斯和朗德尔（Atkins & Rundell，2008）认为，对专业词汇进行的学科分类可以分为平行和层级两种。平行式的学科分类把整个学科领域切分为农业、解剖学、医药、管理、公共关系、航空、计算机等子范畴，各范畴间是一种并列关系。平行分类的目的，是保证重要的学科领域不被遗漏，实现分类的全面性。层级式的学科分类是在平行分类的基础上进行类的概括和细化，是以中心范畴为基础，向上和向下进行的递进式分类。层级分类的优点是使分类更为深入和细化。但是，层级分类的层次不宜过多。还有一些专业性词汇，如"test tube"（试管）和"laboratory"（实验室）等，在"物理""化学""生物"等若干领域内通用，因此应该给予高层次的标签"science"（科学），其下才是更具领域针对性的各种专业词汇。

（二）词目的标记性与内部层次性

一些语言符号在使用范围上具有限制性。对于这些用法受限的词汇单位的分类以及词典描写，学界有不同的意见。基普弗（Kipfer，1984：144）认为，语文词典中应该为立目单位提供三种标签形式，分别是说明词汇单位使用年代或者是语体风格的层次标签（status label）、使用区域标签（register label）以及学科标签（subject label）。兰多（Landau，1991：175）则认为除了上述三项之外，词典中还应包含频率标签、科技术语标签、禁忌语标签、情感评价标签以及文化层次标签等。豪斯曼、瑞克曼和威甘德（Hausmann，Reichmann & Wiegand，1989：651）提出了描写词汇单位限制性用法的 11 个参数，这是目前为止对用法标签（usage label）最为详尽的分类。哈特曼和詹姆斯（Hartmann & James，2000）在此基础上，指出各用法标签内部具有层次性。具体见表 4-3。

表 4-3　词汇单位限制性用法的相关分类参数

分类参数	无须提供用法标签的中心成员	需要提供用法标签的边缘成员	内部层次性
时间	当代使用的词汇	旧词汇、新词汇	古旧词/过时词/新词/时髦词
地域	标准语	地域变体	美式英语/英式英语/印度英语/澳大利亚英语……
国别	本族语	外来词	外来词/本土词汇/方言俗语
媒介	中性	口语以及书面语	书面语/中性语/口语
社会-文化性	中性	社会方言	上层社会用语/中性用语/通俗用语
正式程度	中性	正式语体以及非正式语体	庄重语体/正式语体/中性语体/非正式语体/亲昵语体
文本类型	中性	诗歌用语、文学用语、新闻用语等	诗歌用语/中性用语/会话用语
专业技术性	通用语	专业性用语	植物学/动物学……
频率	经常使用	罕用	基本词/常用词/罕用词
态度	中性	具有评价性的	褒扬/中性/贬降
规范性	正确的；标准的	不正确以及不标准的	正确的/不正确的

帕兹恩斯基（Ptaszynski，2010：411）认为，以上关于词汇单位用法信息的分类是从语言学视角展开的，注意力主要集中在对用法信息性质的归类方面。以表 4-3 中任一参数为描写标准，词汇单位都会出现无标记和有标记两种情况。前者具有通用性，为词汇系统中的中心成员，无须提供用法标签；后者在某种程度上具有使用上的限制性，需要提供标签。词典编纂者一直尝试解决不同类型词典应该对哪些词进行用法标

注，如何进行用法标注的问题，到目前为止，尚未找到具有穷尽性特点的有效方法。帕兹恩斯基（Ptaszynski，2010：411）提出用法信息说明的功能观，指出词典编纂者的目的不是描写语言，而是满足用户信息需求，词典编纂者应该在目标用户信息需求调查的基础上，根据词典类型、编纂宗旨、目标用户群的不同，自主选择若干参数进行词汇使用方面的说明。

从历时发展的角度看，英语共时标准语文词典对立目单位标记性参数的选择和描写呈递增趋势。以《简明牛津词典》为例，在 1951 年第 4 版中，只有时间、国别、专业技术性、正式程度、态度五个参数。到第 10 版中，其标签已经包括了除"媒介"和"规范性"之外的其余 9 个参数。英语语文词典对一些限制性参数下立目单位的标记性程度区分出不同的层次性，如"社会-文化性"参数下又可分为"流行语""俚语""俗语"等。

汉语语文词典对词汇单位标记性参数的选择较为有限。以《现代汉语词典》为例，其标记性参数的选择呈递减趋势。在《现代汉语词典》试印本中，以时间为参数，标注了"早期白话"和"旧词旧义"，分别对应<近>和<古>两个标签；以媒介为参数，标注了"口语"和"文言词语"，分别对应<口>和<书>；以地域为参数，标注了方言词语，对应标签<方>。除此之外，《现代汉语词典》试印本在"凡例"中指出对"专科语汇中较专门的术语"标识其所属科目，并提供了包含<地><纺><语>在内的 43 个专业标签列表①。在《现代汉语词典》第 5 版中，只提供了<方><书><口>三个标签，仅与豪斯曼的"地域"和"媒介"两个标记参数对应。

四、汉、英语文词典专业性词汇立目中存在的问题

按照词典编纂所处的阶段以及现代化程度进行分类，语文词典编纂可以分为基于语言直觉和基于语料库两种类型。在基于语言直觉的词典编纂中，词典编纂者利用数量相对有限的引文档案（citation files）进行语料分析、归类，在此基础上进行语言信息提取。由于语料信息的有限性、片面性以及人工统计的局限性，这种编纂方法主观性较为突出。

在基于语言直觉的词典编纂模式下，普通语文词典对专业性词汇的

---

① 《现代汉语词典》试印本正文中还出现了其他标签，如词目"平面图""剖面""切面"的标签为<测>，表示测绘用语。

选择主要依靠相关领域的专家学者。此时，编纂者的知识背景、阅读范围乃至个人喜好都会对专业词表的选择产生不同程度的影响。哈里斯（Harris，1704）在其词典前言中宣称，他自己特别重视对数学方面词汇的收录，原因是哈里斯坚信：数学是自然和物理学研究得以建立的基础。而第一部规范型英语语文词典——《英语词典》的编者约翰逊则对实验科学（experimental science）方面的术语极具兴趣，《英语词典》中包含了大量的实验科学术语。但因为约翰逊不喜欢数学，该词典对数学术语的收录及解释严重不足（McDermot & Moon，2005）。芬肯施泰特和沃尔夫（Finkenstaedt & Wolff，1973：105）提到一则具有逸闻性质的词典收词典故。因为《牛津英语词典》的一个编者刚好是一个业余的矿物学家，因此《牛津英语词典》以及脱胎于该词典的其他一系列词典，如《简编牛津英语词典》，其词表中的矿物术语异常丰富。上述情况的出现，都与基于语言直觉的词典编纂模式相关。在这种编纂模式下，立目单位的典型性以及对语言总体的代表性一直被理论词典学家所质疑。

语料库的出现和广泛应用给词典编纂界带来了一场声势浩大的"语料库革命"（corpus revolution）。相应地，词表选择的实证性和客观性大为增强。同时，在现代词典编纂中，词典被认为是不同文本类型（text genres）的承载者。因此，在语料库建设中除了书面语与口语的分布比例之外，语料的语域（register）分布（Hanks，2009：58）问题得到普遍关注。政治、经济、生物、建筑、医学、解剖学、音乐等各个主题领域中的相关词汇都在语料库中占据一定的比例。以最为著名的英语国家语料库（British National Corpus，BNC）为例，其书面语料库所涉及的语域共10类，其中"社会科学类"（social science）、"应用科学类"（applied science）、"艺术类"（arts）、"财经商贸类"（commerce/finance）和"自然科学类"（natural science/pure science）语料所占比例分别为样本总体的14.80%、8.21%、8.08%、7.93%和4.18%。

上述语域在语料库中的收录比例设置可能存在问题。如果不同语域在语料库中的分布比例并不符合语言使用的实际情况，以之为基础提取出来的专业词汇也不可能具有代表性。语料库技术确实为词典编纂带来了便利，但却无法降低词典编纂者的工作难度。这也是为什么基于语料库的词典编纂同样存在系统性偏误的原因。当然，在大数据的支持下，基于语料库编纂的词典对语言总体的代表性要远远优于基于语感编纂的传统词典。

第四节　本章小结

从词典功能理论出发，伯根霍尔茨和古乌斯（Bergenholtz & Gouws，2007）把词典分为三类：实现语言交际功能的词典（for communication-orientated user situations）、实现知识获取功能的词典（for knowledge-orientated user situations）以及二者兼容型词典（for communication-and knowledge-orientated user situations）。第一类词典以通用性语言单位为收词主体，第二类以百科性知识单位为收词主体，第三类则对通用性语言单位与百科性知识单位兼收并蓄。《简明牛津词典》与《现代汉语词典》的各个版本都在其功能定位上进行不断的调整。《简明牛津词典》从第1版到第9版一直注重实现语言的交际功能。自第10版开始，知识获取功能得到强化，大量科技术语涌入词典宏观结构。《现代汉语词典》试印本的词目收录主体为通用词汇，但正文词表部分也包含大量的专业词汇，且在附录部分专门提供人名、地名、朝代名等百科信息，在词典功能上有向兼容型倾斜的趋势。但自第1版开始，《现代汉语词典》的功能定位明确，一直到第7版，其主导性功能都是语言交际功能。总体而言，尽管百科性条目不断涌入两部词典的宏观结构之中，但两部词典的语文性特征一直较为明显，收词主体一直以通用词汇为主。

两部词典在对专名的收录上较为一致：限制纯粹专名的收录数量，严格执行"专名不入语典"的立目原则。若专有名词派生出引申义，成为兼容型专名，则可以收录。不过《现代汉语词典》对专名的限制性收录，并不包括哲社条目。与《简明牛津词典》截然不同，《现代汉语词典》中包含了大量的哲社条目，反映出我国基本的政治观点和思想倾向，这是由《现代汉语词典》作为由国务院责成编纂的规范型词典的性质所决定的。

两部词典的差异还体现在对专业词汇的收录上。其中，在科技词汇方面，《简明牛津词典》相关版本的收录范围、数量与层次方面都遥遥领先，并且为科技词汇提供了显性的学科标签，学科标签分类在后期版本中越发细化，达到50多类。《现代汉语词典》同样注重对科技词汇的收录，但除了试印本之外，其余各版中都没有使用学科标签对科技词汇进行显性标注，通用词汇与专业词汇混杂在一起。对专业词汇的学科归属进行显性标注，是《现代汉语词典》未来版本需要努力的方向。

第五章 《现代汉语词典》与《简明牛津词典》宏观结构的共时性与历时性

> 历时性是语文辞书必不可少的原则,只不过在不同类型的语文辞书中的地位不同而已。
>
> ——张志毅、张庆云(2015:383)

从结构语言学的视角看,每一个词汇单位都处在语言系统的纵向发展与横向联系中,形成历时与共时相互交织的分布状态。与大型历时性语文词典不同,标准型通用语文词典多采用共时性视角,重点处理现代词汇。但是,由于语言发展的连续性以及词典编纂的传承性,语文词典在重点收录现代词汇的同时,也会包含历时层面的一些语言单位。因此,作为共时性的语文词典,《简明牛津词典》和《现代汉语词典》在收词方面的问题不在于是否要收录古旧词语,而是应该收录哪些古旧词语,需要确定古旧词语收录的标准、层次和数量。通常认为,在共时性的语文词典中,古旧词语的主要功能是备查,但备查并不是语言单位成为共时性语文词典立目单位的充要条件,语文词典中各类语言符号的立目资格判定标准还应包括实用性、平衡性和价值性等方面。古旧词语的选择同样如此。

第一节 《现代汉语词典》与《简明牛津词典》宏观结构的共时性分析

从理论上看,"共时性"作为立目标准很好理解,但操作起来却颇有难度。语言作为一个动态发展的系统,总是处在连续不断的调整与变化之中,对其进行断代性的截取与描写并不容易。作为其子系统之一的词汇系统更是如此。因此,词典编纂者必须要确定相关标准,以期划定出一个相对合理的时间截面,由此区分索绪尔所说的"(语言学研究中的）第二条重要的分岔路口"——共时性与历时性。不过，共时与历时并不是截然二分的，语言的共时态是历时态发展的必然结果，像英语与汉语这样有着悠久历史的语言，其词汇系统是不同时间层次与空间层次的语言成分相互作用、彼此混合的结果。夸克（Quirk，1986）提出的、针对英语语文词典收词的问题非常有道理："所谓的'当代'，指的是目前用法尚有生命力的词汇，还是也应该包括当代文明人很可能去阅读的那些古代文学作品，如狄更斯、蒲柏、莎士比亚作品中的词汇？"

　　词典收词立目中的"当代性"原则，只是以当代通用词汇为主体的原则，不可能将古语词、方言词、外来词等完全排除在外。语文词典收词立目表现为一个原型范畴，属于核心成员的语言单位，其立目资格无需置疑，但对边缘成员立目资格的判定则颇费思量。如前所述，作为工具书的词典必须要满足备查性的需要，但不同用户的查询需要是多种多样的。因此，任一词典的信息容量必然要远远大于普通用户通常情况下的信息查询量。

一、《现代汉语词典》收词的共时性分析

　　现代汉语是古代汉语的延续与发展。李开（1991）指出，从历时角度看，汉语词汇可分为七个词层，分别如下：殷商到春秋；战国至秦；汉至隋；唐宋；元至鸦片战争；鸦片战争至五四时期；现代。同时，任何一个历史词层又可分为八个横向平面，分别为基本词面、普通词面、俚俗语词面、熟语词面、方言词面、外来语词面、专科语词面与双音结构词面。李开的分类，显示了汉语词汇的多层次、多领域的内部特点。因此，现代汉语词典在立目过程中必须充分考虑收词单位的主体性和层次性，以实现词典宏观结构上的相对平衡。

　　从试印本开始，《现代汉语词典》在收词上基本秉承现代性原则，主要体现在如下方面：一是以现代汉语语言共同体全民通用的词汇为主体，二是在收词主体明确的前提下，收录一些流通度较高的科技词汇、方言词汇以及外来词汇，这些语言单位也是现代汉语词汇系统中的一个有机组成部分。

　　与"描写了二十世纪前半期现代汉语词汇面貌"的《国语辞典》相比，《现代汉语词典》试印本中立目单位的现代性特点更为突出，如在"京"字头下，《现代汉语词典》试印本收录了"京白""京城""京都""京畿""京剧""京腔""京师""京戏""京韵大鼓"和"京族"，《国语辞典》中收录的"京报""京调""京国"

"京官""京华""京话""京京""京室""京曹"等则因为在现代汉语交际系统中渐渐淡出使用而未收录在《现代汉语词典》中。不过，试印本在对现代汉语边缘词汇，如科技词汇的收录方面，确实存在着类型庞杂、数量过多、结构失衡的问题，这些问题在第 1 版中得到了一定程度的纠正。

《现代汉语词典》第 1 版正式确立了收词的现代性原则。与试印本相比，字头"安"之下增加的立目单位有"安厝""安堵""安家费""安澜""安理会""安民告示""安全岛""安全电压""安全系数""安如泰山""安歇""安营""安营扎寨""安之若素"。从上述增补的词条可以看出，在《现代汉语词典》第 1 版中，立目的现代性非常注重古代汉语与现代汉语之间的延续性，在收词中以中性语体为主，同时也收录口语语体以及书面语体的古代汉语成分。

下面我们从三个方面分析《现代汉语词典》收词的共时性特征，分别是新词的收录、口语单位的收录与外来词的收录。

（一）《现代汉语词典》对新词的收录

自第 3 版开始，《现代汉语词典》修订工作的重点放在增收新词方面（晁继周、单耀海、韩敬体，1995）。关于新词增收的原则，学界有较多讨论，并提出了普遍性原则、稳定性原则（晁继周、单耀海、韩敬体，1995）、不可替代原则、表意明确性原则、较高品味原则（蒋文华，1999）等若干原则。这些原则都有其可取之处。但是，新词一定是因为在语言使用中有较高的近现率（rencency）而成为热点词的，至于最终能否进入词典词表，主要取决于其通用性与稳定性（晁继周、单耀海、韩敬体，1995；韩敬体，2005；陈章太，2006；江蓝生，2013），这也是《现代汉语词典》相关版本新词收录的基本准则。在此基础上，编纂者也会适度考虑新词的价值取向问题，如《现代汉语词典》第 6 版拒绝收录"剩男""剩女"即属于此种类型。

《现代汉语词典》第 1 版出版之后，因为新词增加速度非常快，相继推出"补编本"和"增编本"以及时补录新词语。《现代汉语词典》第 3 版增收新词 1100 余条；第 4 版增收新词 1200 余条，用粉页印刷置于附录部分，类似于《法国拉鲁斯词典》中著名的"玫瑰之页"的做法；第 5、第 6、第 7 版分别增收新词 2100 余条、1100 余条和 400 余条。吕叔湘先生（1984）在《大家都来关心新词新义》中指出，对新词语的收录，"我个人的意见是与其失之于严，毋宁失之于宽"。相比之下，

《现代汉语词典》相关版本在新词收录方面非常审慎，有"失之过严"之感，与吕先生的建议正好相反。在姚汉铭（1995）提出的"实录式新词词典""选择式新词词典"和"规范式新词词典"三种类型中，《现代汉语词典》无疑属于第三类。

《现代汉语词典》新词的增录仍以通用词汇为主，如第 7 版中增收的"白菜价""便利贴""底儿朝天""广场舞"等，同时也包含百科词汇、方言词汇、外来词汇以及部分古语词。与《简明牛津词典》不同，《现代汉语词典》新词收录的一个重点是哲社条目，如第 7 版中的"一带一路""八项规定"等，这与《现代汉语词典》一直担负的国家层面的词汇规范任务相关，其政治性与思想性自然需要突出。古字增收也较为常见，如第 7 版增收了"鳝""胉""岨""媞媞""芄兰""玃猱""埤堄""嵼""荖""胇""膡""膌"等，作备查之用。另外，一个非常明显的特点是，新词中增补的方言词不再以北京地区的方言为主，东北方言、粤方言以及港澳台地区的区域性变体开始作为立目单位出现。在《现代汉语词典》第 6 版的新增立目单位中，"嘚瑟""忽悠""疼人""煽呼"等来自东北方言；"抓手""手信""河粉""饮茶""无厘头""八卦""搞掂"等来自粤方言；"捷运""呛声""软体""硬体""太空人""幽浮""力挺""糗""出糗""拜票""谢票""质素"等来自港澳台地区。第 7 版的新增立目单位中也包括一些方言词，如东北方言中的"大大"（伯父）、粤方言中的"分分钟"等。

（二）《现代汉语词典》对口语单位的收录

口语单位是《现代汉语词典》收词立目的重点之一，试印本收录了大量的口语单位，并且在凡例部分明确表示"一般语汇中以下各类加标记：<口>口语，<方>方言，<近>早期白话，<书>文言词语，<旧>旧词旧义"。在试印本中，"老百姓""老鸹""老大娘""老大爷""老人家""老等"（此处表"苍鹭"义）等立目单位都标注<口>。《现代汉语词典》第 1 和第 2 版沿袭了试印本的做法，但是在具体立目单位的标签设置上出现了调整，如试印本中标注为<口>的"老等"不再被第 1 版收录；"老鸹"的语体标签<口>被删除；而且在第 1 版中，"老公"作为同音词立目，其标签分别为<方>和<口>，前者指"丈夫"，后者指"太监"。

自试印本开始提供的标签<口>，确立了口语单位在现代汉语词汇系统中的地位，为口语的规范提供了良好的基础。但其中也存在着问题：

第一，标注<口>的立目单位，主要指北方方言区使用的口语词，尤以北京地区为主，对其他方言区的方言甚少涉及；第二，立目单位标注<口>的标准不明确；第三，<口>与<方>之间的界限不清楚。

《现代汉语词典》第3版依然收录口语单位，但语体标签<口>被取消而<方>被保留，一些原来标注为<口>的单位改标为<方>。第4版中<口>的标注也不再出现。需要注意的是第5版，凡例部分未对标签<口>进行说明，但在词典正文部分对口语单位进行了标注，如"老百姓""老大爷""老大娘"等又重新被标注为<口>。

第6版凡例部分明确规定"一般条目中，标<口>的表示口语……<口><方><书>等标记适用于整个条目各个义项的，标在义项①之前；只适用于个别义项的，标在相应的义项号码之后"，这与第1版中的凡例完全相同。第7版沿袭了第6版的做法。

《现代汉语词典》中口语单位的标注，经历了由显性到隐性再到显性的循环往复的过程。在语体的区分中，口语语体、书面语体与中性语体相互区别并彼此依存。《现代汉语词典》第3和第4版的凡例部分取消了<口>，却保留了<书>，既违反了语言学相关原理，不符合语言的实际使用情况，也破坏了词典立目处理的平衡性。第6版对<口>的全面恢复是正确的。词典用户可以清楚地分清口语语体、书面语体以及无标记性的中性语体。

（三）《现代汉语词典》对外来词的收录

外来词主要通过两种方式进入汉语，一是音译，二是意译。因为进入方式不同，其在与汉语的融合度方面也形成差异。意译词在语音、语法形式上符合汉语特点，与汉语的融合度高，成为本土性词汇，如"电话"。音译词会经过语音上的汉化，但在构词方式上往往不受制于汉语的词法规则，异质性程度较高，一些音译词很快在汉语中消失，如表示电话义的"德律风"；一部分音译词具有概念补位功能，会在汉语词汇系统中取得一席之地，如"博客"；一些音译词会与意译形式形成竞争性并存，如"的士"与"出租车"、"蕾丝"与"花边"，孰去孰留，尚未可知。

一般认为，由于汉语的特点，音译外来词在汉语中的接受度不如意译词高。从词典收词上看，《现代汉语词典》试印本收录的外来语以音译词居多，如"德谟克利西""爱美的""布拉吉""布尔什维克""布尔乔亚""密司脱""密斯"等。后续版本对一些非习用性的音译词的删减一直在进行。梁盟（2006）对《现代汉语词典》第 1 到第 5 版中的外来词进行研究，发现 5 个版本中外来词的收录数量基本稳定在 350—370 个，其中数量最多的是英源外来词，在各版中的比例都超过了 60%。除英语语源外，还包括法、俄、德、意等 20 多个语源，可见《现代汉语词典》并没有像《简明牛津词典》第 1 版那样，把外来词视为语言的"入侵者"，而是把外来词视为汉语词汇系统的有机组成部分。

　　从 1—7 版中外来词的收录情况看，存在如下问题：第一，一些音译词已经由本土化的意译词所取代，但被弃用的音译词仍然立目，如自第 1 版到第 7 版一直收录"布尔乔亚"（资产阶级）、"蔻丹"（指甲油）、"康拜因"（联合收割机）、"维他命"（维生素）以及"哀的美敦书"（最后通牒）等。第二，一些指称对象已经从现代汉语中消失的音译词仍旧立目，如 1—7 版中一直立目的"那摩温"（旧时上海等地用来称工头）、"康采恩"（资本主义垄断组织的形式之一）以及"派力司"（用羊毛织成的平纹毛织品）等。第三，各版中都不同程度地存在着非系统性的外来词调整方式。根据"同场同模式"（张志毅、张庆云，2001）原则，同一类型的语言符号在词典中的处理应该是统一的。但是，在《现代汉语词典》中同属被意译形式所替代的音译词，像"爱美的"（业余的）、"密斯"（女士）以及"密斯脱"（先生）等在第 5 版中被剔除，而同一类型的"香波"（洗发水）在第 7 版中仍然保留。第四，一些音译词的字形选择需要被进一步规范[①]，如"蛋挞"和"蛋塔"，"冰激凌"与"冰淇淋"等。第五，外来词入典的资格需要被明确。以"舍宾"（英语"shaping"，指"美体"）为例，《现代汉语词典》第 5 版中只有"美体"立目，第 6 版、第 7 版中"美体""塑身""舍宾"三者同时立目。通常而言，音译词与意译词并存，汉语词典会首选意译词立目。如果音译词使用频率非常高，音译词也可考虑立目。对中国传媒大学有声媒体语言资源网进行查询发现，"舍宾"的出现频率为零，而与之意义相同的"塑身"出现了 17 次，"美体"出现了 31 次，可见"舍宾"的立目资格存在问题。

　　综上，《现代汉语词典》各版本一直注重对外来词的收录并立目，对外来词在汉语语言系统中的作用充分予以肯定。但是，一些弃用的外来词，主要是音译外来词，仍然在词典中立目，对这种情况应及时予以清理或删除。

---

　　①　关于音译词字形规范的具体论述，参见本书第六章第三节。

二、《简明牛津词典》收词的共时性分析

与母本词典《牛津英语词典》侧重收录历时性语言单位以及义项不同，《简明牛津词典》的定位是一部"现代英语"（current English）词典。福勒兄弟开宗明义，在《简明牛津词典》的前言部分明确宣称，该词典所收录的语言单位，主要是当时语言社团所普遍使用的常用词，其词目收录遵循的是现代性标准（the criterion of currency），秉承的是共时性的词目收录原则。

《简明牛津词典》第 1 版收词的共时性原则在后期版本中一直被遵守。实际上，《简明牛津词典》第 2 版到第 5 版在收词方面的调整非常小。到第 6 版中，主编赛克斯依然明确表示要尽力消除与"当代性"收词原则不相符的因素（COD 6，页 iv），结果是滞留于前 5 版中的大量旧词汇被删除。新的词汇，包括科技词汇以及来自英国之外的其他英语国家的词汇被收录入典，第 6 版宣称进入了"描写性"时代。

第 8 版前言部分依然明确宣称要严格遵守词典收词的"当代性"原则（COD8，页 vii-viii）。在这一前提下，主编艾伦重申了对过时词汇的收录标准。"如果它们在文学作品中非常重要，或者为了达到特殊的效果仍然在使用，词典就予以收录"（COD8，页 vii-viii）。大量过时词汇从第 8 版的词表中被删除，以保持词典收词的当代性特点。

在第 10 版中，"当代性"的词目收录原则依然保持不变，但其内涵发生了变化。该版本明确宣称其目的是尽力扩大收词量，因此除了收录常用词汇之外，更要收录具有当代性的特点的非常用性词汇（current but less familiar words）。在其前言部分，编纂者表示"要在同样的篇幅之内，尽可能地容纳现代社会中英语核心词汇里所有的词、词组以及义项"。至此，自第 1 版中一直强调的"常用词优先"原则转化为"核心词汇为主体"原则。而且该版本所界定的"核心词汇"，同时包括常用词汇与非常用词汇、通用词汇与非通用词汇，"当代词汇"的范围急速扩展。第 12 版删除了第 10 版中的大量科技术语，在第 10 版中泛化的"核心词"得到了部分压缩，但通用的当代英语词汇依然是收录主体。

在对词典立目的共时性分析中，新词、口语词以及外来词是最为直观的表现。下面从这三个方面论述。

（一）《简明牛津词典》对新词的收录

根据全球语言监测站（global language monitor）提供的数据，在英

语词汇系统中，平均每 98 分钟出现一个新单词，即每天增加 14.7 个新单词。新词的特点是近现率高，但生命力的长短因词而异。大多数新词只是昙花一现，过眼云烟，其中的一部分会稳定下来，并最终要求在词典宏观结构中占有一席之地。

《简明牛津词典》第 1 版于 1911 年出版，1914 年又出版了第 1 版的增补本，一些新词，如"borzoi"（俄国狼狗）、"boycott"（抵制）、"burble"（涡轮）、"flapper"（挡板）以及"hangar"（机库）等出现在第 1 版的增补本中。但是，因为 20 世纪早期印刷技术的制约，如果要把新词插入词典正文部分则需要重新制版，成本过高，因此这些新词只是作为附录放在第 1 版增补本的后置页部分，直到 1929 年第 2 版出版，才被植入词典的主词表中。除此之外，"movie"（电影）、"bob"（女人，小孩梳的短发）等新词也都在第 2 版中被立目。第 4 版增加了少量与"现代化"生活相关的词汇，如"spiv"（游手好闲的人）、"televiewer"（看电视者）等。

《简明牛津词典》第 6 版的主编赛克斯指出，第 6 版"增加了许多新的单词、词组和近年来进入语言中的新义（包括在一般文献中常见的技术用语）；增加了英伦三岛以外的英语使用地区所创造的词汇"。这其中既包括社会生活方面的词汇，如"beatnik"（垮掉的一代）等，更多的则是科技术语，如"microwave oven"（微波炉）、"genetic engineering"（生物工程）、"varistor"（变阻器）、"facies"（外观，表皮）以及"factice"（橡胶状物质）等。实际上，第 6 版在新词收录方面的特点之一就是大大增加了科技词汇的比例。自该版之后，一直到第 12 版，《简明牛津词典》中新词的增录主要以科技词汇为主。这一方面是因为进入 20 世纪后半叶之后，科学技术更新换代的速度非常快，导致大批的科技词汇进入通用交际领域，甚至与通用词汇融合，词典需要对此做出相应的反应。另一方面，由于历史文化原因，美国大学词典一直非常注重对科技词汇的收录，而美国大学词典与英国语文词典之间一直存在着或明或暗的竞争。在这种情况下，《简明牛津词典》后期版本对科技词汇的增收也在情理之中。在商业竞争的环境下，"人无我有，人有我强"是必然的发展趋势。这也可以解释为什么《简明牛津词典》第 10 版居然偏离了牛津式的对常用词汇进行深度处理的编纂范式，转向大幅度增收新词，即通过利用结构上的调整，采取将语言单位从词典微观结构移至宏观结构的方法[①]，以增加立目单位的数量。

　　（二）《简明牛津词典》对口语单位的收录

　　语言是以语音为物质外壳的、人类最重要的交际工具。从语言功能方面考虑，口语词汇显然最具有当代性特点。福勒兄弟充分意识到口语单位的重要性，在词典中收录了一些具有口语特点的词汇单位，如惯用语、俚俗语等。在第 1 版的前言部分，福勒兄弟指出"这（指口语的收录）是《简明牛津词典》第 1 版与同等篇幅的其他语文词典之间非常大的不同"（见《简明牛津词典》前言，页 v）。

　　《简明牛津词典》第 1 版收录了一些口语单位并将其立目，并在口语单位后面提供了 "colloquial" （口）、 "slang" （俗）等标签。"footle" （闲混）、 "piffling" （琐碎的）、 "piddle" （撒尿，鬼混，游荡）等都是如此。有些口语单位并未立目，而是以内词目的形式出现在相关立目单位的右项部分，如 "topping" （糕点上的装饰配料）出现在立目单位 "top" （顶端，上部）的释义部分。

　　尽管福勒兄弟认为对口语单位的收录是《简明牛津词典》共时性特点的一个重要体现，但实际上，第 1 版对口语单位的收录还是很少，单独立目的就更少了。卡明斯卡（Kamínska，2014：80）认为这与《简明牛津词典》第 1 版的蓝本词典《牛津英语词典》有关。作为一部历时性的大型语文词典，该词典所依赖的引文档案以书面语为主，口语材料非常少。因此《简明牛津词典》也只能从非常有限的口语材料中进行选择。

　　一直到第 5 版，《简明牛津词典》在立目单位方面的调整非常少。到了第 6 版，《简明牛津词典》进行了彻底的修订，对口语单位的收录也大幅度增加，除此之外，科技词汇以及世界英语变体形式也增加得很快，这成为该版词典描写性特点的一个重要表现。从第 6 版开始，一直到第 12 版，《简明牛津词典》对口语单位的收录一直在增加。这一方面是因为通过学界对"书面语至上原则"的纠正，口语单位的重要性日益凸显；另一方面归功于《简明牛津词典》编纂中大型口语语料库的建设和利用，这是福勒兄弟在他们那个时代完全无法想象的。可以说，《简明牛津词典》在口语单位收录上的进步，主要归功于词典编纂技术的进步。

---

　　① 这种方法在第 6 版中已经被采用，但是第 10 版达到前所未有的力度，以尽可能多地扩充收词量。

（三）《简明牛津词典》对外来词语的收录

外来词的出现是不同语言社团发生语言接触的结果，是人类语言中的普遍现象。因为语言与文化的差异，不同语言系统对外来词的接纳、吸收和同化程度有很大差异。总体来说，英语是对外来词接纳程度非常高的语言，在盎格鲁-萨克森语的基础上，英语吸收了来自不同语言的众多外来词，也因此被称为"全球性词汇"（cosmopolitan vocabulary）。很大一部分外来词填补了英语词汇中的概念空缺，如"lager"（淡啤酒）、"swastika"（万字符）"russet"（赤褐色的）、"burlesque"（滑稽剧）、"guillotine"（断头台）、"toufu"（豆腐）等，这些外来词丰富了英语的词汇，甚至细化了相关语义场的编码度，使英语表达更趋精细。有的外来词则与英语本土词汇竞争性共存，如"apartment"与"flat"（公寓）、"underground"与"subway"（地铁）、"petrol"与"gasoline"（汽油）等，这在一定程度上是一种冗余信息，不过同时也是世界英语发展的必然结果。但是，与英语使用中随处可见的外来词形成强烈反差的是：在对外来语的评价方面，英语世界则处于保守状态。英语语言学家一直担心外来语会对英语产生腐蚀、破坏，并警告英语用户当心外来语的入侵会伤害英语的"纯洁性"。

在《英语词典》的前言部分，约翰逊明确宣称他自己"收录外来语通常是为了指摘它们，并警告他人不要错用吸收进来的、无用的外国词汇，进而伤害了本国的词汇"。对外来语的这种排斥态度在《简明牛津词典》早期版本中也有所体现，尤其是《简明牛津词典》第 1 版和第 2版，收词以英伦三岛的词汇为收录主体，本土化意识突出，对方言词汇以及来自其他英语国家的英语词汇极少收录。这一方面显现出编纂者对本土英语优势地位的极力维护，另一方面也反映出英语世界对外来语的一种矛盾态度。

不过，由于《简明牛津词典》的目标用户是受过良好教育的英国民众，第 1 版中收录了一些拉丁语和法语，原因是拉丁语和法语在当时经常被英国上层社会以及知识分子所使用。当时科伦拉登出版社内部对《简明牛津词典》如何收录外来词颇有争议。《牛津英语词典》的编辑布拉德利（Bradley）建议将外来词放在《简明牛津词典》第 1 版的附录部分，但福勒兄弟最后还是坚持将其植入正文之中（McMorris，2002：76-77）。这看起来是一个词典体例问题，但实际上却关乎对外来词身份的确定。如果采用布拉德利建议的双词表结构，则表明外来词是迥异于英语本土词汇的异质成分，不能进入英语语言系统之中；而采用单一词表结构则表示了本土词汇对外来词汇的接纳与二者之间的融合，至少被收录到正文部分的外来词被认定为英语词汇的一部分。除了拉丁语与法语之外，《简明牛津词典》第 1 版还收录了一些美式英语词汇，如"coon"（黑人）、"sidewalk"（人行道）、"brer"（兄弟）、"swell"（了不起的）等200余个美语词汇。第1版还收录了少量的澳大利亚英语，如表示"锡罐"义的"billy"。

在福勒兄弟相继辞世之后，第 3 版的实际修订人为梅热勒上校。梅热勒上校在第一次世界大战期间曾在印度服过很长时间的兵役，这段经历对他的影响很大。在对第 3 版进行的规模不大的修订中，梅热勒增加了一些"印度式的，以及盎格鲁 - 印度式的"立目单位，包括"chupatty"（印度薄饼）、"panchayat"（乡村议会、村委会）以及"bingle"（一种发型）等。这也体现了早期语文词典编纂的一个普遍特点：编纂者的主体性作用较为突出①，词典的个人风格相对明显。

《简明牛津词典》第 6 版的特色之一是对"世界英语"（world Englishes）的认同，对英语世界变体的收录更为广泛，数量也增加得很快。以澳大利亚英语为例。该版本收录了"witchetty"（木蠹蛾）、"burrawang"（螺旋大泽米）、"Macrozamia"（大泽米）以及"bushed"（疲倦的）等澳大利亚英语变体形式。此外，自该版开始，目标词典用户扩大到海外词典用户，因此第 6 版还包括了源于非英语国家的一些外来词，如来自日语的"kendo"（剑道）、源自德语的"Jugendstil"（艺术）以及源自梵语的"samadhi"（冥想）等。

自第 6 版之后，《简明牛津词典》开启了世界英语收录模式。一直到第 12 版，除了前期版本中收录的美国英语、澳大利亚英语变体之外，新西兰英语、加拿大英语、南非英语变体也纷纷在词表中出现。至此，《简明牛津词典》中所收录的英语，不再仅仅局限于英国本土的、一元式的"英伦三岛英语"，而是作为国际通用语言的、多元式的"世界英语"。

---

① 在 18 世纪之前很长的一段时间内，词典编纂并不是集体活动而是个人行为，因此编纂者个人的风格、好恶、褒贬以及生活经历和感受经常会在词典文本中有所体现。英国词典编纂史上著名的"单人学院"约翰逊，就因其在某些释义中阐发个人色彩浓厚的见解而闻名，当然这也招致了大量的批评。约翰逊对"燕麦"（oat）的释义流传甚广："一种谷物，在英格兰用来喂马，在苏格兰则给人吃。"词典中出现的这种极具主观性的做法被称为词典编纂中的"约翰逊效应"（Johnsonian effect）。

第二节　《现代汉语词典》与《简明牛津词典》收词的历时性原则分析

《现代汉语词典》与《简明牛津词典》是通用型共时语文词典，其处理单位主要是共时性的语言符号。但是，由于语言的继承性、词典编纂的沿袭性以及词典用户查询的需要，共时性的语文词典也要或多或少地收录一些历时性的语言符号，《现代汉语词典》与《简明牛津词典》都体现了这一特点。

一、《现代汉语词典》对古旧词语的收录

现代汉语中的旧词语，指的是在现代汉语交际系统中失去生命力的语言单位。旧词语包括两大类：一是古词汇，其中既包括书面语体的文言词语，如"违和""笔受"等，也包括指称旧事物的历史词语，如"寝陵""魁元"等。二是旧词汇，即在近、现代社会中产生的、一度曾获得过稳定词汇地位，但又淡出日常交际的过时词汇或废弃词汇。现代语文词典之所以需要收录古旧词语，出于两方面的考虑。首先，语言的使用是分层次、分场合的。文化水平较高的词典用户，在正式的交际环境中，可能会使用古旧词语，尤其是文言词语。其次，语言使用可以分为语言编码和解码两大类型。通常普通词典用户在语言编码活动中很少会用到旧词语，但是在语言解码活动，如阅读活动中，也会用到旧词语，因为现代汉语对古代汉语有极强的继承性，因此使用旧词语并不罕见。

《现代汉语词典》试印本明确指出，古旧词语的收录包括两类：一是不久前还在使用的旧词和旧义，二是在现代书刊中不算罕见的文言词语，《现代汉语词典》试印本称之为"外围词汇"。试印本所确定的这种古旧词语收录原则具有前瞻性。从认知语言学的视角看，现代汉语词典中的立目单位表现为一个原型范畴，其核心部分无疑是现代汉语中的通用词汇，是范畴的中心成员。围绕着中心成员的，则是具有相对开放性的边缘性词汇。下面笔者分别分析《现代汉语词典》相关版本对古词汇与旧词汇的收录情况。

（一）《现代汉语词典》相关版本对古词语的收录情况

如前所述，古词语包括书面语体的文言词汇以及指称古代事物的历

史词汇。前者对应《现代汉语词典》中标注<书>这一语体标签的语言单位，如“珑璁”“曼妙”等，后者一部分对应《现代汉语词典》中标注<古>这一标签的语言单位，但更多见于在释义部分指出其旧时使用状况的词语，例如：

> **抬盒** táihé 名 <u>旧时</u>赠送礼品用的大木盒，多为两层或三层，由两人抬着。
>
> **乘** [1]shèng <u>春秋时晋国</u>的史书叫“乘”，后来泛指一般史书：史～｜野～。
>
> **乘** [2]shèng 量 <u>古代</u>称四匹马拉的车一辆为一乘：千～之国。

由于汉字的超时空性特点，现代汉语与古代汉语词汇联系紧密，在《现代汉语词典》的 7 个版本中，古词语的收录一直是重点，对书面语体的文言词的收录更是如此，各版次中标注<书>的立目单位远远多于标注<古>与<方>的立目单位。

《现代汉语词典》后续版本一直对古旧词语进行补录①，主要分为两种情况。一是对生僻古字的收录②。《诗经》中出现的“斨”（古代的一种斧子）、“觏”（看见）以及“莪”（莪蒿）等，均不见于《现代汉语词典》试印本，但在《现代汉语词典》第 1 版中都作为立目单位出现。“豩”字不见于之前的所有版本，在第 6 版中增录。“祋”（古兵器）”在《现代汉语词典》第 7 版中增录为立目单位。二是对生僻古词语的收录。《现代汉语词典》第 3 版增收了“愆尤”“芊眠”等古词语；《现代汉语词典》第 6 版对生僻古词语的增收幅度较大，包括“觱栗”“摴蒱”“樗蒲”“淬砺”“疍户”“枓栱”“豩豩”“鈇锧”“拱碹”“穀梁”“颸積”“惄然”“琨珸”“綝缡”“昤昽”“菉豆”“靦覞”“媥娟”“廋辞”“廋语”“騊駼”“齉声齉气”“鎓盐”“燮理”“薰莸异器”“赒济”等。还有一些古词语，可能是因为它们在中华传统文化中具有一席之地而被补录到词目之中，如《现代汉

---

① 有一些生僻字立目情况的变化，属于编纂范式上的优化，如《诗经·曹风·鸤鸠》中的“鸤鸠”，在《现代汉语词典》第 5 版中被处理为：鸤 shī [鸤鸠]（shījiū）名 古书上指布谷鸟。在《现代汉语词典》第 6 版中调整为两个立目单位，即鸤 shī 见下。【鸤鸠】shījiū 名 古书上指布谷鸟。后一种处理方式，符合《现代汉语词典》的定位——这是一部词典而不是字典。作为一部词典，《现代汉语词典》的基本处理单位是词，所以应该“以词出条”。

② 并不是所有的生僻字都源于古汉语，有一些是新造的科技用字。

语词典》第 3 版中的"乾造"和"乾宅"；《现代汉语词典》第 6 版中增补的"卦象"①"坤宅""坤造"等立目单位。类似的还包括"刀笔吏""恶谥""奉祀""附骥尾""廪膳生""廪膳生员""御苑"等。也有一些古旧词语，如《现代汉语词典》第 3 版增收的"行院"，第 6 版增收"捕快"等，其补录标准并不明确，也没有考虑词目收录的系统性。

在古词语的收录方面，《现代汉语词典》相关版本存在一些问题。首先，中国历史悠久，文化底蕴深厚，汉字数量众多，古词语更是浩如烟海，《现代汉语词典》不可能，也没有必要悉数收录。《现代汉语词典》自试印本开始，并未像《简明牛津词典》第 1 版那样，限定选录古词语的古籍范围，因此古词语在《现代汉语词典》中的选录难免有遗漏之处，如针对"政躬违和"一词。《现代汉语词典》只收录了"违和"，没有收录"政躬"。其次，一些在现代社会中不具有使用价值，只具有查考价值的古词语，也被《现代汉语词典》所收录，而与之同类型的其他古语词则没有被收录。例如，《现代汉语词典》试用本中就有"纳彩：古代定亲时男方送给女方聘礼叫作纳彩"。后续各版本对"纳彩"的收录和解释情况基本相同②。如果从语言符号的层次性和系统性上看，"纳彩"的立目资格需要斟酌。根据《仪礼·士昏礼》中的《昏义》篇："昏礼者，将合两姓之好……是以昏礼纳彩、问名、纳吉、纳徵、请期，皆主人筵几于庙……"。可见在古代的婚嫁活动，除了"纳彩"之外，还有"问名""纳吉""纳徵"和"请期"等，缺一不可。但在《现代汉语词典》诸版本中，除了"纳彩"之外的其余婚嫁环节均未立目，这显然违背了现代汉语收词立目的系统性原则。还有一种情况是，一些古语词在《现代汉语词典》某一版本中已经立目，但其立目资格本来就需要斟酌。而在后续版本中，考虑到词典结构内部的系统性以及词典宏观结构和微观结构间应该体现出的闭环性特点，其变体形式也被增列到词目之中，如"采地"。在《现代汉语词典》第 5 版中，"采地"的释义里有"也叫采邑"的说明，但"采邑"并未出现在宏

---

① 《现代汉语词典》第 6 版还增收了古语词"坤宅""坤造"。这应该是属于结构性增词，以与第 3 版中已经收录并延续至今的古语词"乾宅""乾造"形成对应。

② 一直到《现代汉语词典》第 5 版，"纳彩"的释义都是"古代定亲时男方送给女方聘礼叫作纳彩"。到第 6 版中，"纳彩"的释义被微调为"旧俗定亲时男家送给女家聘礼叫作纳彩"。问题是在日常交际中，语言社团把定亲时男家送给女家的聘礼叫作"彩礼"，"纳彩"这一行为通俗表达为"送彩礼"。概念虽在，名称已改。

观结构中。在第 6 版中"采邑"也被增补为词目，同样增补为词目的还有"廪膳生员"和"廪膳生"，这也是为了与已经立目的"廪生"的释义相呼应。

尽管有些瑕疵，但在古词语的词典收录方面，现代性原则一直是《现代汉语词典》基本的判断原则。"现代汉语词汇规范中需要排斥的，是古代语词中那些真正已经死去的成分。对古代语词做出或吸收或排斥决定的依据，仍然是现代语言的书面材料。"（晁继周、单耀海、韩敬体，1995）因此，一些久置不用的古词语，可能在现代社会中被重新使用，甚至引申出新的义项，如"神祇""耄耋""履新"等。下面笔者以"镕"字在现代汉语中的复用为例进行说明。

在《现代汉语词典》第1版和第2版中，只有"熔"立目，"镕"扩列其后：

　　熔（镕）róng 熔化：～点｜～焊｜～炉。

到《现代汉语词典》第3版和第4版，"熔"与"镕"同时立目：

　　熔 róng 熔化：～点｜～焊｜～炉。
　　镕：róng 同"熔"。

自第5版之后，一直到第7版，"熔"与"镕"同时立目，且"镕"字的释义发生调整。具体如下：

　　熔 róng 动 熔化：～点｜～焊｜～炉。
　　镕（镕）：róng ① <书> 熔铸金属的模具。② <书>借指规范；模式。③ 旧同"熔"。

由上例可见，在《现代汉语词典》第1版和第2版中，"熔"作为正字立目，繁体形式的"镕"则作为异体字被括列，表示"镕"在现代汉语中是废弃字，不推荐使用，认识即可。在第3版和第4版中，"镕"获得了独立立目资格，但其释义仍然指向"熔"，表明"镕"对"熔"字的单向依附关系。到第5版之后，一直到第7版，"熔"与"镕"并列立目，并且在释义中，"镕"有不同于"熔"的两个新义项，只是在第三个义项"熔化"义上，"镕"与"熔"形成异体关系。"镕"是一个古汉字,《现代汉语词典》第 5 版之所以将其立目,是因为"镕"字在现代汉语交际系统中的复用。可见,古汉语成分在《现代汉语词典》中立目,通常是基于足量的现代汉语书面语料。

(二)《现代汉语词典》相关版本对旧词语的收录情况

从历时的角度看,语文词典不断增容的原因之一是"死词不死",这种情况在中外语文词典中普遍存在。我们能够直观地感觉到新词的涌入,但却意识不到旧词语是何时淡出语言交际的。同样,在词典选词立目中,编纂者对新词的收录极为关心,对旧词的增删关注较少,导致大量没有生命力的词汇沉淀在词典词表中,占据了大量的词典篇幅,同时也影响了语文词典的查询效果。

从语义上看,旧词语出现在政治、经济、文化、科学技术等各个领域。通常情况下,《现代汉语词典》中社会科学类的旧词语调整得比较快,但科技类旧词语在词目标中沉淀的可能性要大得多,如指称乙炔的"电石气"、指称电视机的"电视接收机"、指称电势差的"电位差"等,依然在《现代汉语词典》第 7 版中立目。科学技术发展迅速,其概念更新也非常快,语文词典需要适时删去过时词汇。

"死词不死"的另一主要类型是在现代汉语交际中已经失去生命力的音译外来词。这些音译词分为两类:一是音译词的指称对象在现代汉语交际中已经不复存在,如指称一种塑料的"赛璐珞"(英语为 celluloid)、指称一种布料的"法兰绒"(英语为 flannel)等。二是在现代汉语中已经有意译词来表示这些音译词所表示的概念并已取而代之,如表示"抵制"义的"杯葛"(英语为 boycott)、表示"资产阶级"的"布尔乔亚"(法语为 bourgeois)等。这些音译词已经退出了现代汉语的交际范围,失去了通用性与全民性特征,应该考虑从词典中删除。《现代汉语词典》相关版本已经删除了这样的一些音译词,如表示"业余"义的音译词"爱美的",但也有相反的情况,一个典型的例子是"那摩温"。从《现代汉语词典》第 1 版到《现代汉语词典》第 6 版,"那摩温"一直都出条。因为"那摩温"在第 5 版的释义中有"也译作'拿摩温'"语,本着结构性增词原则,《现代汉语词典》第 6 版又增收了"拿摩温",并将其独立出条。这样,在《现代汉语词典》第 6 版和第 7 版中,两个已经废弃不用的音译词"那摩温"和"拿摩温"反而都取得了立目单位。这种做法违反了《现代汉语词典》 收词中的现代性原则。

二、《简明牛津词典》对古旧词语的收录

在《简明牛津词典》第 1 版的前言中，福勒兄弟指出，该词典收录的词语以及提供的释义都是通用的。福勒兄弟同时也意识到，"通用"是一个动态概念，而且不同用户对"通用"的理解也不尽相同。《简明牛津词典》第 1 版的编纂目的，是帮助受过良好教育的英国精英阶层（Landau，2001：95）进行通用文本的阅读。文本阅读属于语言解码行为，范围涉及古今中外，针对这一目的的词典编纂必然要关注词汇覆盖的广度。作为一部中型的简明语文词典，《简明牛津词典》更应该对常用词汇进行深度处理而不是对词汇系统进行广泛收录。在这种情况下，福勒兄弟在第 1 版前言中明确表示，"尽管我们有这个能力，但是我们并不准备把莎士比亚以及《圣经》中使用的所有词语以及所有义项都收录到《简明牛津词典》之中，尽管它们现在还经常会被看到。研究伊丽莎白时代文学的一些词典用户也经常会遇到一些古词，这些我们也不收录……我们收录的是一些石化的词汇和义项——它们自身没有生命力，也不会发展，但是它们仍然保留在某些谚语和俗语之中"。首先，福勒兄弟在浩如烟海的古代词汇中划定了一个收录范围，即在《简明牛津词典》第 1 版中，古词语的收录只限见于莎士比亚作品以及《圣经》中的古词语，而且《圣经》必须是 1611 年的钦定本（Authorized Version）。这也是学界认为《简明牛津词典》在收词上具有文学倾向的原因之一。福勒兄弟的做法非常聪明并且很讨巧：《圣经》是英国民众居家必备之典籍，莎士比亚作品是其目标词典用户最有可能阅读的作品，因此该词典有必要对二者进行解疑释惑。而且这种词目收录方法极为可行，编纂者既可以强调立目单位的典型性，对相关词汇进行选择性收录，也可以强调立目单位对相关文本的覆盖率，对其进行穷尽性收录。显然福勒兄弟选择了前者。其次，在收词中，福勒兄弟采用了其蓝本词典《牛津英语词典》的年代标准，对 16 世纪文学作品中出现的过时词汇（obsolete words）不予收录，因此伊丽莎白文学时期的一些词汇，如表示"责骂"义的"shend"，表示"疯狂，愤怒"义的"wood"，尽管为当时的英国民众所熟知，词典也不予收录。一个词典用户对这种词目收录方法并不满意，热心地为福勒兄弟提供了一个包含 80 个莎士比亚作品中"过时"词汇的单子，希望再版时予以收录（McMorris，2002：97），再版的时候那些词还是没有被收录。这一事例反映了词典编用之间的矛盾。从词典用户的角度看，用户希望通过一部词典实现"一站式查询"（于

屏方、杜家利、张科蕾等，2016），但作为词典的编纂者，无论所编写的词典篇幅有多大，宏观结构上的取舍都是必需的。《简明牛津词典》第1版中收录的旧词语，注重的是其实用性，例如：

> thou (dhow), pron. (object. *thee*, pl. YE, YOU), & v.t. & i. Sing. Pron. Of 2nd pers., now archaic or poet. exc. In addressing God and (usu. *thee* as subject, with 3rd pers. vb) as used by Quakers; (v.t.) address (person) as *t.*; (v.i.) use *t.* Instead of *you*.[OE & ON *thú*, cf. Da. & G *du*, L *tu*, GK *su*, *tu*]
>
> thee. See THOU.

"thou"与"thee"是"you"的古旧用法，在莎士比亚作品中较为常见，也是教友会信徒常用的词汇，因此被《简明牛津词典》第1版收录。可见，《简明牛津词典》收词立目中所秉承的"通用性"分为两个层面：一是以语音为载体的日常交际领域中的通用，包括语言解码行为和编码行为；二是以文字为载体的文本阅读中的通用，只包括语言解码行为。二者各有侧重，又相互补充。

对词典中所收录的过时词汇，《简明牛津词典》通常会给立目单位提供"obsolete"（废弃）的使用标签。但情况也不总是如此，在处理过程中不一致的现象时有发生，如"brougham"（由一匹马拉的旧式马车)被《简明牛津词典》第6版所收录，并加上了相应的标签，但"vesta"和"lucifer"（两个词的意思都是"火柴"）在收入词典之后，并没有任何标签表明它们早已被废弃不用（Quirk，1986）。

到了第8版，古旧词语收录的唯"文学倾向"开始变弱。主编艾伦在前言部分明确指出，"只有在下面两种情况下古词语或废旧词语才会被收录。一是因为它们在文学作品中非常重要；二是为了实现某种表达效果，它们还在使用"（参见《简明牛津词典》第8版前言，页vii）。第8版删除了前期版本中大量的古词语，以腾出空间容纳更多的通用词汇。可以说，第8版收词的历时性特点更为减弱，相应地，共时性特点越发突出。第8版所采用的删减旧词以节省词典空间的做法被后续版本所继承，一直到第12版，旧词汇的收录进一步缩减，只剩下"thou"等在古典文献中常用的语言符号。

　　需要注意的是，在古旧词语的收录汇中，影子词（ghost word）①在《简明牛津词典》各版次中也占据了一定的比重。影子词主要包括三种情况：一是约翰逊在其《英语词典》前言部分指出的、前人为了表现所谓'辞藻之华美'（pompous luxurance）而收录的来自拉丁语的科技词汇。二是所谓的词典词（dictionary word）。出于某种原因，一部词典收录了一个先前并不存在的语言符号，如果该词典具有足够的影响力，其他词典会以该词典为蓝本，出现辗转而录的情况，从而在词典中生造出一个并不存在的影子词。三是按照词汇派生原则，从理论上派生出在真实交际语境中绝少出现的派生词汇。前两种类型的影子词，往往在早期语文词典的词目表中出现，这与当时词典编纂的语料来源不足相关。因为缺乏真实语言材料的支撑，编纂者在词典编纂中的主体性作用就必然会放大。在现代英语语文词典中出现的多是第三类影子词，这可以认为是派生构词的类推作用在词典中的过度体现，也是词典编纂者为了某种实用目的，比如扩大词汇量，而采取的手段。如《简明牛津词典》12 版在"sister"之下给出了派生词"sisterliness"，但在 BNCweb 中并没有该词的任何使用实例。

第三节　本　章　小　结

　　《简明牛津词典》与《现代汉语词典》都属于共时性通用语文词典，因此收词的主体是当代通用的语言符号。但是，绝对的共时性词典是不存在的，《简明牛津词典》与《现代汉语词典》都收录了一部分古旧词语。两部词典对古旧词语的收录，总体上遵循的依然是现代性原则：能够入典的古旧词语，必须有可能在一些语言解码活动，如古籍阅读过程中，被现代的目标词典用户所使用。也就是说，决定古旧语词能否在现代语文词典中立目的因素，是现代的书面语资料（通常情况下，古旧语词很少会出现在现代社会的口语之中）。这是《简明牛津词典》与《现代汉语词典》宏观结构共时性特征的重要保证，是值得肯定的做法。

---

　　① 影子词，也被称为"鬼词""伪词""怪词"。里德（Read, 1978：95）认为影子词包括临时词汇（nonce word）、潜在词汇（latent word）、温室词汇（hothouse word）、个人用词（individualism）、机会主义词汇（opportunistic word）以及独现词汇（hapax legomenon）、生理词汇（psysiological word）、含糊其辞的词汇（double talk word）以及梦中造词（dreamed word）。郭启新（2011：28）指出还可以增加两类：错生词汇和无意义词汇。

　　从古旧词语的收录情况看，《简明牛津词典》相关版本在古旧词语的收录数量、收录层次方面明显不如《现代汉语词典》。这主要是由汉语的特点决定的：现代汉语词汇对古代汉语词汇有很强的沿袭性。在古旧词语的删减方面，《简明牛津词典》与《现代汉语词典》都非常谨慎。原因在于：语言符号的淡出乃至消失是一种较长时间之内的使用逐渐消减过程，而语言符号的产生则往往是爆发式的，后者在认知上更为凸显，因此形成了词典收词立目中的"说有易，说无难"局面。古旧词语"死而不亡"的情况在两部词典中都存在，在《现代汉语词典》中的程度更严重一些，这同样是现代汉语词汇对古代汉语词汇的继承引起的。夸克（Quirk，1976）幽默地指出，比之旧词死亡，词典编纂者对新词的出生总是记录得更勤快一些。这一说法再一次被《简明牛津词典》和《现代汉语词典》所印证。

第六章 《现代汉语词典》与《简明牛津词典》宏观结构的规定性与描写性

在通用型语文词典的用户看来,词典是真理的卫士,词典是不容置疑的。词典会告诉词典用户某个词是否被人们使用;如果被使用的话,它们是如何被使用的。

——贝朗(Béjoint,2000:122)

第一节 词典编纂中的描写与规范

规定与描写是语言学研究中两个非常重要的路向,学界对此多有讨论。在词典编纂领域,规定性原则指的是词典编纂者将自己视为超越普通语言社团之上的语言评判者,在词典中向用户指出哪些是"好"的用法,哪些是"坏"的用法,以期引导词典用户"正确地"使用语言。描写性原则指词典编纂者作为语言的观察者和记录者,对语言系统进行临摹式的描写。雷伊(Rey,1972)认为,语言研究中的规定主义和描写主义分别基于"质的标准"和"量的标准",前者的目的是树立语言使用的正确标准,以此为参数编纂的词典是"工具型词典"(instrument dictionary),后者的目的则是如实记录某一语言系统中语言单位的相关信息,以此为参数编纂的词典是"画像型词典"(portrait dictionary)。

在词典宏观结构方面,采用规定型宏观结构的词典编纂者认为,某些类型的词汇在合法性、得体性、正确性以及社会引导性方面,要天然地优于或劣于其他类型的词汇。也就是说,词典收词的规定性着眼的不是词汇单位真实的使用情况,而是词典编纂者基于主流社会立场或自身立场,对词汇单位的价值和社会效应进行的判断。采取规定型宏观结构的编纂者在词典立目过程中主要采用两种方法:一是进行选择性的词典立目,在词表中硬性剔除"不合法""不得体""不正确"的词汇单位，仿佛它们从未存在过，这是一种刚性的处理方法。二是在相关词目下面，提供用法标签或用法说明，告诫词典用户这些语言符号在使用上的合法性或得体性问题，是一种相对柔性的处理方法。采用描写型宏观结构的编纂者也不意味着要逢词必录，而是要根据词典类型与目标用户的特点，划定选词立目的范围。凡在这一范围内的语言单位，不会被分出使用上的优劣等级。编纂者也会使用用法标签，但其目的是更好地进行语言特征说明，而不是推荐或禁止某种用法。

语文词典采用规定型宏观结构还是描写型宏观结构，一方面与词典的类型、编纂宗旨和用户相关，另一方面也与它在社会文化中所担负的责任相关。在目标语言文化中居引领地位的通用型单语语文词典更有可能采用规定型宏观结构，此类语文词典通常需要紧密贯彻国家相关的语言政策。国家语言政策包括三个方面：语言实践[①]、语言信仰以及语言规划。国家在语言规划方面的相关规定是国家语言文字工作的重要组成部分，这一部分在主流的规范型语文词典中必须被贯彻和体现。因此，规范型语文词典编纂者的任务是描写"规范的语言"或推介"好的语言"，而不是全面描写"真实的语言""活的语言"。采用描写型宏观结构的词典多为商业词典。该类型词典的编纂者当然也要体现相应的国家语言文字政策，但在对真实的语言使用状况，包括各种"不规范""不得体"的变异形式进行描写时，编纂者有更大的自由度和主观能动性。因此，采取描写型宏观结构的词典编纂者，其任务是记录"活的语言"而不是人为地规定所谓的"好的语言"。

从词典编纂史来看，英语语文词典的规定主义的滥觞是约翰逊的《英语词典》[②]，默里的《牛津英语词典》则是英语语文词典从规定主义走向描写主义的开始。戈夫的《韦氏新国际英语词典第三版》，采取

---

① 语言实践指的是"每位个体说话者对语音、词汇和语法所做出的选择之总和，这种选择有时是有意识的，有时则是下意识的"（斯波斯基，2011：111）。语言信仰指的是语言社团对什么是"得体的语言实践"所持有的具有一定的普适性和代表性的观点。语言规划是指"为控制语言生活状况而实施的直接干预"（肖伟志，2016），包括地位规划与本体规划。前者"关注的是如何选择充当国家官方语言，尤其是国家机构媒介语言的语言变体"（赖特，2012：41-42），后者则关注"建立统一的语言标准和规范，实现语言标准化"（周庆生，2005）。

② 约翰逊在《英语词典》编纂计划中指出，"每种语言都有其谬误之处，纠正或扬弃它们正是词典编纂者的职责所在"，所以要通过编纂《英语词典》来"保持英语的纯洁，确定英语的用法"。但是，随着词典编纂工作的不断推进，后期约翰逊的观点发生了变化。在最终出版的《英语词典》的序言中，约翰逊表示他不可能去"构建语言，只是记录语言；不是去教人们如何思考，而是告诉人们迄今为止他们是如何表达其思想的"。

的是完全的描写主义编纂方法。在现代词典编纂中，阿特金斯和朗德尔（Atkins & Rundell，2008：2）则坚持认为词典是规定性的文本（prescriptive text）。更主流的看法是在现代词典编纂中，规定主义与描写主义出现了融合的趋势，这一点在外向型学习词典中表现得尤为明显。《兰登书屋英语词典》的主编斯坦（Stein）则认为，词典不但要记录语言，同时也应该进行指导，他建议编纂者应该走一条在语言学上站得住脚的中间道路。

词典编纂者必然要描写语言的真实使用情况，这是描写主义的基础。任何词典都必然在一定程度上反映语言事实。同时，词典之所以作为"典"，是因其在语言描写基础上同时具有的使用引导性，以及因此在词典用户心目中产生的权威性。"词典的权威性指的是由词典用户所赋予的词典作为语言标准确立者的地位"（Hartmann & James，2000：10），"很多人视词典为语言的圣经（a sort of Bible of the language）——一种触手可及的、忠实可靠的资料，可以用于决断词的使用。"（Abate，1985）用户经常要通过查询心目中的权威词典来寻求"正确""得体"的用法，这是词典规定主义产生的动力；变化中的语言需要在词典文本中得到反映，这是词典描写主义存在的基石。

作为典范性的现代语文词典，一方面，《简明牛津词典》与《现代汉语词典》必然要对目标语言进行系统、科学的描写；另一方面，因为两部词典在各自语言文化中所具有的权威地位，即使是描写性的语言行为也会被赋予示范性、导向性与推荐性，并自然地产生一定程度的规范性。

我们认为，语文词典立目的规范性与描写性是此消彼长、相互制约的。词典中的描写主义与规定主义从来就不是是或否（yes or no）的性质问题，而是多或少（more or less）的程度问题。在词典宏观结构描写性与规范性分析问题上，以下方面具有代表性，分别是地域变体的立目、社会禁忌语的立目、外来词的立目、异称词、异形词（包括异体字）的立目等。

第二节　《现代汉语词典》宏观结构的规定性与描写性分析

从词典类型定位来看，《现代汉语词典》无疑是一部规范性极为突出的词典。1956 年，国务院在《关于推广普通话的指示》中，明确要求"为了帮助普通话的教学，中国科学院语言研究所应该在 1956 年编好以确定语音规范为目的的普通话正音词典，在 1958 年编好以确定词汇规范为目的的中型的现代汉语词典"。从词典考古学的视角来看，词典修订的目的之一是"前修未密，后出转精"，《现代汉语词典》"历次修订都遵循促进现代汉语规范化的宗旨，本着精益求精的态度，修正错误，改进不足"（江蓝生，2004）。从词典文本可以看出，《现代汉语词典》的规范，建立在对语言事实进行充分描写的基础之上，表现出推荐性规范的特点。

在词典收词方面[①]，《现代汉语词典》最初的任务之一，是把规范性的词汇单位收录在词典之中。1956 年，国家颁布了《关于推广普通话的指示》和《汉字简化方案》，在全国范围内推行普通话和规范汉字。纲领性的语言文字文件为《现代汉语词典》的编纂提供了方向性的指引。

胡明扬、谢自立、梁式中等（1982）指出，"一部现代汉语规范词典应以确立现代汉语在字形、字音、词形、词音、释义和用法诸方面的规范为宗旨。规范化的对象主要是书面语。口语的规范化一般是通过规范的书面语的影响而完成的"。《现代汉语词典》在收词立目方面的规范性主要体现在对国家语言文字规范的贯彻执行方面。但是，语言文字规范不会绝对正确，作为一部权威的学术型词典，《现代汉语词典》一直在基于学理的基础上去伪存真，先甄别，再执行。"语言规范的最根本依据是'约定俗成'的语言实际……如果现有标准中有个别地方跟'约定俗成'的语言实际相违背，就有必要做相应的修订……一部高质量的词典既要严格执行国家标准，同时也要正确反映语言实际。"（江蓝生，2004）这是非常独特的一种现象：《现代汉语词典》一方面要贯彻相关语言文字规范，另一方面，因为其自身极高的学术性，它在一定程度上又在柔性地纠正规范并引领规范。

---

① 因论题所限，本节只讨论《现代汉语词典》在词汇方面的规定性。实际上《现代汉语词典》对现代汉语的规范在文字、语音、词汇和语法等方面均有体现。以语音为例，《现代汉语词典》按照《普通话异读词审音表》确立部分语言单位的读音，但同时又不囿于《普通话异读词审音表》，按照语言使用的实际情况进行注音，如按照《普通话异读词审音表》规定，"召"字读"zhào"，《现代汉语词典》标注了"zhào"和"shào"两种读音。其中"召 shào"的释义是：a. 周朝国名，在今陕西凤翔一带。b. 姓。对一些超出《普通话异读词审音表》规定范围的读音，《现代汉语词典》同样进行了规范，如"拆"的读音原有"cā"和"chāi"两个，《现代汉语词典》删除 "cā<方>拆烂污"，统读为"chāi"。在语言的规范性方面，《现代汉语词典》有时甚至走在了国家语言文字规范的前面，对相关规范政策的出台具有引领作用。

一、《现代汉语词典》对异体字的规范与推介

（一）词典编纂视角下的异体字

"汉字是兼表形音的文字，常有用几个文字符号来表示同一词语的现象"（刘又辛，1993），从而形成异体字。异体字，也叫重文、或体、俗体、别体、异文、俗字等。除了形体结构特点导致的汉字形体多变之外，汉字字体的演变、汉字使用中的变异也加大了同一汉字形体变化的可能。

关于异体字的定义，学界观点不尽相同。张书岩（2005）认为，"分清学术层面与应用层面是解决异体字定义的关键"。学术层面的异体字，多指狭义的异体字，即音义完全相同、用法相同而书写形式不同的字。语言学家多秉承这种观点，包括蒋绍愚（1989：191）以及王宁等。狭义异体字，也被称为完全异体字、典型异体字或全同异体字（王力，1981：171；蒋绍愚，1989：191）。对狭义异体字的研究致力于从学理上分析异体字的起源、形成、分类以及不同类型异体字间的相互关系，以期对汉字体系中的异体字现象进行解释。应用层面的异体字，指的是广义的异体字。广义异体字除了包括狭义的异体字之外，还包括大量部分用法或意义相同的、读音相同而书写形式不同的部分异体字（裘锡圭，1988：205），主要包括具有完全包含关系的包孕式异体字以及音义不完全相等的交叉异体字（高更生，1991）。广义异体字的界定基于较为实用的目的，如语言文字相关部门对普通民众进行的文字普及和规范工作。1955 年所公布的异体字规范表——《第一批异体字整理表》中包含大量狭义异体字之外的内容。

从应用层面看，广义异体字的提出有着较为广泛的群众基础。对于普通汉字使用者而言，他们并不关心也无须掌握异体字内部复杂的构成与特点，更关心的是如何正确地使用异体字，明白哪些是规范的或者是推荐使用的，哪些是不建议使用或者几近被淘汰的。因此，这种异体字不是字源学意义上的异体字，而是字用学意义上的异体字（李国英，2007）。

表示同一概念的异体字形成一个字族。关于同一字族的异体字之间的关系，苏培成（1994：95）认为，一种是指形体不同而读音和意义相同的字，这几个字互为异体；另一种则是与正体相对而言的，异体与正体只是形体不同，但读音和意义相同。李国英（2007）则认为需要根据

异体字的类型来分析正体与异体。字用学概念的异体字，会在字组中确定一个一般场合使用的字，即正体字，其余的为该正体的异体字。字源学概念的异体字同样会被确定一个一般场合所使用的形体，但该形体跟其余形体互为异体，并不存在所谓的正体字。

　　从实用性角度出发，对异体字的整理有两个目的。一是帮助阅读古代文献，二是规范现代用字（李运富，2006）。从语言规范的角度看，在一组异体字中需要确定一个被推荐使用的单位，以方便语言社团的交际，因此正、异体互异的观点被学界采用。根据这种观点，正体字的确立，要以相关字形的通用性、易写性的需要为根据，在异体字字群中人为地规定某个字为正体字，其余的则为异体字，即书写系统中的被淘汰字。区分正体字与异体字是为语言文字规范服务的。因此，异体字被视为"跟规定的正体字同音同义而写法不同的字，如'攷'是'考'的异体字，'隄'是'堤'的异体字"（参见《现代汉语词典》第 7 版）。这是一种实用主义的异体字观。作为面向中等语言水平的通用语文词典，《现代汉语词典》关注的是通用性语言符号及其处理情况。在此前提下，酌情收录部分低流通度的异体字以备查询，与该词典基本的类型定位是吻合的。

　　词典编纂既是一门技艺，也是一门科学（Landau，1984）。在词典编纂中，学术层面与应用层面的异体字并不是截然二分的。应用层面的异体字是词典编纂者必须关注的内容，这关系到国家语言文字规范机构异体字整理的相关政策。学术层面的异体字则涉及如何根据异体字的起源、流变、音义形的关系及其内部发展规律，对其进行学理分析。对词典编纂者而言，需要充分考虑目标词典用户的文字使用要求，按照国家语言文字相关规定，制定出既具有学术继承性，同时也具有文字规范性的异体字字表，并通过词典文本向普通民众加以推介。也就是说，辞书学中的异体字，应该是在广义异体字基础上，基于实用性目的进行筛选的结果。

　　（二）《现代汉语词典》相关版本对异体字的处理

　　《现代汉语词典》相关版本对异体字的处理，可以从三方面分析：一是相关词典对异体字的总体处理体例；二是相关词典对相关语言文字法规的执行程度；三是对语言文字法规并无规定的异体字的处理情况。

　　1. 《现代汉语词典》关于异体字处理的编排体例

　　词典凡例是关于词典编纂细则的纲领性说明。自试印本开始，《现代汉语词典》的凡例部分就对异体字的处理范式进行了说明，具体如表 6-1 所示。

表 6-1   《现代汉语词典》相关版本凡例部分关于异体字处理范式的说明

《现代汉语词典》相关版本	词典"凡例"部分关于异体字处理范式的说明
试印版	1. 本书条目所用汉字形体，以中国文字改革委员会规定的为标准。每字只有一个正体，其余都是异体。已简化的以简体为正体，繁体为异体。 2. 异体字用括号附列正体之后，不另立条目。异体字也收入检字表。 3. 一字（单词或词素）数义，异体字只适用于其中一部分意义时，分两种情况处理：a. 字义间有较大的距离，分列条目。如【并】（併）和【并】（並），【念】和【念】（唸）。b. 字义间联系密切，就不分条目，只在异体字括号里加上释义分项的号码。如【表】（⑩錶） 4. 多音单词的异体，也用上述方法处理。
第 1 版	本词典单字条目所用汉字形体以现在通行的为标准。异体字（包括繁体）加括号附列在正体之后。括号内的异体字只适用于个别意义时，在异体字前头加上所适用的义项数码，如彩（②綵）。
第 2 版	同第 1 版。
第 3 版	同第 1 版。
第 4 版	同第 1 版。
第 5 版	本词典单字条目所用汉字形体以现在通行的为标准。繁体字、异体字加括号附列在正体之后；既有繁体字又有异体字时，繁体字放在前面。括号内的字只适用于个别意义时，在字前加上所适用的义项数码，如：彩（②綵）。
第 6 版	本词典单字条目所用汉字形体以现在通行的为标准。繁体字、异体字加括号附列在正体之后；异体字的左上方标注星号（*），带一个星号的是《通用规范汉字表》里附列的异体字，带两个星号的是该表以外的异体字，如：辉（輝、*煇、**為）。括号内的附列字只适用于个别意义的，在字的左上方标注所适用的义项号码，如彩（②*綵）；括号内的附列字还另出字头的，在字的左上方标注△号，如：咤（△*吒）"。
第 7 版	同第 6 版。

汉字是典型的表意文字，其原始造字理据、构形特点不尽相同，形体多变，而汉字使用时间长、通用地域广的特点又加剧了汉字形体在时间与地域上的变异性。因此，汉字异体字的整理工作自秦代的"书同文字"就已经开始，后有许慎的《说文解字》以及唐代的字样学（丁琳琳，2009）等。中华人民共和国成立后，异体字整理与汉字简化工作结合进行，其中汉字简化工作成为重中之重。从文字学的角度看，简化字也是异体字中的一种类型（刘又辛，1980）。相应地，现代语文词典编纂必须要体现出异体字的整理成果。

从异体字的分类处理来看，《现代汉语词典》试印本对正体字的确认，以中国文字改革委员会所规定的汉字形体为标准，相应地，把简化字视为正体，繁体字视为异体。这种处理方法，显然是为了配合国家推行普通话和简化字的相关政策，是合理的。但是，在《现代汉语词典》试印本中，繁体字立目的情况也较为常见，如"会"以简体形式立目，繁体字"會"作为附列字出现在括号中。但是，一些包括"会"的合体字，如"膾""鱠""儈"等，则以繁体形式作为立目单位，并没有体现出汉字简化中的类推式简化原则。在词典草创阶段，出现这种情况是可以理解的。

从表6-1可见，《现代汉语词典》第1版到第4版对异体字的处理范式是一致的。与试印本相比，《现代汉语词典》第1版到第4版弱化了正体字的法规性要求，指出正体字的形体需要以现代通行性为标准，这其实关注的是汉字在交际中的使用频率以及民众的接受度问题。在这一版本中，繁体字依然被视为异体字的一个分支，并把异体字作为附列字出现在正体之后的括号中。与试印本不同，《现代汉语词典》第1版到第4版注意到正体字与异体字的意义不会总是完全对等的，汉字系统中存在着大量的交叉型异体字。对于这一类型的附列异体字，则统一在异体字前加上所适用义项的数字。

需要注意的是，自试印版开始，一直到第4版，《现代汉语词典》对异体字与繁体字并没有做出形式上的区分。从文字学角度看，异体字相对于正体字，繁体字相对于简体字以及简化字。但是，对于没有相关文字学知识储备的普通词典用户而言，很难区分出哪些附列字是繁体字，哪些是异体字[①]。例如，"吃（喫）""痴（癡）""齿（齒）""炽（熾）"，前两组中的首选标准字形与附列字为异体字关系，后两组则为繁简字关系。使情况更为复杂的是，一些通行标准字形之后出现了多个附列字。有的附列字都是异体字，如"梅（楳、槑）"，有的附列字中则既有繁体字，也有异体字。但是，在《现代汉语词典》第4版中，异体字、繁体字的排列并没有固定的顺序，有时是繁体在前、异体在后，如"面^2（麵、麪）"；有时则是异体在前，繁体在后，如"冲^1（沖、衝）"。

与前期版本相比，《现代汉语词典》第5版区分了异体字与繁体字。而且特别指出"既有繁体字又有异体字时，繁体字放在前面"。与前四版相比，第5版在异体字处理体例的标准化方面提出明确的要求，

---

① 由于汉字使用时间长，分布地域广，异用异写情况复杂。即使是语言学专业研究人员，在繁简字与异体字的区分上也会出现纰漏。《规范汉字表》对1955年制定的《第一批异体字整理表》进行了梳理和调整。其中，原《第一批异体字整理表》所确定的31个异体字，在《规范汉字表》中转而被确定为繁体字（张书岩，2005）。

相应信息标注的明晰化程度大为提高。但存在的问题也很明显：当正体字后面的括号中出现两个或以上的附列字时，词典用户无法弄清这些附列字都是繁体字还是都是异体字，还是前面的是繁体字，后面的是异体字，或者相反。这一问题在《现代汉语词典》第6版中得以解决。

《现代汉语词典》第6版在凡例中明确指出，在正体字的附列字中，异体字的左上方标注星号。而且，第6版明确指出该版本依据的国家语言文字法规是《通用规范汉字表》，并对这部分信息进行了形式上的标识。"带一个星号的是《通用规范汉字表》里附列的异体字"，同时，第6版又不囿于相关规范，补充了不见于《通用规范汉字表》的异体字，明确指出"带两个星号的是该表①以外的异体字"。《现代汉语词典》第6版对附列字与正体字之间的对应关系进行了更为精准的对应，指出"括号内的附列字只适用于个别意义的，在字的左上方标注所适用的义项号码；括号内的附列字还另出字头的，在字的左上方标注△号"。这种形式上的明晰化和系统化表现出非常明显的"用户友善"特点，例如：

　　　　杯（盃）bēi ①杯子……②杯状的锦标……③……（《现代汉语词典》第5版）
　　　　杯（①②△*桮①②*盃）bēi ①杯子……②杯状的锦标……③……（《现代汉语词典》第6、7版）

根据《现代汉语词典》第6版的凡例部分可知：作为正体字的"杯"有两个异体字"桮"和"盃"，这两个异体字都被《通用规范汉字表》所收录，它们只在"杯"的第一、二个义项上与之形成异体关系。并且"桮"字在《现代汉语词典》除了作为附列字之外，还另出字头。

在关于异体字处理范式的表述方面，《现代汉语词典》第6版最为系统、科学和严密，对汉字字形的具体处理规则进行细化。这一方面体现了该版本对国家语言文字相关规定的遵守，另一方面，对规则之外的、语言文字方面的相关学术研究成果进行了合理吸收，具有明显的"前修未密，后出转精"的特点。第7版基本沿袭了第6版对异体字的处理体例，未做改动，只是在部分异体字的处理上更为精准和细化。

总体上看，《现代汉语词典》各版本对异体字的处理体例分为两

---

① 该表指的是2012年发布的《通用规范汉字表》。

类：一是在正体字后面的括号中出现附列异体字，这种直接括列式的异体字标注法，一般表示该异体字是现代汉语书写系统中作为精简对象的、不予推荐的典型异体字。二是在正体字释义部分通过释义元语言"同某"表示某个异体字在现代汉语书写系统中时有使用，但是《现代汉语词典》更推荐使用的字形是"同某"中的"某"。但在《现代汉语词典》各版本的凡例部分，对异体字的这两种处理方式并没有明确说明。

研究者（陈抗，1994；魏励，2004；张书岩，2006）还指出，《现代汉语词典》在异体字的处理体例上并不完全一致。有些类型相同的异体字，处理方式并不相同，有的独立字头，有的放在括号中作为附列字，有的放在释义部分，标明"同某"。反而有些不同类型的异体字字组的处理体例却是一致的。我们认为，对上述差异性以及同一性情况的处理，如无必要，可以考虑统一体例；如果编纂者有语言学或词典学方面的考虑，最好可以在凡例部分作出说明。这是《现代汉语词典》在异体字体例进一步明晰化方面需要考虑做的工作。

2. 《现代汉语词典》对异体字相关法规的执行情况

作为规范型词典，《现代汉语词典》的 7 个版本一直在做的工作之一，是根据国家语言文字法以及学界研究成果，对汉语字词的通用形体进行规范和推介。其中最主要的举措是将推荐使用的汉字设立为字头，其他相关的汉字词作为附列字随后出现或出现在字头右项的释义部分。

目前，关于汉字方面的国家语言文字法规或文件包括：《第一批异体字整理表》（1955）、《修正第一批异体字整理表"阪、挫"二字的通知》（1956）、《简化字总表》（1964 年发布，1986 年修订）、《印刷通用汉字字形表》（1965）、《普通话异读词审音表》（1985）、《现代汉语常用字表》（1988）、《现代汉语通用字表》（1988）、《关于"熔"字使用问题的批复》（1993）以及于 2013 年发布的《通用规范汉字表》。这些字表因为制定时间不一，编制原则也有调整，因此有时会有前后不一、相互矛盾之处。在这种情况下，通常的处理原则是：如果涉及简化字，以《简化字总表》为准；所有繁体形式都视为相应简化字的异体形式；对异体字的处理，参照《第一批异体字整理表》，但是如果《印刷通用汉字字形表》所采用的标准字与《第一批异体字整理表》中推荐的选用字不一致，则以前者为准。

可以看出，与汉字有关的关键词包括"异体字""简化字""常用字""通用字""规范字"。从词典编纂的角度看，编纂者需要厘清下列关系：正体字与异体字、简化字与繁体字、常用字与非常用字以及规范字与不规范字。而且，上述关系并不是简单二分，而是相互交叉，互有联系，如一个简体字，同时也是正体字，还被视为规范字和常用字；一个繁体字同时也是异体字和非常用字，但是不能被认为是不规范字。

在《现代汉语词典》试印本中，相当一部分立目单位依旧使用的是繁体字形式，如"唄""鎖"等，这与当时的文字混用状况是吻合的。《简化字总表》在1964年才发布，《现代汉语词典》试印本在1960年已经出版。自1978年的《现代汉语词典》第1版开始，词典立目单位全部为简体字形式，且在简体字的附列字中提供了相应的繁体字。这种做法一直沿袭到最新的第7版，黄德宽在谈到2013年发布的《通用规范汉字表》的附表《简繁汉字对照表》时指出，"这种处理方式，实际上间接确立了繁体字在规范中的地位，当需要使用繁体字时，可以参照这个对照表规范地使用"。而早在1978年，《现代汉语词典》第1版就已经在这样做了。

比起繁体字，词典对异体字的收录情况更为复杂。异体字的历时性发展与共时性运用交织在一起，极具复杂性。《现代汉语词典》在部分异体字立目单位的选定中，与相关的语言文字法规，包括《第一批异体字整理表》《通用规范汉字表》等的规定是一致的。例如，在《第一批异体字整理表》中，"庵"与"菴"、"册"与"冊"、"草"与"艸"、"奸"与"姦"等被视为异体字字组，其中前者为选用字，后者为待淘汰字。在《现代汉语词典》各版本中，前者同样被视为正体字，作为立目单位出现，后者则被放在括号中，作为附列字出现。有一些在《第一批异体字整理表》中已经列举出来的异体字，虽然在《现代汉语词典》试印本中没有作为附列字出现，但在之后的版本中，这些异体字得以增补到相应立目单位的附列字部分，如"罪"的异体字"辠"，"最"的异体字"冣"等。

对相关语言文字法规中有关异体字规定的不合理之处，《现代汉语词典》编纂者表现出"求真务实，不唯书"的科学态度。当相关语言文字标准与约定俗成的语言实际使用情况相背离时，《现代汉语词典》一直秉承约定俗成原则。在《第一批异体字整理表》中，"渺"与"淼"归并为一个"渺"。从理论上说，异体字的意义应该相同，其差异仅体现在字形之上。实际上"渺"与"淼"的意义只是部分重合，仅在"水大貌"上二者通用，且"淼"为我国人名取名的常用字之一，根据"名从主人"的使用原则,人名中的"淼"不可能与"渺"通用。自第 1 版开始,《现代汉语词典》就对"渺"与"淼"分别立目,且没有相互参见,表示二者之间并不形成异体字关系,并没有执行《第一批异体字整理表》的相关规定:

> 渺 miǎo ① 渺茫…… ② 渺小……
> 淼 miǎo <书> 形容水大:～茫 | 浩～。

少数情况下,《现代汉语词典》在根据国家相关标准进行异体字条目的修订方面有些滞后。以"于(於)"组为例。 1988 年《关于发布〈现代汉语通用字表〉的联合通知》确认了"於"字的规范字地位,"於"字不再作为"于"的异体字被淘汰,并收入《现代汉语通用字表》。《现代汉语词典》第 5 版依然把"於"处理为"于"的异体字,"於"并未单独立目。具体如下:

> 于¹(於)yú ① 介 a)在:……
> 于²yú 名 姓。

到《现代汉语词典》第 6 版中,"於"才被增列为字头,单独立目:

> 于¹yú ① 介 a)在:……
> 于²yú 名 姓。
> 於 yú <书> 同"于"。
> 另见 1380 页 wū;1594 页 Yū

总体而言,国家语言文字法律法规是对现代语言文字使用的一种宏观性的指导,至于对具体语言单位通用性程度的判定,以及如何在词典中确定其规范形式,则需要词典编纂者做出学术性判断。毫无疑问,相关语言文字法规手段对语言文字的规范具有非常重要的作用。但是,我们必须同时承认,语言问题从来都没有、将来也不可能通过完全行政手段解决,仅仅凭借语言文字法规不可能一劳永逸地解决复杂多变的语言问题。"由于时代的局限、规范观的偏颇、工作环节的缺失、学术上的失查、修订的严重滞后,这些规范文件存在不同程度的失误和不足"。(张书岩,2006)因此,如果在词典文本中完全贯彻相关语言文字规定，在实践上非常便于操作，但在相关语言文字规范出现纰漏之时，亦步亦趋的词典文本必然出现问题。《现代汉语词典》没有采取全面的"拿来主义"——在词典文本中完全复制相关语言文字文件的内容，而是科学性地执行国家的语言文字规范，并且因为其科学性和前瞻性，甚至起到了引领规范的作用。一个非常有说服力的例子是，"1986 年经过修订后发表的《简化字总表》和《现代汉语通用字表》把《第一次异体字整理表》中淘汰的 26 个异体字重新确认为规范字，其中的 23 个字在《现代汉语词典》中一直是作为规范字立目的"（江蓝生，2004）。

3. 《现代汉语词典》对国家相关异体字规定所涵盖范围之外的异体字推介

《第一批异体字整理表》中收录的异体字共 810 组。经过历次调整之后，上海辞书出版社于 2001 年出版的《语言文字规范使用指南》所收录的《第一批异体字整理表》包含异体字 793 组。而在《现代汉语词典》第 5 版中，所收录的异体字为 1054 组（付晓雯，2006）。从二者的差额可以看出，《现代汉语词典》在《第一批异体字整理表》的基础上，结合语言使用的具体情况，对不见于相关语言文字规范的异体字词进行科学分析以及合理推介。这里主要包括两种情况。

第一种是对语言文字规范的不合理之处进行纠正与弥合。由于某种原因，一些语言文字规范自身会存在一些学理上的瑕疵，《现代汉语词典》对此进行分析、判断并尽量在词典中予以弥合。可以说，在汉字、词规范方面，《现代汉语词典》编纂者一直在进行匡谬正俗、查漏补缺的工作。

发布于 1955 年的《第一批异体字整理表》和发布于 2013 年的《通用规范汉字表》是我国汉字整理方面的规范性文件。在汉字规范方面具有重要的作用[①]。由于主客观因素的限制，《第一批异体字整理表》存在着诸多不足以及失当之处，学界对此多有讨论（参见钟吉宇，1963；王自强，1964；邵文利，2003）。因为在整理中过分强调从俗从简而忽略了从"正"，《第一批异体字整理表》收录了一些"形近而讹，又有同音而讹、音近而讹、同源而讹，甚至有形音义俱无关联而讹为异体者"

---

① 继《第一批异体字整理表》之后，关于异体字整理的工作仍在继续，1956 年中国文字改革委员会推出《第二批异体字整理表》（初稿），征求意见之后，学界普遍认为该表中依然存在大量的罕用字、死字以及音义不完全对等的字组。1957 年，中国文字改革委员会决定将修改后的《第一批异体字整理表》与《第二批异体字整理表》初稿合并为《异体字整理表》，并于 1959 年制定出《异体字整理表》（初稿），在此基础上于 1965 年推出《异体字整理表》（修改稿）。1976 年，中国文字改革委员会汉字组编制了《第二次异体字整理表》（征求意见稿）。但相关国家机构并没有正式发布上述三个字表。

的"异体字"。为保持汉字规范工作的可延续性，《通用规范汉字表》的异体字整理工作是在《第一批异体字整理表》的基础上进行甄别和处理的，这导致后者中存在的一些问题在《通用规范汉字表》也没有被完全解决。在词典编纂实践中，如果完全按照上述两个规范对异体字进行处理，会在一定程度上出现以讹传讹的情况。从试印本开始，《现代汉语词典》就开始进行了相应的删改工作。

对于一些出现在《第一批异体字整理表》中的异体字组，《现代汉语词典》在充分的文献材料支持下，分立字头，并不认同《整理表》中确定的异体字关系。在《第一批异体字整理表》中，第 64 组"嗔"的异体字列为"瞋"。根据《说文·口部》，"嗔，盛气也。从口，真声"，《说文·目部》"瞋，张目也"。自试印本开始，在《现代汉语词典》中"嗔"与"瞋"分别立目，"瞋"从未被视为"嗔"的异体字。再如"晰（晳）"组。《说文·白部》："晳，人色白也"，而在《集韵·锡韵》中有"晰，明也"。自《现代汉语词典》试印本开始，"晳"与"晰"也分别立目，同样没有采用《第一批异体字整理表》所规定的正体字与异体字关系。类似地，还有"案（桉）、氛（雰）、渺（淼）、楞（愣）、烨（晔）、置（寘）、"粘（黏）"等，在《第一批异体字整理表》中都作为异体字组出现，但在《现代汉语词典》中都分别立目。对于一些所谓的正、异体字，《现代汉语词典》认为二者之间没有任何关联，如"案（桉）"组。有的则是在释义中指出二者之间的联系，如在《第一批异体字整理表》中，"粘"为正体字，"黏"为异体字。而在《现代汉语词典》各版本中，"黏"为正体字，"粘"也分立字头，即"粘 nián① 旧同'黏'"。可见《现代汉语词典》认为二者在现代汉语中都通用，而且"粘"只是"旧同'黏'"而已，在现代汉语中已经衍生出了不同于"黏"的新的用法。

在《现代汉语词典》中，《第一批异体字整理表》所提供的一些与正体字相对的异体字得到了调整。在《第一批异体字整理表》中，"咱"的异体形式确定为"偺"。根据《说文》："偺，毁也。从人，咎声。"可见"咱"与"偺"音、义皆有差别，不应该属于异体字的范畴。自《现代汉语词典》试印本开始，"咱"作为立目单位出现，随后所附列的异体字形式为"喒"与"偺"，并不是《第一批异体字整理表》中规定的"偺"。上述删改工作在《现代汉语词典》各版中都比较常见。魏励（2004）对《现代汉语词典》第 3 版所收录的异体字与《第一批异体字整理表》进行穷尽性比对，发现在《第一批异体字整理表》

所收录的 1055 个淘汰异体字中，有 622 个字被《现代汉语词典》所采纳，并作为附录字出现在正字字头之后的括号里面。在剩下的 433 个异体字中，有 158 个被《现代汉语词典》立为字头，也就是说，《现代汉语词典》实际上确认了它们的正体字地位。《现代汉语词典》没有收录余下的 275 个异体字，否认了它们的异体字资格。付晓雯（2006）统计了《现代汉语词典》第 5 版对《第一批异体字整理表》的应用情况，发现其中的 266 个异体字形，如“腭（齶）”“昏（昬）”“蚊（蟁）”“盏（醆）”“花（芲蘤）”“鬱（鬰欝）”“斫（斲斵）“萱（蕿萲藼）”等，并未被收录。

《现代汉语词典》在异体字收录中的研究性、批判性传统一直被保留下来。2013 年发布的《通用规范汉字表》所收录的异体字也偶有失当，《现代汉语词典》相应版本也对此进行了纠正。在《通用规范汉字表》的繁简对照表中，“券”字列有异体字“劵”。实际上，“券”“劵”二字只是形近义异。《说文 · 刀部》：“券，契也。从刀，𠔉声”，《说文 · 力部》：“劵，劳也。从力，卷省声。”“‘券’字上古溪母元部去声，中古溪母願韵去声；‘劵’字上古群母元部去声，中古群母線韵去声，二字音形义俱异，实非异体字”（杜丽荣、邵文利，2015）。《通用规范汉字表》发布三年之后，《现代汉语词典》第 7 版出版，立目单位中仍只收“券”字，并未将“劵”附列为“券”的异体字。

第二种是对语言文字规范所没有覆盖的汉字字形进行分析与推介。对于国家语言文字部门尚未及时制订规范或标准的语言单位，《现代汉语词典》编纂者根据语言发展的内在规律以及语言共同体的约定俗成，选出合适的首选字，将其作为立目单位，并引导和推荐词典用户使用。魏励（2004）发现：《现代汉语词典》第 3 版收录不见于《第一批异体字整理表》的异体字 552 组，共有 595 个，且全部以附列字的形式用括号附列注出，表示这是现当代使用的异体字，如“炖”在《第一批异体字整理表》和《通用规范汉字表》中都没有提供异体字“燉”，《现代汉语词典》自试印本开始就把“燉”列为字母“炖”的附列异体字。

除了这种显性的自定异体字之外，《现代汉语词典》还通过在立目单位右项注明“同某”“也作某”“今作某”“现作某”“今已改作某”“旧作某”“古同某”等方式①，隐性收录自定异体字 370 余条。张

① 考虑到词典编纂体例的统一性，词典对异体字的处理应该采取“同类同模式”原则，否则有自乱体例之嫌。《现代汉语词典》相关版本对异体字的处理也应该一以贯之。

书岩（2006）指出"'同某'多用于异体字与正字意义基本相同而有细微差别的情况，'〈书〉同某'多用于异体字是古字的情况"。

总之，一方面，《现代汉语词典》努力贯彻国家相关语言文字法规合理的部分；另一方面，《现代汉语词典》按照语言事实本身，对语言文字法规不合理之处进行纠正，对规范未涉及之处进行基于语言事实的判定与描写。"对语文规范标准中存在的问题，既不盲从，也不回避，而是在认真研究的基础上，加以妥善处理，以有利于规范标准的贯彻，有利于规范标准的修订，这可以说是《现代汉语词典》基本的规范观"（陆俭明，2004）。

4. 《现代汉语词典》对异体字处理中的规范性与描写性

黄德宽（2007）指出，在汉字的规范方面，学界较为关注且意见较多的问题有三个，分别是汉字繁简对应关系的处理、异体字的处理以及汉字的类推简化问题，其中前两个问题与语文词典立目紧密相关。

《现代汉语词典》对繁简字的处理既有规范性，也有描写性。在中国大陆地区，简体字是国家法定的通用规范汉字。因此，《现代汉语词典》自第 1 版开始，立目单位都是简体字，确立了简化汉字在中国大陆文字流通领域的规范字地位。从国际化的视野看，汉字的流通领域并不限于大陆地区，首先，汉字是联合国的六种工作语言文字之一。其次，在中国大陆地区，除了简体字之外，《中华人民共和国国家通用语言文字法》第十七条明确规定，在文物古迹，姓氏中的异体字，书法、篆刻等艺术作品，题词和招牌的手书字，出版、教学、研究中需要使用的，经国务院有关部门批准等六种情况下可以保留或使用繁体字、异体字。最后，在中国大陆地区之外，繁体字是港澳台地区的通行文字，并且港澳台地区一直以繁体字为正体，汉字应用实际上已经形成了"繁、简二元并存"的局面（黄德宽，2007）。在这种情况下，《现代汉语词典》编纂者对繁体字的收录符合汉字使用的实际情况，是一种描写主义的词典编纂观。

与繁体字属于文字流通领域不同，异体字属于文字储存领域。异体字是历史上某个阶段汉字真实的使用状态，在汉语典籍中大量存在，在现代汉字系统中属于传承字。《现代汉语词典》对其进行收录秉承历史的真实性原则，以备用户查考之需。因为汉字使用历史久远，且时移世易，异体字数量众多，《现代汉语词典》对异体字的收录，必须要有选择性。

总之，《现代汉语词典》各版本对异体字和繁体字的收录，始终是以通用的、规范性的简体字为中心进行的，这是一种以描写为基础的推介性的规范，其最终结果不是削弱了汉字的规范，而是强化了汉字的规范。

二、《现代汉语词典》对异形词的规范与推介

（一）词典编纂视角下的异形词

异形词，指同一个词位的多种书写形式形成的聚合，是书写中的歧异现象。属于同一聚合的异形词读音相近或相同、意义和用法相同，因此可以相互替代。从异形词的来源来看，异形词分为两类：本土异形词与外源异形词。

本土异形词的出现一方面与汉语历史上用字的繁杂情况有关，一些古今字、繁简字、通假字可以进入某些词汇单位之中，替换其中的部分或全部字形，形成异形词，如"按语（案语）""丰采（风采）""伙夫（火夫）"等。有些异形词的出现可能是因为构词理据的不同，如"黄历（皇历）""耿直（鲠直、梗直）"等。本土异形词的形成，是语言的历时发展脉络与共时应用状况相互作用的复杂结果，外源型异形词的出现主要是语言接触的结果。一些外语词通常以音译形式进入汉语系统，需要以汉字作为载体予以呈现，此时汉语形式的选择具有相对多样性，在交际领域会出现多种形式并存的情况。

从语言的经济性角度考虑，异形词是词汇系统中的冗余部分，需要去繁就简。词典对异形词的处理通常要涉及历时和共时两个视角。从历时视角看，词典编纂者需要考虑相关异形词之间的历时发展状况，分析同一意义在不同时期文献中的形体，从理据上分析其成因以及后来在形体上的变异情况，从音、义方面确定它们的同一性，同时结合当时文字使用的具体情况，确定其中的某一形体为正体，其他形体为副体。也就是说，异形词整理的历时视角更偏向理据性视角。从现代汉语共时层面异形词的使用情况看，有些异形词的使用频率高，语言社团成员的接受度也很高，如"得意洋洋"与"得意扬扬"组中的"得意洋洋"、"含蓄"与"涵蓄"组中的"含蓄"、"镭射"与"镭射"组中的"镭射"等，在现代汉语中普遍被视为通用形式。有些异形词的使用频率相差不大，在运用中会出现模糊两可的情况，没有明显的正体和异体的区分，如"搭理"与"答理"、"当作"与"当做"、"胡涂"与"糊涂"、

"措辞"与"措词"等。对第一种异形词聚合，现代语文词典通常会采取从俗从众的通用性原则，对异形词的使用进行频率分析，确定正体形式。第二种异形词聚合比较复杂，需要综合考虑相关异形词的理据性、文化传承性以及民众接受度等因素。对外源型异形词还需考虑汉字的表意性特点对音译形式的影响。

（二）《现代汉语词典》相关版本对异形词的处理

对异形词的整理和规范，是词汇规范的重要组成部分。作为规范型的语文词典，对异形词的规范也是《现代汉语词典》的基本任务之一。异形词整理是"按照一定的原则，在一个词的几种写法中确定一种为规范词形；规范词形以外的词形逐渐废止使用"（晁继周，2004）。因此异形词规范具有长期性和渐进性。从试印本开始，《现代汉语词典》对异形词"采取积极稳妥、循序渐进、区别对待、分批整理"（韩敬体，2002）的策略，通过凡例形式，对异形词的处理范式进行系统性说明，同时在词典立目中，或者直接对部分异形词进行规范，或者采用并列词目、附列词目、主副条等形式表现出相对柔性的异形词推荐倾向。

1. 《现代汉语词典》关于异形词处理的编排体例

自试印本开始，《现代汉语词典》就在凡例部分，明确指出该词典中异形词处理的基本范式。一直到《现代汉语词典》第 7 版，异形词编排体例出现了相应的调整。

表 6-2　《现代汉语词典》相关版本凡例部分关于异形词处理范式的说明

词典版次	词典"凡例"部分关于异形词处理范式的说明
试印本	合成词或成语里的异体字，在全条之末注明。两字的条目，注'也写作××'；三字以上的条目，注'×也写×'。异体字只适用于某一义的，注在该项之后，加括号。
第 1 版	不同写法的多字条目有下列三种处理方式： （a）异体加括号附列在正体之后，如【仿佛】（彷彿、髣髴）。这类条目所附的异体字，如"彷""髣""彿""髴"等，也分别列为互见条目，以便检索。 （b）几个写法并列（一般用的较广的写法列在前面），如：【鱼具】【渔具】，【约莫】【约摸】，【耿直】【梗直】【鲠直】 （c）注解后加'也作某'，如：【缘故】……也作原故；【原原本本】……'原'也作源或元。
第 2 版	同第 1 版。
第 3 版	不同写法的多字条目，注解后加'也作某'，如：【缘故】……也作原故；【原原本本】……'原'也作源或元。
第 4 版	同第 3 版。

词典版次	词典"凡例"部分关于异形词处理范式的说明
第5版	不同写法的多字条目，即异形词，区分推荐词形与非推荐词形。在处理上分为两种情况：（1）已有国家试行标准的，以推荐词形立目并做注解，非推荐词形加括号附列于推荐词形之后；在同一大字头下的非推荐词形不再出条，不在同一大字头下的非推荐词形如果出条，只注明见推荐词形。如【含糊】（含胡），"含胡"不再出条；又如【嘉宾】（佳宾），【佳宾】虽然出条，但只注为"见［嘉宾］"。（2）国家标准未作规定的，以推荐词形立目并做注解，注解后加"也作某"，如：【辞藻】……也作词藻；非推荐词形如果出条，只注同推荐词形，如：【词藻】……同"辞藻"
第6版	不同写法的多字条目区分推荐词形与非推荐词形①……下同第5版。
第7版	同第6版。

注：① 《现代汉语词典》前四个版本使用"多字条目"来指称异形词。第5版出现了"不同写法的多字条目，即异形词"的表述，对异形词进行了形式上的界定。这一说法与词典正文中"异形词"的定义不同。《现代汉语词典》，第6版和第7版中，"异形词"这一术语从凡例部分中被删除。

从表6-2可以看出，《现代汉语词典》试印本对异形词的处理基本建立在异体字的基础上，但这并不能涵盖所有类型的异形词。一些异形词，如音译外来词的定形，与异体字无关。在《现代汉语词典》第1版关于异形词的范围明显扩大，除了因为异体字使用形成的异形词之外，还包括同音字和分化字引起的异形词。在异体字立目处理上，《现代汉语词典》第1版和第2版采用三种方法：一是异形词附列法，指把一个异形词作为主条，另外一个或几个作为附列字列在主条后面的括号中，如"【仿佛】（彷彿、髣髴）"类。二是同条并列立目法，指将相关的异体字同时并列立目，如"【耿直】【梗直】【鲠直】"类。三是异条分列立目法，指两个或多个异形词分别出条，如"【斥责】用严厉的言语指出别人的错误或罪行；【叱责】斥责"类。其中特别需要注意的是同条并列立目法，这种方法旨在通过异形词的排列顺序显示其推荐的优先等级，但违反了词典编纂中"一词一目"的编纂惯例。在《现代汉语词典》第1版出版后的近二十年中，"不少原来使用频率大致相当的，已经明显地向某一个词形倾斜"（李志江，2002）。因此到第3版，这种异形词的立目方式不再使用。第4版与第3版异形词处理凡例相同。

与前4版相比，《现代汉语词典》第5版的异形词处理体例出现了新的变化。第5版确立了国家异形词试行标准的权威地位，明确了以国家试行标准中规定为正体的异形词为推荐形体，其他的形体作为附列词出现。对于试行标准中未做规定的异形词，《现代汉语词典》第5版则提出推荐词形。非推荐词形不作为附列字出现，而是在推荐词形的注解中加"也作某"。在第 5 版中，《现代汉语词典》通过形式上的明晰化凸显推荐词形，同时在如实描写的基础上，通过形式上的标志弱化非推荐词形，是一种规范型的推介。

第 6 版和第 7 版与《现代汉语词典》第 5 版的异形词处理凡例完全相同。自第 5 版之后，《现代汉语词典》在异形词整理方面的工作重点是如何处理没有被国家试行标准所涵盖的部分。例如，《第一批异形词整理表》收录异形词338组，而《现代汉语词典》第5版收录异形词977组（宋文，2008），其中未被《第一批异形词整理表》涵盖的部分多达三分之二。

2. 《现代汉语词典》对异形词相关法规的执行情况

2001 年发布的《第一批异形词整理表》遵循的原则是通用性、理据性和系统性，这三个原则的先后顺序标志着其优先序列。"一组异形词中通用性强的，作为首选的推荐词形；通用性没有显著差别的，就按理据性原则进行筛选；如果不同的异形词都有理据时，再考虑系统性原则，即相同的语素应该尽量用同一的汉字书写"（参见李行健，2002：43-46）。《第一批异形词整理表》指出，"90%以上的常见异形词在使用中词频逐渐出现显著性差异，符合通用性原则的词形绝大多数与理据性等原则是一致的"。上述类型的正体字很少会有争议，在《第一批异形词整理表》与《现代汉语词典》各版中的处理也是一致的。《现代汉语词典》自第 5 版始，明确宣布在异形词立目中要体现《第一批异形词整理表》公布的推荐词形。在该表公布的 338 组异形词中，《现代汉语词典》完全照搬到词典文本中的有 266 组，约占 78.7%。对少数异形词词组而言，根据通用性原则与理据性原则所确定的异体字是不一样的。在这种情况下，《第一批异形词整理表》优先强调通用性原则，如果《现代汉语词典》相关版本更注重异形词的理据性原则，那么二者之间会相互抵牾。

以"热衷—热中"组和"毕恭毕敬—必恭必敬"组为例。在通用性原则指导下，《第一批异形词整理表》确定前者为推荐词形，后者为非推荐词形。从历时视角看，"热衷—热中"组中最早使用的是"热中"。《孟子·万章上》有"仕则慕君，不得于君则热中"。宋《朱熹集注》："热中，燥急心热也。"从先秦到清代，只有"热中"一种词形，"热衷"的写法到近现代才出现（晁继周，2004）。这样，如果从历时视角看，考虑到理据性，"热中"应该作为正体字立目。而如果从共时视角看，考虑到通用程度，则"热衷"应该作为正体字立目。《现代汉语词典》自试印版开始，一直到第 7 版，在"热中"与"热衷"的立目选择上出现了调整。具体如下：

> 　　**热中**　rèzhōng　急切盼望得到地位、利益（含贬义）：不要～于一己的名利……｜～于战争是……垄断资本集团。(《现代汉语词典》试印本)

在《现代汉语词典》第1版到第4版中，"热衷"在"热中"的释义里作为附列词形出现：

> 　　**热中**　rèzhōng　① 急切盼望得到个人的地位或利益…… ② 十分爱好某种活动……‖也作热衷。（《现代汉语词典》1—4 版）

自第5版到第7版，按照《第一批异形词整理表》相关规定，"热衷"调整为立目单位，"热中"不再出条，而是作为附列的异体词出现：

> 　　**热衷（热中）**　rèzhōng　动　① 急切盼望得到个人的地位或利益…… ②十分爱好某种活动……（《现代汉语词典》5—7）

再看"毕恭毕敬—必恭必敬"组，前者是按通用性原则选出来的推荐词形，后者在现代汉语中得以留存则是因为理据性原则，在《诗·小雅·小弁》中就有"维桑与梓，必恭敬止"的诗句。不过，"毕恭毕敬—必恭必敬"组在《现代汉语词典》中的处理方式与"热衷—热中"并不一致。在《现代汉语词典》试印本中，"毕恭毕敬—必恭必敬"二者同时并列立目。但是在释义中，通过释义的参见将非推荐词形引向推荐词形。具体如下：

> 　　**必恭必敬**　bì gōng bì jìng　十分恭敬。
> 　　**毕恭毕敬**　bì gōng bì jìng　见【必恭必敬】 （《现代汉语词典》试印本)

在《现代汉语词典》第1—4 版中，二者依然同时立目，但是在"必恭必敬"条目下引出"毕恭毕敬"，并且在"毕恭毕敬"条目下，注明

"同'必恭必敬'"，显然在这四版中"必恭必敬"被认为是推荐词形：

> **必恭必敬**　bì gōng bì jìng　十分恭敬。<u>也作毕恭毕敬。</u>
> **毕恭毕敬**　bì gōng bì jìng　同'必恭必敬'（《现代汉语词典》第 1 版）

特别需要注意的《现代汉语词典》第 4 版。该版出版于 2002 年，《第一批异形词整理表》发布于 2001 年，但《现代汉语词典》第 4 版并没有完全按照《第一批异形词整理表》进行异形词规范。在异形词的处理上，《现代汉语词典》第 4 版继承了前三版的特点，在一些异形词推荐词形的选用上表现出明显的历史传承性与理据性特点，即强调历史用字情况，追溯其本源字，前文提到的立目单位"必恭必敬""热中"都是如此。这与《现代汉语词典》自试印本开始就具有的独立研编的学术研究特点相关。但是，从词典用户类型看，作为一部以现代汉语为描写对象的词典，《现代汉语词典》更应该反映现代汉语的实际用法。

自第 5 版开始，《现代汉语词典》强调对相关部门所制定的异形词标准的执行，因此，尽管"毕恭毕敬"与"必恭必敬"依然同时出条，但是主次关系发生了颠倒。"必恭必敬"不再作为推荐词形，而是作为"毕恭毕敬"的附列词形出现，而且在"必恭必敬"的释义中出现了"见××页'毕恭毕敬'"。自此，"毕恭毕敬"被认为是推荐词形，"必恭必敬"则变为非推荐词形，与《第一批异形词整理表》的做法是一致的：

> **毕恭毕敬**（必恭必敬）bì gōng bì jìng　十分恭敬。
> **必恭必敬**　bì gōng bì jìng　见××页"毕恭毕敬"。（《现代汉语词典》5—7 版）

《现代汉语词典》第 5 版是一个分水岭，在这之前，异形词的整理以自主研编为主；在这之后，除了自主研编，在词典文本中还特别强调贯彻国家相关语言文字法律法规。不过，《现代汉语词典》第 5 版在异形词相关国家规范的执行上并不是完全复制，主要包括下面几种情况：

（1）合并法，即只保留了《第一批异形词整理表》中的推荐词形，非推荐异形词没有收录。《第一批异形词整理表》中有 63 组异形词的非推荐词形没有被收录，如"喝彩—喝采""骨瘦如柴—骨瘦如豺""装潢—装璜”"色彩—色采""覆辙—复辙""直截了当—直捷了当、直接了当"等异形词词组，只将前一个词作为《现代汉语词典》第 5 版的立目单位，非推荐词形没有出现在词典文本中。

（2）选择法，即只选择性提供了待淘汰词形，如《第一批异体字整理表》中的"盘踞—盘据、蟠踞、蟠据"组，在《现代汉语词典》第 5 版中"盘踞"是立目单位，附列异体字是"盘据"，并没出现《第一批异形词整理表》中所列举的"蟠踞、蟠据"。《第一批异形词整理表》中有 5 组异形词中的待淘汰词形被选择性选入《现代汉语词典》第 5 版。

（3）主副颠倒法，即《现代汉语词典》与《第一批异形词整理表》中所呈现出的推荐词形与非推荐词形的顺序完全相反。在《第一批异形词整理表》附录中，"茧子—趼子"组的推荐词形为"茧子"，而《现代汉语词典》第 5 版的立目单位则是"趼子"。

（4）非推荐词形次序调整。这限于推荐词形有多个非推荐词形的情况，如在《第一批异形词整理表》中有"补丁—补靪、补钉"，《现代汉语词典》第 5 版中非推荐异形词的顺序则为"补钉、补靪"，强调从俗从简的原则。"烂漫"的非推荐词形"烂熳"与"烂缦"的顺序也与《第一批异形词整理表》相反。

（5）从词典立目的规则出发对《第一批异形词整理表》进行调整。通常而言，词典立目单位会考虑涵盖尽可能多的组合实例。总的来说，更小的语言单位具有更强的组合能力，因此词典收词中有时会把更小的语言单位作为立目单位。在《第一批异形词整理表》收录的异形词是"负隅顽抗—负嵎顽抗"，在《现代汉语词典》第 5 版中，立目单位为"负隅"，"负嵎"则作为附列字出现。

《现代汉语词典》第 6 版和第 7 版进一步对第 5 版中的异形词立目进行调整，以期与《第一批异形词整理表》的结果更为一致。我们对应上面提到的《现代汉语词典》第 5 版的五个做法依次对应比较。

（1）第 5 版中采取合并法进行规范的一些异形词，在第 6 版和第 7 版中又按照《第一批异形词整理表》的做法，将推荐词形作为立目单位，非推荐词形作为附列词形出现。在前文举过的"喝彩—喝采""骨瘦如柴—骨瘦如豺""装潢—装璜""色彩—色采""覆辙—复辙""直截了当—直捷了当、直接了当"等异形词词组中，除了"直截了当"组，其他组中的非推荐词形都作为附列词形出现。

（2）第 5 版选择性收录非推荐词形，除了"磐石—盘石、蟠石"中的"蟠石"依旧不予收录之外，其余的非推荐词形都作为附录字形出现在第 6 版和第 7 版中的推荐词形之后。

（3）在第 6 版中，"茧子²"单独立目，释义中有"也作跰子。也说老茧"。同时"跰子"也立目，其释义为"同'茧子²'"。可见"茧子"在第6版和第7版已经调整为推荐词形，与《第一批异形词整理表》的规定是一致的。

（4）《现代汉语词典》第 5 版对非推荐词形次序调整，在第 6 版和第 7 版中得到传承，依旧与《第一批异形词整理表》的顺序相反。

（5）第 5 版收录的异形词是"负隅顽抗—负嵎顽抗"，二者分别作为立目单位与附列词形出现。第 6 版和第 7 版同样如此，未做改动。

从第 5 版和第 7 版在异形词处理问题上的调整来看，《现代汉语词典》对相关异形词规范的执行越来越到位，并且一直在做查漏补缺的工作，如在《现代汉语词典》第 1 版中，"精采"立目，"精彩"不立目。在第 2 到第 5 版中，"精彩"立目，"精采"不立目。第 6 版中，立目单位出现了主副词目，即"【精彩】（精采）"，第 7 版沿袭此做法。

在对相关异形词规范的贯彻方面，《现代汉语词典》的编纂者充分意识到：相关的异形词规范或标准具有很强的指导性，但它们不是完全正确、不容置疑的，所有的规范或标准都会随着语言的发展而进行相应调整。因此，自第 5 版开始，《现代汉语词典》对《第一批异形词整理表》中的异形词采取了柔性选择而非刚性复制的策略，听从但不盲从。江蓝生（2004）指出，"对于现行的规范标准做到照办照用并不困难，难的是在某些规范标准由于语言的发展变化或制定时受历史条件的限制而不够完善、不够妥当时怎么办？是视而不见，采取回避的态度，还是认真面对，妥善处理？《现代汉语词典》采取的是后一种态度。"也正是因为这种态度，在异形词的处理方面，《现代汉语词典》一直保留着学术研究性的特点，甚至"为某些标准的修订提供了依据，预留了空间"（江蓝生，2004）。在前四版对异形词的处理中，《现代汉语词典》有时会更注重所推荐异形词的理据性。自第 5 版开始，《现代汉语词典》更倾向于注重所推荐异形词的通用性，强调普通民众的接受度，这与《现代汉语词典》的现代性定位更加契合。

3. 《现代汉语词典》对国家相关异形词规定所涵盖范围之外的异形词推介

我国的第一个对异形词进行规范的文件《第一批异形词整理表》发布于 2001 年，该表收录了 338 组异形词。《现代汉语词典》的编写工作早在 1956 年就已经开始，到 2001 年为止《现代汉语词典》已经历经三版，且收录的异形词远远超过了《第一批异形词整理表》的数量，晁继周（2004）指出，现代汉语中的异形词多达一千余组，经过整理收入《现代汉语词典》①的异形词有 992 组，接近《第一批异形词整理表》的三倍之多！也就是说，在没有相应的国家异形词规范可资遵循的时候，《现代汉语词典》的编纂者已经在进行异形词整理工作，并通过词典文本的形式固定下来。在很大程度上，《现代汉语词典》一直在引领现代汉语异形词的规范工作。"据《第一批异形词整理表》起草组负责人介绍，这次公布的《第一批异形词整理表》选取推荐的规范词形就有 95%与《现代汉语词典》所定的推荐的正条一致"（韩敬体，2002）。

《现代汉语词典》对《第一批异形词整理表》的执行始于第 5 版。因此自第 5 版开始，可以分清哪些异形词来自《第一批异形词整理表》，哪些异形词超出了该表范围。下面是《现代汉语词典》第 6 版和第 7 版对《第一批异形词整理表》之外的异形词的整理情况。

（1）一些原来被认为是异形词词组的语言单位被调整为近义词。在对异形词的判定中，一些发音相似或相同、意义相近的近义词，如"界限"和"界线"等被误判为异形词（周荐，1993）。第 5 版中的部分异形词，在第 6 版中被处理为近义词，例如：

淳朴：chúnpǔ 形 诚实朴素：外貌~｜民情~。也作纯朴。

纯朴：chúnpǔ 同"淳朴"（《现代汉语词典》第 5 版）

淳朴：chúnpǔ 形 诚实朴素：民风~。

纯朴：chúnpǔ 形 单纯朴实：他来自农村，人很~。（《现代汉语词典》第 6 版、第 7 版）

（2）部分非常用的异体字形不再作为立目单位，甚至被删除。异形词词组"轻扬—轻飏"在第 5 版同时立目，且"轻飏"为推荐词形。在第 6 版中，只有当代社会中常用的"轻扬"出条，"轻飏"被删掉。"札记—劄记"组，在《现代汉语词典》第 5 版中的处理如下：

札记（劄记）zhájì 名 读书时摘记的要点和心得。

劄记 zhájì 见××页【札记】

---

① 从文章刊出年代分析，此处指的应该是《现代汉语词典》第 4 版。

在第 6 版和第 7 版中，"劄记"只作为"札记"的附列字，不再单独出条。

（3）作为首选词的推荐异体字形得到调整，例如：

把式：bǎ·shi 同'把势'。

把势：bǎ·shi 名 ① <口>武术：练～的。②<口>会武术的人；专精某种技术的人…… ③<口>技术…… | 也作把式。（《现代汉语词典》第 5 版）

把式：bǎ·shi 名 ① <口>武术：练～的。②<口>会武术的人；专精某种技术的人…… ③<口>技术…… | 也作把势。

把势：bǎ·shi 同"把式"。

相应地，与"把式—把势"相关的"车把式"和"车把势"的首选词形也调整为"车把式"。推荐词形得到调整的还有"苞谷—包谷""悖理—背理"等。

总的来说，对异形词的整理是《现代汉语词典》规范化工作的一部分。随着语言文字的发展，《现代汉语词典》在异形词整理的规范标准也在发生微调，到第 5 版，其主体部分基本稳定，通用性成为确定异体词组中推荐词形的首要标准。

4. 《现代汉语词典》中音译外来词的"定形"

汉语语言系统吸收外来词多采用意译的方法，音译法因其便捷性也被使用。音译包括两个基本环节：一是将外语词转化为相应的汉语语音形式，二是选择相应的文字将语音形式转化为视觉符号形式。由于汉字是一种表意文字体系，语音和意义之间并不存在必然的联系，再加上音译词的译者众多，相应的书面形式必然会具有非单一性特点，从而出现多种书写形式并存的局面。例如，英语中的"pizza"会被写作"披萨""比萨"或"匹萨"；"AIDS"被写作"爱滋病"或"艾滋病"；美国总统 Trump 在竞选期间被汉语媒体写作"川普"，有时则被写作"特朗普"等。音译词这种字形不统一的书写状况显然不利于语言表述的统一，同时在理解上也会带来混乱，因此对音译词的"定形"工作是现代汉语词汇规范工作的一部分。

语言符号形式与意义的结合是语言社团集体约定的结果，是一种语言上的社会契约，音译词同样如此。在音译词书写形式的确定上，《现代汉语词典》会采用在社会上广为流行的、约定俗成的写法，即对音译词的定形以通用性为主导原则。唐树梅（2014）根据民国报刊数据库等，对 1912—1949 年的汉语外来词进行考释，指出"苏维埃"（COBeT）和"卡路里"（calorie）的写法较早见于 1919 和 1939 年，并且使用频率明显较高。《现代汉语词典》试印本采用了这两个写法并且被后续版本所继承。

梁盟（2006）统计了《现代汉语词典》1—5 版中的音译词，其收录数量分别为 366 条、370 条、335 条、359 条和 362 条，总体数量大致稳定。五个版本同时收录的外来词有 252 条，其中在相关版本中调整字形的外来词仅有 17 条，音译词字形保持不变的占 93.3%。可见，由于《现代汉语词典》在语言共同体心目中的权威性，所确定的音译词字形大多被汉语言共同体所普遍接受。

汉语音译词是使用汉字对其他语言系统中的词汇进行语音摹拟的产物。从理论上说，汉字在音译词中只是一个记音符号，没有实际意义。实际上，在绝大多数情况下一个汉字就是一个语素，语素是音义结合的最小单位，必然要表达一定的意义，汉语语素中意义的附着有时会影响到语言社团对音译词的理解。汉语语素这种"因形赋义"的特点有时会帮助词典用户快速划定外来词的意义范围，如"珐琅""玻璃"都有王字旁，表示这些物质有与玉石类似的特点。但有时汉语语素的"因形赋义"会导致用户在音译外来词的理解上出现偏差。《现代汉语词典》相关版本对此类情况一直在做调整。

罗曼司 luómànsī　富有浪漫色彩的恋爱故事或惊险故事。[英 romance]（《现代汉语词典》第 1—4 版）

罗曼史 luómànshǐ 名 富有浪漫色彩的恋爱故事或惊险故事。也译作罗曼司。[英 romance]（《现代汉语词典》第 5—7 版）

"romance"的字形经历了从"罗曼司"向"罗曼史"的转化。按照"romance"在源语中的意义，显然跟一些个人经历相关。从这一意义看，显然"罗曼史"的写法具有一定程度的音义兼译特点。"罗曼司"中的语素"司"在汉语中除了作为动词表示"主持、操作、经营"外，还作为名词表示"中央部一级机关中按业务职能划分的、级别比部低，比处高的单位"，因此"罗曼司"的写法容易产生歧义。自第 5 版开始，《现代汉语词典》采用"罗曼史"作为立目单位，释义中注明"也译作罗曼司"，所推荐的形体是"罗曼史"。

类似的还有"lux"，由最初的"勒克司"，调整为完全表音的"勒克斯"①：

> **勒克司** 照度单位，一勒克司等于一流明的光通量均匀地分布在一平方米面积上的照度。[英 lux]（《现代汉语词典》第 1 版、第 2 版）
>
> **勒克斯**（光）照度单位……。（《现代汉语词典》第 3—7 版）

我国的少数民族之一"毛南族"，也经历了字形的变化。

> **毛难族** 我国少数民族之一……（《现代汉语词典》试印本、第 1—3 版）
>
> **毛南族** 我国少数民族之一……（《现代汉语词典》第 4—7 版）

有时《现代汉语词典》对一些外来词字形的调整，是为了更贴切地记录音译词的口语形式，包括读音形式、常规表达以及词的组合方式等，体现出描写性特点，例如：

> a. **甲克** 一种……的短外套 （《现代汉语词典》试印本、1—2 版）
> **夹克** 一种……的短外套 （《现代汉语词典》3—7 版）
> b. **萨克管** 一种管乐器……（《现代汉语词典》试印本、1—4 版）
> **萨克斯管** 管乐器……（《现代汉语词典》第 5—7 版）
> c. **英特耐雄纳尔** '国际'（'国际工人协会'）的音译……（《现代汉语词典》第 1—4 版）
> **英特纳雄耐尔** '国际'（'国际工人协会'）的音译……（《现代汉语词典》第 5—7 版）
> d. **曼德琳** màndélín 一种拨弦乐器……也译作'曼陀玲'。[法 mandoline]（《现代汉语词典》试印本）
> **曼德琳** màndélín 名 ……也译作曼陀林、曼陀铃。[英

---

① 自《现代汉语词典》试印本开始，一直到第 4 版，"密斯"（Miss）和"密司脱"（Mr）都作为立目单位出现。考虑到这两个词在指称意义上的相互联系性，以及《现代汉语词典》将"勒克司"的词形调整为"勒克斯"，"密斯"和"密司脱"中"si"音的写法显然应该统一为"斯"。不过《现代汉语词典》第 5 版中，"密斯"（Miss）和"密司脱"（Mr）这两个词从词典正文的词目表中被删除，因此对其字形的规范就失去了意义。

mandoline]（《现代汉语词典》第 5 版）

　　曼陀林 màntuólín 〔名〕 弦乐器……也译作曼陀铃、曼德琳。[英 mandoline]（《现代汉语词典》第 6 版、第 7 版）

　　"从众从俗"是《现代汉语词典》相关版本进行音译词词形规范的重要原则，这是其描写观的一个体现。从书写形式看，"英特耐雄纳尔"和"曼德琳"无疑更贴近其源语词"internationale"和"mandoline"的读音，但中文版的《国际歌》让"英特纳雄耐尔"更为普及，作为拨奏弦鸣乐器的"曼陀林"的名称在业界被广为接受。对一些字形上两可的外来词，《现代汉语词典》也没有强制性地将一种形式确立为规范形式，而是同时予以呈现，并通过不同方式揭示其中隐含着的主次关系，如自《现代汉语词典》试印本到第 7 版，"ice cream"的音译词"冰激凌"和"冰淇淋"都同时出条，具体如下：

　　冰激凌 bīngjīlíng 〔名〕 半固体的冷食……[英 ice cream]
　　冰淇淋 bīngqílín 〔名〕 冰激凌。

　　同样的情况还有外来词"yoga"，其音译形式被写作"瑜伽"和"瑜珈"两种。自《现代汉语词典》第 4 版开始，"瑜伽"作为立目单位出现，"瑜珈"则出现在词条的右项部分，标注"也写作'瑜伽'"。自第 5 版开始，"瑜珈"也立目，其释义部分为"同'瑜伽'"。

　　上述两例中，同一音译词的两种形体都有一定的流通度。检索北京大学现代汉语语料库，"瑜伽""瑜珈"分别有 250 条和 121 条，"冰激凌"和"冰淇淋"分别有 243 条和 601 条。《现代汉语词典》对其分别予以收录，体现的是描写主义原则。但是，从通用性程度看，"冰激凌"和"冰淇淋"在立目问题上的主次关系应该考虑调整。

　　对一些过时的音译词，《现代汉语词典》相关版本根据语言的实际使用情况对其立目资格进行调整。以"violin"（小提琴）音译形式的变化为例。自《现代汉语词典》试印本开始，一直到第 4 版，英语中的"violin"（小提琴）被音译为"梵哑铃"出现在词目表中。而在朱自清的《荷塘月色》中，"梵哑铃"被写作"梵婀玲"。由于该作品的经典性，"梵婀玲"的接受度更高一些。"梵哑铃"一词自第 5 版开始被从《现代汉语词典》词目表中删掉，"梵婀玲"也没有进入词表，标志着二者作为音译词已经成为过时词汇，且完全被意译词"小提琴"所取代。同样的还有"爱美的"（amateur，法语词"业余的"音译形式）、"帮浦"（bump，"泵"的音译形式）、"菲林"（film，"胶卷"的音译形式）、"苦迭打"（coup d'etat，法语词"政变"的音译形式）等。上述音译形式在《现代汉语词典》第 5 版中全部被删除。

总体而言，在音译词的定形方面，《现代汉语词典》采取的是推荐性的描写，这可以视为一种引导性的、柔性的规范。对音译词字形的这种处理方式与《现代汉语词典》的定位和功能相关。作为一部权威性的语文词典，《现代汉语词典》要体现国家语言文字政策和法规，但却不可能制定语言文字政策和法规。但是，在国家语言文字相关规则没有规范或者不可能规范的领域，《现代汉语词典》在很大程度上起到了引导、推荐或者是柔性规范的作用。

三、《现代汉语词典》相关版本对异称词的收录

汉语存在着大量的同物异名现象，形成了数量众多的异称词，《尔雅》中收录了大量的异称词[①]。汉语异称词的形成包括认知因素、语言因素和文化因素三个方面。

认知语言学指出，认知主体对世界进行认知的主要途径是识解（construe），识解是认知主体以不同方式构想和描述同一场景的能力，对识解的描写包括五个方面：详略度、辖域、背景、视角和突显（Langacker，1991：4）。认知因素导致的异称词指因为命名理据或角度不同而出现的同物异名，如"计算机"和"电脑"。前者强调其早期的主导性功能"计算"，后者关注的是其与人脑的可类比性；"手机"和"移动电话"，前者侧重的是其体积小，可置于手中，后者强调的是其使用场所的动态变化性。

语言因素也是产生异称词的重要原因，其下包括几个次类型。第一

---

① 《尔雅》被认为是我国的第一部同义词词典，但是，由于年代所限，《尔雅》中混淆了异称词与同义词之间的界限。异称词指语言系统中的同物异名现象，多适用于名词。在语言词典中，异称词通常会选择性立目。同义词指理性意义部分重合的词汇单位，适用于任一词类，如"减肥""瘦身""美体"和"塑形"，都是指通过某种手段使身体的脂肪减少，这是其共性成分。除此之外，这四个词汇单位在部分理性意义以及附加意义上都有差异。"减肥"的前提是行为主体应该具有"肥"这一特点。但在以瘦为美的社会审美取向的影响下，很多瘦女孩也尽力变得更瘦，用"减肥"是不合适的，因此出现了"瘦身"一词。同时，骨瘦如柴并不是现代社会女性通常的审美追求，很多人崇尚的是又瘦又健康又漂亮。在这一诉求的影响下，汉语语言系统中又出现了两个新的词汇单位"美体"和"塑形"。这类同义词丰富了词汇系统，使语言表达更为精细，是词汇系统中的积极性成分。对这类词，《现代汉语词典》普遍予以立目。

是因为历史词汇在共时层面的留存形成的古今异称词，如《方言》卷八："猪，北燕朝鲜之间谓之豭，关东西或谓之彘，或谓之豕。"现代汉语词汇系统中，"掌柜的"和"老板"、"跑堂的"和"服务员"都属于此类。第二是因为本土词与外来词并存形成的异称词，如"公共汽车"和"巴士"、"再见"和"拜拜"等。第三是因通俗义位和学科义位并存形成的异称词，如"知了"和"蝉"、"盐"和"氯化钠"、"羊角风"和"癫痫"等。第四类是因地域差异产生的异称词，如普通话中的"冰棍儿"，成都方言称之为"冰糕"，上海、苏州称之为"棒冰"，长沙和南昌方言称之为"冰棒"，厦门方言称之为"霜条"，广州方言称之为"雪条"，福州方言称之为"冰箸"。大陆地区的"软件"和"硬件"，在台湾地区被称为"软体"和"硬体"。

需要注意的是，一些异称词的形成，则是语言与认知因素的双重结合。例如"出租车""的士""计程车"。"出租车"广泛应用于大陆地区；"的士"除了用于大陆地区之外，也用于港澳地区；"计程车"则多用于台湾地区。"的士"是音译词，"出租车"和"计程车"是意译词，这是语言因素导致的异称词。而同属意译词的"出租车"和"计程车"，从认知角度分析其命名理据，前者注意的是其营业特性，后者强调的是其收费依据。

文化因素形成的异称词也较为常见，如汉语中的月亮，也被称为"蟾宫""玉盘""冰轮""桂宫""金蟾""广寒"等。这类异称词多用于特定语境之中，在日常交际中较少使用。

《现代汉语词典》相关版本对上述异称词进行了差异化的处理。认知因素形成的异称词，《现代汉语词典》通常都会立目，如《现代汉语词典》第1版到第7版都收录了"电脑""计算机""电子计算机"。对语言因素导致的各类异称词，《现代汉语词典》相关版本会在词汇规范的前提下予以适当收录。古今异称词中，一些古称词的收录是为了满足用户文字查询的需要，如前文提到的"猪"的古今异称词中，"豕""彘"在《现代汉语词典》第1版到第7版中都立目，自第5版开始，"豭"也作为立目单位出现。对于因为本土词与外来词并存形成的异称词①，《现代汉语词典》会适时补录，如"公共汽车"的异称词"巴

---

① 本节只关注在现代汉语词汇系统中本土词与外来词并存形成的异称词。历史上的存在过的先音译后意译的形式，如"德律风"和"电话"，属于词汇的更迭，不在本节的研究范围之内。同时，在特定方言区出现的外来词与普通话词汇并存的情况，如粤方言中有时把"商店"称为"士多"，也不在讨论范围之内。

士"，《现代汉语词典》自第 3 版开始收录。"拜拜"①自第 5 版开始立
目，与汉语本土词汇单位"再见"并收。因通俗义位和学科义位并存形
成的异称词，在《现代汉语词典》相关版本中一般都予以收录，"知
了"和"蝉"、"羊角风"和"癫痫"自第 1 版开始即全部收录，但
"氯化钠"在《现代汉语词典》第1版到第7版中一直没有立目。从学科
义位内部的体系性来看，这样处理也有道理。作为一部主要描写现代汉
语通用词汇的共时性词典，《现代汉语词典》不可能收录所有的化学元
素，这应该是专科词典的任务。对因地域差异形成的方言词，如"玉
米"的异称词"包米""苞米""包谷""苞谷""玉蜀黍""粟米"
"玉麦""玉茭""棒子""珍珠米"等，《现代汉语词典》第 1 版到
第 7 版都同时收录。"冰棍儿"及其异称词"冰棒""棒冰""雪糕"
"霜条"等在各版中也都悉数收录。基本上，《现代汉语词典》考虑到
其目标用户方言背景的差异性，对方言型异称词的收录较为全面，少数
异称词，如曾经通行于粤、闽方言区的"肥皂"的异称词"番枧"和"雪
文"则不在收录之列。对于文化因素形成的异称词，《现代汉语词典》通
常收录较为常用的词汇单位，如"月亮"的异称词"蟾宫"。

　　总之，在异称词的收录上，《现代汉语词典》相关版本是在描写的
基础上进行的适度的规范。

四、《现代汉语词典》相关版本对字母词的收录

　　在本节中，字母词指的是书写形式中至少要嵌入一个西文字母的、
运用于汉语语言系统中的单位。

　　语文词典对词汇单位的收录位置有两个：一是在词典正文中收录，
通常作为立目单位或内词目出现；二是在后置页部分设置附录，集中收
录相关词汇单位。苏宝荣（2012）认为，前者相当于"正编"，是编纂
者推荐使用的词语；后者相当于"附编"，是供词典用户查考的词语。
《现代汉语词典》相关版本对字母词的收录，也主要依赖这两种方法。

　　《现代汉语词典》自试印本开始在正文词表中收录字母词，当时仅
收"阿 Q"和"三 K 党"两个。第 3 版在此基础上增收了"卡拉 OK"。
自第 3 版开始，在词典附录部分集中收录了 39 个字母词，自此之后的各
版沿用了这种方法。引起学界广泛关注与讨论的一件大事是：2012 年 8

---

① 在《现代汉语词典》第 5 版中，"拜拜"的读音注为"bàibài"，在第 6 版中，其读音改注为
"báibái"。第 6 版的注音符合语言社团的发音习惯，是一种描写的方法。

月 27 日，数百名学者联名向国家新闻出版总署和国家语言文字工作委员会举报《现代汉语词典》第6版收录239条"西文字母开头的词语"的做法，违反了《中华人民共和国国家通用语言文字法》中"汉语文出版物应当符合国家通用语言文字的规范和标准"的规定，也违反了国务院《出版管理条例》（国务院第 594 号令）中"出版物使用语言文字必须符合国家法律规定和有关标准、规范"的规定，还违反了新闻出版总署《关于进一步规范出版物文字使用的通知》（新出政发［2011］11 号）中关于"在汉语出版物中，禁止出现随意夹带使用英文单词或字母缩写等外国语言文字"的规定。西文字母词收录的反对者认为这是"民族文化失去自信心的一种表现，也是一个民族吸收、消化、整合外来文化的能力弱化的表现"（刘大为，2012）；《现代汉语词典》的支持者则认为"适度使用字母词……不但不存在也不会出现'汉语危机'的问题，而且将有助于汉语日后的丰富与发展"（陆俭明，2012）。也有学者持中立态度，认为"字母不是汉字，而字母词却不妨在汉语词典里收录，但必须严格控制，因为对汉语来说，这是一个笨办法"（潘文国，2012）。

我们认为，字母词是否应该入典、如何入典，与字母词在词汇系统中的性质相关。从语言符号的来源看，词典中包括三类词，分别是本土词、融入本土词汇中的外来词汇以及新兴的外语词。字母词属于第三种。

（一）字母词的性质与分类

1. 本土词、外来词与外语词——字母词性质分析

一个语言社团如果足够封闭，就会形成方言岛现象，语言中以本土词汇居多。随着语言接触的加强，一部分外源性词汇单位会进入该语言系统中，其中一些意译词会取得核心地位，成为本土词汇中的一员，如汉语中的"电话"。音译词则因为读音、书写的特异性以及意义的非理据性，与本土词汇形成较大距离，异质性特点明显，但也可能进入本土词汇系统之中，如"咖啡""沙发"等。

当代社会经济科技高速发展，专业性词汇不断涌入通用词汇之中。而且，随着国际间交流的加快，不同语言之间的疆界不断被打破，普通民众外语能力普遍提高。在信息即时发布的网络时代，很多外源性成分并没有经过汉化过程，直接以字母形式出现在汉语语篇之中，形成语言使用中语码混合现象。这些外源性成分有的全部由外文字母组成，如"CT"和"DNA"；有的还包括数字，如"PM2.5"等；还有一些则是

西文字母、汉字以及数字的组合，如"AA 制""K 歌""X 染色体""3D 技术"等，我们将其统称为字母词。字母词是典型的外语词。

总体而言，外来词与本土化程度相关，字母词（外语词）则与异质性程度相关。本土化程度与异质性程度呈反比例关系，本土化程度高，则异质性程度下降，反之亦然。二者相因共生，此消彼长，在二者相互结合处有时会出现重叠，其关系如图 6-1 所示。

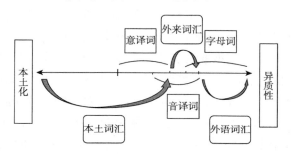

图 6-1 词汇系统组成部分的来源分析

从词汇单位的来源看，随着语言之间接触与融合的加强，现代语言词汇系统通常包括本土词汇、外来词汇与外语词汇，三者组成词汇系统的整体。其中，本土词汇是词汇系统的核心，是一种语言中古已有之的词汇单位。外来词汇与外语词汇是本土词汇的异质性单位，反映了某一语言与其他语言的接触与接受程度，是词汇系统中的外源性单位。

本土性词汇与外来词汇之间存在交叉关系。某外源性概念若以意译形式引进，则进入本土词汇范畴；若以音译形式出现，则属于外来词汇范畴。外来词汇与外语词汇之间同样存在交叉关系。某外源性概念若以音译形式出现，则为外来词汇；如果直接使用西文字母，则为外语词汇。例如，"阿尔法粒子"与"α 粒子"、"贝塔射线"与"β 射线"、"伽马刀"与"γ 刀"所指完全相同，但前者属于外来词，后者则属于外语词。

外来词与外语词既有联系也有区别。其共性在于：从语源上看，二者都源于其他语言，属外源性词汇成分。不同之处在于：第一，受本土语言的改造程度不同。外来词至少要经过本土语音的改造，有的还要经过本土语法的改造（如"可口可乐"），并且要有相应的汉语书写形式（如"blog"写作"博客"）。因此外来词有可能融入本土词汇系统之中。字母词则基本保留着源语言的发音，有一些甚至按照源语言的发音规则进行拼读（如 SARS、PETS），而且大部分难以转化成相应的汉字书写形式[①]。在语义上，它们大多数通过意译的方式，以词，尤其是词组的形式出现。第二，从与本土词汇的关系来看，外来词趋于同质性，外语词趋向于异质性。至少在读音方面，外来词与源语的差别非常明显。外来词脱离源语之后与目的语不断融合，在本土化程度上呈现出层次性特点。其中意译词的本土化程度最高，音译词的本土化程度要低于意译词。与之相反，外语词至少还保留着源语的发音形式，与源语具有明显的相似性，与目的语系统则呈偏离状态。其中，纯粹的字母词直接借用源语的外形与语音，无须经过目的语的任何改造而出现在目的语语篇中，异质性程度非常突出。西文字母与数字、汉字结合形成的字母词，如"3D 打印"，西文字母部分读其本音，数字和汉字读的则是汉语语音，其异质性程度相对减弱。第三，对目的语语言社团全民外语能力[②]的要求不同。外来词因为至少要经过目的语语音系统的改造，对语言社团的外语能力要求不高。外语词则不同。外语词在形体、语音和意义上都保留着源语的特征，外语能力高的使用者能够按照字形准确发音并理解其缩略形式所对应的意义。对这部分用户而言，字母词是可分析的、有理据的复合词；而对于那些外语能力较差、无法因形读音知义的语言使用者而言，字母词是一种不可分析的单纯词，对其进行记忆和使用都相当困难。因此，外语词的使用需要有相当程度的二语语言环境。如果目的语语言社团全民外语能力较弱，则外语词的使用多限于公民外语能力较高的个体之间，从而具有社会方言的特点。

2. 字母词的分类

对字母词分类有两个维度，分别是形式维度和功能维度。

（1）形式维度的字母词分类

从外部形式看，外语词汇大致可以分为四类：第一是完全的首字母缩略语。包括外文词汇首字母缩略语和汉语拼音首字母缩略语，前者如 CEO（首席执行官）、GDP（国内生产总值）、LCD（液晶显示器）等，后者如 HSK（汉语水平考试）、WSK（全国外语水平考试）、RMB（人民币）、GB（国标）以及 PSC（普通话水平测试）等。第二是以西文字母开头，辅之以汉字的外语词，如 K 歌、T 细胞、SOS 村、DNA 芯

---

① 只有极少数的字母词，如"OPEC""U 盘"，有相应的汉语音译词"欧佩克""优盘"。大部分字母词，其意义的解释只能是语际对译或者意译。

② 文秋芳、苏静和监艳红（2011）区分了"国家外语能力""全民外语能力"和"公民外语能力"。其中"全民外语能力"指的是一个国家内全体公民运用外语的能力，衡量标准是外语的普及程度与整体水平。字母词使用的范围与普及程度与全民外语能力紧密相关。

片等；第三是西文字母内嵌于汉字之中，或附着在汉字之后的外语词，如三 K 党、阿 Q 以及卡拉 OK 等；第四是除西文字母与汉字之外，同时还有阿拉伯数字参与的外语词，如 PM2.5、3D 游戏、B2B、MP3、F1、3C 认证、4S 店等。

（2）功能维度的字母词分类

从语言的交际功能来看，外语词汇单位主要分为两类。

第一类是补缺性、无对应综合型[①]汉语表达式的外语词汇单位。不同于基于某一交际目的的语码转换或语码混合，补缺性外源词汇单位并没有相应的本土语言单位可以替换，因此在汉语语言交际中起到了填补词汇空缺或增补概念的补位作用。例如，腾讯公司开发的软件"QQ"在我们的生活中被广泛使用。我们经常会说"请问能告诉我你的 QQ 号吗？""文件太大了，我发到你的 QQ 上吧"等。如果禁止使用字母词"QQ"，我们必须要迂回表达，如"可以告诉我你的中文网络即时通信软件号码吗"，如此长的表述不符合现代汉语词汇的双音节化趋势，而且听话人一时也很难明白。同样的还有"A 股""B 股""X 染色体""Windows 系统""B 超"等，完全用汉语表述至少在目前是不可想象的。除此之外，还有一些形译词，如"T 恤衫""T 形台"等同样很难用汉语词汇替代。这类外源性词汇单位丰富了汉语词汇系统，在语言交际中具有不可替代的作用。

第二类是与汉语表达式并存的字母词。这又分成两种情况。a. 字母词为综合型表达形式，相应的汉语单位则为分析型表达形式。例如，"SUV""ATM""GPS""AA 制"，在汉语语言系统中分别对应"运动型多功能车""自动取款机""全球定位系统"以及"聚餐或其他消费结账时各人平摊出钱或各人算各人账的做法"。由于语言使用中的经济性原则，特别是在国家外语能力增强的情况下，语言社团通常会倾向于选择综合型表达形式的字母词。随着科技的发展与进步，在这类缩略式的字母词中，科技术语，如 DNA"（脱氧核糖核酸）、"IC 卡"（集成电路卡）以及"PM2.5"（细颗粒物）等占了非常大的比例，广泛见于各种语篇。科技术语的缩略是当代社会产生的新的社会方言类型，其使用者通常受过高等教育（包括外语教育），并大多生活在都市之中。

---

① 同一个意义，如果用一个短语来表达，则为分析型表达法（analytic expression）；如果用一个词来表达，则为综合型表达法（synthetic expression）（Banczerowski，1980：336），如"飞机"是综合型表达，"天上飞的大铁鸟"则是分析型表达。综合型表达是概念词汇化的结果。

这种缩略式字母词表达形式简洁，表达内容丰富，在上述人群的汉语交际中通常是首选单位。b. 汉语词与字母词并存，如"PK"与"对决"、"PS"与"修图"、"fax"与"传真"、"EQ"与"情商"、"IQ"与"智商"等。显然，在表达同样简约的情况下，使用汉语本土词汇会被更多人接受。

我们认为，对字母词不宜做出好或坏的二元判断，同样，词典对字母词的收录情况也不能简单地分为该收还是不该收。既然语言的主要功能是交际，对字母词及其词典收录情况的研究，应该充分考虑字母词的交际功能。简言之，如果字母词在汉语语言系统中是补缺性词汇单位，没有相应的汉语词可以代替，则字母词是必需的，通用型语文词典应该收录；如果字母词与本土词汇并存，但前者为综合型表达形式，使用上更为经济有效，那么字母词仍然有其使用价值，从丰富语言使用的角度看，语文词典可以考虑将其收录。除此之外的其他字母词只是一种冗余性的外语符号，在通用交际领域使用价值较低，其入典的价值非常小，至少在词典正文词表中不必出现。

（二）《现代汉语词典》正文词表中字母词的立目情况

自《现代汉语词典》试印本开始，立目单位中就包括大量的外来词。除了基本实现汉化的意译词之外，还包括相当多的音译词，如"吉普""盘尼西林""喀秋莎"等。这些音译词同样经过了汉语语音的汉化，在形体上也以汉字的形式出现，一直是各类型现代汉语词典的收录对象之一。

除了大量外来词之外，在《现代汉语词典》试印本的立目单位中还出现了极少量的字母词，共包括"阿 Q""三 K 党""维生素 A""维生素 B_1""维生素 B2""维生素 B_{11}""维生素 B_{12}""维生素 C""维生素 D""维生素 E""维生素 K""维生素 P""维生素 PP"。具体摘录如下。

　　　　三 K 党　Sānkèidǎng　美国最大的反动恐怖组织……三 K（K·K·K）是英文 Ku-Klux Klan 的缩写。
　　　　维生素 A wéishēngsù ā 维生素的一种……
　　　　维生素 PP wéishēngsù pêpê 维生素的一种……（《现代汉语词典》试印本）

《现代汉语词典》试印本将上述字母词作为立目单位是一个非常重

要的决定，这说明其编纂者认为，字母词是汉语词汇系统的有机组成部分，部分高频字母词具有不可替代性，因此有必要将其收录入典。同时，《现代汉语词典》试印本按照汉语词典的编纂惯例，为字母词标注读音并提供释义。但是，字母词毕竟是不同于汉语本土词汇的异质性语言符号，从其读音标注中可以看出这一点。试印本中的字母词都标注了声调，这是典型的字母词的汉化注音。

《现代汉语词典》试印本在字母词的处理上也存在一些问题。首先，列举了过多与"维生素"相关的词族，包括从"维生素 A"到"维生素PP"等11个维生素子类型，如果统一集结在"维生素"下会更具概括性，也不影响词典用户的对词目的理解。其次，在读音标注方面，"三K党"的"K"是按照英语字母的读音进行标注；而"维生素 A"和"维生素 PP"的读音则是按照汉语拼音方案中相关字母的名称音来标注，注音标准需要统一。

《现代汉语词典》第 1 版和第 2 版沿袭了试印本中字母词的立目情况。《现代汉语词典》第 3 版的正文词表又增收了立目单位"卡拉OK"。同时，"维生素 A""维生素 B"等下位词不再单独立目，而是通过举例的形式出现在概括性词目"维生素"的释义中。这种处理方法是合适的。自此之后，一直到第 7 版，作为正文词表立目单位的字母词共有 3 个，即"三K党""阿Q""卡拉OK"。

《现代汉语词典》自试印本开始对字母词的收录，是一次大胆的尝试。字母词入典是语言描写主义在词典中的体现。但是，字母词不但在字形上保留了源语言的形体特征，在读音方面也基本保留着源语言的发音特征，异质性特点极为突出。受汉语语音迁移的影响，一些字母词的实际发音明显偏离了源语，趋向于汉语发音系统。在这种情况下，词典编纂者需要在词典中做出相应的规定或描写。例如：

　　1. 阿Q　Ā Qiū，又 Ā Kiū　鲁迅著名小说《阿Q正传》的主人公……（《现代汉语词典》试印本、试用本、第1—4版）

　　阿Q　A（ā）Q　鲁迅小说《阿Q正传》的主人公……（《现代汉语词典》第5—7版）

　　2. 卡拉OK　kǎlā'ōukèi　20世纪70年代中期由日本发明的一种音响设备……（《现代汉语词典》第3版和第4版）

　　卡拉OK　kǎlā-OK　20世纪70年代中期由日本发明的一种音响设备……（《现代汉语词典》第5—7版）

　　3. 三 **K** 党　Sānkèidǎng　美国最大的反动恐怖组织……（《现代汉语词典》试印本、试用本、第 1—4 版）

　　　　三 **K** 党　Sān K dǎng　美国最大的反动恐怖组织……（《现代汉语词典》第 5—7 版）

　　从历时角度做版本分析，我们发现，"阿 Q""三 K 党""卡拉 OK"中字母词的注音以第五版为界，分属两种标注类型。在第五版之前，这三个字母词中的西文字母，都标注了汉语拼音，自然也要标声调。需要注意的是，《现代汉语词典》第 3 版在附录部分集中收录了 39 个"以西文字母开头的词语"，编纂者明确指出"在汉语中西文字母一般是按西文的音读的，这里就不用汉语拼音标注读音，词目中的汉字部分仍用汉语拼音标注读音"（见"西文字母开头的词语"脚注部分）。可见，《现代汉语词典》在第 3 版之后，在第 5 版之前，词典正文部分与附录部分字母词的标音标准是不一致的，这显然违反了词典编纂中的"同类同模式"原则。

　　在三个字母词中，"阿 Q"的注音与"卡拉 OK"与"三 K 党"明显不同。在《现代汉语词典》第 5 版之前，"阿 Q"中"Q"的读音标注为"Qiū"和"Kiū"两个。前者是字母"Q"在《汉语拼音方案》中的字母名称音（ㄑㄧㄡ），后者是字母"Q"在英语字母表中的字母名称音。这种情况的出现，与国内现行的《汉语拼音方案》字母表教学有关。在国内小学的《汉语拼音方案》字母表教学中，一种是按照《汉语拼音方案》规定的字母名称音来读，另一种是按照声母的呼读音来读字母表中的辅音和半元音，还有一种是用英文字母读音来代替《汉语拼音方案》中的字母名称音。在对"阿 Q"标注读音时，《现代汉语词典》前四版提供了两种读法，这是按照语言使用实际情况进行的镜像式描写，遵循的是语言描写主义。但随之而来的问题是："Q"标注为"Kiū"的读音违反了现代汉语普通话语音中的一条拼读规则——舌根音 g、k、h 不能跟齐齿呼韵母拼读，这与《现代汉语词典》一直所担负的现代汉语语音规范功能相背离。因此，在第 5 版之后，《现代汉语词典》中字母词"阿 Q"的注音以西语发音为准，标注为"Q"，既没有提供汉语拼音注音，也没有提供声调。"三 K 党"和"卡拉 OK"也调整为同样的以西语音为标准的注音模式，这与附录部分的"西文字母开头的词语"的读音处理完全一致，体现了字母词注音的系统性。

（三）《现代汉语词典》附录部分对字母词的收录

自第 3 版开始，除了词典正文的词表之外，《现代汉语词典》在附录部分增加了一个栏目"西文字母开头的词语"，收录了 39 个字母词。自此之后，第 4 版到第 6 版收录的字母词分别增至 142 个、182 个和 239 个。尽管《现代汉语词典》第 6 版出版后招致数百名学者举报其收录字母词"违法"，但第 7 版的附录部分依然保留了这一部分，并收录了 235 个字母词。字母词的收录从零星分布到集中收录，数量大幅增加，涉及的相关领域也在不断扩大，从第 3 版中的 6 个语义类别扩展到第 4 版的 10 个类别。后期语义类别分类稳定，只是在各个类别的数量上有所增加。

我们认为，《现代汉语词典》自第 3 版开始在附录部分收录以西文字母开头的词汇单位是合理的。首先，这是《现代汉语词典》收词立目中描写主义的体现。任何一部词典，无论其编纂目的、策略以及编纂范式如何，必然要对目标语言系统进行描写。无论何种语言成分，当它们在语言共同体的交际活动中达到一定的使用频率时，就有可能进入词典之中。作为异质性的外语词，字母词中有相当一部分在汉语词汇系统中具有补缺功能，它们因其在使用中的不可替代性需要被词典收录，以满足语言记录功能以及词典用户信息查询需要。其次，《现代汉语词典》第 3 版之后的各版本在附录部分收录字母词是基于对字母词充分分析之后做出的柔性收录策略。从历时角度看，在《现代汉语词典》正文中立目的字母词需要满足形式上的要求，即必须是以汉字打头的字母词。纯粹的字母词、以数字或者以西文打头的字母词都没有出现在正文词表中。也就是说，字母词的形体要素决定它是否可以进入词表。这种"形体优先"的立目原则其实与《现代汉语词典》词目编排的音序法有关。音序法是指按照首字母发音的先后次序来排列字词，对于本土词汇而言，首字母发音遵循的一定是《汉语拼音方案》。汉语中的西文字母一般是按照西文的音来读的，而西文的字母音与汉语字母音存在较大差异，如"怕"和"PH 值"，尽管打头字母发音相似，但毕竟属于不同的语音系统，前者是汉语语音系统中的送气音，后者则是英语语音系统中的清音，不应该同时排在字母"P"之下。可见，字母词在现代词典中的立目，主要的问题是在如何保证现代汉语语音系统不被破坏的情况下，找出适当的方法对字母词进行系统而合理的注音。针对这一问题，《现代汉语词典》的编纂者主要采取了两种方法：一是在正文部分只收录非西文字母打头的字母词，并用汉语拼音标注读音，这样保证了立目单位的音序排列完全符合现代汉语语音系统的要求。二是在附录部分收录西文字母打头的词，西文字母不标注读音，词目中如果有汉字，汉字部分采用汉语拼音标注读音，如"BP 机"的语音标注为"BP jī"。一些语言成分，如果既有音译形式，也有字母词形式，则前者在正文中立目，后者出现在附录部分，如"阿尔法粒子"和"α 粒子"。还有一种是对以数字开头的字母词的处理。在《现代汉语词典》第 7 版中，"三维打印"被增补为立目单位，其释义部分有"也叫3D 打印"，比较好地处理了阿拉伯数字很难进入汉语词表的问题。

"收录字母词不等于提倡字母词，更不等于提倡滥用字母词"（苏宝荣，2013），在字母词收录方面，《现代汉语词典》既做到了有选择的描写，同时也进行了适度的读音、形体以及意义规范。《现代汉语词典》通过字母词形体上的不同（主要是否以西文字母开头），对字母词进行分类收录，以避免本土词汇和外语词汇在同一词表中按音序排列之后必然会出现的不同语音系统的杂糅，使异质性的词汇单位在词典分布结构上分别出现，既满足了语言描写的要求，也实现了语音标准的相对系和合理，为国内语文词典处理字母词提供了很好的柔性处理范例[①]。

第三节　《简明牛津词典》宏观结构的规定性与描写性分析

1582 年，意大利成立了"秕糠学会"，旨在纯洁意大利文艺复兴时期的文学语言托斯卡纳语。秕糠学会出版了《秕糠学会词典》，以区分意大利语中的"面粉"和"秕糠"，前者指规范的"好词"，后者指不规范的"坏词"。1635 年，法国成立了"法兰西学院"，目的之一是规范法语，并编写了一部字典和一部语法书。但是英国并没有类似的机构。女王安妮（Queen Anne，1702—1714 年在位）曾经希望仿照意大利和法国的做法成立英国科学院，以稳定和规范英语的使用，但这一想法尚未付诸现实，女王安妮就于 1714 年病逝。她的继任者，来自汉诺威

---

① 苏宝荣（2013）指出，在《现代汉语词典》第3版之前，一些汉语词典已经在后置页部分提供汉语交际中常见的外语词。其中包括 1965 年的《辞海》、1979 年出版的《辞海》、2001 年出版的《新华词典》（修订版）、2004 年出版的《现代汉语规范词典》，以及 2009 年出版的《辞海》（第 6 版）等。因此，在附录部分收录字母词并不是《现代汉语词典》的首创。但是，《现代汉语词典》第3版以及其后各版，所收录的字母词类型更为多样，在条目选择上更为合理，编排上也更为科学和系统。

（Hanoverian）的乔治一世（George I of Great Britain）（1660—1727）对英语的规范完全没有兴趣[1]，因此通过设立科学院来编写词典以规范英语使用的可能被无限期搁置，对英语的规范或描写任务就部分地落到了其他词典编纂者的肩上，而且这个编纂者本人必须是"好的英语用法的使用权威"（an authority of good English usage）（转引自郭启新，2011）。因此，作为英国著名文学家与评论家的约翰逊被选中。1755年，约翰逊的《英语词典》出版，在其后的一个半世纪，在《牛津英语词典》诞生前，《英语词典》一直是英语世界最权威的词典（郭启新，2011：2），是规范型词典中的典范之作。自19世纪末到20世纪初编纂并问世的《牛津英语词典》，则是英语词典描写主义的滥觞之作。作为《简明牛津词典》的蓝本词典，《牛津英语词典》中明显的描写主义倾向对《简明牛津词典》产生了一定程度的影响。

与历时性的《牛津英语词典》所秉承的"逢词必录"[2]的全面描写原则不同，《简明牛津词典》对词汇的描写是限制性描写。从编纂宗旨看，《简明牛津词典》第1版的目的是帮助受过良好教育（exclusive educated public）的英国精英阶层词典用户（Landau，2001：95）进行文本阅读[3]，因此《简明牛津词典》第1版非常重视对书面语的收录。一些19世纪的作家所使用的词汇单位，尽管与福勒兄弟在收词立目中所秉承的共时性原则相违背，《简明牛津词典》第1版还是将其收录并立目。不过在收录当时英语社会中通用口语时，第1版相对薄弱。《简明牛津词典》第1版在收词立目表现出的"重文轻语"特点，一部分是因为所依靠的文本档案侧重对书面语的收录，另一方面，这一立目方式也反映了语言学研究中长期存在的"书面语至上"倾向，间接暗示了口语"低下"的交际地位。自第1版在1911年出版，一直到1964年第5版出版，《简明牛津词典》基本维持了第1版的原貌，在五十多年间甚少改动。

---

① 英王乔治一世被称为"不会说英语的英国国王"。他出生在汉诺威，第一语言是德语，成为英国国王之后，在处理政事以及日常交际中多使用法语，他本人并不会说英语。由于个人语言背景的原因，乔治一世对英语规范没有任何兴趣，自然也不会有推动性的举措。

② 《牛津英语词典》并没有真正做到"逢词必录"，像"fuck"之类的社会禁忌语直到补编才被收录且立目。因此所谓的"逢词必录"只是编纂者表达出的一种理想状态下的描写主义态度，在实际操作中因为受到主、客观因素的影响，总是会打一些折扣。

③ 通用型语文词典往往具有多功能性。《简明牛津词典》第1版也提供了一些语言编码信息，句法搭配信息以及动词补语信息等，且颇受学界好评。但总体而言，《简明牛津词典》更注重的是语言信息的解码而不是编码。

　　《简明牛津词典》第 6 版在前言中明确指出"本词典所遵循的原则，主要是描写，而不是规定"，并对所秉承的描写原则进行了解释——"本词典要记录的是受过良好教育的现代英语使用者所使用的语言"。可以看出，《简明牛津词典》第 6 版中所谓的"描写"，仍然是一种经过选择的、基于特定人群语言使用情况的"描写"。对所谓精英阶层而言，这自然是对他们所使用的语言进行描写；但对普通民众而言，这种描写其实是对所谓上流社会"更好的用法"的展示，更应该被视为一种语言上的规范。从词典文本来看，第 6 版的目标用户不再像前期版本那样，仅仅限定于英伦三岛，而是面向更为广阔的英语使用国家，所收录的英语变体自然也更多。但是，第 6 版中英语变体形式的增加只是《简明牛津词典》相关版本纵向比较的结果，与同时代的《兰登书屋大学词典》进行横向对比，会发现当时美国英语中常用的"fat farm"（减肥中心）、"moonscape"（月球表面）等并未在第 6 版中立目。

　　《简明牛津词典》第 8 版的主编艾伦认为，《简明牛津词典》自第 7 版开始逐步地引进规定主义的做法，最主要的论据是在一些立目单位之下，出现了"D"（disputed use，有争议的用法）和"R"（racially offensive use，具有种族冒犯性的用法）这两种用法标签。其实，自第 6 版开始，《简明牛津词典》中已经出现了"derog"（贬义）这一标签。我们认为，仅仅因为编纂者在词典中作出某些用法说明就认定其为规定主义是不可靠的。语言描写的目的是告诉用户语言本身的样子，而不是语言应该是什么样子。一些语言单位，如"chink"（中国佬）、"Jap"（日本佬）等，在使用过程中确实具有种族冒犯义，词典提供此类标签，是一种与真实语言使用情况相契合的描写，而不是基于自身语言立场的非客观性判断。因此，《简明牛津词典》第 7 版的规范性，基本上仍然是基于对语言事实的描写。

　　卡明斯卡（Kamińska，2014：200）认为，随着词表中新词汇的不断扩充，《简明牛津词典》第 8 版的描写功能在增强。自第 8 版开始，《简明牛津词典》第一次在词典文本中引入"用法说明"（usage note）。第 9 版在词典立目单位的选择上并没有根本性的改变，该版的主要特点是对立目单位展示方式的调整，表现在大量语义透明性复合词取得了独立立目单位。随着语言学研究中描写主义的强势推进，以及语料库技术在词典编纂中的大规模使用，第 10 版到第 12 版的描写性较之前版本更为突出。尤其是第 10 版，完全颠覆了福勒兄弟在《简明牛津词典》第 1 版中的宣言"这是一部词典，不是一部百科全书"。可以说，第 10 版到第 12

版至少模糊了语文词典与百科全书的界限，科技词汇不再被视为语言的入侵者，大量科技词汇进入词典词表之中。《简明牛津词典》自第 6 版之后对科技词目的增收，与当代英语社会中科学技术对日常生活的强力渗透有关，是词典立目描写性的重要体现。

一、《简明牛津词典》相关版本对英语变体的收录

（一）《简明牛津词典》对世界英语变体的收录

从历时的角度看，英语经历了四个主要发展阶段：古英语（Old English）、中世纪英语（Middle English）、现代英语（Modern English）以及世界英语（World Englishes）[①]阶段。在前三个阶段中，不同种族的语言或方言在英伦三岛相互接触、融合与发展，这是一种由外而内的语言聚集形成的过程。在最后一个阶段，英语作为国际通用语的广泛传播和使用，在世界各地产生了不同的变异，这是一种由内而外的语言扩散过程。

古英语可以追溯到公元 5 世纪。游牧民族盎格鲁、萨克森以及朱特等部落进入英格兰，各部落之间的语言经过接触、融合之后形成了盎格鲁-萨克森语，即所谓标准英语的源头。1066 年历史上著名的诺曼征服，迫使部分英格兰居民移居苏格兰。12 世纪，爱尔兰也成为英国的一部分。自此，英伦三岛完全被英语所覆盖，英伦三岛的英语自然成为最传统的本土化语言，并被视为正宗的、典型的英语。

"世界英语理论"由凯齐卢（Kachru，1985）提出。凯齐卢按照英语的历史、社会文化背景、语言特征以及习得模式，由内而外划分出三个同轴圈（three concentric circles），即内圈（the Inner Circle）、外圈（the Outer Circle）与延伸圈（the Expanding Circle）。内圈指的是作为母语的英语，包括英、美、加拿大、澳大利亚以及新西兰等国家，即所谓的旧英语，是"规范的提供者"（norm-providing varieties）。外圈指的是作为第二语言的英语，如印度英语、新加坡英语等。处于外圈的国家大多有过被英国殖民的历史。在多种语言与多元文化影响下，英语受当地语言的影响，具有浓厚的地方特点，形成了所谓的"新英语"，是

[①]　"世界英语"有两个含义：一是"英语作为世界语言"的简称，二是指带有明显地域性特色的各种英语变体，如美国英语、澳大利亚英语、新加坡英语等。（McArthur，2004：3）这种意义上的世界英语包括书写形式上的变体以及词汇语义上的变体两种。本节中的"世界英语"指的是第二种。

"规范的发展者"（norm-developing varieties）。延伸圈指的是作为外语使用的、没有制度化（institutionalized）的英语变体，包括中国、法国、日本英语等。延伸圈的英语主要通过课堂教学传授，通常会极力向标准英语靠拢，是规范的依附者（norm-dependent varieties）。世界英语理论的提出引起了学界对英语教学模式的争论，夸克（Quirk，1990：8）认为英语教学必须以美国英语或英国英语为标准。与之相反，凯齐卢（Kachru，1992）秉承的却是英语多元标准观（pluricentric view of English），认为世界性英语变体是英语在相应国家经过本土化过程之后形成的，是可以被接受和采用的。

语文词典，尤其是系列性语文词典，总是要反映目标语言系统的重要变化。英语内涵与外延的变化自然会在《简明牛津词典》相关版本中有一定程度的投射。

19世纪末20世纪初，维多利亚式的英语占主导地位，成为标准英语（standard English）的代表。除此之外，一些典型的、区域性的方言，尤其是伦敦地区、爱尔兰和苏格兰地区方言，在日常交际与大众传媒中时常出现，如"bally""rotten""piffling"等。上层社会的成员在交际中也会使用部分俚语，如"awful""quite""utter"等。上述成分与标准英语相对，被视为非标准英语（non-standard English）形式。《简明牛津词典》第1—5版中的立目单位，都是以英伦三岛的核心英语词汇为主。除此之外，在上层社会中被广泛使用的"awful""quite""utter"等口语性单位，也被《简明牛津词典》收录并作为立目单位出现。普通民众使用的一些词，如"rotten"也被收录，也有一些词，如"bally"和"piffling"等则未被收录。此时的《简明牛津词典》，对收词立目变体的区分多限于语体上的区分。

《简明牛津词典》第1—5版的收录主体为书面体的"标准英语"，在这一前提下，适当收录主流社会使用的口语或俚语形式。这与《简明牛津词典》早期的目标用户群主要为受过良好教育的精英阶层紧密相关。词典是一种文化产品，同时也具有商业属性，必然要迎合目标用户群的语言使用偏好。而且，在语言使用中下层民众往往倾向于模仿上层人士，因此上层社会使用的俚语形式很有可能最终会变成标准语的一部分，上文提到的"awful"即是如此。也就是说，在1—5版中，词典的立目单位是以内圈英语为主的。尽管如此，《简明牛津词典》第1版仍然收录了少量美国英语变体，如"fall"（名词，秋天），"antagonize"（动词，敌对）等，福勒兄弟没有对上述用法作出消极性评判。但是，对当时存在的一些美式拼写方法，如"traveling""traveler""favor"等，福勒兄弟采取了视而不见的态度，没有在《简明牛津词典》第 1 版中收录。

从世界英语理论角度分析《简明英语词典》相关版本的收词立目，可以将其分为两个阶段。第一阶段以单一英语为收录对象，第二阶段则以世界英语为收录对象。第 1—5 版属于第一阶段，编纂者以单一英语作为收录对象，并且对"英语"的界定具有非常明显的"英伦三岛中心"特点，贯彻的是夸克等传统的英语一元标准论。《简明牛津词典》第 6 版是两个阶段的重要分水岭。自第 6 版之后，《简明牛津词典》各版本对英语世界变体不再像之前版本那样尽力排斥，世界英语进入收录范围之内，英语的世界性区域变体得以在词典文本中部分呈现，但此时英式英语仍然居于核心地位，其收词立目还是在以英式英语为核心的前提下做出的取舍。这种处理方法一方面符合《简明牛津词典》作为英国英语词典的定位，另一方面与"世界英语"的兴起紧密相关。自 20 世纪 60 年代，关于英语功能、分类和分布的多元性研究增多。"英语不再只属于英国或美国，而是一种国际语言，人们使用英语的同时并不否认他们自身本土语言的价值"（Halliday，MacIntosh & Streven，1964：293）。此时英语的全球化超过了本土化，夸克等的传统英语一元标准论被英语多元标准论所代替。

与前五版不同，第 6 版的目标用户不仅仅限于英国本土，还包括了其他英语母语国家的用户。《简明牛津词典》目标用户的扩大是必然的，这一方面是因为英语作为世界共同语言的地位得以确立，另一方面是作为商业性的词典，目标用户群越大，越能更好地实现其文化价值与经济效益。《简明牛津词典》第 6 版在前言部分明确指出，该版本"要增加对英伦三岛之外的英语国家所使用词汇的收录"。可以说，自第 6 版开始，《简明牛津词典》中对英语地域变体的收录扩展到了世界英语的范畴。英语的世界变体在词典中表现为两类：一是书写形式上的变异；二是具有明显地域性特色的英语词汇。

对书写形式上的英语世界变体，第 6 版采用并立条目的方式予以记录。前面的立目单位为英式写法，后面的则为英国之外区域的书写变体形式，例如：

defence,* defense, n. 1. Defending from or resistance against attack……

labour, *labor, n. 1. Bodily or mental work, exertion……

theatre (-er), *theater, n. 1. Building or outdoor area for dramatic representations……

第6版也增加了对具有地域性特点的英语词汇的收录。莱瑟（Leather，1983：198）指出，英国本土之外的所有说英语的国家，因为生活环境与文化背景不同，都会有特定的事物需要表达，必然会形成有特色的区域性英语词汇，如美国英语中的"dorm"（宿舍）、"bandwagon"（潮流；乐队彩车）、"cover girl"（封面女郎），澳大利亚与新西兰英语中的"Anzac Day"（澳新军团日）等，它们都被收录进第6版中。在《简明牛津词典》第10版及其之后的版本中，作为立目单位的英语变体数量更多，涵盖面更为广泛，包括美式英语、澳大利亚英语、新西兰英语、南非英语、加拿大英语等，收词上的世界性英语特点更为突出。

（二）《简明牛津词典》相关版本对异称词的收录

"异称词"，也叫"同物异名"，指对同一指称对象在词汇系统中有不同的指称形式。异称词的形成有两方面的原因：一是在语言发展的不同时期，对同一现象有不同的指称，这是历时层面的异称词；二是在同一语言横截面上，不同地区对同一现象有不同的指称，这是共时层面的异称词。历时层面的异称词往往与历史、文化因素在词汇系统中的投射有关，如"moon"（月亮）曾被称为"Diana""Luna"。共时层面的异称词包括：第一，因认知因素导致的命名视角不同而产生的异称词，如指称"蚯蚓"的"earthworm""angleworm""wiggler"，分别着眼的是蚯蚓在土中活动的特点、蚯蚓的形体以及蚯蚓身体扭动的方式。第二，因英语语言系统对外来词的吸收而产生的异称词，如"autumn"（秋天）的异称词"fall"来自美国英语。第三，因科技语与通用词汇并存而形成的异称词，如"oak"（橡树）的拉丁语异称词"quercus"和"lithocarpus"。

《简明牛津词典》对异称词的处理具有明显的差异化特点。历时层面的异称词在《简明牛津词典》中很少被收录。这应该与《简明牛津词典》的类型定位有关——作为一部共时性的词典，词典的收录主体以共时性语言成分为主。"moon"的历时性异称词"Diana"，在《简明牛津词典》第1版中也出条，但其释义为"horse-woman, lady who hunt[L. goddess of the chase"（狩猎女神），与表示月亮的"Diana"形成了同形异称关系。""Luna"并未出条,只是在立目单位"lunar"的词源信息中出现,并注明"*luna* moon"。

《简明牛津词典》对共时层面异称词的收录情况也不相同。认知视角差异产生的异称词有很多是复合词或词组,《简明牛津词典》通常不予收录,如"sun"的异称"eye of heaven""light of the day""lamp of the day""source of light""giver of light"都没有出现在其词表中。受"政治正确"[①](political correctness)思潮和女性主义的影响,一些与性别因素相关的异称词,如"chairman"和"chairperson"、"sportsman"和"sportsperson"等在第 9 版之后开始同时作为立目单位出现。因外来词产生的异称词在《简明牛津词典》第 6 版开始,数量逐渐增多,这与《简明牛津词典》由仅关注"英伦三岛英语"转向关注"世界英语"的特点相关。因为科技词汇与通用词汇共存而形成的异称词在第 8 版之后在《简明牛津词典》中的数量明显增多。

二、《简明牛津词典》相关版本对社会禁忌语的收录

社会禁忌语包含范围较广,指"神圣的、不可接触的或者是极其需要注意的事情"(陈原,1983:336),是语言交际中的敏感性词汇,会让听者在心理上产生程度不等的被冒犯感,同时也在不同程度上背离主流社会所倡导的礼貌原则、道德评判标准以及审美取向。社会禁忌语在日常交际,尤其是口头交际中时有出现。

按照语义的强弱程度以及在受话者心中引起的反应,社会禁忌语具有梯度性特点。贝亚德和克里什纳亚(Bayard & Krishnayya,2001)通过调查分析,将社会禁忌语分为四个等级。一级社会禁忌语的冒犯性程度较轻,包括"God""tart"等,只会引起部分受话人心理上的轻微不适感。二级社会禁忌语的冒犯性程度加强,包括"shit""bitch""piss"及其变体形式以及"bugger""bloody"等,多用来表达说话人的负面情感,受话人会觉得对方粗俗无礼。三级社会禁忌语包括"fuck""wank"及其变体形式。该类型的社会禁忌语的冒犯程度上进一步加

---

① "政治正确"指当代西方社会兴起的、宣称以保护弱势群体为基本目标的思想规范及行动。"政治正确"中的政治,指的是"身份政治",即提倡在语言使用中采取中性的表述方式,避免性别描写的标签化,在语言表述中应贯彻的"非强调原则"——除非与表达内容有关,否则对于被谈论对象的宗教、性别、种族、文化、教育背景、性取向、年龄等因素不予强调或提及。这种中性化的表达对于弱化语言使用中的性别刻板形象有一定的作用。

强，听话人心理上会觉得难以接受。四级社会禁忌语是最高等级的冒犯，包括"motherfucker"和"cunt"，会让受话人在心理上觉得严重不适，使交际完全中断并引起冲突。

在英语词典史上，最早收录禁忌语的词典是弗洛里奥（Florio）编写的意英双语词典《词汇世界》，收录了"penis"的粗俗说法，辱骂用语"shitten fellow"和"goodman turd"等（转引自郭启新，2011：31）。按照拜亚德和克力士耐亚（Bayard & Krishnayya，2001）研究中对禁忌语的分类等级，"penis"等应该属于第二级禁忌语。贝利的词典收录了"cunt"和"fuck"，二者都属于冒犯程度很重的禁忌语，但为了避免过于露骨和直白，贝利在其释义中采用了拉丁语形式。约翰逊的《英语词典》在社会禁忌语的收录上采取了选择性描写的策略。夸克（Quirk，1986：5）提到两个关于《英语词典》禁忌语收录的非常有趣且相互呼应的例子。第一个例子是约翰逊因为他的《英语词典》没有收录"脏词"而被一女性朋友表扬为"得体、适宜"，而约翰逊的回答则是："啊，亲爱的，原来你特意查这些词来着。"第二个例子是词典学家波奇菲尔德（Burchfield）因为约翰逊的《英语词典》没有收录"anus"（肛门）而认为《英语词典》在收词标准方面存在问题。可见用户对禁忌语的接受程度存在较大的差异。《英语词典》收录了一些社会禁忌语，如"fart""genitals""piss"等，这些词在贝亚德和克里什纳亚提出的禁忌语量级中属于第一、二等级。最为粗俗的第四量级的禁忌语，如"cunt"，在《英语词典》中并未出现。尽管已经对禁忌语采取了选择性收录策略，但对"语言纯洁性"观点的拥趸者而言，约翰逊的词典的收词还是过于大胆，被评论界斥为"仅仅是他自己的那些鄙俗词语的词表"，"英语被那位约翰逊先生斗胆变得低劣而粗俗"。与之形成对照的是《美国英语词典》。韦伯斯特在其词典序言中表示要"稳固并净化这种语言（英语）"（转引自温切斯特，2009：50；52），其"净化"的手段就是把各类"脏词"排除在词典立目表之外，好像它们并不存在一样。盖茨（Gates，1992）注意到有一则关于韦伯斯特《美国英语词典》的广告，该广告大力宣传这部词典没有收录那些"在道德上令人恶心"的词，因此很适合基督徒家庭使用，盖茨提出的著名的问题是："词典只能收录'好'的词语吗？"

盖茨之问一直被词典编纂界用行动给出不同的答案。一些词典编纂者在收词过程中确实会对粗俗词采取"视而不见"的态度。默里在其主编的《牛津英语词典》中明确宣称不收禁忌语。尽管如此，在该词典第 1 版正文的 "S" 部分,可以发现粗俗语 "shit" 作为立目单位出现。贝朗(Béjoint,2000:127)对此表示很奇怪,认为 "shit" 的收录原因不明。除了 "shit" 之外,《牛津英语词典》还收录了另外一个粗俗语 "bloody",并且在该条目下,编纂者不厌其烦地指出该词 "通常出于下层人之口,上层社会认为这个词与污言秽语一样'很可怕',在报纸(比如警方报道)中通常写作 'b------y' "。

英语中包含大量的粗俗语,《牛津英语词典》第 1 版只收录了 "shit" 和 "bloody",作为一部历时描写型词典,确实有失词典立目的系统性。这种零散的、个别的立目方式,可能是因为词典编纂工程浩大,而《牛津英语词典》作为多卷本、大型的历史语文词典,必然要出于众人之手,不同编者对立目单位的选择标准不可避免存在偏差,而主编在对词典进行统稿时又没有发现,同时这也反映出当时编纂者在立目时的两难处境。一方面,词典作为特定社会文化的产物,必然要反映主流社会的价值观,《牛津英语词典》的出版商在出版合约中明确规定:不能在词典中出现污言秽语。这是一种具有合同强制性的词典立目要求。另一方面,词典是语言的记录者,历时性词典尤其如此,必然要在一定程度上反映语言的真实用法,满足词典用户的查询需求,普通用户对常规信息的 "查而不得" 是词典编纂的致命缺陷。英语中的污秽语,包括著名的 "四字母词"(four-letter word)①,必然会有词典立目要求。在二者的共同作用下,《牛津英语词典》选择了冒犯等级为前两级的 "bloody" 和 "shit" 立目,是一种试探性的、避重就轻的做法②。

福勒兄弟沿袭了《牛津英语词典》对社会禁忌语进行选择性立目的做法。在《简明牛津词典》第 1 版中社会禁忌语的收录分为三类:一是禁忌语作为立目单位出现,且在其释义中提供警示性用法注释,如前文提到的《牛津英语词典》中收录的 "shit" 和 "bloody",在《简明牛津词典》第 1 版中也作为立目单位出现。其中前者释义之后提供了用法注释 "not decent"(不体面的用法),后者提供了用法注释 "in foul language"(下流话)。同样的还有 "piss",其用法注释为 "not now in

---

① 指英语中极端粗俗的词汇,英语中的 "fuck" "shit" "cunt" 等都是由四个字母组成的。

② 英语中著名的四字粗俗语 "c-word" 和 "f-word",尽管 "在英语中曾经非常广泛地使用过,并且仍然在广泛使用"(Béjoint,2000:125),但一直到《牛津英语词典》补编中才被主编波奇菲尔德收录,而 "那时收录这样的粗俗词汇会冒着词典被查禁的危险"(Willinsky,1994:138-139;转引自郑启新,2011:35)。主编波奇菲尔德冒天下之大不韪在补编《牛津英语词典》时收录 "cunt" 和 "fuck" 两个粗俗语,被维林斯基(Willinsky,1994:139)认为是一种语言现实主义(linguistic realism)的立目策略。

polite use"（现在这种用法是不礼貌的）；"bugger"的用法注释为"in foul or low talk, abusively or humorously"（用于下流话或低俗谈话中，具有攻击性，也可能是一种幽默的说法）。二是一些禁忌语作为立目单位出现，但其禁忌义被摒弃在释义之外，如"God""tart""bitch"等。三是因为禁忌语的冒犯程度过高，词典立目中故意选择性遗漏，干脆不予立目，如"fuck""cunt""wank""motherfucker"等。

总体而言，《简明牛津词典》第 1 版在立目中强调"语言纯净性"，对社会禁忌语的收录呈现出明显的选择性——只收录冒犯程度较低的、相对温和的部分社会禁忌语。除此之外的、可能会引起词典用户强烈心理不适或者引起评论界差评的禁忌语全部被排除在外。作为一部词典，对立目单位的选择性收录标志着潜在的语言单位入典标准的制定，意味着对词汇或隐或现的规范。卡明斯卡（Kamińska，2014：81）认为这是福勒兄弟秉承"维多利亚式的正确准则"（Victorian norms of correctness）的词典表现。一直到第 5 版，《简明牛津词典》对禁忌语的收录原则一直如此。

在社会禁忌语的收录上，《简明牛津词典》第 6 版是一个重要的分界线。在其序言部分，编纂者特别强调："我们所秉承的态度是描写而不是规定"（COD6，页 iv）。《简明牛津词典》第 6 版的描写主义倾向是有其社会根源的。《简明牛津词典》第 6 版出版于 1976 年，当时，以布隆菲尔德为代表人物的美国描写主义语言学在语言学界居主导地位，其主要研究是采用结构主义的方法，对各种语言，包括各种陌生的土著语言，进行语料收集和描述，展现相关语言社团在如何使用这种语言，而不是他们应该如何使用这种语言。描写主义语言学在 20 世纪发展极为迅猛，并对词典编纂产生了相应的影响。1961 年戈夫主编的《韦氏新国际英语词典第三版》是一部崭新的、以语言描写主义为理论指导的描写型词典①，词典编纂者作为"语言立法者"和"语言裁决者"的地位被进一步撼动，"语言观察者""语言记录者"的身

---

① 规定主义在 18 世纪的英国词典编纂中占主导地位，以 1755 年出版的约翰逊的《英语词典》为代表。韦伯斯特于 1828 年出版的《美国英语词典》也秉承了规定主义的编纂范式。1857 年，英国语文学会的理查德·特伦奇在论及英语词典的缺陷时，指出词典编纂者应该是历史记录者，而不是评论家。《牛津英语词典》采纳了特伦奇的观点，转而采用了描写主义的编纂方法。1928 年，《牛津英语词典》最后一卷收官，成为历时性大型语文词典的典范，也为词典描写主义的编纂范式奠定了基础。尽管《牛津英语词典》中的描写主义倾向获得了学界的一致好评，但 1961 年以描写主义为基本原则的《韦氏新国际英语词典第三版》出版之后，业界的评论还是出现了非常明显的两极分化。

份开始逐步确立。对《简明牛津词典》产生更大的影响的是《牛津英语词典补编》对社会禁忌语采取的宽容的、描写主义的态度。由于新词不断出现，《牛津英语词典》修订增容工作越来越急迫。1957 年，R. 伯奇菲尔德博士被牛津出版社任命为主编，主持《牛津英语词典》补编的编纂工作，增收 1928 年之后出现的新词。在《〈牛津英语词典补编〉编纂方针》中，主编伯奇菲尔德指出："1957 年当我们开始从事本项目时，没有一部英语语文词典收录那些与两性有关的、名声不好的单词。我们已彻底改变了这一做法——相当数量的、与两性以及排泄器官有关的口语和粗俗语，以及两个一度被认为过于粗俗下流而不能登词典大雅之堂的古老的词，一起被收进了本补编，并有充分的引例予以印证。"伯奇菲尔德所说的两个"一度被认为过于粗俗下流而不能登词典大雅之堂的古老的词"，即"fuck"和"cunt"，二者在 1972 年《牛津英语词典补编》第 1 卷（字母 A-G）部分予以收录，并提供例证。四年之后，也就是 1976 年，《简明牛津词典》第 6 版出版。受蓝本词典的影响，在社会禁忌语的收录上，《简明牛津词典》第 6 版的描写性特征突出。如前所述，在贝亚德和克里什纳亚的禁忌语冒犯程度分类中，"fuck"被使用者认为是冒犯程度很强的第三等。《简明牛津词典》第 6 版是《简明牛津词典》各版次中"第一部收录包括'fuck'在内的禁忌语的词典"，因为这些词"经常会被读到或者听到"（COD6，页 vii）。

　　自第 6 版之后，《简明牛津词典》对禁忌语的全面收录成为常态，贝亚德和克里什纳亚所区分的四个等级的禁忌语都予以收录，包括冒犯程度最高的"cunt"。具体如下所示：

　　　　cunt: n. vulgar slang...

　　　　fuck: vulgar slang ● v. 1. have sexual intercourse with. 2... ● n....● exclam. a strong expression of annoyance, contempt or impatience.

　　　　shit: vulgar slang ●...

　　　　bugger: vulgar slang, chiefly Brit ...

　　　　bloody[2]: ● adj. informal, chiefly Brit. 1. used to express anger or shock, or for emphasis... (《简明牛津词典》第 10 版)

　　总之，在禁忌语收录方面，《简明牛津词典》自第 6 版之后，一直到最新的第 12 版，都呈现出描写性特点。但是，如果与同属于牛津家族的外向型学习词典《牛津高阶英语词典》相比，我们仍然可以清楚地看到二者之间的差异。首先，第 6 版之后的《简明牛津词典》并未将核心禁忌语的派生词，如"fucking""fucker"之类单独立目①；其次，自第 6 版之后，《简明牛津词典》也未对禁忌语的冒犯程度作出区分和提示，如"cunt""fuck""shit"的标签都是"vulgar slang"（粗俗俚语），尽管"cunt"和"fuck"的冒犯程度要远远高于"shit"。而在外向型学习词典《牛津高阶英语词典》第 7 版中，"fucking""fuck"之后都清楚地注明"a swear word that many people find offensive"（很多人觉得有冒犯义的诅咒语）；而语义更强、冒犯程度更甚的"cunt"和"fucker"之后都注明了"a very offensive word……"（极具冒犯性的词语）。因此，对禁忌语语义程度与冒犯程度的梯级性标注是《简明牛津词典》系列应该考虑的问题。

第四节　本　章　小　结

在规定性与描写性方面，《简明牛津词典》与《现代汉语词典》相关版本在发展过程中呈现出巨大差异。《简明牛津词典》在编纂伊始强调的是英语的"纯洁主义"，词汇收录以"英伦三岛英语"为主体，规范性特点相对突出。但此时的规范表现为对语言符号进行的选择性描写。到第 6 版，立目单位开始包括更为广泛的"世界英语"变体，描写性增强，英语一元标准论开始让位于英语多元标准论。在第 10 版中，《简明牛津词典》的收词立目呈现出更为明显的全面综合描写倾向（overall-descriptive dictionary）。

《现代汉语词典》在编纂伊始就担负着国家相关部门要求的词汇规范任务，在字形、语音、词汇等方面，自始至终都紧扣"规范"二字。石典（2004）指出，语言规范包括两个层面：一是研究层面的、具有使用推介性特点的学术型规范，是研究者根据相关语言事实总结出来的规律。二是国家语言文字立法层面的、具有使用强制性的行政规范，是国家行政部门整合相关管理机构以及专业研究人员，在进行专题研究和讨论之后所制定出的相应语言文字规范。通常情况下，行政规范与学术规范互为表里。行政规范必然要吸收学术规范的相关研究成果，学术规范

---

① 《简明牛津词典》第 10—12 版中，在立目单位"fuck"下的"derivative"（派生词）栏目中提供了"fuckable"和"fucker"两个派生形式，二者作为内词目出现，也没有提供释义。口语中更为常见的"fucking"则未出现。

也需要尽力维护行政规范的相关规定。《现代汉语词典》的规范性同时包括学术规范和行政规范。一方面，《现代汉语词典》需要在词典文本中贯彻执行国家语言文字规范，另一方面，在语言文字规范出现纰漏，或者是语言文字规范无法覆盖时，《现代汉语词典》又因其学术规范研究的科学性和前瞻性，通过对语言事实的描写，对行政规范起到了示范和引领作用。因此，《现代汉语词典》中的"规范"，既基于行政规范，又不完全囿于行政规范。这是《现代汉语词典》规范性特征的最大特点，也是极为成功的地方。

　　《简明牛津词典》与《现代汉语词典》在规范性与描写性方面的差异有其社会背景。从词典编纂目的和社会效应来看，《简明牛津词典》一开始的定位是商业性词典，其目的是获得更好的经济利益以解决《牛津英语词典》编纂经费不足的问题，因此非常注重迎合词典用户的信息查询需求，表现出明显的用户导向特点。同时，其母本词典《牛津英语词词典》是《简明牛津词典》学术性的保障。《现代汉语词典》在编纂伊始就负有规范现代汉语词汇的使命，其目的是引导词典用户更好地使用规范的现代汉语，表现出明显的学术导向特点。两部词典编纂目的不同，所担负的主导性功能不同，在宏观结构的规定性与描写性上自然会出现较大的差异。

第七章　现代语言学理论影响下语文
词典收词的新趋势

　　一部好的、有用的词典，其基础是好的理论。但另一方面，使用词典的人关心的不是探讨词典学的许多理论，也不是探讨编纂工作中提出的一系列词典学问题，而是要寻找与此迥然不同的材料，即关于某个语言本身的种种事实的解释。换句话说，使用词典的人至少通常并不希望词典提出纯粹属于词典学的问题，而是希望问题已经得到了解决。

——兹古斯塔（Zgusta，1971：16）

　　从发生学的角度看，词典编纂历史悠久。"从有关数字记载可以推断，世界上最早的词典起源于中东地区，词典编纂在中东已有 4000 多年的历史。"（雍和明、罗振跃、张相明，2010：3）而语言学最终发展为一门独立的学科，则归功于 19 世纪历史比较语言学的兴起。因此，在此之前的词典编纂主要是一种基于编纂者语言素养与直觉的实践活动。尽管如此，在编纂过程中，编纂者还是会在一定程度上实施或运用某种语言理论，只是这种运用是下意识的、内隐的、非系统性的。诚如凯马达（Quemada，1972：427）所言："每一部词典都会反映某一语言学理论，尽管词典编纂者自己可能意识不到这一点。"

　　由于词典本身具有的实用性特点，即使在语言学确立了独立地位之后，依然有相当多的词典编纂者对语言学理论极为漠视。客观来看，并不是每种语言学理论都对词典编纂具有指导作用。主观来看，很多词典编纂者坚持词典的实用属性，认为词典编纂只是一门驾驭语言与文字的技艺，理论只是华而不实的模型构建，对词典编纂并无帮助。在这种情况下，关注实践的词典编纂者与关注理论构建的语言学家之间的距离日渐增大。关于词典学与语言学的关系问题，词典学界到目前为止依然莫衷一是[①]。

　　对词典编纂应该属于"学"还是"术"，学界一直颇有争议。塔普（Trap，2012）指出，词典学理论研究方面存在两大阵营：一是认为词典学是一门实践学科，认为词典的经验性特点以及文本继承性特点突出。秉承这种观点的尤以英国学者居多，尤其以一线的词典编纂者为主，如阿特金斯和朗德尔（Atkins & Rundell，2008：4）[②]明确宣称他们不认为有词典理论的存在，贝朗（Béjoint，2010：381）也持有同样的观点。二是认为词典学是一门交叉性极强的学科，词典编纂需要语言学、词典学、信息科学、认知心理学等相关学科的支持，并在此基础上形成独立的"元词典学"（metalexicography）研究。哈特曼、魏甘德是这一观点的主要支持者，他们致力于词典理论体系的构建，在理论词典研究领域具有很高的声望。

　　杰克逊（Jackson，2013：3）认为，真正把语言学与词典编纂进行结合的词典，是 1961 年出版的《韦氏新国际英语词典第三版》（*Webster's Third New International Dictionary of the English Language*）。"这是一部全新的著作，重新设计，重新定式，重新排版，词典的每一行都是新的"（见该词典前言），其主编菲利普·戈夫（Gove，1961：4）在《语言学的发展与词典编纂》（*Linguistic Advances and Lexicography*）中，明确提到当代语言学对该词典编纂的指导作用[③]。戈夫强调"词典不应和正确与不正确、好与坏之类的人为概念发生关系，它应是描述性的，不应是规定性的"。戈夫的观点与 20 世纪美国描写语言学高度契合。在描写语言学的影响下，《韦氏新国际英语词典第三版》不再使用相沿已久的规定主义的词典编纂传统，而是完全采用描写主义的编纂范式，忠实地描述和记录语言的真实使用状况。不过，《韦氏新国际英语词典第三

---

① 关于词典学与语言学的关系，主要有三种观点：一是词典学是独立的学科（参见 Landau，2001；Trap，2010；Hartmann，2012：101）；二是词典学是语言学，尤其是应用语言学或词汇学的一个分支；三是词典学与语言学相互独立，但是语言学的相关研究成果可以被词典学使用，从而促进词典学的发展（参见 Atkins & Rundell，2008）。

② 关于词典编纂实践性与理论性的论证，即使是同一位学者，也会出现学术观点上的反复。阿特金斯（Atkins，2002：25）曾经指出，"我觉得，1967 年的词典编纂与今天（指 2002 年）的词典编纂之间最大的不同就是：在这期间，词典编纂的方法受益于语言学方面的发展。语言学理论，尤其是最近词汇语义学领域的发展，对词典编纂起到了重要的作用"。但在 2008 年，阿特金斯又认为词典编纂不必依赖于理论研究，词典理论并不存在。这也从一个侧面反映出词典编纂领域与词典理论研究领域的联系需要进一步加强。

③ 温瑞克（Weinreich，1964）则认为，作为英语词典界的一座丰碑，"《韦氏新国际英语词典第三版》的鸿篇巨制只产生了一点点短评式的词典学理论，（与其丰碑地位）实在不相称"。

版》出版之后恶评如潮，可见在词典编纂中对某一语言理论不加选择地全盘吸收也是行不通的。

在现代词典学研究中，通常认为"语言学理论发展的水平归根结底决定着词典编纂学发展的方向和水平"（索洛科列托夫；转引自石肆壬，1981：245）。关于词典学理论的建构越来越被学界所重视，1971年，兹古斯塔的《词典学概论》出版，"被联合国教科文组织选为同类书的样本并向全世界推荐，主要在于其语义学部分的支撑点很高"（张志毅、张庆云，2015：57）。彼得罗夫斯基（Piotrowski，2009：485）指出，新的词典学理论应该建立在当代语言学研究的基础上，"词典学的新型理论应该充分考虑语用学、话语分析、文本结构等研究成果"。

我们认为，词典是为了满足目标用户的不同查询需求而形成的一种多维度、多层次的文化产品，需要通过适当的、合理的方式在有限的词典文本中对各种信息予以呈现，这决定了词典实践性很强。非常明显的例子是，无论是早期的英语还是汉语词典编纂者，相当一部分人从未接触过词典理论（姑且假设当时存在词典理论），但他们也编纂出了非常优秀的词典。可见词典编纂者可以通过反复的编纂实践活动提高其编纂水平。另一方面，词典要对目标语言系统进行梳理并最终形成恰当的文字表述，描写对象的系统性要求描写的过程和结果必须有相关理论做指导。在词典编纂过程中，编纂者的语言敏感性与语言直觉非常重要，但更重要的是编纂者对语言系统的整体性把握。否则，词典文本的内部必然是零散的、随机的，甚至是混乱的。很难想象，在汉语中的区别词从形容词中分离出来之前，现代汉语词典中会出现"区别词"的词类标签；同样，在"作格动词"（ergative）从英语及物动词和非及物动词中分离出来之前，英语词典中也不会有"ergative"的词类说明。综上，我们认为，现代词典的编纂必然是在语言学理论和词典学相关理论指导下，对各类型的语言片段进行全面、系统的分析，最终在统一的编纂范式下，在有限的文本空间之内进行系统性、标准化的信息整合，以满足用户的多类型信息查询需求。

关于历史比较语言学对历时性词典的影响、结构语言学对共时性词典的影响、认知语言学中的"原型理论"对词典释义的影响，学界多有讨论，本章不赘述。本章主要分析语用学、语料库语言学、认知心理学相关理论对语文词典收词立目的影响。

第一节　语用学视角下的语文词典立目情况分析

夸克（Quirk，1953）在《随意的交谈——日常口语的一些特征》中首次明确地谈到"well""you know"和"you see"等在信息传递过程中具有重要的话语价值。将具有话语价值的语言单位纳入系统性研究的是希夫林（Schiffrin）。希夫林（Schiffrin，1987）正式提出"话语标记"（discourse marker）这一术语，将话语标记界定为"标记话语单元顺序关系的依附性语言成分"（sequentially dependent elements which bracket units of talk）。

一般认为，言语交际中至少涉及两种类型的语义：一种是用于构成概念表征的概念意义（conceptual meaning），另一种是用于指导概念表征运算操作的程序意义（procedural meaning）（莫爱屏，2007）。话语标记语所传递的不是概念意义，而是在话语交际中起到引导作用的程序性意义（procedural meaning）（Jucker & Ziv，1998）。话语标记语不对命题的真值意义发生影响[1]，其主要功能是充当话语单位之间的黏合剂。话语标记语的作用包括：划分话语单位的界标，充当前指或后指的标志（Schiffrin，1987）；标示当前话语和前述话语之间的序列关系，建构语篇（Fraser，1990）；具有一定的情感功能或表达功能，可以表明说话人对话语信息的评价、态度、立场等（Schiffrin，1987；Fraser，1999）。总体来说，话语标记语有助于实现语义和语用连贯，是话语交际过程中的指示语（Redeker，1991），具有语篇黏合功能。

希夫林（Schiffrin，1987）指出话语标记在功能上具有连接性；语义上具有非真值条件性；句法上具有非强制性；语法分布上具有独立性，经常出现在句首，并且不与相邻成分构成任何语法单位；语音上具有可识别性，可以通过停顿和调值高低来识别。这些可以用作判断话语标记的标准。

话语标记的内部成员具有多样性特点，与词类之间并不具有对应关系，副词、连词、感叹词都具有话语标记功能。同时，话语标记语可以

---

[1]　一些学者认为部分语用标记语有时也可能表示命题意义。例如，安德森（Anderson，2001）举出"like"的例子。安德森认为在"Well, like, I'm only lying"中"like"没有命题意义。但是在"My lowest ever was, like, forty"中，"like"相当于"roughly"或"appropriately"。"虽然人们普遍认为语用标记语对话语的命题真假不产生影响。但当我们对一些真实语料进行分析时，会发现有些语用标记语并非如此简单划一。"（冯光武，2005）

属于语言系统中的不同层级，话语标记语可以由词充当，也可以由短语充当，还可以由小句充当。而且，话语标记语在句子中的位置并不是固定的，可以出现在句首、句中和句尾。汉语和英语话语标记的优先位置分布是不同的：汉语中话语标记的优先位置是句首，然后是句中，最后是句尾；而英语中话语标记语的优先位置是句中，然后是句尾，最后才是句首。

一、话语标记语在《现代汉语词典》中的收录

董秀芳（2007）从话语标记语的来源以及演化过程[①]入手，将汉语标记语分为以下类型：第一类是多位于小句句首的语言成分。曾立英（2005）指出，汉语中的一些主谓结构，如"我看""你看"等，可以语法化为话语标记语。除此之外，汉语话语标记语中的一个常见类型是由连词弱化发展而成的话语标记语，如"然后"等（方梅，2000）。也有部分话语标记语，是由副词发展而来的，如"其实"。这类成分的特点是"处于句与句之间，正适合标志句与句之间的关系，所以容易发展为话语标记"（董秀芳，2007）。第二类是由原本位于小句句尾的语言成分，如"好了""行了""算了""完了"等演化而成的话语标记语。第三类是一些具有应答功能的语言单位，如"好""行""不是""可不"等演变而成的话语标记语。第四类是一些指代性词语，如"这（个）""那（么）""什么"等演化而来的话语标记。

从话语标记语的功能视角切入，汉语标记语可分为如下类型。于国栋和吴亚欣（2003）从语篇衔接的角度，将话语标记语分为承上型话语标记语、当前型话语标记语和启下型话语标记语。这种分类着眼于语篇内部的衔接。冉永平（2000）则将汉语中的话语标记语分为话题转换类、话语来源类、换言类、评价类、对比类、推理类、言说方式类和言语行为类八大类，这种分类，是从说话者的角度进行的。方梅（2000）将话语标记语分为话题类、信息组织类和情感态度类三大类，强调的是话语标记语的语篇功能性。尽管各家观点不一，有一点是肯定的：话语标记语同时与说话人和受话人相关联，在日常话语交际中担负着多重

[①] 董秀芳（2007）认为，一些汉语话语标记，如"谁知道"的形成，是词汇化的结果。而布林顿和特劳戈特（Brinton & Traugott，2005）则认为话语标记的形成是语法化的结果。因为话语标记是语法性成分，所有变成语法性成分的变化都属于语法化的范畴。本书对话语标记语在历时层面上的形成过程及形成机制不予讨论，只着眼于话语标记形成的结果，关注《现代汉语词典》相关版本对话语标记语的定位、立目以及解释情况。

功能，是语篇形式衔接和意义连贯的黏合剂。本节以语言形式为分类标准，把话语标记语分为词、短语（组合）和小句三类，观察《现代汉语词典》相关版本对这三种类型的话语标记语的收录情况。

首先来看词层面上的话语标记语的收录，这主要指由连词、副词或代词虚化而成的话语标记。作为符号系统的语言，是形式与意义相结合的双面体。也就是，形式与意义是相互匹配的，这种匹配可以是一对一的，也可以是一对多或多对一的。在《现代汉语词典》各版本的宏观结构中，往往只出现了与词层面的话语标记语相关的符号形式，但没有与话语标记语相匹配的功能表述，如"别说""然后""其实""那"和"什么"[①]等，其释义只表达了常规的概念意义，对程序意义没有涉及。在《现代汉语词典》第6版中，"然后"的右项部分为"连 表示一件事情之后接着又发生另一件事情：学～知不足|先研究一下，～再决定"。"然后"的话语标记功能没有体现。这也是一种假性的收录。不过，这种情况不是在词典宏观结构中可以解决的。

下面分析组合形式的话语标记语。在汉语语言系统中，词与词组之间时有重合，词组的立目标准本来就是弹性的、见仁见智的。类词组形式的话语标记语，在语文词典中的立目资格更为模糊。下面我们以一个典型群——"X了"型话语标记语为例进行分析。

"X了"作为一种构式，体现出明显的聚合性特点。学界达成共识的是：其一，"了"可以做实义动词，表示"完结义"，读作"liǎo3"。其次，"了"也可作为助词，附着在动词或形容词之后，表示动作的完成或发生变化，读作"le"。本节中的"X了"，指的是后一种情况。目前，随着词汇化和语法化研究的不断推进，国内学界关于"X了"的研究很丰富，其中一个重要的研究维度是从词汇化视角对"X了"进行个案剖析或系统性研究。词汇化具有渐进性的特点。吴福祥（2003）认为，词汇化指虚化程度较低的语言成分发展演变为虚化程度比较高的语言成分，"X了"结构中的部分成员同样表现出这一特点。在篇章语言学的影响下，研究者发现，属于第二种类型的"X了"，其中的一部分已经在使用中凝固为一个整体，其语义逐渐虚化，在交际活动中起到篇章组织作用并承担一定的人际功能。但是，汉语中不是所有

---

① 其中的一个例外是"得"，在《现代汉语词典》试印本中，"得¹"的第三和第四个义项分别为"<口>用于结束谈话的时候，表示同意或禁止：～，就这么办|～了，别说了"和"<口>用于情况变坏的时候，表示无可奈何：～，这一张又画坏了"。这两个义项是对"得"在交际活动中话语标记功能的解释和说明。

的"X 了"构式都必然发展为话语标记语。董秀芳（2004，2006）指出，一些"动词/形容词+ 体标记'了'"可词汇化为话语标记语。在日常交际中，其词汇意义基本虚化或者完全虚化，所凸显的是程序意义以及评价意义或情感意义。学界广泛认可的"X 了"型话语标记语包括"好了、行了、得了、算了、对了、完了"等。

表 7-1　　"X 了"在《现代汉语词典》相关版本中的立目情况①

词典版本	词汇							
	对了	好了	行了	得了	算了	罢了	完了	够了
现汉试印本	×	○b	○b	○b	○a	√	×	×
现汉 1 版	×	○b	○b	○b	○a	√	×	×
现汉 5 版	×	×	×	√	○a	√	×	×
现汉 6 版	√	√	√	√	√	√	√	×

　　从表 7-1 可以看出，《现代汉语词典》相关版本对"X 了"型话语标记语的立目情况经历了由少到多、从隐到显的发展过程。在最早的试印本中，"罢了"（bàle）立目。相关研究表明：话语标记"罢了"在现代汉语中的使用频率很低，在 3000 条有关"罢了"的语料中，真正符合话语标记用法的仅有 41 条。与之相比，在 105 条"算了"的语料中，符合话语标记的用法高达 51 条。笔者认为，"罢了"（bàle）在《现代汉语词典》中很早立目，与"罢了"（bàle）的同形异义词"罢了"（bàliǎo）在现代汉语中属于常用词汇相关。"罢了"（bàliǎo）立目之后，与之同形的"罢了"（bàle）自然会对照性地出现在编纂者的语言直觉中，并在词表中得以体现，这应该属于"顺带收词"的范畴。另一个因素是通用型语文词典立目更注重的是全面性而不是典型性。

　　除了"罢了"之外，一些"X 了"型话语标记语在《现代汉语词典》第 6 版之前的版本中只作为相关字头下的一个义项存在，有时以括注的形式注明该话语标记与相关字头在组合形式上的衍生关系。这又分为两种情况，第一种是将与字头相关的话语标记语视为一种高频的、规约性搭配，这种处理情况类似于对用法信息的说明。我们以《现代汉语词典》第 5 版对"算了"的处理为例进行说明。词目"算"的第七个义项为"作罢，不再计较（<u>后面跟'了'</u>）"，可见第 5 版将话语标记

---

① 表中的符号○a 是指《现代汉语词典》对"X 了"型话语标记语的处理类似于对用法信息的说明，在词典中说明"X"与"了"之间的黏合性。符号○b 是指《现代汉语词典》只是在相关字头的配例中出现与之相关的话语标记语，但对其语篇组构功能以及人际功能并没有有意识地进行说明。

"算了"依附在字头"算"之下，认为"算了"只是与"算"有关的一个高频性共现结构。这与在词目"不可开交"的括注中注明"只做'得'后面的补语"如出一辙，关注的是语法层面，而不是语用层面。第二种是在相关字头的配例中出现与之相关的话语标记语，但这只是一种非理论驱动型的相对随意的举例，所涉及话语标记语的语篇功能并没有被词典编纂者有意识地呈现。下面是《现代汉语词典》试印本对"好了""行了""得了"的处理。

　　行……⑦ 可以：～，你们就照这样办吧｜算了，把事情说明白就～了。

　　好……⑥ 表示赞许、同意或结束等语气：～，你真有本事｜～，就这么办｜～了，不要再说了。

　　得……⑥<口>用于结束谈话的时候，表示同意或禁止：～，就这么办｜～了，别说了。⑦<口> 用于情况变化的时候，表示无可奈何：～，这一张又画坏了。

下面是《现代汉语词典》第5版对"好了""行了""得了"的处理。

　　行…… ⑨ 动 可以：～，咱们就照这样办吧｜算了，把事情说明白就～了。

　　好…… ⑧ 形 表示赞许、同意或结束等语气：～，就这么办｜～了，不要再说了"。

　　得 动 ……⑥ 用于结束谈话的时候，表示同意或禁止：～，就这么办｜～了，别说了。⑦<口> 用于情况变化的时候，表示无可奈何：～，这一张又画坏了。

可以看出，《现代汉语词典》从试印本到第 5 版，除了个别配例的调整外，对"行了""得了""好了"的处理都是内嵌于典型字头之下的。这种处理方式隐去了"行"与"行了"以及"好"与"好了"之间存在的差异。显而易见，将"X 了"型话语标记语置于"X"之下，作为其中的一个义项出现，其释义的着眼点是字头"X"。而一些"X 了"型话语标记语自身又具有层次性特征，在汉语语文词典总体释义结构趋于线性而不是层次性的现实条件下，这种处理方式无法全面、系统地揭示话语标记语所担负的功能。

在早期版本的《现代汉语词典》中，一些"X 了"式短语已经获得了词典立目资格，如上文提到的"罢了 ¹"（bàliǎo）和"罢了 ²"（bàle）从试印本开始就单独立目。在第5版中，"得了"也被增列到词典中单独立目。但在这一阶段，《现代汉语词典》对"罢了"的解释，并没有体现它作为话语标记语的功能，这是可以理解的。因为话语标记语研究的兴起，最早可以追溯到 1953 年夸克对话语标记语"you see""you know""well"在口语中功能的阐述。在 20 世纪七八十年代之后，随着语用学研究的兴起，话语标记语引起了学界的广泛关注。而《现代汉语词典》试印本在20世纪60年代就已经刊行了。最值得关注的是《现代汉语词典》第 6 版。该版本对话语标记语的收录最为系统，除了继续保留《现代汉语词典》第 5 版收录的"得了"和"罢了"之外，《现代汉语词典》第 6 版又增补了"对了"（表示同意或突然想起一件事）、"好了"（在句末表示听凭、不在乎的语气）、"算了"（在句末表示祈使或终止的语气）、"完了"（用在句中表示前后话语之间的承接）等。可以看出，在《现代汉语词典》第6版中，"X 了"型话语标记语基本上确立了汉语词汇系统中的独立地位，不再是主干字头"X"的附庸，而是取得了独立的立目资格。这从一个侧面反映出《现代汉语词典》第 6 版在词典系统性方面的不断推进。

最后分析小句型的话语标记语在《现代汉语词典》中的立目情况。我们选取"人称代词（你）+感官动词（瞧/看）"和"你/我+心理动词（知道/觉得/想/认为）"为封闭域，分析《现代汉语词典》相关版本中的处理情况。

由于感官动词和心理动词都属于基本词汇，因此各部汉语语文词典都会收录为词目。但是，在汉语语文词典的编纂中，短语立目标准一直是非常棘手的问题。同样，以这些感官动词为核心形成的小句式话语标记语在汉语语文词典的宏观结构中暂告阙如。英语语文词典有时会通过形式上的标记凸显常规搭配或小句形式，汉语语文词典一直没有采用这种方式。但是，在"看"和"觉得"的配例中，还是可以发现二者作为话语标记语的用法，例如：

看……② 观察并加以判断：<u>我</u>～他是个可靠的人｜<u>你</u>～这个办法好不好。

觉得…… ② 认为（语气较不肯定）：<u>我</u>～应该先跟他商量一下。（《现代汉语词典》第 6 版）

但问题是，从信息提取的角度看，在语文词典中，词典编纂者精心设置安排的一些系统性语言信息都常被词典用户所忽略（Béjoint，2001）。由此可以推断，普通词典用户很难从上述配例中抽象出其中蕴含的话语标记信息。

二、话语标记语在《简明牛津词典》相关版本中的收录

目前，关于英语话语标记语的研究最为充分，而且研究角度也各不相同。弗雷泽将话语标记语分为连接信息和连接话题的话语标记语两大类。卡特和麦卡锡将话语标记语分为组织话语、监控话语以及应答三类。王立非和祝卫华分析了中国学生英语口语中话语标记的使用，将其分为逻辑连接标记语和填充型标记语两类，二者又分别分为 13 小类和 2 小类。综合相关研究成果（参见 Schiffrin，1987；Fraser，1996；熊学亮，1999；何自然，1999；冉永平，2000，2002，2003；陈开举，2002），英语中被普遍认为具有话语标记功能的包括下列语言单位：①一部分连词，如"and""but""or""so""nevertheless"等；②部分复合介词，它们在话语中的功能类似于连词，如"due to""as a result""as a consequence""in particular""after all"等；③一部分作为句子附加语的副词或副词短语，如"well""though""like""incidentally""actually"等；④一些固定的形式，如"sort of""I mean""I know""you know""mind you"等；⑤部分插入语，如"to tell the truth""to sum up""all right""to be frank""to be honest"等。下面以上述 25 个话语标记语为观察对象，分析《简明牛津词典》相关版本对它们的收录。

表 7-2　《简明牛津词典》相关版本话语标记语的收录情况

词典版本	词频				
	连词类	复合介词类	副词类	固定形式	插入语类
简明牛津 1 版	4	0①	4	0②	0
简明牛津 6 版	4③	0④	5	1⑤	5
简明牛津 10 版	5	5	5	4	5
简明牛津 12 版	5	5	5	4	5

注：①其中"due to"和"in particular"在配例中出现；②"I mean"出现在配例中；③"nevertheless"在内词目中出现；④"due to""in particular""after all"在内词目中出现；⑤"I mean"出现在配例中

　　从表7-2可以看出，不同类别的话语标记语在《简明牛津词典》各版本中的变化情况有较大差异。具体表现是：连词类、副词类话语标记语的收录从牛津第1版到第12版的差别比较小；复合介词类、固定形式类和插入语类在《简明牛津词典》第10版之前没有收录，在第10版之后开始系统出现。可以看出，在较近版本中，《简明牛津词典》比较注重对话语标记语的收录。

　　《简明牛津词典》相关版本对话语标记语的收录分为两类：一是被立为词目，二是在词典微观结构中作为内嵌式非词目形式进行处理，如"mind you"是作为立目单位"mind"的第六个义项出现的；而"due to"则出现在立目单位"due"的"PHRASE"栏部分。《简明牛津词典》诸版本一直沿用形式标准确定语言符号的立目地位——单个语言符号被赋予词目地位，复合型语言符号则作为内词目出现在主词目的微观结构或新的分布结构，如 PHRASE 栏目中。就话语标记语收录数量而言，《简明牛津词典》第10版和第12版要好于早期版本。

　　需要注意的是《简明牛津词典》中话语标记语的假性收录情况，我们以连词类话语标记语为例进行说明。连词类话语标记语的收录总体上最全面，但在早期版本中主要表现为一种假性收录——因为连词虚化而形成的话语标记语，总是与基本形式使用同一个语言形式，而该语言形式在不同层面上对应的是不同的意义或功能。在对意义或功能的表述中，词典只凸显了其中的一个层面。在这种情况下，语言符号的形式与该形式在理论上应该承载的不同层面和功能的意义之间形成了缺位现象，因此只是一种假性的立目。

　　对可以承载话语标记功能的语言单位，《简明牛津词典》在收词立目方面的总体趋势是由词扩大到短语和小句的，这从复合介词类和固定形式类单位在《简明牛津词典》第10版之后的激增式收录可以看出。但这种扩充主要是立目单位在语法层级上的扩充，而不是对语言符号的相关功能进行填充，即属于前文说过的话语标记语的假性收录。不过，在《简明牛津词典》第10版和第12版中，典型的话语标记语"you know""I know"已经出现在"PHRASE"栏。尽管它们没有取得独立立目资格，但其释义也显示了它们作为话语标记语的功能。这表明《简明牛津词典》第 10 版采用《新牛津英语词典》作为蓝本词典之后，语用学中话语标记语的部分研究成果开始逐步显现，只是这种显现还具有零散性和随机性，更多具有话语标记功能作用的义位没有得到描写。例如，巴思-温加藤和库珀-库伦（Barth-Weingarten ＆ Couper-Kuhlen，2002：

351）的研究结果表明，在他们所进行的语料调查分析中，"though"作为让步连词的占全部用例的 14%，作为话语标记的占统计总数 11%，而处在让步用法和话语标记功能之间的过渡情况则占 63%。这说明在英语日常交际中，连词"though"的意义已经虚化，并分化出语用上的新用法。但在《简明牛津词典》第 10 版中，"though"的话语标记功能及其分化情况并未彰显。

话语标记语的假性收录需要引起注意。特劳戈特和达舍（Traugott & Dasher，2002）指出，世界语言的语法化共性之一就是：句内谓语副词 > 句子副词 > 话语标记。可见，从语法化的角度分析，话语标记语是最后出现的，也是最可能被传统词典编纂所遗漏的部分。在传统词典编纂中，编纂者只注重对概念意义进行解释，而话语标记语表示的则是语篇或文本中的程序意义。由程序意义的缺漏引起的假性收录自然非常多见。

三、《现代汉语词典》与《简明牛津词典》非系统性话语标记处理分析

从上面分析可见，到目前为止《简明牛津词典》与《现代汉语词典》相关版本的编纂者没有表现出理论驱动型的"话语标记语意识"，原因如下。

第一，话语标记语研究的现状对词典编纂的影响。英语话语标记语的研究到目前为止最为深入，从理论上说，这为英语语文词典恰当地处理话语标记语提供了非常好的理论基础。但是，由于词典结构自身的稳定性、经典语文词典在词典结构上的传统性和固着性、普通用户认知中对传统词典的刻板形象（stereotype）等原因，《简明牛津词典》在话语标记语的立目问题上表现得较为保守。即使是《简明牛津词典》第 12 版，也只是将"you know""I know"放在主条目"know"之下的"PHRASE"栏中，并未像《剑桥高阶英语词典》等外向型英语学习词典那样，将"you know"等独立出条[①]。《现代汉语词典》对话语标记语的处理情况与《简明牛津词典》又有所不同。吴福祥（2005）指出："汉语的话语标记研究相对滞后，这应该成为以后

[①]　《剑桥高阶英语词典》采用主词目统领相关符号的方法进行立目单位的安排，如在立目单位"know"下，与"know"相关的一些组合形式，像"I don't know""not that I know of""You know something？"等单独立目、释义并提供相应的配例。这种处理方式比在"PHRASE"栏目中集中处理相关组合有更大的操作空间。

汉语研究中的一个重要课题。"其中的一个表现是，早期的一些研究者对汉语标记语的产生机制以及功能并没有充分的认识，甚至将其视为语言中的不规范现象。姜伟光（2001）撰文讥刺了在言语交际中大量使用"然后"的"然后先生"（如口语中的"男人刚强，然后女人温柔"）；孔昭琪（2001）也认为"完了"（如"完了我们再谈下一个问题"）是比"然后"更为等而下之的一种语言使用的不规范现象。现在，这种情况已经大为改观。我国目前对汉语标记语的研究发展很快，并取得了一系列的成果。即便如此，语言学研究成果要体现在词典文本之中，需要一定的时间，更需要词典学自身理论研究的推动。

第二，话语标记语自身的复杂性。一些话语标记语，同时承载了概念意义和程序意义。而在传统的"释义中心型"词典中，编纂者习惯上强调对概念语义进行梳理、划分和解释。对话语标记功能语，尤其是一些兼有话语功能和标记功能的语言符号的收录存在着缺失、假性收录等问题。同时，话语标记语涉及语言的不同层面，包括词、短语和小句各种类型，这些都增加了语文词典对话语标记处理的难度。如前所述，"词"这一层面上的话语标记语在《现代汉语词典》和《简明牛津词典》中基本上被收录，但有时只是一种空壳状的假性收录。短语型和小句型的话语标记语，在《简明牛津词典》第10版和第12版中，因为在微观结构中单独辟出"短语栏"，因此收录较为系统，但是相当一部分仍然属于假性收录。《现代汉语词典》对短语收录一直持非常谨慎的态度，小句类更是很少出现。对短语类与小句类的话语标记语的收录更是如此。值得注意的是，《现代汉语词典》第6版在对"X了"型话语标记语的立目方面非常系统，这是非常好的一个可能带动整个"面"的"点"。

第三，与语言学理论研究的进展相关。"语言学理论发展的水平归根结底决定着词典编纂学发展的方向和水平"（索洛科列托夫；转引自石肆壬，1981：245）。兹古斯塔（Zgusta，1971：25）呼吁词典编纂者"应该密切注意语义学领域的一切研究工作。关于词的语义性质懂得越多，工作就会做得越好"。在当代词典编纂中，词典的跨学科特点日益彰显。《现代汉语词典》的编纂团队中一直不乏语言学界执牛耳者，对词汇学与词典学相关研究极为关注，并及时反映到词典文本中。这一点在第5版之后表现得尤为明显。

第二节　语料库语言学视角下复杂词汇单位的词典立目

按照传统词汇学的观点，词是能够独立运用的最小语言单位。"独立运用"指的是词在语义上的相对自明性以及在结构上的相对独立性，"最小语言单位"则表示词具有进入更大语言单位的组合能力。可见，词是语言系统中承上启下的基础性单位，是传统通用型语文词典编纂中收词立目的主体性成分。

现代语言学研究的基础单位从词位转向义位，从而拓宽了词汇研究的范围。从结构的复杂程度来看，词汇中至少包括三类：一是基础性的单一词汇单位，即传统意义上的"词"。它们语义完整、结构完好（well-structured），是语言系统中的基础单位。以词为基础，语言符号可以向下切分成更小的单位，也可以向上扩充为更大的单位。二是一些小于词的语素。它们承载一定的意义，但语义并不完整。三是基于单一性词汇单位组成的、结构上较为复杂的词汇单位，包括但不限于传统意义上的"语"。这类语言单位的语义可以是完整的，如"by and large""事后诸葛亮"等，也可以是不完整的，如"you'd better……""最好是"等；结构可以是完好，如"as a matter of fact""事实上"等，也可是待填充的，如"It's argued that……""重要的是……"等。对于后者，西方语言学家多称之为"多词单位"（multi-word expression）。比起汉语学界常用的"词组"或"短语"，多词单位还包括了在现代语料库技术下凸显的、语义上并不完整的共现成分，如"真的是……""到现在一直……""It's good that……"，覆盖性要优于"词组"和"短语"。

术语"多词单位"的使用，适合大多数西方语言中"词"为基本书写单位的语言事实。但在汉语中，更大的语言单位不一定由词组合而成，也可以是语素叠加的结果，如"无外乎"等。此类语言片段并不适合称为"多词单位"，因此，本节采用形式的视角，统一称之为"复杂词汇单位"。

在现代词典编纂中，在语料库以及相关技术的支持下，词汇单位的类型更具多样性，并对词典立目产生影响。图 7-1 是阿特金斯和朗德尔（Atkins & Rundell，2008：164）从词典编纂视角对词项[①]进行的分类。

[①] 词项是从词汇学与词典学视角对各类词汇单位进行的总括性称呼。从词汇学视角看，词项相当于词位（lexeme），即"同一语音形式及其变体所包含的各个义位"（张庆云，1995）。在现代词典编纂中，词项在词典中多表现为一个立目单位。

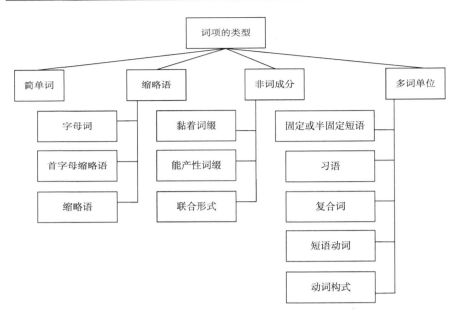

图 7-1　词典编纂视角下词项的不同类型

参考文献：Atkins & Rundell，2008：164

从原型角度看，词汇系统表现为一个原型范畴，核心成员是传统意义上的词。边缘成员包括小于词的语素以及大于词的复杂词汇单位。小于词的语素数量有限，是一个相对封闭的系统，且是构成词的基础单位，各类语文词典通常会悉数收录，此处不予赘述。大于词的复杂词汇单位在理论上可以无限生成，数量是开放的，语文词典编纂中是否要收录，如果收录应该收录哪些，到目前为止未有定论。因此，关于复杂词汇单位的类型、特点以及在语言系统中地位的问题需要被重新审视，以更好地确定复杂词汇单位在语文词典中的立目资格。

一、现代语言学对复杂词汇单位的研究

（一）传统词汇学对"语"的研究

在传统的词汇学研究中，词汇通常被定义为语言中词与语的总和。可见，学界早就认识到词汇系统中至少存在着两类单位：一类是基础性的、自由运用的语言单位——词；另一类是在构成形式上大于词，功能上等于词的语言单位——"语"，国外学界多称之为"短语"。传统词汇学主要的研究单位是词。由多个语素或词构成的、具有稳定意义的复杂语言单位都被认为是孤立的、不具有系统性的语言对象。可以说，"语"在传

统语言学研究中一直处于边缘化的地位（Sinclair，1996：5）。

　　"语"是一个庞杂的万宝箱，在某种意义上也可以认为是包罗万象的垃圾桶。传统上，只要不属于"词"的范畴，如短语、成语、惯用语、俗语、谚语等，统统都归入"语"这一范畴之内。考伊（Cowie，1981）指出，短语应该被视为一个连续统，依次分为自由组合、合成语（composites）与程式语（formulae）。可见，作为一个范畴的"语"，其内部成员具有明显的异质性，在语义、语法以及语用方面都呈现出差异。尽管在分类上存在一些分歧，中外学界对"语"的界定多采用词汇-语义视角，认为"语"与"词"具有相同的功能，特别强调"语"的语义完整性以及结构上的连续性。

　　综上，传统词汇学中从词汇-语义维度所界定的"语"无法涵盖在现代语料库技术支持下学界发现的所有大于词的语言共现单位。

　　（二）语料库语言学视角下的复杂词汇单位研究

　　在大规模语料库进入语言学研究之前，语言研究中的最小单位很少超越"词"这一单位①（邢富坤，2012）。20世纪中期，美国心理学家米勒和塞尔弗里奇（Miller & Selfridge，1950）提出了"组块"（chunking）概念。米勒（Miller，1956）指出，在人类的短时记忆中，记忆容量是7 ± 2个单位，但认知主体可以通过组块方式扩大记忆容量。心理学界认为，在语言信息储存中，认知主体把一些预制性语言单位作为整体存储，这就是所谓的语块——由两个或两个以上的词构成的、连续的或不连续的序列，它们整体储存在记忆中，使用时也整体提取②（Wray，2002：9）。语块的主要特征包括：作为一个意义整体在人脑中存储和加工，在语言使用中已经成为词汇化的单位，同时也伴有语义的石化，具有习俗化（institutionalization）、凝固性（fixedness）和非

---

①　传统的词汇学研究把词当作语言中最小的表意单位。而在现代语义学研究，尤其是词汇语义学研究中，义位被认为是语义系统中的抽象常体，最基本的语义单位（张志毅、张庆云，2005：15）。

②　学界对复杂词汇单位的命名并不统一。除了常用的"语块"之外，据雷（Wray，2002）统计，用来指称相似概念的术语多达50多个，包括"语块"（chunk）、"固定结构"（fixed expression）、"多词单位"（multi-word expression）、"预制件"（prefabs）、"词块"（lexical chunks）、"石化形式"（fossilized forms）、"半固定构式"（semi-fixed patterns）、"可分析程式化框架"（formulaic frames with analyzed slots）、"短语词位"（phraseological lexeme）、"词汇化句干"（lexicalized sentence stems）、"词束"（lexical bundles）、"程式语"（formulaic language）、"语块"（phraseologism）以及"套语"（cliche）等。而且，上述术语在使用中往往可以相互替代。

组合性（non-compositionality）特点，语块在语言编码和解码过程中作为一个整体单位被使用和提取。

研究发现，在日常交际中，母语使用者广泛依赖语块或低域模块进行交际。本族语使用者在日常交际活动中广泛地使用习语，在成人本族语者的言语活动中习语的出现率更是高达 80%（Altenberg，1998）。阿尔滕贝格（Altenberg，1998）的研究结果表明，在 London-Lund 语料库中，80%语言中的语言单位是以组块的形式出现的。可见语块这种复合性语言单位在语言使用者的概念系统中占有非常重要的地位。

越来越多的研究者意识到，语言输出不是必须基于语法规则的，一些语言成分可以不经由规则产生。辛克莱（Sinclair，1991）提出语言系统中存在着两种原则——开放选择原则（open-choice principle）和习语原则（idiom principle）。开放选择原则也被称为"空槽填充模式"（slot-and-filler）。根据这种模式，语言被看作是一系列由相应词汇填充的空槽，语言使用者根据相关语言系统中的语音、语义、语法和语用规则生成的各种搭配，是一种基于规则的自主生成语言的行为。习语原则指的是一些具有语义规定性、结构定性型特征的语言单位或片段在语言交际中的使用，它们要依赖更小的语言单位或片段来组成一个更大的复合型语言单位或片段，但却不一定要依赖于规则生成。这实际上揭示了在人类对语言的处理中，除了分解型的"语素—词—词组—句子"的信息处理模式，还存在着整体型的信息处理模式，这一点也被心理语言学界所证实。雷（Wray，2002）提出了语言的双重体系：一是由单词和有限的语法规则构成的、以规则为基础的分析体系；二是由具有交际功能的语块组成的、以记忆为基础的套语体系。这样，语言被认为具有双重属性——可分析性（analyticity）和程式性（formulaicity）（Skehan，1998）。辛克莱（1991：114）进一步指出，在文本解读中，认知主体主要遵循的是习语优先原则，自由选择原则只能适时使用。语料库语言学家对语篇中语言单位的使用情况进行研究后发现，"大部分情况下，语言构建的基本单位不是单词，而是具有完全或相对固定形式的词素的序列"。（Hunston & Francis，1999：7）

词汇语法（lexical grammar）理论提出了词项这一术语。词项"是由一个或多个词组成的语言单位，通常与另一个词项搭配来表达意义"，包括复合词、动词短语、习语、固定短语、词束、程式语、语块等。语言系统中存在着相对固定的、递归性出现的词汇型式（lexical pattern），在语言交际中经常作为一个整体高频共现。基于语料库的语料分析结果表明：在语料库中高频共现的复杂词汇单位，既可能是传统意义上的各类型的习语，也可能是一些短语式碎片（phrasal fragments），如"all of the..." "a chance to..."以及"to know if you..."等。它们在语义上并不是完全自足的，在结构上可能也是不完整的，并且一部分复杂词汇单位还具有语篇意义，而语篇意义是传统词典编纂未曾系统性处理的部分。同时还有大量的待填充的搭配框架（collocational framework），如"It's argued that..." "It's assumed that..."等①。基于上述数据，比伯、约翰森和利奇（Biber，Johansson & Leech，1999）提出了"词束"（lexical bundle）的概念，即"具有复现性的语言表达式，与其习语性以及结构特征无关"，"很多词束并不是一个完整的结构单位"，而且往往"起到连接两个结构单位的作用"，"词束中最后的一个词往往是第二个结构单位中的第一个单位"。至此，关于复杂词汇单位的构成已经非常明显：既包括常规的语义完整的复杂词汇单位，也包括语义相对完整，但尚需进一步补充的语义非自足型语言单位，并且后者往往伴随着结构上的待填充。换言之，在语言表达中，经常会出现延伸式的意义单位（extended unit of meaning），这是语言表达中"短语趋势"（phrasal tendency）（Sinclair，2004：131-148）的一个重要体现。

在计算机技术与语料库的影响下，语言研究中的短语化倾向（phraseological tendency）得到了进一步的发展，并形成了短语学（phraseology）——对词的组合形式所进行的结构、意义和使用研究。（Cowie，1994：316）

短语学是西方语言学长期以来最为突出的研究焦点之一，目前已经发展成为语言学中具有学科地位的研究领域。短语学的研究范式大致分为两类：理论驱动型和语料库数据驱动型（卫乃兴，2007）。理论驱动型短语学研究指在特定语言理论的指导下，对具有心理凸显性的固定词组或短语等语言实体进行范畴化研究，强调的是分类的科学性以及对不同类别的准确说明。语料库驱动型研究则以真实语境中语言使用的频数为标准，在更大的范围内对连续性或非连续性的语言组块进行提取、分

---

① 汉语中也存在大量的短语式碎片，如"真的是""实在是""这一些""知不知道"等。陆志韦（1964：113-116）在分析汉语构词法时，注意到汉语中存在"千……万……""……来……去"等待填充搭配框架。吕叔湘（1980）在《现代汉语八百词》中也收录了"半……半……""不……不……"等格式，但当时他们都没有对此类汉语现象进行命名。周荐（1999）后来称之为"待嵌格式"。

析和说明。在该视野下，短语学被定义为对目标词形反复出现的共选关系进行的形式、语义、功能的综合一体研究（卫乃兴，2010）。

我们认为，理论驱动型和语料库驱动型研究起到了相互补充的作用——在理论驱动型短语学研究的基础上，学界认识到语言的习语性特点，并对结构完好的短语进行了充分研究。而语料库驱动型的短语研究则在语言学特征上对语言单位进行多维度的立体性描写，并不针对静态的语言符号本身，而是聚焦于语言系统中的语言符号在使用过程中体现出的组合性和习语性特点，即辛克莱所说的"扩展型意义单位"。尤其是语料库驱动型的短语学研究凭借大型甚至是巨型语料库，拓展了语言习语性的研究范围。以往一些基于语感的研究所忽视的语言现象，如结构上不完整、形式上有所变异的语块，在语料库及语料库分析工具的帮助下凭借其高频共现率得以凸显，它们在语言系统中的作用也引起了学界的关注。

（三）词典学视角下的复杂词汇分析

穆恩（Moon，1998：79）提出了一个新的术语"短语词位"（phrasal lexeme），用来指称因为语义、语法或语用原因，被作为整体使用的、固定或半固定的复杂语言项目。短语词位既包括了语义标准上的习语、成语、俗语和谚语，也包括了语法标准上的待嵌结构，如"非……不可""从来没有……"等，还包括了语用标准上的话语标记，如"就是说""接下来"等。显然"短语词位"更注重复杂词汇单位来源的多样性和功能的复杂性。

作为词典学家的考伊（Cowie，1998）主要从词典收词立目的角度来分析语块，因此，考伊更关注的是语块在语义上的规约性程度以及在语法上的可变性程度。在考伊的分类中，语块包括两大部分：合成语（composites）和程式语（formulae）。其中，合成语包括纯成语、修辞性成语和有限搭配；程式语包括普通程式语（routine formulae）和言语程式语（speech formulae）。考伊（Cowie，1998）认为，自由组合的意义具有较高程度的可预测性，因此不属于语块的范畴。从词典编纂的角度来看，考伊的分类具有明显的学科针对性——只有习用性的规约成分，包括合成语和程式语，才可能出现在词典的词表中；自由组合，即使是使用频率非常高，通常也只能作为词典的配例出现，这也是传统语文词典编纂的典型做法。

笔者认为，复杂词汇单位作为人类语言系统中一个重要的聚合系统，其内部成员繁多，类型多样，特点复杂，按照认知语言学的原型观，复杂词汇单位可以被视为一个连续统。从词汇化程度看，词汇化程度高的复杂词汇单位更倾向于被视为一个整体，在词典中可能被整体立目；而词汇化程度较低的复杂词汇单位因为语义的松散性和组合性，可分离程度增大，更有可能离析出具有语义自足性的更小语言构件，整体立目的可能性相对降低，从而采用分解性立目策略。但是，对复杂词汇单位词汇化程度的判定，目前词典学界少有分析讨论。

二、复杂词汇单位的类型及特点

（一）复杂词汇单位的类型

对复杂词汇单位的分类涉及不同的分类标准，主要有两类。一是从语义视角进行的分类。约瑞奥（Yorio，1980）按照多词单位的习语性程度，分出了语义透明性表达（transparent expression）、语义半透明性表达或习语（semi-transparent expressions or idioms）、比喻性隐喻（figurative idioms）和语义隐晦性习语（figurative idioms）；穆恩（Moon，1998）则分为透明性隐喻（transparent metaphor）、半透明性隐喻（semi-transparent metaphor）、半隐晦性隐喻（semi-opaque metaphor）和隐晦性隐喻/纯习语（opaque metaphor / pure idiom）。语义标准下的分类更注重复杂词汇单位的语义凝固度对其习语性程度的影响。二是从语法组合视角进行的分类。考伊、麦金和麦凯格（Cowie，Mackin & McCaig，1983，1993）分出自由搭配（open collocation）、限制性搭配（restricted collocation）、隐喻性习语（metaphorical idiom）和纯粹习语（pure idiom）；豪沃思（Howarth，1998）分出了自由组合（free combination）、限制性搭配（restricted collocation）和纯粹习语（pure idiom）等。这种分类注重的是复杂词汇单位的生成性以及相对开放性。尽管侧重点不同，上述两种分类的共同之处在于复杂词汇单位在一定程度上被视为一个连续统，一个极点是开放性的自由组合，另一极点是完全的习语。

（二）词典编纂视角下复杂词汇单位的词汇化程度分析

近年来，学界对词汇化研究非常关注，研究范围也较为广泛，涉及词汇化的定义与所指、词汇化的类型与模式、词汇化与语法化的关系等（董秀芳，2009；刘红妮，2010；储泽祥、智红霞，2012），其中尤以对某个（些）具体语言单位词汇化过程的分析居多（董秀芳，2003；江蓝生，2004；刘红妮，2007；管志斌，2012）。

到目前为止，从词典编纂角度关注词汇化研究的仅有徐时仪（2004），他分析了历时性大型语文词典《汉语大词典》应如何在释义方面反映出词汇化语言单位的语义演变结果，对词典收词立目问题则未涉及。但是，在《现代汉语词典》第 6 版的修订中，词汇化的影响已经显现。《现代汉语词典》第 6 版的一个重要的举措是"吸收词汇学和语法化研究的新成果，增收一些已经词汇化了的词语"（江蓝生，2013），但主要集中在话语标记语方面，如"对了"等已经高度词汇化的语言单位，并未涉及复杂词汇单位的词汇化程度对词典立目的影响。

如前所述，复杂词汇单位表现为一个连续统。从词汇化的视角看，自由组合是非词汇化的表达式，居于连续统的一端，完全习语化的复杂词汇单位是完全词汇化的结果，居于连续统的另一端。连续统两个端点之间的复杂词汇单位数量众多，词汇化程度不一，在语义、语法维度上存在着极点偏移性，这种偏移性会导致复杂词汇单位词典立目结果的不确定性。

复杂词汇单位词汇化程度的差异主要表现在如下方面：复杂词汇单位语义的组合性差异；内部结构的可分析性和分界差异；复杂词汇单位结构可变性以及共现成分的可选性差异。

1. 复杂词汇单位语义的组合性差异

帕卡德（Packard，2000）认为，要判断语言单位的词汇化程度，标准之一是观察在目标语言单位中，相关成分凸显的是常规意义还是习用意义。笔者认为，这一标准也可以作为复杂词汇单位判定的语义标准。通常而言，凸显常规意义的复杂词汇单位是相关组成成分按照一定语法关系进行的自由组合；凸显习用意义的复杂词汇单位，有的会按照一定的语法关系进行组合，有的因为在语法结构上无法分析，其字面意义隐退或成为隐喻意义产生的基础。也就是说，从语义组合层面看，复杂词汇单位的语义融合性程度会出现差异。

按照内部语义组合的融合性程度进行分析，复杂词汇单位可分为三种类型。

（1）语义组合型复杂词汇单位。此类复杂词汇单位各组成成分的常规意义完全或基本被保留，各组成成分按照常规语法关系加合之后形成整体意义，如"出难题""喷火器""要面子""传家宝""抽油烟机""过街天桥""可望不可即"等。这些复杂词汇单位实际上属于通常意义上的短语，其意义加工过程涉及常规词汇意义检索与常规句法分析，整体意义具有可分析性特点，内部构词理据的清晰度高，属"非词汇化"或"弱词汇化"类型。

（2）双重语义叠合型复杂词汇单位。所谓双重语义，是指常规义以及基于常规义产生的引申义的双重叠合。"交学费""查户口""起跑线""含金量"等的本义和引申义可以根据语境不同而相应凸显，如"该交学费了"和"算了，就算是交学费了"分别显示的是"交学费"的常规义和引申义。从构成成分字面义的显隐程度看，双重语义叠合型复杂词汇单位可分为两小类：一是一些构成成分仍保留其常规字面义，另外一些成分凸显的则是比喻义或借喻义，如在"露马脚"中，"露"凸显的是常规义，"马脚"则是比喻义；二是分开来看，复杂词汇单位的各构成成分依然保留其字面意义，但所有字面意义加合之后体现出来的是一种整体性的隐喻意义，且字面意义与隐喻意义间的逻辑关系较为清楚，如"狗皮膏药""铁饭碗""橄榄枝""一石二鸟""狗尾续貂""割鸡焉用牛刀"等。双重语义叠合型复杂词汇单位的语义特点是引申义的使用频率大大高于字面义，属于隐喻词汇化（Packard，2000：27）。

（3）语义整合型复杂词汇单位。该类型复杂词汇单位中，构成成分的常规义基本消失，形成"语义漂白"（bleaching）现象，其整体意义具有习语化特点，且字面义与引申义之间的语义联系极为隐晦，如"呱呱叫""一把手""好家伙"等，这种情况属于强词汇化。

2. 复杂词汇单位的语法特点分析

按照上面的分析，复杂词汇单位可以分为弱词汇化的语义组合型复杂词汇单位、隐喻词汇化的双重语义叠合型复杂词汇单位以及强词汇化的语义整合性复杂词汇单位。

首先分析弱词汇化型复杂词汇单位，即语义组合型复杂词汇单位的语法特点。此类复杂词汇单位的词汇化程度最弱，语义的组合性强，可以按照句法关系进行意义加合。而且，此类复杂词汇单位语法关系清楚，内部语法分界明显，可以从中切分出具有语义自足性的语言构件，如从"爱面子"中切分出的"面子"，既可以被单独使用，也可以与除了"爱"之外的其他成分形成搭配。除了《现代汉语词典》中立目的"爱面子""给面子""买面子"和"要面子"等，还可以形成"有面子""没面子""好面子""撑面子""死要面子活遭罪"等。

其次分析强词汇化的语义整合型复杂词汇单位。语义整合型复杂词汇单位在内部语法结构上分界消失，各构成成分发生结构黏合，"互相融合成为一个绝对的或者难于分析的单位"（索绪尔，1983：248）。语义整合型复杂词汇单位意义凝固，结构定型，因此不可随意调整其顺序或改变其搭配对象，如"不得已"在上古汉语中作为词组表示"不能停止"，而在现代汉语中"不得已"表达的意思为"无可奈何"，其内部构词理据已经淡化，语法结构也无从分析，内部的语法边界消失，无法进行结构切分。

最后分析居于复杂词汇单位词汇化连续体中间部分的双重语义叠合型复杂词汇单位。此类复杂词汇单位同时具有语义整合型和语义组合型复杂词汇单位的部分特点。在信息提取过程中，与引申义相比，作为基础意义的本义更容易被提取。这样在结构切分时，语言使用者首先会对词汇化程度较低的字面义进行切分，在语法分界方面，双重语义叠合型复杂词汇单位与语义组合型复杂词汇单位基本一致，如"碰|钉子"等。而且，此类型的部分复杂词汇单位仍具有内部的可拆分性（separability）以及局部的可调整性，如"穿小鞋"，既可以说"给她穿小鞋"，也可以说"给她小鞋穿"；"碰钉子"可以说"碰了个钉子"，还可以说"给他个软钉子碰"。一些双重语义叠合型复杂词汇单位所切分出来的语言片段，其本义与引申义并存，如上面提到的"小鞋"和"钉子"。一些双重语义叠合型复杂词汇单位切分出来的片段本身是一种超常规搭配，凸显的一定是引申义，如"闭门羹""枕头风""后悔药"等，在结构上具有较强的可拆分性。上述复杂词汇单位因为结构的可拆分性，在词典立目中会出现复杂词汇单位整体与部分构件立目资格的选择和判定问题。

还有一些双重语义叠合型复杂词汇单位必须作为一个整体才可能表达出引申义，如果进行结构切分，则离析出的语言片段的意义与整体意义之间的语义联系中断，如"放鸽子"和"吃豆腐"等。从语义的一致性方面考虑，这种复杂词汇单位不能进行内部切分，必须视其为一个整体。

从上述分析可以看出：复杂词汇单位由多个语言成分组合而成。在使用过程中，复杂词汇单位的组成成分在语义和语法方面出现了两种趋势：①相关组成成分一直保持语义的独立性和自足性，在句法位置上可以进行调整或移位，甚至可以被具有相同句法功能的语言成分替换，因此能够作为一个相对完整的语言单位从复杂词汇单位中剥离出来，如前文提到的"面子"。②相关组成成分对复杂词汇单位整体的依附性增大，复杂词汇单位的整体性特点超过了相关成分的组合性特点，结构日趋凝固，意义具有部分习语性特征，出现了程度不等的词汇化现象，如"查户口""穿小鞋""吃豆腐"等，其语义和语法的凝固性变大，其词汇化程度增强。

三、《现代汉语词典》与《简明牛津词典》中复杂词汇单位立目分析

复杂词汇单位内部成员类型多样，包括复合词、动词短语、多词单位、习语、固定短语、可变短语、套话、成语、术语、行话等（Sinclair，1996：5）。复杂词汇单位内部成员众多，特点各异，异质性特征较为明显，学界对复杂词汇单位的分类主要包括形式标准和意义标准两类。本节采用形式标准的分类，按照复杂词汇单位在语言系统中位置的不同，分为词级、句级和语篇级三类（钱旭菁，2008），分析两部词典相关版本对这三级复杂词汇单位的收录情况。

从理论上说，复杂词汇单位的词典立目存在三种可能：一是考虑到语言单位的习语性和使用的高频性，把复杂词汇单位的整体作为立目单位，我们称之为整体性立目策略，即复杂词汇单位整体出条，不做任何分解；二是如果一个复杂语言单位在结构上具有可分析性，且可以分解为更小的构件，该构件比整个复杂语言单位具有更大的组合能力，考虑到语言单位的组合能力以及对相关使用实例的覆盖程度，把且仅把复杂词汇单位分解后离析出来的更小的语言构件作为立目单位，复杂词汇单位本身则作为配例出现，我们称之为分解性立目策略；三是为方便用户查询，同时为避免对相同类型复杂词汇单位的立目资格判定结果的不一致，采取折中的办法，既把分解出来的、较小的语言构件立目，也把复杂词汇单位整体立目，我们称之为兼容性立目策略。但是，由于纸质词典空间的限制，复杂词汇单位的整体和析出成分一般不宜同时立目，通常需要在二者之中做出立目选择。

（一）《现代汉语词典》复杂词汇单位立目概况及策略分析

在现代汉语中，语篇级复杂词汇单位数量有限，通常而言，封闭性的语言单位词典立目情况较为普遍。但是语篇级复杂词汇单位是在篇章语言学兴起之后才引起语言学界注意的，而相关语言学研究成果要被词典编纂界接纳进而体现在词典文本中，往往需要较长的一段时间。自《现代汉语词典》试印本开始，"得了""可不是""罢了"等语篇级复杂词汇单位就已经在词典中单独立目，但这种立目是零散的、非系统的，具有明

显的偶发性特点。第 4 版增补了立目单位"得了"①。这种修修补补的情况一直延续到《现代汉语词典》第 6 版。第 6 版是诸版本中收录语篇级复杂词汇单位最系统的一版，除了之前版本中的"可不是"和"罢了"，第 6 版还增收了"对了""好了""行了""完了"等，基本涵盖了现代汉语系统中主要的语篇级复杂词汇单位。

现代汉语中句级复杂词汇单位数量众多，《现代汉语词典》作为一部中型词典不可能将其全部囊括，只能选择性收录并立目②。《现代汉语词典》试印本收录了"有一搭没一搭""有眼不识泰山""蚂蚁啃骨头""有志者事竟成""高不成低不就"等并将其单独立目。但是，因为句级复杂词汇单位自身的相对开放性特点，词典漏收情况较为常见。因此后续各版一直在做增补性的立目工作。例如，《现代汉语词典》第 3 版增收了立目单位"车到山前必有路""有奶便是娘""吃不了，兜着走""当面锣对面鼓"等；《现代汉语词典》第 6 版增收了立目单位"长痛不如短痛""宰相肚里能撑船""魔高一尺，道高一丈""不求有功，但求无过""杀鸡焉用牛刀"等。《现代汉语词典》第 7 版增收了"打铁还需自身硬""己所不欲，勿施于人""开弓没有回头箭""树欲静而风不止""踏石留印，抓铁有痕""行百里者半九十"等，并予以立目。但是，句级复杂词汇单位在《现代汉语词典》中的立目标准并不明确。从第 7 版的情况来看，具有较高时效性以及较高使用频率的句级复杂词汇单位更有机会被增补。可以预见，在未来的《现代汉语词典》第 8 版中，句级词汇单位还会被继续补录。

词级复杂词汇单位是最为复杂的一类。其内部凝固度、结构的可变性程度以及词汇化程度都有差异，其入典标准并不统一。在这一层次的

---

① 《现代汉语词典》自试印本开始，在"得¹"字的第 6 个义项下有"用于结束谈话的时候，表示同意或禁止"，该释义与"得了"所承载的语篇功能是一致的。一直到第 4 版，"得了"才从"得"字之下分离出来独立立目，即【得了】dé•le a. 表示禁止或同意：算了；行了：～，别再说了｜～，就这么办吧。b. 助词，用于陈述句，表示肯定：你走～，不用挂念家里的事。显然，《现代汉语词典》第 4 版的编纂者意识到"得了"的含义不是"得"能够覆盖的，需要独立处理。但是与"得了"类似的"好了""行了""完了"还是放在字头"好""行""完"下，出现在配例中。显然对此类单位的处理并没有建立在理论驱动的基础之上，因而还是零散的，有因词而异之嫌。

② 一般来说，词汇单位在词典中的分布情况有两种类型：一是在词典宏观结构中作为立目单位出现；二是在词典微观结构中，作为配例得以呈现。但《现代汉语词典》自试印本开始，句级复杂词汇单位绝少在微观结构中作为配例出现，这可能与《现代汉语词典》所秉承的配例原则有关。因此句级复杂词汇单位在《现代汉语词典》中只有两种情况：要么干脆不收录；要么作为立目单位收录，而不是隐含在立目单位的右项中。

复杂词汇单位中，被学界普遍承认的一类是成语。成语是一种规约化的、具有文化性和典雅性的复杂语言单位，一直是各类型汉语语文词典收录的重头戏。自《现代汉语词典》试印本开始，成语就取得了稳定的立目资格，"纲举目张""请君入瓮""神乎其神""一筹莫展"都被收录其中并作为立目单位出现。但是，并不是所有的成语都整体立目，如《现代汉语词典》中立目的是"窠臼"而不是"不落窠臼"，立目的是"荡然"而不是"荡然无存"等。具有习语性特征的其他词级复杂词汇单位，如"硬骨头""说不过去""过意不去""有的是""有日子""戴绿帽子"[①]"吃回头草"等，立目地位的确定也不尽相同。这种情况与汉语自身的特点相关。现代汉语中语素、词、词组的界限时有模糊，而复杂词汇单位既可能是一个词，也可能是由语素或（和）词组成的词组。因此，在复杂词汇单位的立目中，编纂者必须要分析其特点，考虑是对其整体立目，还是进行内部切分，选取更小的、更有组合能力的立目单位。

总体而言，《现代汉语词典》对复杂词汇单位所采取的立目策略，与其词汇化程度紧密相关，同时考虑复杂词汇单位在结构上的可变程度。对完全词汇化的复杂词汇单位，《现代汉语词典》采用的是整体性立目策略，如"不管三七二十一""二把刀""堂而皇之"等，这是符合语言使用的实际情况的。对一些弱词汇化或隐喻词汇化型的复杂词汇单位，《现代汉语词典》有时也会采用整体性立目策略，例如：

　　　吃回头草　比喻重又做以前放弃的事情。

"吃回头草"属于嵌入式语块，《现代汉语词典》第 7 版予以整体立目。但是，同属于嵌入式语块的"走回头路"在《现代汉语词典》第 7 版中立目的是"回头路"。而同一类型的"吃哑巴亏"的立目既有"吃哑巴亏"，也有"哑巴亏"，立目处理并不一致。

一些复杂词汇单位采取分解性立目策略。这类词典单位以成语和惯用语居多，例如：

　　　荡然〈书〉形　形容原有的东西完全失去：～无存｜资财～。
　　　宴尔〈书〉形　安乐。《诗经·邶风·谷风》与"宴尔新昏（婚）"

---

　　①　《现代汉语词典》增补 3 版中的立目单位是"戴绿帽"。

的诗句。后来就用"宴尔"指新婚：~之乐。后多做燕尔。

　　扬长 副 大模大样地离开的样子：~过市|~而去。

　　跌眼镜 <方>指事情的结果出乎意料，令人感到吃惊（多跟"大"连用）：主队意外失利，令不少行家大~。

　　肥水 名 含有养分的水；液体肥料：~不流外人田（比喻好处不能让给别人）。

　　"荡然"在人民网中约出现 1600 次，检索前 100 项，有 97 项为"荡然无存"，"荡然"与其他成分共现仅有 3 例，分别是"偶尔黑镜子里人群上方还会飘过一朵白云，仿佛一抹可爱的白色幽灵从黑色中<u>荡然而过</u>"和"韩国文化人认为'华夏文物，<u>荡然扫地</u>'，慨然以'小中华'自居"，"风过耳，从远处<u>荡然而来</u>的豁豁浪声，隐隐地浮在橘色的黄昏里"，以"宴尔"为检索项在人民网中检索，无相关语料。检索"燕尔"，约有 150 项。其中"燕尔新婚"5 次，"燕尔之喜"2 次，"燕尔新人"1 次。余者都是"新婚燕尔"。可见，以"荡然"和"燕尔"作为立目单位，可以同时涵盖上述使用情况。同样，"大跌眼镜"极为常见，除此之外，语料库中还有"直跌眼镜"的表述，而且"跌眼镜"的说法也比较常见。在人民网中以"人跌眼镜"为搜索项，共发现 102 例，如"……垃圾箱在短短几个月后，竟然这么多或丢失或被损坏，实在让人<u>跌眼镜</u>"等。《现代汉语词典》中"跌眼镜"立目，同时在括注中有"多跟'大'连用"，是一种概括而简明的立目方法。同样的情况还有"肥水"。在《现代汉语词典》中，"肥水"立目，"肥水不流外人田"作为配例出现。在中国传媒大学有声媒体资源库中，有"肥水"单用的例子，如"环境不合适了不成，肥水不足也不行"等 ，同时，"肥水不流外人田"也有很多变体形式，如"肥水不外流""怎么样才能让肥水也流自己田呢？""这下好了，肥水流进了外人田"。"肥水"立目，在对义点涵盖的周遍性方面确实要优于习语性单位"肥水不流外人田"。

　　一些采用分解性立目策略的语言单位，属于"顺带收词"的范畴。请看下例。

　　暗室 名 ① 有遮光设备的房间。②<书>指在幽暗隐蔽的地方，没有人的地方：<u>不欺~</u>（在没人看见的地方也不做昧心事）。

　　花边 名 ① 带花纹的边缘：瓶口上有一道蓝色的~。② 手工艺

品，变质或刺绣陈的各种花样的带子，通常用作衣服的镶边。③ 报
纸、刊物等上面那段文字、图画的花纹边框：～新闻（多为逸闻趣事）。
（《现代汉语词典》第 6 版）

　　"不欺暗室"和"花边新闻"作为习用性单位，在语言交际中通常
是作为一个组块出现的。二者单独立目是可以的，方便用户检索。《现
代汉语词典》第 6 版在多义词位"暗室"和"花边"下设立相应义项，
习语性单位"不欺暗室"和"花边新闻"作为配例出现，同时在括注中
注明其释义，这种处理方法更强调立目单位的涵盖性和经济性①。
　　通过上述分析可以看出，在对可分解的复合型语言符号的立目资格
进行判定时，《现代汉语词典》主流的做法是关注立目单位是否能够涵
盖尽可能多的变异用法。如果一个复合型的语言单位经过分解之后，在
结构以及语义上都可以离析出更小的语言单位，小的语言单位的组合能
力更强，组合范围增大，既能包括常规搭配，也能包括规约性搭配的变
异形式，甚至还能统辖超常搭配的种种用法，《现代汉语词典》就会将
离析出的较小语言单位立目，即采取"立小不立大，立短不立长"的分
解性立目策略，凸显的是立目单位对相关语言使用实例的覆盖率，没有
强调语言符号的频率性以及习用性。
　　《现代汉语词典》对复杂词汇单位采用分解性立目策略有两方面的
优点。一是可以在纸质词典篇幅有限的情况下，以简驭繁、以少胜多，
用更简洁的语言形式涵盖更多鲜活的语言使用实例，符合简明性语文词
典编纂中的经济性原则，这在编纂方法上是值得肯定的。二是符合《现
代汉语词典》目标用户的特点。作为内向型通用标准语文词典，《现代
汉语词典》的目标用户是本族语用户。本族语词典用户更关注立目单位的覆盖
性，因此内向型词典的两个中心任务②之一就是以覆盖率为中心

---

① 　需要注意的是，由于组合单位的语序问题，"花边新闻"的检索成功的可能性要大于"不
欺暗室"，因为作为立目单位的"花边"在"花边新闻"的前半部分出现，而"暗室"出
现在"不欺暗室"的后半部分。这种情况类似于汉语中的同素义族，如我们一般会在
"箭"字头下查"箭步""箭头""箭在弦上"，但如果查"明枪暗箭"，一般会在"明"
字头下查，很少会查"箭"或"暗箭"。所以说，判断短语化语言单位的立目合适与否，
还要考虑视角问题。从编纂者视角来看，语文词典立目需要注意简明，在这种情况下，词
目的概括性更为重要。而从使用者视角看，语文词典的立目应该方便用户查询。在这种情
况下，词目的易于检索性更为重要。
② 　在词典编纂的传统模式下，内向型语文词典的另一个中心是以"意义为中心"（meaning-
centred）。

（coverage-centred）。覆盖率对词典的宏观结构和微观结构同时起作用。

　　但是，在对内部可以拆分的复合型语言单位的立目中，《现代汉语词典》偶然也会出现一些纰漏。这又可以分为两种情况。

　　一是一些复杂词汇单位的立目策略失当，导致对相关语言使用实例的涵盖性不足，例如：

　　　　不二价　定价划一，卖给谁都是一样的价钱：童叟无欺，言～。

　　"不二价"可以作为一个语块单独出现。下面的例子来自人民网。"刘德华目前片酬已经到了 1000 万港币，而梁朝伟的片酬则是<u>不二价</u>的 800 万港币"。除此之外，日常交际中还有"言不二价""口不二价""一店不二价""恕不二价"等<u>表达</u>。而且，"不二价"中的"不"也可以替换为"无"，如"言无二价""别无二价"等。因此，将"不二价"立为词目，没有凸显立目单位对相关组合的统辖能力。与"不二价"有可比性的是"二致"。《现代汉语词典》第 6 版增补了立目单位"二致"，其释义为"不一致，两样（多用于否定式）：并无～｜毫无～"。人民网中有"别无二致""并无二致""实无二致"等组合。笔者认为，《现代汉语词典》第 6 版中将"二致"立目，则同时涵盖了"并无二致"和"毫无二致"两种使用实例。如果参照"二致"的立目情况，《现代汉语词典》可考虑将"二价"调整为立目单位，不仅比"不二价"更具覆盖性，同时也贯彻了词典编纂中的系统性原则。

　　属于上述情况的还有"胆大"。《现代汉语词典》各版本没有收录"胆大"，但是收录了"胆大包天"和"胆大妄为"。如果遵循对相关使用实例的覆盖程度，也可以只收"胆大"为立目单位，同时把"胆大包天"和"胆大妄为"处理为配例，这样就与"宴尔"和"荡然"的处理一致。

　　二是复杂单位的兼容性立目情况过多，例如：

　　　　a. 两下子①（动作）几次：轻轻搔了～。②名 指本领或技能：别看他眼睛不好，干活儿可真有～｜他就会这～，别的本事没有。
　　　　有两下子<口>有些本领：他干活儿又快又好，真～。（《现代汉语词典》第 3 版、第 6 版）
　　　　b. 开交　结束；解决（只用于否定语）：忙得不可～｜闹得不可～。
　　　　不可开交　无法摆脱或结束（只作"得"后面的补语）：忙得～

|打得～。（《现代汉语词典》试印本）

　　开交　结束；解决（多用于否定）：忙得不可～。

　　不可开交　无法摆脱或结束（只作"得"后面的补语）：忙得～|打得～。（《现代汉语词典》第3版）

　　开交　结束；解决（多用于否定式）：忙得不可～

　　不可开交　无法摆脱或结束（只做"得"后面的补语）：忙得～|打得～。（《现代汉语词典》第6版）

　　c. **同日而语** ×

　　不可同日而语　不能相比……。（《现代汉语词典》试印本、第1版、第5版）

　　同日而语　放在同一时间谈论，指相提并论（多用于否定式）：不可～|二者岂能～。

　　不可同日而语：× （《现代汉语词典》第6版、第7版）

　　《现代汉语词典》试印本将"有两下子"立目，而"两下子"并没有立目，这遵循了立目的整体性策略。不过在《现代汉语词典》增订3版中，立目单位做了调整，不仅"有两下子"仍然立目，"两下子"也立目，采取的是兼容性立目策略。《现代汉语词典》第6版沿袭了这种处理方法。"两下子"的立目从《现代汉语词典》试印本中的无到第3版、第5版、第6版中的有，有其合理的一面。因为"两下子"除了高频搭配"有两下子"之外，还可以出现在"谁不知道你那<u>两下子</u>""是骡子是马拉出来遛遛，<u>没两下子</u>不可能长久混下去"等例子中。另一方面，"两下子"的立目可以认为符合《现代汉语词典》立目和释义中所秉承的"顺带"原则——"两下子"可以表示动量，这不是"有两下子"可以涵盖的，因此"两下子"需要立目，以揭示其义位之一："（动作）几次"。在词目立目之后，在释义中还要考虑义项涵盖的周遍性，这样"两下子"表示的"本领和技能"义也被顺带收录。如果从立目的经济性考虑，可采取分解性策略把"两下子"立目，在义项中指出"有两下子"的用法（这从"两下子"第二个义项的第一个配例中也可以看出来）。

　　与之具有类比性的是"同日而语"与"不可同日而语"。《现代汉语词典》从试印本一直到第5版，立目单位都是"不可同日而语"，"同日而语"没有被收录。但在第6版中出现了逆转——"同日而语"立目，删去了"不可同日而语"。从此例看，《现代汉语词典》前5版关注的是立目单位使用的高频性、习语性，采取的是整体性立目策略，而《现代汉语词典》第 6 版关注的则是"同日而语"对相关义点统辖的周遍性，遵循的是分解性立目策略。

　　"开交"与"不可开交"代表的则是另一种情形。与"两下子"在第3版才被增补为词目以及"同日而语"在第6版取得立目资格不同，从《现代汉语词典》试印本开始，一直到第 6 版，"开交"和"不可开交"都被分别立目。焦红梅（2013）分析了"开交"到"不可开交"的演变过程，认为"开交"一词始见于元代，后派生出四个义项，最常用的是"了结、罢休"义，该意义沿用至今。在元明时期"开交"多用于肯定式，从清代开始多用于否定式，并且否定形式有多种，包括"不得开交""不肯开交""不可开交""不开交""没开交""不能开交""开交不下""开交不得""怎生开交""怎得开交""怎的个开交"等，最终"不可开交"淘汰其他形式占据优势地位，固定为词。可见，"开交"的立目不仅贯彻了分解性立目策略，以涵盖更多的语言使用中的变异情况，同时还考虑了历时层面语义的继承性。而"不可开交"的立目秉承了整体性策略。

　　与"开交"和"不可开交"相似、采取兼容性立目策略的立目单位不在少数①。笔者以"吃+n"结构为例进行说明。下面的例子全部来自《现代汉语词典》第 6 版。

　　　　a. 吃后悔药　指事后懊悔。
　　　　后悔药 名 见 172 页【吃后悔药】
　　　　b. 吃哑巴亏　吃了亏无处申诉或不敢声张，叫吃哑巴亏。
　　　　哑巴亏 名 见 173 页【吃哑巴亏】。
　　　　c. 吃鸭蛋　指在考试或竞赛中得零分（含诙谐意）。
　　　　鸭蛋 名 ① 鸭子下的蛋。② 借指零分：英语考试得了个～。
　　参看 173 页【吃鸭蛋】、862 页【零蛋】。
　　　　d. 吃大锅饭　比喻不论工作好坏、贡献大小，待遇、报酬都一样。
　　　　大锅饭 名 ① 供多数人吃的普通伙食。② 见 171 页【吃大锅饭】。

――――――――――――――――――

①　类似的情况很多，如在《现代汉语词典》第 6 版中，"傲物"被立目，其配例为"恃才傲物"，同时"恃才傲物"也被立目。同样，"彪炳"和"彪炳史册"；"反侧"和"辗转反侧"；"菲薄"和"妄自菲薄"等也同时被立目。

e. **吃老本**　原指消耗本金，现多比喻只凭已有的资历、功劳、本领过日子，不求进取和提高。

老本　名① 最初的本钱：做生意赔了～。② 比喻原有的基础或过去的成绩：要学习新知识，光靠吃～不行|不要躺在功劳簿上吃～。

f. **吃小灶**　吃小灶做的相对较好的饭食，比喻享受特殊照顾：学校准备在考试前给学生成绩差的学生～。

小灶　名① 集体伙食标准中最高的一级（区别于"中灶、大灶"）。② 比喻享受的特殊的照顾：老师给几个学习上有困难的学生补课，开～。

g. **吃回扣**　采购物品或代卖主招揽顾客的人向卖主收取或索要一定份额的交易所得。

回扣　名 经手采购或代卖主招揽顾客的人向卖主索取的佣钱。这种钱实际上从卖主支付的价款中扣出的，所以叫回扣。有的地区叫回佣。

上述例子存在如下问题。首先，例 a~d 中"吃+n"结构"与其中的"n"形成参见并有相应的文字说明；而 e~f 中则没有设置词目参见，这在体例上是不统一的，需要进行调整。其次，按照分解性立目策略，上述 7 组语言单位都可以只以其中涵盖性较强的双音节词为立目单位，"吃+n"结构可以作为词目的例证出现。这样《现代汉语词典》立目单位选取中的经济性特点就会凸显出来。

从上面的分析可以看出，《现代汉语词典》相关版本在对具有内部拆解性特点的语言符号的立目问题上，有时使用分解性策略，有时使用整体性策略，有时则同时使用。其实，立目单位的分解性策略与整体性策略各有侧重，无所谓优劣高下。编纂者需要考虑在一部词典中到底是两者并用还是只选其一，做到立目标准的系统统一。作为优秀的词典，《现代汉语词典》未来所需要做的工作是分析、解决《现代汉语词典》中存在的系统性的问题。具体到词典的宏观结构方面，问题之一是需要确立内部可拆解性复杂词汇单位的立目标准。

笔者认为，如果为了体现《现代汉语词典》总体上的简明性特点，可以考虑在词典凡例部分说明这部分立目单位总体上所遵循的原则，做到体例上的一以贯之。如果为了方便用户的信息查询，则分解性策略和整体性策略可以并用。但由此衍生的一个缺点是：在词典宏观结构中出现大量的冗余信息，这对篇幅有限的纸质版词典而言是一个大问题。

复杂词汇单位的兼容性立目在《现代汉语词典》中较为常见，主要有两种类型：一是成语类，如"饥肠"和"饥肠辘辘"、"半途"和"半途而废"、"傲物"和"恃才傲物"、"鳌头"和"独占鳌头"等。在《现代汉语词典》第 6 版中，上述单位都是二者同时立目。二是惯用语类，如"穿小鞋"与"小鞋"、"吃小灶"与"小灶"、"吃回扣"与"回扣"、"吃大锅饭"与"大锅饭"、"吃老本"与"老本"、"吃后悔药"与"后悔药"、"吃闭门羹"与"闭门羹"、"吃哑巴亏"与"哑巴亏"、"背黑锅"与"黑锅"、"栽跟头"与"跟头"、"打冷枪"与"冷枪"、"打落水狗"与"落水狗"、"吹灰之力"与"不费吹灰之力"，以及"马蜂窝"和"捅马蜂窝"等，也都被同时立目。

兼容性立目策略既考虑到复杂词汇单位的语义分解性和语法组合性特点，也考虑到复杂词汇单位的习用性和典型性。以成语类为例。

> **刻骨** 动 刻在骨头上，形容感念或仇恨很深，牢记不忘：～铭心｜～的仇恨。
>
> **刻骨铭心** 刻在骨头上或心上，形容感念很深，永远不忘。

"刻骨铭心"是高频习用单位，可以考虑将其立目。同时，"刻骨"的共现成分并不限于"铭心"，如词典配例所示，还可以说"刻骨的仇恨"。在这种情况下，二者同时立目自有其依据。但是，兼容性立目的不足之处也很明显：词典信息的冗余度增大，占用的词典篇幅较多，例如：

> **恢恢** <书>形 形容非常广大：<u>天网恢恢</u>，疏而不漏（形容作恶者一定会受到惩罚）。
>
> **天网恢恢** 天道像一个广阔的大网，作恶者逃不出这个网，也就是逃不出天道的惩罚（语出《老子》七十三章；恢恢：形容非常广大）。

"恢恢"下出现配例"天网恢恢，疏而不漏"，且提供括注释义。同时"天网恢恢"也整体出条，且在括注部分又出现了"恢恢"的释义。这种交互式参见加强了信息牢靠度，但也增加了词典信息的冗余度，对于纸质词典而言，其空间负担过大。

对一些已经采用兼容性立目策略的复杂词汇单位的处理策略可以再商榷。以"吃+复合词（组）"型结构为例。

a. **吃大锅饭** 比喻不论工作好坏、贡献大小，待遇、报酬都一样。

大锅饭 名① 供多数人吃的普通伙食。② 见 171 页【吃大锅饭】。

b. **吃哑巴亏** 吃了亏无处申诉或不敢声张，叫吃哑巴亏。

哑巴亏 名 见 173 页【吃哑巴亏】。

c. **吃后悔药** 指事后懊悔。

后悔药 名 见 172 页【吃后悔药】。

d. **吃回扣** 采购物品或代卖主招揽顾客的人向卖主收取或索要一定份额的交易所得。

回扣 名 经手采购或代卖主招揽顾客的人向卖主索取的佣钱。这种钱实际上是从买主支付的价款中扣出的，所以叫回扣。有的地区叫回佣。

在 a、b、c 三例中，复杂词汇单位与离析出的语言片段之间设置参见，但 d 例没有提供参见，上述情况可考虑统一。更主要的问题是，在纸质词典空间有限的情况下，兼容性立目不宜过多。分析发现，a~d 都是隐喻词汇化的复杂词汇单位，内部语法分界清楚，整体具有可拆分性，只是在组成成分的可替换性方面形成差异。对"吃大锅饭""吃哑巴亏"而言，二者与"吃"的搭配具有唯一性和强制性，且其意义可以在整体中得到理解，因此采用整体立目策略最为经济有效。两相对比，"吃"和"后悔药"以及"回扣"之间的搭配成分则具有可变性。除了"吃后悔药"，也可以说"买/卖/没有/找/喝后悔药"等，同样，除了"吃回扣"，还有"拿/要/给回扣"等，可见"后悔药""回扣"与"吃"之间并不具有唯一搭配关系，此时可考虑采取分解性策略，将"后悔药"和"回扣"立目，以涵盖更多的语言使用实例。但是，"吃回扣"属于超常搭配，且是高频使用的习语性单位，因此也可考虑将"吃回扣"立目。也就是说，在 a~d 四例中，如果严格筛选，只有"吃回扣"和"回扣"适合采用兼容性立目。

需要注意的是，《现代汉语词典》各版本在复杂词汇单位立目的处理方面会出现调整①。

从理论上说，复杂词汇单位立目策略的调整有六种可能，即分解策略调整为整体策略或兼容策略、整体策略调整为分解或兼容策略、兼容策略调整为分解或整体策略。这六种情况在《现代汉语词典》相关版本中都存在。现举例分叙如下。

一是分解立目策略调整为整体立目策略。在《现代汉语词典》第 1 到第 5 版中，"容光焕发"中的"容光"作为立目单位出现：**容光** 脸上的光彩：～焕发。在《现代汉语词典》第 6 版中，"容光"被删除，"容光焕发"作为立目单位：**容光焕发** 脸上放出光彩，形容精神饱满或身体健康：～地站在讲台上。

二是分解立目策略调整为兼容立目策略。在《现代汉语词典》第 1 和第 2 版中，"小鞋"被立目，"穿小鞋"没有被立目。自第 3 版开始，"小鞋"和"穿小鞋"同时被立目。同样，"开眼"自《现代汉语词典》第 1 版立目，采取的是分解立目策略；而到了第 6 版，"不开眼"同样也取得了立目地位，采用的是兼容性立目策略。

三是整体立目策略调整为分解立目策略。如下例：

> a. **不可同日而语** 不能放在同一时间谈论。形容不能相比，不能相提并论。（《现代汉语词典》第 1—5 版）
>
> b. **同日而语** 放在同一时间谈论，指相提并论（多用于否定式）：不可～｜二者岂能～。（《现代汉语词典》第 6 版、第 7 版）

在《现代汉语词典》第 1 到第 5 版中，"不可同日而语"被立目，"同日而语"不被立目。到《现代汉语词典》第 6 版、第 7 版，"同日而语"被立目，"不可同日而语"没有被立目，而是出现在"同日而语"的配例中。同样的还有"丁克家庭"和"空巢家庭"。这两个复杂词汇单位在《现代汉语词典》第 5 版开始被立目，到第 6 版之后，立目单位分别调整为"丁克"和"空巢"。这种立目策略的调整，扩大了立目单位对相关语言使用实例的涵盖程度，对内向型语文词典而言是合适的。

---

① 一些复杂词汇单位的立目策略在《现代汉语词典》各版本中从未发生变化，如自《现代汉语词典》第 1 版到第 6 版，一直采取分解立目策略的复杂词汇单位有"吃定心丸"（即立目单位是"定心丸"而不是"吃定心丸"）；一直采取整体立目策略的复杂词汇单位有"打退堂鼓"；采取兼容性立目策略的有"唱独角戏"（即"独角戏"和"唱独角戏"同时立目）。

　　四是整体立目策略调整为兼容立目策略，如下例：

　　有两下子 ＜口＞ 有些本领：他干活又快又好，真～。
　　两下子 ①数量（动作）几次：轻轻搔了～。② 名 指本领或技能：别看他眼睛不好，干活儿可真有～|他就会这～，别的本事没有。
　　有两下子 ＜口＞有些本领：他干活儿又快又好，真～。（《现代汉语词单》第 3—6 版）

　　在《现代汉语词典》第 1 版和第 2 版中，都是"有两下子"被立目；自《现代汉语词典》第 3 版之后，"两下子"和"有两下子"同时被立目。
　　五是兼容立目策略调整为分解立目策略，如下例：

　　a. **馆子** 卖酒饭的商店：下～|吃～（到馆子里吃东西）
　　　　吃馆子 ×（《现代汉语词典》第 1 版、第 2 版）
　　b. **馆子** 卖酒饭的店铺：下～|吃～（到馆子里吃东西）。
　　　　吃馆子 到饭馆里吃饭　（《现代汉语词典》第 3 版、第 4 版）
　　c. **馆子** 卖酒饭的店铺：下～|吃～（到馆子里吃东西）。
　　　　吃馆子 ×（《现代汉语词典》第 5 版、第 6 版、第 7 版）

　　在《现代汉语词典》第 1 版、第 2 版中，"馆子"作为立目单位出现，"吃馆子"不被立目，而是作为"馆子"的配例出现，但紧随其后的括号中出现了"吃馆子"的释义，这种处理方式与《简明牛津英语词典》第 1 版对内嵌词目的处理方式是一致的。到了《现代汉语词典》第 3 版、第 4 版中，"馆子"与"吃馆子"同时被立目。在第 5 版、第 6 版、第 7 版中，"吃馆子"被删掉，只保留了"馆子"。
　　六是兼容立目策略调整为整体立目策略。自《现代汉语词典》第 1 版到第 5 版，指称"小肠一部分"的"回肠¹"和表示"形容内心焦虑"的"回肠²"作为同音词同时被立目，与"回肠²"意义相关的"回肠荡气"也被立目。在第 6 版中，"回肠²"不再作为立目单位出现，只有"回肠荡气"被立目，同时增收"回肠九转"。
　　还有一些复杂词汇单位的立目资格判定经历了一个循环往复的过程，例如：

　　a. **回扣**：经手采购或代卖主招揽顾客的人向卖主索取的佣钱。

这种钱实际上是从买主支付的价款中扣出的，所以叫回扣。有的地区叫回佣。

　　a. 吃回扣 × （《现代汉语词典》第1版、第2版）

　　b. 回扣：经手采购或代卖主招揽顾客的人向卖主索取的佣钱。这种钱实际上是从买主支付的价款中扣出的，所以叫回扣。有的地区叫回佣。

　　　吃回扣：采购物品或代卖主招揽顾客的人向卖主收取或索要一定份额的交易所得。　（《现代汉语词典》第3版、第4版）

　　c. 回扣：释义同上

　　吃回扣 × （《现代汉语词典》第5版）

　　d. 回扣：释义同上。

　　吃回扣：　释义同上。《现代汉语词典》第6版、第7版）

　　"回扣"自《现代汉语词典》第1版到第6版一直是立目单位。在《现代汉语词典》第1版、第2版中，复杂词汇单位"吃回扣"采取的是分解性立目策略。到《现代汉语词典》第3版、第4版，"吃回扣"作为立目单位出现，与"回扣"同时被立目，采取的是兼容性立目策略。《现代汉语词典》第5版删掉"吃回扣"，又采取分解性策略。而在第6版中"吃回扣"重新作为立目单位出现，与"回扣"并立，采取了兼容性立目策略。复杂词汇单位"吃回扣"立目策略的调整路线为分解性策略（第1版、第2版）——兼容性策略（第3版、第4版）——分解性策略（第5版）——兼容性策略（第6版）。

　　一部有生命力的优秀词典，总是处在不断的修订之中，以优化自身的结构和体例。《现代汉语词典》各版本对复杂词汇单位的立目策略在不同版本中也有不断的调整。这一方面反映出《现代汉语词典》编纂者精益求精的学术态度，另一方面也说明复杂词汇单位类型多样，特点不一，其立目资格的判定较为复杂，涉及多个参数，很难做到毕其功于一役。因此，编纂者需要紧密结合语言学和词典学相关研究成果，制定出具有可操作性的复杂词汇单位立目资格的判定标准。

　　（二）《简明牛津词典》复杂词汇单位立目概况及其策略分析

　　在20世纪美国大学词典的编纂过程中，复合名词，包括短语动词，通常被处理成独立的词条（full headword），而不是内词目的形式，这在当时是具有创新意义的。英语语文词典则不同。尽管1755年的《英语词典》以详尽处理短语动词而著称，但短语动词在《英语词典》中是作为相关动词的内词目出现的。并且，英语中的复杂词汇单位也不仅限于短语动词。传统上，汉语语文词典会选择性地收录一些复杂词汇单位，但收录标准比较模糊。在各自词典编纂传统的影响下，《简明牛津词典》与《现代汉语词典》相关版本在复杂词汇单位的处理中采取了不同的方法，并且随着语言研究的发展以及词典用户需求分析的开展，在后续版本中有所调整。

英语语言系统的基本单位是词，在书写形式上，词与词之间、词与语素之间的界限非常清楚，词与词组虽然有时会重合，但数量较少，且通过语音、语义或语法关系可以区分开来。因为英语语言系统中"词"这一单位自然而然的凸显性，英语语文词典中的复杂词汇单位的立目策略相对简单：单独立目或者内嵌式立目。前者指将复杂词汇单位置于核心词之下作为内词目出现，如在《简明牛津词典》第 1 版中，后者指赋予复杂词汇单位独立的立目地位。

在语言经济性原则的作用下，人类语言中普遍存在大量的同素词族，即以某一词汇单位为核心形成的词组的聚合。其中核心词汇单位可以出现在组合的任一位置。在词典编纂中，以第一个词为核心单位所形成的复杂词汇单位，如英语中以"take"为中心形成"take care""take after""take out""take up"等组合形式，会关涉到是否需要独立立目的问题。在传统的语文词典编纂中，有一种做法是把"take"视为语言的基本单位并在词典中立目，而与"take"有关的组合一般被放置在立目单位"take"的右项部分，不单独立目。这种语言符号组合形式的处理方式，被称为嵌套式立目。

《简明牛津词典》第 1 版出版于 20 世纪初期，按照当时通行的传统词汇学观点，语言系统中的基本单位是词，因此，语文词典的立目单位总是以"词"这种单一性词汇单位为主体，复杂词汇单位很少单独立目，通常是作为词的附属物附列其后。与同时代的大多数语文词典相同，《简明牛津词典》第 1 版秉承"以词为主体"的立目策略，复杂词汇单位只能作为内词目出现，是一种典型的"嵌套式"收词。以英语中的高频词"take""party""first"为例。在《简明牛津词典》第 1 版中，所有与"take""party""first"相关的组合都内嵌在立目单位"take""party""first"的右项部分，作为三者的附属形式出现。

在第 1 版中也有少数复杂词汇单位立目的情况。主要分为三类。

一是来自其他语言的复杂词汇单位，主要以法语为主。在《简明牛津词典》第 1 版中用斜体表示①，例如：

balloon d'essai（F），n. Experiment to see…

beau monde n. Fashionable society（F）

mariage de convenance（F），n. Marriage contracted from prudential motives

beaux yeux（F），n. Beauty, charms.

英语属于拼音文字，其他印欧语系中的外来成分在进入英语语言系统后多保留了原来的发音以及拼写方式。而英语语文词典对立目单位的排列多采用音序法，有时因为发音的特异性，这类外源性词汇单位不宜附着在某一英语词汇之下，因此只能被单独立目。从中可以看出，20 世纪初的英语社会对法语的接纳程度比较高②。

二是一些由多个词汇组成的专业性术语或专名，例如：

Agnus Castus, n. Tree once held a preservative of chastity.

三是在早期的词典编纂中，编纂者的主体性作用较为突出，这可以追溯到约翰逊的"单人学院"（one-man academy）时代。在一些复杂词汇单位的独立立目上，《简明牛津词典》第 1 版体现了编纂者个人的兴趣或偏好，例如：

Grimm's law（格里姆定律）　See LAW（参见 Law 条）

law¹ n …（… Grimm's, Verner's, l., on consonant changes in Germanic languages）（格里姆定律和维尔纳定律③，关于日耳曼语系辅音演变的定律）

---

① 在早期的语文词典所收录的外来词总是采用斜体印刷，以与本土词汇形成形式上的区别，提醒词典用户注意。

② 与 1755 年的《英语词典》相比，这一特点尤其明显。在《英语词典》中，为普遍民众所熟知的法源英语词汇"champagne"（香槟）和"bourgeois"（中产阶级）也未被收录。郭启新（2011）认为这反映了编者对法语的防范态度，担心法语会把英语变成法语的方言。考虑到历史上的英法关系，尤其是著名的诺曼征服，约翰逊的看法应该反映了当时英语社会对法语入侵的提防与排斥。

③ 维纳尔定律发现了重音位置在印欧语系语音变化中的规律性作用，解释了"格里姆定律"无法解释的语音演变例外情况，补充并夯实了青年语法学派关于"语音演变无例外"的著名论断。

"Grimm's law"（格里姆定律）是德国比较语言学家雅各布·格里姆[①]（Ludwig Carl Grimm，1785—1863）对希腊语、峨特语和高地德语之间辅音系统语音变化对应规律的重要发现，被称为"第一次日耳曼语音转化定律"。福勒兄弟在 1906 年着手编纂《简明英语词典》之际，出版了一部规定主义英语语法著作《国王英语》（*The King's English*），虽然没有相关史料予以佐证，但考虑到学术发展的继承性，《德语语法》很可能是福勒兄弟参考的模板之一，他们对其作者格里姆自然会具有较高认知凸显度和认同度，更何况"Grimm's law"在印欧语系语音对应性规律上确实是非常重要的发现。在《简明牛津词典》第 1 版中，"Grimm's law"单独立目，但并没有释义，而提供了参见，这也反映了编纂者较为矛盾的态度。在立目单位"law"的配例部分，可以发现除了"Grimm's law"，也出现了"Verner's law"（维尔纳定律），并提供了合并式的释义。不过"Verner's law"没有被单独立目。

《简明牛津词典》第 1 版对复杂词汇单位采取的这种内嵌式的附属式立目，秉承的是传统词汇学研究中"以词为中心"的立目策略。一直到最新的第 12 版，这种立目策略依然在词典文本中占主流[②]，只是出现了方向性的调整。

《简明牛津词典》在第 9 版之后就对复杂词汇单位的收录策略出现了调整。与动词有关的复杂词汇单位被分为两类。一类是动词+小品词，这一类主要放在相关核心立目词下的"PHRASAL VERBS"部分。另外一类包含的成分比较复杂，包括穆恩（Moon，2002）所说的复合词、短语动词、惯用语、固定短语和预制语块等，都放在"PHRASE"栏目中。这种处理方式只是在形式上对复杂词汇单位进行了简单的分类，强调了英语短语动词的重要性和普遍性。从源头上看，短语动词在约翰逊的《英语词典》中已经占据了重要地位，《简明牛津词典》对短语动词的处理方法与《英语词典》如出一辙，《简明牛津词典》后续版本对短语动词的处理也同样如此。以动词"take"为例，在《简明牛津词典》第9版中，与"take""相关的所有复杂词汇单位依然秉承自第1

---

① 雅各布·格里姆也被译为雅各布·格林，是为世人所熟知的《格林童话》的作者，也是早期历史比较语言学家的重要代表，撰写过《德语语法》。

② 尽管在《简明牛津词典》中，多词单位的嵌套式立目是主流，但在多词单位查询的用户友善程度方面，《简明牛津词典》后来的编纂者一直在努力，第 5 版提供了"phr."这一标识，从而将"take"的各个义项与"take"的相关组合进行了区域区分，并且在各个多词单位前加上阿拉伯数字。第 6 版在此基础上更进一步，用黑体形式凸显多词单位，从形式上改变了前期版本中密集型的多词单位排列方式，大大方便了用户的查询。

版就使用的内嵌式立目方式，只不过是把动词短语与其他复杂词汇单位形式分置于立目单位"take"之下的"PHRASAL VERBS"和"PHRASE"栏目中而已。

与第 1 版不同的是，与名词"party"有关的复杂词汇单位，如"party line""party list""party piece""party political broadcast""party politics""party popper""party wall"在《简明牛津词典》第 10 版到第 12 版中都从"party"的右项部分被剥离出来单独立目。在立目单位"first"之下，一部分复杂词汇单位，如"at first""first and foremost""first and last""first of all"等依然采取内嵌式立目，同时，"first aid""first cost""first down""first finger""first fruits""first lady"等 32 个复杂词汇单位被单独立目。这表明，自《简明牛津词典》第 9 版起①，编纂者已经将"以词为主体"的立目策略调整为"以词为中心，同时兼顾复杂词汇单位"的立目策略，在词典立目中，词尽管仍然是收录主体，但是程度变弱，相应地，词典立目中的词项意识明显增强。其中存在的问题是，对复杂词汇单位的立目处理有待进一步系统化。特伦奇在 1857 年《论英语词典中存在的问题》（*On Some Deficiencies of Our English Dictionaries*）中提出的"某些同族词群在词典中的收录和处理不一致"的问题依然存在于最新版的《简明牛津词典》之中。

需要注意的是，在复杂词汇单位的收录方面，电子词典表现出明显的优势。在英语网络词典以及光盘词典中，复杂词汇单位的收录相当全面，而且解释也极为翔实。可见，词典载体形式的改变会影响甚至颠覆传统语文词典的立目标准。纸质版的语文词典需要在有限空间内处理大量信息，对相关语言信息的取舍、排列需要反复斟酌，文本的压缩必然在一定程度上导致信息的压缩或缺损。

第三节　心理语言学视角下语义透明性单位的词典立目

一、心理语言学视角下的语义透明性研究单位意义的隐晦性与透明性

语义透明性与语义隐晦性相对，较早见于乌尔曼（Ullmann，1962）的

---

① 《简明牛津词典》第 9 版之后的各版对多词立目单位的基本处理策略是一致的，但是对具体多词单位的处理上有调整。例如，第 12 版增补了"first floor""first minister""First Nation""first principles"等独立立目单位，但其立目表中删除了前期版本中的立目单位"first position"和"first things first"。

著作《语义学——意义科学导论》。乌尔曼（Ullmann，1962：80）指出，意义的透明性与语言单位内部的可分析性程度相关。一个语言符号的内部如果可以进一步分析为语素，且其整体意义是语素意义的叠加，则该符号为语义透明词。如果一个语言符号的内部成分不可分析，且其整体意义不能由语素意义推断出来，则为语义隐晦词。这一观点被后来的学者所继承，并扩大到心理语言学研究领域。在心理语言学研究中，语义透明性程度主要用于对形态复杂的词的认知处理，注重分析由于形态相似性（morphological similarity）、语义相似性（semantic similarity）以及书写形式的相似性（orthographic similarity）而可能产生的语义透明性对词语识别（word recognition）过程、识别速度的影响以及语义启动（semantic priming）效应的实现。心理语言学研究结果表明，语言符号的形态结构（mophorlogical structure）确实会对词语识别过程产生影响。并且，具有语义透明性的复合词在大脑处理过程中都经历了形态分解（morphological decomposition）的过程。因此，威斯路德（Zwitserlood，1994）指出，语义透明度（semantic transparency）指从语言单位构成要素的语义可以推知出的语言单位整体意义的程度。由语素义可以推知出整体义的，为语义透明词，反之则为语义不透明词。施罗伊德和巴依恩（Schreuder & Baayen，1995）的观点与此基本类似，认为语义透明性是指在语义层面上，作为意义整体的合成式语言单位与其构成成分表征集合的相互重叠程度，二者的重叠程度越高，则语义越透明；反之则越不透明。王春茂和彭聃龄（1999）认为语义透明性的操作性定义为"整词与其语素的语义相关程度"。在认知主体对语词的识别、加工、识解等方面，语义透明性都有不同程度的参与。桑德拉（Sandra，1990）和威斯路德（Zwitserlood，1994）认为，语义透明的词——包括语义完全透明和部分透明——在认知主体词语加工的过程中发生了语素分解，而语义不透明词则是作为整词加工的。可见，语义透明性着眼的是语言单位的整体性，而这种整体性又是建立在相关构成成分语义的关联性（semantic relatedness）之上的。

从发生学的角度看，语言符号在创立之初，音、义结合具有任意性特点，主要采取的是综合型表达法，如"simple""好"之类，在语素构成上是简单的，在意义上具有不可预测性，语义隐晦性占主导。新语言符号的产生往往建立在已有符号的基础上，因此会形成一些派生词或复合词，如"eggplant""毒蛇"等。这些新符号在组合过程中，理据性会凸显，在意义上具有一定程度的题可预测性，即具有语义透明性。

语言符号的语义透明程度被认为具有梯度性。威斯路德

（Zwitserlood，1994）把语义透明度分为四级：完全透明词、部分透明词、部分不透明词和完全不透明词。复合词的构成语素对复合词意义的参与程度直接影响语义透明度。如果相关构词语素各自作为独立的意义单位分别参加了复合词意义，并且复合词的意义是构成语素加合或部分加合的结果，则为语义透明词。在语义透明词的内部，也有程度的差异。例如，"鸡蛋"和"白菜"。"鸡蛋"指的是"鸡的蛋"，"白菜"不是"白的菜"，但是"菜"的一种，因此，前者是高透明度的合成词，后者为低透明度的合成词。反之，如果相关构词语素各自的意义在复合词的意义识解中基本或完全虚化或脱落，或者是产生一种全新的扩展意义，则该词为语义隐晦词，如"眉目"。李晋霞和李宇明（2008）也认为复合词的透明度具有梯度性，并从语义词化和结构词化的相互关系的角度出发，指出"词义透明度递减的过程，词的构成理据逐渐模糊的过程，也就是语义词化程度递增的过程"。李晋霞与李宇明指出"语义词化与结构词化并不总是同步的"，这是非常重要的区分。例如，由于在日常生活中的重要性，在认知主体的心理词汇库，"鸡蛋"具有语义上的凸显度，但是在结构上并未达到词化的程度。

从组合方面考虑，高语义透明性的语言符号其组合原理、组合类型以及组合后相关成分在意义上的显现都是有规律的。假设一个复合性语义单位由 A、B 两部分组成，则高透明度语义单位的意义为 A+B=A+B，低透明度语义单位的意义可能为 A+B=A/A'+C、A+B=B/B'+C、A+B=A/A'+B/B'+C，或者是 A+B=A'+B'，而语义隐晦性语义单位的意义则为 A+B=C。从语言符号的聚合性来看，具有语义透明性的符号总是可以根据一定的分类参数组合成群。

通常认为，语言符号的意义透明程度与词汇化的程度呈反比关系，与词典立目的可能性也呈反比关系。也就是说，语言符号的词化程度越高，意义透明程度则越低，词典立目的可能性也越大。反之，语言符号的词化程度越低，意义透明程度越高，词典立目的可能性也变小。

任何规则总有例外。本节关注的是：第一，在词典立目过程中，语言符号的语义透明性程度是否会成为一个衡量标准。第二，从结构语言学的视角考虑，语言符号的透明性程度会同时体现在组合关系和聚合关系两个维度上，词典编纂过程中对这两个层面的语义透明性是如何处理的。

语义透明性常用来对特定语言系统中某些构词法的特征进行分析。尽管不同语言系统在主要构词法的使用上存在差异，但是，各语言中都存在大量的语义透明性语言符号。英语中见词明义的主要类型是派生词，也包括一些复合词。而在现代汉语中，见词明义的主要类型是复合词或者是通过复合手段形成的词组。

斯文森（Svensén，2009：65-66）指出，在德语与斯堪的纳维亚语中，一些复合词的意义是其各组成成分意义相加的结果，因此这些词的收录对本族语使用者而言不是很有用。但斯文森又指出，"这并不是说这些具有语义透明性特点的复合词或派生词就不该被词典收录。其中一些较为典型的单位可以放在基础词条之下，但无须提供释义。收录这些词的目的是说明基础词目的某一意义，或是说明它是如何组成复合词或派生词的"。可见斯文森对语义透明性词汇的收录态度也是摇摆不定的。这其实也是语文词典编纂者普遍面临的问题。

并不是任何语义透明性单位在《简明牛津词典》和《现代汉语词典》相关版本中都不被收录。两部权威语文词典至少在下列情况下都对语义透明性符号予以收录。第一，如果某语义透明性符号在发展过程中衍生出派生意义，则必定予以立目。第二，如果某语义透明性符号具有较强的组合能力，可能予以立目。第三，如果某语义透明性符号透明性程度不是很高，词典用户只能判断其类属而不能明其具体所指，也可能立目。不过，两部词典在处理同一类型的语义透明性符号的立目问题时，都有不一致的情况出现。这也是下文要着重分析的部分。

二、《现代汉语词典》对语义透明性单位的收录

（一）语义透明性与词典立目问题研究

我国词典学界习惯将语义透明性称为"见词明义"。闵家骥（1981）认为《现代汉语词典》没有把见词明义作为词目收录的标准，指出《现代汉语词典》收了许多词义比较容易理解的词，如"大拇指""演戏"等[①]，不过这两个例子并不具有说服力。闵家骥又进一步指出，《现代汉语词典》在对见词明义单位的立目处理上有不平衡的地方，如与"大拇指"一样容易理解的"挨打""挨饿""挨整"[②]"挨揍"一条也没有收。因此，闵家骥（1981）认为"见词明义无形中对

---

① 笔者认为，《现代汉语词典》收录"大拇指"和"演戏"是合适的，因为"演戏"衍生出引申义，而"大拇指"除了实指之外，经常出现在"竖/跷起大拇指""伸出大拇指"等组合，表示对人言行的赞赏。

② 《现代汉语词典》第 6 版增收了"挨整"，其余的几个词语还是没有被收录。原因可能是"挨整"的语义与"挨打"等相比，透明度更低。但这个理由比较牵强，因为第 6 版中还收了语义更为透明的"木锨"。

《现代汉语词典》收词还是有一定的影响"。符淮青（1985：218-234）分析了语素义与词义之间的五种关系，苏宝荣（2002）分析了双音复合词中词义与语素义的相互作用，孙银新（2003）分析了汉语词汇中语素义与词义之间的关系问题，这些都间接涉及对语言单位语义透明性的理论探讨。

　　到目前为止，汉语词典学界对见词明义单位的收录主要有三种观点。第一种观点认为词典不应该收录见词明义的语言单位。王芝芬（1979）指出，收词十忌中的一忌就是见词明义。闵龙华（1995）从词典实用性的角度出发，认为见词明义的符号可以不收或少收。这种观点反映了学界对语文词典的一个功能定位——解决语言中的疑难问题，但解疑并不是语文词典的全部功能。第二种观点认为词典应该收录见词明义的语言符号。晁继周、单耀海和韩敬体（1995）认为"在语言的词汇体系中，有大量常用词是见词明义的……规范型词典全面反映语言的词汇体系，就要对词语作全面收录"。李开（1990：126）也认为"共时性描写词典不妨收些自由词组以备查"。第三种观点是在见词明义单位收录与否问题上前后矛盾。例如，胡明扬、谢自立和梁式中（1982：7；97）从词典实用性的角度指出，"一般的词典都规定见词明义的不收"，认为这符合词典立目的价值原则。但在同一部著作中，胡明扬、谢自立和梁式中又在词典收词的科学性原则下指出，"科学性原则的另一方面是要求全面系统。语文词典无例外地收录能见字明义的最常用的常用词，就是根据科学性原则的这一要求作出的"（胡明扬、谢自立、梁式中，1982：101）。

　　（二）《现代汉语词典》对语义透明性短语的收录

　　就目前为止，汉语词典学界对具有语义透明性的词语的界定，以及见词明义的语言符号是否应该作为词目收录的问题，尚未达成一致意见。在词典编纂实践中，更是不乏体例不统一、标准不一致的情况。例如，"河/海蟹"表示"生长在淡/海水里的蟹"，"河/海鱼"表示"生长在淡/海水里的鱼"，"河/海虾"表示"生长在淡/海水中的虾"，"河/江/海心"分别表示"河/江/湖的中心"等。上述语言单位，其意义是相关组成成分语义进行加合的结果，具有明显 A+B=A+B 的语义透明性特点。如果从词典立目标准的统一性来看，其立目资格的判断标准也应该是一致的，但在词典立目中则出现了厚此薄彼的情况。表7-3展示了国内几部主要的通用型语文词典对上述语言单位的收录情况。

表 7-3　汉语语文词典对部分语义透明性单位收录情况

词典版本	词目								
	河鱼	河虾	河蟹	海鱼	海虾	海蟹	江心	河心	湖心
《现代汉语词典》第 7 版	√	×	×	√	×	×	×	×	×
《现代汉语规范词典》第 2 版	√	×	√	×	×	√	√	√	√
《现代汉语学习词典》（2010）	×	×	√	×	×	×	×	×	×

从表 7-3 可以看出，汉语词典对语义透明性单位的立目缺乏稳定而统一的标准。甚至，在同一词典内部，语义透明性单位的立目情况也不统一。《现代汉语词典》第 7 版中"河鱼""海鱼"被立目，"河虾""河蟹""海虾""海蟹"均不被立目。除了语义透明性程度，另一个词典立目标准是频率性。检索北京大学中国语言学研究中心"现代汉语语料库"，"河鱼""海鱼""河蟹""海蟹""河虾""海虾"的出现频率分别为 52 条、199 条、231 条、58 条、37 条和 40 条，使用频率最高的"河蟹"并没有被立目。

《现代汉语规范词典》第 2 版中"河鱼""河蟹""海蟹"被立目，"河虾""海鱼""海虾"不被立目，该词典也是将"江心""河心""湖心"同时立目的词典。而在《现代汉语学习词典》（2010）中，9 个语义透明性符号只有"河蟹"被立目。可见，在语义透明性单位的立目方面，不同汉语词典之间，甚至是同一汉语词典内部，都存在着不统一甚至是自乱体例的情形。

1. 现代汉语词、词组的同构性对语义透明性单位收录的影响

从历时的观点看，从古汉语到现代汉语的词汇系统中都有单音节词与多音节词的区分。但在古汉语，尤其是先秦时期，汉语词汇以单音节词为主。由古汉语到现代汉语，词汇词形的加长与多个语言因素以及非语言因素相关。其中一个重要的原因是汉语在造词的过程中经常采用结构构词法，从而导致合成词的增多①。现代汉语中，词汇单位呈现明显的双音节化，根据《现汉汉语频率词典》（北京语言学院语言教学研究所，1986），现代汉语中双音节词汇占词汇总量的 73.6%，成为现代汉语词汇的主体。

现代汉语语法中的一个重要特点是词（这里指的是合成词）、短语、句子的结构原则基本一致。在双音节以及以上的合成词的组合过程中，只要其中的一个语素为黏着语素，基本上就会被识解为词而不是短

---

① 徐朝华（2003：78）指出，在商代甲骨文中，合成词数量很少，且主要是名词性的。周代之后，由结构构词法形成的合成词数量大增，而且扩大到名、动、形、副等不同词类。

语。容易引起麻烦的情况是，当两个或两个以上的自由语素组成更大的语言单位时，合成后的语言单位在语法层级上的归属会出现分歧。葛本仪（1985：4-12）认为，"两个表示（一定）意义的又可独立运用的成分相结合，形成新的结构，表示新的意义，并能独立用来造句的"应该被识别为词。葛本仪（1985：11）同时指出，汉语词汇中，有少数组合体扩展后的意义和原来的意义基本一样，如"象牙""牛奶""羊肉""猪肝"和"牛角"等。葛本仪认为"'象牙''牛奶''羊肉''猪肝''牛角'等是词，而'象的牙''牛的奶''羊的肉''猪的肝''牛的角'是词组"，这种判定显然过于强调结构形式，而且与一般人的语感不符。葛本仪（1985：9-10）认为可以识别为词的语言单位中包括"马车""快车""毛玻璃""山水画""皮凉席""走读班""双眼皮"等，这也不符合学界普遍认同的"词是能够独立运用的最小的语言单位"这一基本界定。

沈阳（1997）指出现代汉语中存在着"动态复合词"，并认为所谓的"动态复合词"的动态体现在两个方面：一是它们都有扩展为真词组的能力，是有特定条件的复合词；二是在内部又区分出各种小类，其准词组性质有强有弱，扩展为真词组的能力有大有小，因此是有层级条件的复合词。关于动态复合词的内部层次性，沈阳（1997）将其分为 4 类 10 组。第一类包括轻声型复合词（如买卖、裁缝）、依存型复合词（如大家、小看）和连带型复合词（如"生姜""钢笔"）。这一类复合词为弱动态复合词。第二类包括凝固型复合词（如"大车""天地"）和短语型复合词（如"白纸""推翻"），是中动态复合词。第三类包括离合型复合词（如"说话""写字"）和词汇型复合词（如"羊毛""水电"），为强动态复合词。第四类包括惯用型复合词（如"墙头草""耳边风"）、成语型复合词（如"另起炉灶""花好月圆"）和专名型复合词（如"未名湖""全国人民代表大会"）。沈阳（1997）对动态复合词的区分，非常清楚地表现出现代汉语词汇中"词"与"词组"、"词汇"与"语汇"构成一个具有过渡性特点的连续统，揭示了动态复合词在结构形式、意义的凝固度以及词化程度上所表现出的差异。不过，由于汉语复合词内部的复杂性，沈阳对动态复合词 10 组小类名称的确定和分类有待进一步明晰。并且，由于范畴之间的弥漫性特点，一些语言单位的归属标准有待斟酌，如"生姜"和"电灯"被归入连带型复合词，而"大车""铁路"被归入凝固型复合词，其归类标准不是非常清楚。其中的一些范畴，如惯用型复合词、成语型复合词以及专名型复合词，具有高强度的语义凝固性，是否被列为"动态复合词"范畴，也值得商榷。但总体来看，沈阳对动态复合词的研究，体现了现代汉语中复合词与复合短语边界模糊的特点。

在词典立目中，最有争议的是动态复合词的立目标准问题，尤其是强动态复合词的立目标准问题。强动态复合词在结构上具有可类推性，搭配对象具有相对开放性，其意义具有即时识解性特点。这种见词明义的特性使得它们往往被认为是没有查考价值的。下面笔者将从合成式语言符号的结构类型以及词族的角度入手，分析语义透明性对词典立目的影响。

从构词方法来看，汉语合成词主要包括复合式、重叠式和附加式三种，尤以复合式为多。大量的扩展式的复合型语言单位属于偏正型、联合型以及主谓型等。这几种类型能产性高，具有较大的开放性，这增加了词典立目单位选取的难度。

从历时视角看，在古汉语的复合式词语中，联合式和偏正式的合成词较多，述宾式更少，述补式、主谓式以及附加式合成词在先秦极为少见甚至几乎没有（葛本仪，1985：35）。在现代汉语层面，程书秋（2012）对 10 万字的现代汉语样本语料库进行调查，发现其中定中结构占 20.48%、述宾短语占 20.47%、状中短语占 19.61%、主谓短语占 17.18%、联合短语占 3.84%、述补短语占 2.87%……，可见，在汉语词汇系统中，偏正式结构一直占有优势。下面，笔者以偏正式结构为封闭域，分析汉语通用型语文词典的立目情况。笔者选取了"电灯""白纸""鸡蛋""羊毛""雨衣"等动态复合词，再加上葛本仪（1985）提到的属于词范畴的"象牙""牛奶""羊肉""猪肝"和"牛角"等，观察《现代汉语词典》相关版本对这些动态复合词的立目情况。

上述语言单位在形式上符合汉语中标准韵律词的双音节化特点。按照构成语素之间结合的紧密程度以及意义的凝固性来看，它们中间都可插入其他成分，而扩展法正是判断词与词组的常规标准。上述语言单位在汉语言共同体的语感上可能属于词，但经过相关方法检验之后，也可能被归入短语的范畴，因此在语法层级上可能是跨层的。按照认知语言学中的原型理论，它们至少不是"词"这一范畴中的典型成员，而是处于词与词组这两个范畴相交的部分。这种范畴归属上的模糊性在词典立目中有所体现。《现代汉语词典》第 6 版中"电灯""理发""羊毛""象牙""洗车"被立目，而"白纸""洗脸""鸡蛋""牛奶""羊肉""猪肝""牛角"则没有被立目。进一步分析可以发现，同样属于偏正结构的"象牙""电灯""羊毛""白纸""鸡蛋""牛奶""羊肉""猪肝""牛角"都可以通过插入法，扩展为真的词组，属典型的动态复合词，但在《现代汉语词典》第 6 版中，仅前三者被立目。属于动宾结构的"洗车"和"洗脸"也可以通过插入法进行动态扩展，但"洗车"在《现代汉语词典》第 6 版中被立目，"洗脸"则没有。显然，如何确定这些语言单位在语法层次上的归属，以及确定它们在词典中的立目资格，在同一部词典中也会见仁见智，从而导致立目标准的不稳定。

上文所谈到的"牛奶""羊毛""白纸"等，从形成过程上看，是由处在同一结构层次上的两个单音节词组成的。由于在组合的线性链条上位置相邻，两个单音节词被语言社团广泛、长期、高频率地使用，在"汉语双音节韵律之制约下，逐渐固化为一个双音连用结构或语法结构"，其中的一些并置结构，如"牛奶""羊毛"等，"在长期高频度的语用中逐渐演化为一个双音节复合词，导致结构词汇化"（陈宝勤，2011：340）。笔者认为，对这类双音连用结构的词典立目，应该考虑三方面因素。其一是使用频率。"鸡蛋"在北京大学现代汉语语料库中共有2924条，"牛奶"有1900条，要高于被立目的"羊毛"（1792 条）和"象牙"（1011 条）。一种看法认为常用词没有备查性，因此词典无须收录。但是，如果仅仅考虑备查因素，"一""二""三""四""五"等基数词也没有必要收录到任一词典的词目中。很容易可以想象出，连"一""二""三""四""五"都不知道的人不可能去查词典。其二是范畴的典型性。在"奶制品"这一范畴中，"牛奶"是其中的典型成员，就像"羊毛"是"动物毛发"范畴的类典型一样，因此二者的立目资格是相当的。这一标准从语言心理学的角度出发，不考虑语言单位的语法构成。其三是词典的类型以及目标用户群。针对普通国内用户的语文词典，对具有语义透明性特点的语言符号的收录可以采取从严的策略，但是同时也需要考虑平行语言单位收录过程中标准的一致性。

2. 词汇系统的结构性对语义透明性单位词典收录的影响

随着人类社会的不断发展以及人类思维的日益精细化，人类对外部世界的认知经验不断充实和丰富，原有的概念系统也在不断扩充。扩充后的概念表现为一个更大的认知范畴，并且在语言系统中形成相应的投射、表达甚至是固化。

认知语言学提出了认知范畴的等级结构，指出认知主体是从范畴的中心开始建构整个范畴的，这个中心具有认知上的凸显度，在此层面上认知主体能够形成反映整个类别的单个心理意象，是认知主体对世界进行认识的认知参照点，在范畴的抽象度和细节性中，处于"黄金中位"（梁丽、冯跃进，2003），被称为"基本层次范畴"。基本层次范畴是整个范畴的中心层面，相对于基本层次范畴，还有上位范畴和下位范畴，二者都是基本层次范畴的寄生范畴。"前者是在基本范畴基础上的归纳，需要更高、更抽象的概括能力；后者是在基本范畴下更细致的区分，需要更复杂、更高的认知能力。"（赵艳芳，2001：64）

　　自然界的范畴在语言系统中总是有相应的投射和表达。罗施（Rosch，1975）研究发现，原型范畴论中，关于"属"的命名是原型范畴中最基本的层次，在范畴结构中具有基础地位。罗施认为，属的概念是由一个词表达的，即所谓的综合型表达式。而种的概念则是由属名加上区别性特征表示，形成分析型表达。昂格雷尔和施密德（Ungerer & Schmid，1996：98）指出，基本范畴的语言形式比较短小，通常是单音节词，其形成具有较强的任意性，在构词过程中具有较强的能产性。汉语中的"鱼""鸟""车""狗"等即属于基本层次范畴的词汇。基本等级词汇向上、向下可以衍生出更多的词汇。在语言系统中，下属范畴词汇的形成有两个途径：一是在基本词汇范畴的基础上，通过复合的方法构成新词。现代汉语构成新词的主要方式是复合法，而且，通过复合法形成的下属范畴词汇多形成同素义族，如现代汉语中的"鲨鱼""黄鱼""鱿鱼""鲈鱼"等，其中都含有上一层次的、表示类义的范畴"鱼"。二是与基本范畴词具有逻辑上的层级关系，但是在构词过程中下位范畴词在形式上并不依赖于基本范畴词，如汉语中的"鸟"。其下位范畴既有"鸵鸟""翠鸟""百灵鸟""啄木鸟""蜂鸟"等同素符号，也有"麻雀""乌鸦""燕子""喜鹊"等非同素符号。可见，在人类语言的词汇等级结构中，以基本层次范畴为核心所辐射出的寄生范畴可能会采取综合型表达，也可能会采取分析型表达。戴浩一认为英语多采用前者，如"shark"（鲨鱼）、"croaker"（黄花鱼）、"herring"（鲱鱼）、"perch"（鲈鱼）、"eel"（鳗鱼）、"octopus"（章鱼）和"cod"（鳕鱼）等各自作为根词出现，其构成形式没有借助上位的类义范畴"fish"，表现为综合型的表达方式。而汉语则多使用分析型表达方式组成语词单位，在表示基本层次范畴的语言单位中，往往会含有表达高层次范畴的成分。不过如果从历时视角看，古代汉语中部分基本层次范畴的命名方式也以综合型表达为主，这应该与创制语言符号时任意性原则占优势有关。例如，古代汉语中的"柳""松""柏""柳""槐"等独立成词，"属"的概念是通过文字的义符表示的。而在现代汉语中，"柳""松""柏"降格为区别语素，后面需要加上一个类名"树"。现代化汉语的双音节化趋势使"区别语素+类义语素"构词方法的使用更为广泛。宋宣（2011）认为，"基本层次范畴越来越多地参与到汉语下属范畴理据的表达之中，其形成动因则是提高语义透明度的需要。词语原有的类属特征在演变历程中逐渐湮灭而降低了语义透明度，而双音词汇化趋势又为高语义透明度的分析型表达方式的产生创造了条件"。

"区别性语素+类名"型的偏正式分析型表达方式总体而言具有语义透明特点，但其语义透明程度并不一致。例如，"松树""鲤鱼""鸵鸟"中的类名表示它们的种类，但其区别性特征仍然是模糊的。而"鸡蛋""羊毛""梅花"既表明了其类属，也表明了其所出。如果考虑到词的存在历史，问题更为复杂。郭锐（1999）指出，现代汉语是一个异质系统，是不同层次的语言成分混合的结果。现代汉语书面语中包括两个层次——现代白话层次和文言层次。"松树""梅花""鲤鱼"是古已有之的概念，在古汉语词汇系统中分别由单字词"松""梅""鲤"表示，在现代汉语中则扩展为双音节的"松树""梅花""鲤鱼"。"鸵鸟""羊毛""鸡蛋"则是较为晚近的符号。现代汉语词典需要妥善处理这两个层次间的关系。总体上说，现代汉语词汇双音节化的特点以及复合式的构词方式使得现代汉语词汇总体上更具有语义透明性，语言符号的语义透明性也具有程度上的差异。

传统上，内向型通用语文词典在收词方面偏向于对生僻以及疑难语言单位的收录，以满足词典的备查功能。上述原因使词典学界对语义透明性单位的立目问题一直颇有争议，而且学界在对具体小类的处理上也各不相同。下面我们选取两种常规词汇语义范畴予以分类说明。

第一种情况是，某词汇语义范畴中的语言符号属于不同的历史层面。由于语言的渐变性和发展的不平衡性，范畴中语言符号透明性的表现方式以及表现程度都有所差异。笔者以"树""鱼""鸟""花"这四个词汇范畴为例，观察《现代汉语词典》相关版本对其的立目情况。

《现代汉语词典》第1版到第7版都没有收录现代汉语交际过程中习用的"松树""柳树""杨树""槐树""柏树"等常规名称，而是将"松""柳""杨""槐""柏"立目，在第一个义项下指出它们所表示的树木义。采取类似处理策略的还有表示鱼类的"鲤""鲢""鳙"

"鲋""鲱""鲩""鲫""鳕"等，它们在《现代汉语词典》各版本中都作为字头被独立立目，在右项部分指出其作为鱼的义项。"鲤鱼""鲢鱼""鳙鱼""鲋鱼""鲱鱼""鲩鱼""鲫鱼""鳕鱼"则没有被立目。这可能是考虑到"鲤""鲢""鳙""鲋""鲱""鲩""鲫""鳕"等属于典型的形声字，其左边的义符已经表明它们是鱼类。上述处理方式总体上符合汉语和汉字的特点。古汉语中，一个字通常是一个词，而且由于汉语的表意性特点，可以通过文字的形体承载一定的意义，如表示鱼类的字大多有"鱼"字旁。《现代汉语词典》对"鲢""鳙"等立目，采取的是"以字带词"的说明方法，既收录了古字，也兼顾了今义，节省了词典篇幅。而且"鲢鱼""鳙鱼"具有语义上的透明性，大部分用户可以推理出其意义。不过，"鳆""鲍""鱿"等也是形声字，义符也是"鱼"。在《现代汉语词典》第1版到第7版中，不仅"鳆""鲍""鱿"等被分别立目，复合词"鳆鱼""鲍鱼""鱿鱼"也被独立立目。这种并列式的立目方式显然与同类型的"鲤""鲢""鳙"等以字立目的方法不一致，在系统性方面需要做出调整。另外，在《现代汉语词典》第1版到第7版中，"虹鳟""草鱼""青鱼""带鱼"等都被独立立目。"虹鳟"表示一种鱼，但是在构词上不具有语义透明性特点，《现代汉语词典》总是对此类词汇单位收录且立目的。按照克鲁斯的分类方法，"草鱼""青鱼""带鱼"中的"鱼"是一种语义类别标志，也是完全语义指示语，也就是说，"鱼"这一单位的出现使"草鱼""青鱼""带鱼"具有透明性，而"草""青""带"则是语义标签，起到了对鱼进行分类的作用。因此"草鱼""青鱼""带鱼"只具有部分语义透明性，在《现代汉语词典》各版本中也被立目。

下面分析与"鸟"相关的词族。"鸟"这一基本范畴词之下的下位范畴，如古汉语中的单字词"雀""鹊""鸦"等，在《现代汉语词典》各版本中都被立目，现代汉语中的"麻雀""喜鹊""乌鸦"等也被立目。除此之外，在现代汉语层面，由上位语素"鸟"形成同素义族关系的"鸵鸟""翠鸟""百灵鸟""啄木鸟""蜂鸟"等，在《现代汉语词典》第6版中也都全部被立目，这与上文提到的"草鱼""青鱼""带鱼"被立目的情况是一致的。

与"鸟"形成对照的基本范畴词"花"，其下位范畴"牡丹""玫瑰""百合""康乃馨""月季""蔷薇"等非同素符号在《现代汉语词典》诸版本中都被立目。而在由"区别语素+花"构成的复合词中，

"兰""樱""菊""梅""桂""荷"这些具有历史稳固性的基本词汇都作为字头被收录，同时字头下的一个义项分别指兰花、樱花、菊花、梅花和莲花，这一点与前文提到的对"鲤""鲢""鳙""鲫""鲱""鲩""鲫""鳕"的处理情况是一致的。不过，除"兰""樱""菊""梅""桂""荷"等被立目外，"兰花""樱花""菊花""梅花""桂花""荷花"在《现代汉语词典》中也分别被立目，而同类型的"桃花""杏花""梨花"则没有被立目。笔者认为，语文词典对同一层次词汇的收录，应该遵循平衡性原则，如果要做出权衡取舍，应该有充分的语言学或词典学方面的理由。以没有被立目的"桃花"为例。《现代汉语词典》相关版中立目的"桃红""桃花雪""桃花汛"乃至"桃花运"的释义，都与桃花有关，因此"桃花"的失收是不恰当的。

第二种情况是，某词汇语义范畴内的成员都属于现代白话文层次，但是在对基本范畴词的下位范畴的收录中，属于同一层次的成员其收录情况不一，收录标准各异。

《现代汉语词典》第 6 版增收"鸭蛋"并将其立目①，但不收"鸡蛋"和"鹅蛋"。将立目"鸭蛋"的原因，应该是因为"鸭蛋"出现了派生义"零分"，遵循的是立目中的语义引申原则。从语言使用的实际情况看，"鸭蛋""鸡蛋""鹅蛋"在北京大学汉语语料库中的出现频率分别为 232 次、2924 次和 79 次，"鸡蛋"的使用频率非常之高。从此例看，《现代汉语词典》有时确实不收见词明义的语言单位，除非此单位派生出非透明性的新意义。而且，使用频率也不是硬性的立目条件，否则"鸡蛋"一定会被立目。但是，与"鸡蛋"词法结构相同，且同样具有语义透明性的"羊毛"在《现代汉语词典》第 6 版中被立目。而且，《现代汉语词典》第 6 版不但收录了"羊毛""鹅毛"，也收录了"马海毛"，但不收录"兔毛"，这四个词在北京大学汉语语料库中的出现频率分别为 1792 次、268 次、14 次和 108 次。这再次表明《现代汉语词典》在对语义透明性词汇的收录上确实不单纯考虑频率因素。"羊毛"的使用频率高，且具有一定的组合能力，在日常交际中"羊毛衫""羊毛袜""羊毛毯""羊毛围巾"都很常见。"鹅毛"得以立目也应

---

① 在《现代汉语词典》第 1 版到第 5 版中，立目单位是"鸭"，其后是"鸭蛋青"和"鸭蛋黄"，但是没有"鸭蛋"。应该是考虑到收词系统中立目单位的相关性原则，同时"鸭蛋"除了字面义还有比喻义，自第 6 版开始，《现代汉语词典》中"鸭蛋"被增补为立目单位。

该是因为其组合能力，因为在其配例中有"千里送鹅毛"之语，且日常交际中有"鹅毛大雪"的表达。"马海毛"被收录应该是因为其语义隐晦性特点，一般词典用户无法从其名称上知道"马海毛"所指何物。但是，任何规则总有例外。上文提到的《现代汉语词典》中没有立目的"桃花"，也可以出现在"桃花雪""桃花汛""桃花运"的组合中，但"桃花"并没有因为具有较高的组合能力被立目。显然在语义透明性标准的把握上，《现代汉语词典》出现了标准不一致的现象。

　　从新增词目来看，《现代汉语词典》第 6 版增收了语义透明性符号"木锨"，这应该是因为之前的版本已经收录了"铁锨"，因此补收"木锨"进行对应，完善了"木锨"与"铁锨"这一微型收词系统，属于结构性增词。但对"铁锨"的补录，却破坏了定中式复合词这一大系统的平衡性。因为如果只是考虑器具材质的不同而在词典中对相关语言单位分别予以立目，那么除了"木锨"和"铁锨"外，"铁铲""木铲"似乎也有资格进入词表之中。同样的情况还有"铁锅""铝锅""钢种锅"；"铁门""木门""铝合金门"；"铁窗""木窗""铝合金窗"；"铁床""木床""钢丝床"；"布鞋""皮鞋""草鞋"；"皮帽""呢帽""草帽"等。由于定中型构词方式在汉语词汇系统中的能产性，偏正式词或短语大量存在并可通过类推方法激增。而且定中型结构中"区别性特征+类义词"的构词模式，使得相关语言单位至少在"属"这一层次上，也就是克鲁斯所说的"语义类别标志"方面，具有语义透明性。汉语词典编纂者需要从新的视角，考虑其收录标准问题。其中一个较为可行的做法是：以基本范畴词为核心，辐射到上一层和下一层，构建出词汇范畴内部的层级性体系。在语义透明性单位的收录中，需要关注的主要是基本范畴词的下层分类。该层次包含大量的同级下位词（co-hyponym），词典编纂者需要考虑同级下位词在语言系统中的组合能力，它们在认知主体认知中的凸显度，以及对普通用户而言其认知难度问题等，并按照词典类型以及目标用户的定位确定立目标准。在多个标准共存的情况下，需要确定相关标准间的优先序列。

三、《简明牛津词典》对语义透明性单位的收录

　　大多数的语义透明性单位在语法上符合相应的语法规则，在语义上是相关组成成分意义的加合。因此，对其意义的理解具有可分析性。英语典型的语义透明性单位包括：派生词和复合型语言单位（包括复合词与复合型词组）。

（一）派生词在《简明牛津词典》中的收录情况

英语构词以附加法为主，现代英语中"前缀+词根"或"词根+后缀"式的派生词占主流。尽管派生词在一定程度上改变了根词的词汇意义，但派生词的意义与根词的意义之间仍然存在着较为紧密的联系，因此派生词通常具有一定程度的语义透明性。马斯兰-威尔逊、泰勒和沃克斯勒等（Marslen-Wilson，Tyler & Waksler et al.，1994）的研究表明：具有语义透明性的"insincere""punishment"对"sincere"和"punish"会产生明显的语义启动效应，反之亦然[①]。马斯兰-威尔逊、泰勒和沃克斯勒等（1994）等的研究则从认知心理学的角度证实了根词与派生词之间所具有的语义关系，并证明了二者之间在认知处理过程中的通达性。阿尔西纳和狄西沙雷（Alsina & Decesaris，2002）以英语中的后缀"-ful"和"-like"为例，分析了词（组）的形态结构（morphological structure）与英语词典释义（lexicographic definition）之间的关系问题。阿尔西纳和狄西沙雷的调查结果表明，添加"-ful"和"-like"所形成的派生词，其词汇化的程度不尽相同，前者要高于后者。从词典收词角度看，词化程度较高的派生词通常会作为词目出现，词化程度比较低的派生词则可能被省略。

但是，在词典立目中，不同词典中派生词的立目地位并不相同，甚至是同一部词典中的同一编者，在处理派生词时也会出现前后不一致的情况。下面的例子来自《简明英语词典》第1版。

1.thank¹ , v.t. Express gratitude to (person *for* thing)…

　　thank² , n. (now only in pl.) (Expression of) gratitude…

　　thankful, n. Grateful; (of words or act) expressive of thanks. Hence **thankful**LY ² adv., **thankful**NESS n.[-FUL]

　　thankless, a. Not felling or expressing gratitude…Hence **thankless**LY² abv., **thankless**NESS n.[-LESS]

2. aim² , n. Direction of a missile at an object…whence **aim**LESS a., **aimless**LY ² adv., **aimless**Ness n.

3. shame¹ , n. Felling of humiliation excited by consciousness of guilt

---

or shortcoming… whence **shame**LESS a., **shameless**LY² adv., **shameless**NESS n.; state of disgrace or ignominy or discredit (*s. on you!; put one to s.,* disgrace him esp. by exhibiting superior qualities & c.), person or thing that brings disgrace (*is a s. to his parents; would think s. to do it; is a sin & a s.*) whence **shame**FUL a., **shameful**LY ² adv., **shameful**NESS n.

4. grass, n., & v.t. Herbage of which blades or leaves & stakls are eaten by cattle, hourses, sheep, & c. … hence **grass**LESS, **grass**Y ², aa, (vb) cover with turf; lay (flax & c.) on g. To bleach; knock down, fell, (opponent); bring (fish) to bank, (bird by shot) to ground; (p.p., of golf-club) with face slightly sloped backward.

从上面的例子可以看出，在《简明牛津词典》第 1 版中，根词总是被赋予独立立目的资格，这是语文词典编纂中的传统做法。兰多（Landau，2001：109，111）指出，"传统词典似乎仍受语言学上长嗣身份的束缚，只对那些最古老、最直接而非派生的词汇予以全面解释，而派生词则因为其甩不掉的从属标志而备受冷落"；"在过去的词典编纂惯例中，不允许将形容词作为副词的内词目处理。所以不管那些可怜的副词用得多广，都只能被排挤到其他词条的末尾，幸运时也提供注音，却很少提供释义"。《简明牛津词典》系列版本对派生词的立目处理上有时确实如此。例如，在英语国家语料库中，"obviously""approximately""definitely""occasionally"的出现频率远远高于"obvious""approximate""definite"和"occasional"，但是，在《简明牛津词典》第 1 版和第 12 版中，只有基本形式"obvious""approximate""definite"和"occasional"被立目，其派生形式只作为内词目出现。而按照"高频优先"的频率原则，上述派生词应该取得立目地位。

但是，兰多关于"派生词在词典立目中总是居于从属地位"的说法有些武断和片面。《简明牛津词典》第 1 版中的派生词并不总是处于附属地位，相当多的派生词是被独立立目的。尽管如此，在派生词的立目问题上，福勒兄弟表现出明显不确定性和游移性。结构上类似、使用频率也差不多的派生词，在《简明牛津词典》中有时是立目单位，有时只是内词目。而内词目有时同时提供释义和配例，有时只提供释义或者是配例，有时二者都不提供。在《简明牛津词典》第 1 版中，"thank"作为不可分析的根词，自然会作为立目单位出现。同时，作为根词

"thank"的派生词的"thankful"与"thankless"也都被单独立目并提供了释义，且在立目单位"thankful"和"thankless"之下又分别出现了二次派生词"thankfully""thankfulness""thanklessly""thanklessness"，但它们只是作为内词目出现，并且也不提供释义。但是，"thank"词族的立目情况并不具有整体上的代表性，因为《简明牛津词典》第 1 版对派生词立目资格的处理并不统一。与立目单位"thankless"极具类比性的"aimless"是作为内词目出现的，也并未提供释义；同样作为根词"shame"的派生词的"shamelessness"也作为内词目出现，但在其后同时提供了释义和配例；立目单位"grass"的派生词"grassy"也出现在"grass"的右项部分，不过只提供释义，不提供配例。

派生词是以聚合的形式出现的，在构词上具有明显的规律性，语义上也具有可推演性和透明性特点。在对这类词的立目问题处理上，《简明牛津词典》第 1 版并没有稳定的标准以及统一的处理范式，同一类型的派生词在立目资格的确定以及处理深度上并不相同，其差异化处理的原因并不清楚。

《简明牛津词典》后续版本基本沿袭了第 1 版对派生词的立目处理方式。第 5 版中对"thank""thankful""thankless""aim""shame"以及"grass"的处理与第 1 版相同。《简明牛津词典》第 12 版对上述语言单位的立目情况出现了两个变化：一是将第 1 版中的内词目"thankfully"的词目地位予以升格，调整为主条目，这应该是因为"thankfully"在使用过程中出现了用法上的变异，需要着重说明[①]。二是第 12 版对后缀式派生词进行了集中处理，在作为立目单位的根词的右项部分单独辟出一个"DERIVATIVES"（派生词）栏目，对与词目相关的派生词进行列举，但不提供释义和例证。可见，派生词的从属地位并没有得到根本性的改变，但是《简明牛津词典》新版在派生词的立目处理上更具系统性。

（二）复合型语言单位在《简明牛津词典》相关版本中的收录情况

在英语语言系统汇中，两个或两个以上的语言成分合在一起，可能

---

① 《简明牛津词典》第 12 版在"thankfully"下有一个"用法栏"（USAGE），指出"thankfully"本来的意思是"充满感激地"（in a thankful way），但是从 20 世纪 60 年代开始，"thankfully"被用作"幸运地"（unfortunately）。《简明牛津词典》指出，尽管有些人认为这种说法是不正确的，但是这种用法越来越普遍。

组成一个复合词，也可能组成一个复合式词组，二者很容易混淆。对英语复合词与复合式短语最常见的一个判断标准，是书写的连贯性（graphic cohesion），即如果一个复合型语言单位的书写形式是连续的，中间没有连词符或空格，则视为一个词。反之，则视为一个词组。贝朗（Béjoint，1999：81）指出这一标准对英语而言并不实用，因为一些英语复合词，如"paper clip"既可以写成"paperclip"，也可以写成"paper clip"，还可以写成"paper-clip"。因为复合词汇单位在形式上具有可变性，不同词典所确定的复合词的标准词形也不一样，如《简明牛津词典》第 12 版收录的词形是"paper clip"，《朗文当代英语词典》第 5 版收录的则是"paperclip"。而且现代英语在复合词拼写方面有趋简倾向，一些曾经分写的复合词，现在已经凝固为一个词形。因此，按照书写形式对复合词的凝固性进行分析并作为立目的标准并不可行。

　　语音标准也同样存在问题。一般认为，英语中的复合词和复合型词组，除了书写形式上的合与分之外，复合词的重音通常落在第一个词上，复合型词组的重音则落在第二个词上，如"blackbird"（画眉）和"black bird"。但这种区分只对上述成对出现的复合型单位起作用，适用度有限。

　　语义标准也不足以将复合词与复合型词组分开。复合型词汇单位内部结构复杂，其结构形式、内部语义关系以及组成成分对整体意义的参与程度都不尽相同。克鲁斯（Cruse，1986）提出"语义标签"（semantic tallies）和"语义类别标志"（semantic categorizer）的概念，并以二者为参数，对英语复合词进行分类。克鲁斯指出，"cranberrry"（蔓越莓）中的"cran"，没有实在的意义，只是起到对"berry"（浆果）进行分类的目的，因此"cran"是一种语义标签，而"berry"则是一个语义类别标志，二者合起来构成一个语义成分（semantic constituent）。"red wine"中的"red"，其作用是指出"red wine"是酒的一种，不过"red"在一定程度上也表示出该酒的颜色。也就是说，在这种情况下，"red"兼具语义标签与部分表意的功能，因而是一种"不完全的语义标签"（impure tallies），"wine"则是语义类别标志。相比之下，"red dress"中的"red"只表示颜色，不表示种类，因此"red"不是语义标签。克鲁斯还提出"语义指示语"的概念，认为"blackbird"中的"black"即属于这种不是语义成分，但在语义功能上与同形语义成分）——如"black bird"中的"black"——有关联的语义指示语形式。克鲁斯指出，"blackbird"中的"bird"是完全语义指示语（full indicator），而"greenhouse"中的"house"则是"部分语义指示语"（partial indicator）。克鲁斯通过组合成分对整体意义的参与程度，对英语复合词语义透明性程度进行差异性的说明。这种方法对同一语义场内部成员之间的关系分析具有较强的适用性。不足之处在于：关于语义标签、语义类别标志以及语义指示语的区分，界限并不清楚。尤其语义标签与语义指示语，时有重合。

　　认知语言学家分析了复合词内部的语义透明性对词汇认知与理解的影响。桑德拉（Sandra，1990）和威斯路德（Zwitserlood，1994）通过研究发现，只有那些语义透明的复合词，才会在词义判定过程中使用语素分析（morphological decomposition）策略。里本、吉布森和尤恩（Libben，Gibson & Yoon et al.，2003）分析了复合词内构成语素的位置对复合词语义透明度等级所产生的影响，认为其中的类义语素具有心理语言学中的"语义启动效应"，复合词中的核心语素在词汇分解、词汇判断中的作用非常大。

　　里本、吉布森和尤恩等（Libben，Gibson，Yoon et al.，1997）使用了语素启动范式（constituent priming paradigm），通过观察、分析在线词汇决定任务（lexical decision task），讨论了语义透明度在英语"名+名"型和"形+名"型双语素复合词意义识解中的作用。里本、吉布森和尤恩等认为，英语中"名+名"型和"形+名"型双语素复合词，都属于右中心结构，即核心语素都是线性序列中的第二个成分。这些双语素复合词的语义透明程度并不一致，共分为三种情况：一是语义完全透明的，即TT型①复合词，如"doorbell"，两个语素的意义加合后形成整体意义；二是语义部分透明的复合词。包含两个次类型：一是 OT 型，如"strawberry"（草莓），二是 TO 型，如"jailbird"（长期坐牢的囚犯）。第三种是语义完全不透明，即 OO 型，如"humbug"（骗子；薄荷硬糖）。

　　贝朗（Béjoint，1999：82）综合各家看法，提出了确定复合词的四个标准：一是意义上的非组合性（non-compositionality），二是重音的位置（position of the stress），三是频率原则（frequency），四是词的一

---

① 里本、吉布森和尤恩等（Libben，Gibson，Yoon et al.，1997）的研究中使用的字母"T"，意指"透明的"（transparent）；使用的字母"O"，意指"不透明的"（opaque）。因此 TT 型指"（语义）透明性成分+（语义）透明性成分"。同理，OT 型指"（语义）不透明成分+（语义）透明性成分"。余者以此类推。

体性（lexical unity）原则。但这四个标准的判断结果并不总是一致的。因此，复合型语言单位的语义透明性程度及其判断会出现言人人殊的情况，这必然对其词典立目产生影响。

福勒兄弟把复合词看作"次等词"（Allen，1986），这可能是因为《简明牛津词典》第 1 版的目标用户的定位是受过良好教育的社会精英阶层，复合词在语义上具有可分析性特点，因此不太可能成为信息查询对象。事实也的确如此。在《简明牛津词典》第 1 版中，复合词很少具有独立立目地位，而是作为内词目内嵌于微观结构之中，通常提供释义，有时还提供配例。例如：

air[1] n. (1) Gaseous substance enveloping earth, mixture of oxygen and nitrogen, breathed by all land animals; atmosphere... (2) Appearance... (3) Combb.: a.-*ball*，inflated toy; a.-*bed*, inflated mattress; a.-*bladder*... a.-*brake*... a.-*chamber*... a.-*engine*... a.-*gun*... a.-*jacket*... a.-*line*... a.-*poise*... a.-*pump*... a.-*ship*... a.-*thermometer*... a.-*threads*... a.-*tight*... a. -*trap*... a.-*tray*... a.-*way*

ground 1 n. Bottom of sea... g.-*ash*... g.-*bait*... g.-*color*... g.-*fish*... g.-*fishing*... g.-*floor*... g.-*game*... g.-*hog*... g.-*ice*... g.-*ivy*... g.-*landlord*... g.-*note*... g.-*nut*... g.-*pine*... g-*sea*... g.-*swell*... g.-*torpedo*... groundwork

从上例可见，几乎所有的复合词都内嵌于作为立目单位的第一个语言符号之下，以斜体形式出现。这种内嵌式收词立目无疑是《简明牛津词典》第 1 版信息密集性超压缩文本的另一个重要体现。这种密集性的内词目排列在当时就受到了部分词典用户的质疑，甚至科伦拉登出版社的相关人员也对此颇有微词。《简明牛津词典》第 8 版的主编艾伦（Allen，1986）对此的评论是，"福勒式的、不由分说就把复合词视为二等词的做法在我看来是最严重的错误，并且影响至今。在《简明牛津词典》第 8 版中，我们要恢复复合词在词汇系统中本来的地位"。艾伦确实做到了，在第 8 版中，复合词不再附属于第一个组成部分之下，而是被单独立目。自第 8 版后，在《简明牛津词典》中得以立目的复合词越来越多。

《简明牛津词典》第 9 版在第 8 版的基础上更进了一步。在第 9 版中，大量复合型语言单位进入词表中，其中既包括自第 1 版开始就出现的复合词，如"mailboat""mailbox"等，同时也包括了大量的复合型词组，如"business studies""business card""bus stop""bus station""mail carrier""mail cart""tree toad"等。而且，在《简明牛津词典》第 9 版中，一些作为类义聚合出现的复合型语言单位全部出现在词典词表之中，如"businessman""businesswoman""businessperson"等。这些复合型立目单位的增收明显是受到了 20 世纪西方世界兴起的"政治正确"（political correctness）思潮的影响①，这表明《简明牛津词典》第 9 版的编纂者对一些语言学理论的相关研究较为关注，并尽力在词典中同步呈现，这可能也与商业性词典所处的竞争环境有关。"政治正确"性收词策略在后续版本中也得到一定程度的延续。在第 12 版中，"policeman""businessman"和"statesman"依然作为主要立目单位出现，然后在紧随其后的括注中分别出现了"or **policewoman**""or **businesswoman**"以及"or **stateswoman**"。这种处理方式非常微妙，用户可以认为"policeman"与"policewoman"并列，也可以认为"policewoman"是从属于主条目"policeman"的副条目。有趣的是，可能为了避免收词中因为出现"政治不正确"而得罪女权主义词典用户，基本词"fireman"（消防员）竟然没有出现在第 12 版的词表中。这也许是疏漏（但可能性很小），也许是因为编纂者实在不愿意在"fireman"后再提供"or **firewoman**"，尽管消防员中偶尔也会有一两个女的。

　　第 9 版的复合型词汇单位立目策略在后续版本中得以沿袭。在第 12 版中，由"air"构成的复合型语言单位有 87 个被独立立目。其中既包括合写的"airbag""airbed""airboat""airbrush"等，也包括分写的"air brake""air bridge""air corridor""air raid""air force"等。就

---

①　"政治正确"起源于20世纪60年代的美国，是一场民权运动。1975年美国全国妇女组织的主席卡琳·迪克劳针对英语中歧视女性的语言现象，首次提出在交际活动中需要秉承"政治正确"的要求。因此"政治正确"中的"政治"不再以"阶级"或"政权"为主要的关注点，而是倾向于对"身份政治"的争取。持"政治正确"观点的人认为，"statesman"（政治家）这一符号在构词上的特点隐含了这样一个观点：政坛是一个男性的世界，忽视并弱化了女性的领导能力，因此这种构词形式被认为不符合"政治正确"原则。"政治正确"要求实行语言表述中的"非强调原则"——除非与内容密切相关，否则对于报道对象的宗教、性别、种族、文化、性取向、年龄等因素统统不予强调，甚至不予提及，即大力提倡使用中性的表述方式，避免语言描写的标签化。应该说，这种中性表达对于淡化语言使用中的刻板形象是有积极作用的。"政治正确"思潮导致语言表述上的变化，但这种变化是否会在词典编纂中得以相应呈现，要受到词典编纂者所处的社会环境、编纂者的语言学观点以及词典功能影响。《简明牛津词典》第 9 版的宏观结构在"政治正确"方面迈出了尝试性的一步，其后的版本也采取了这种做法。

目前来看，复合词在词典中的立目资格无须置疑，但需要确定复合词分写还是合写的问题，如立目单位应该是"aircrew"还是"air crew"。

第四节　本　章　小　结

现代语言学理论的发展为词典立目提供了新的视角。本章主要关注语用学影响下话语标记语的词典立目情况，语料库语言学理论影响下复杂词汇单位的词典立目情况，以及认知语言学理论影响下语义透明性单位的词典立目情况。

在语用学的影响下，话语标记语开始进入词典词表之中。但是无论是《简明牛津词典》还是《现代汉语词典》，话语标记语的收录都具有偶发性特点，假性收录与遗漏情况极为常见。不过《现代汉语词典》在第 5 版之后，《简明牛津词典》在第 10 版之后，对话语标记语的收录较为系统，这是词典编纂者在相关理论驱动下对词典立目单位进行的调整。受语料库语言学的影响，词典立目中的"词项中心意识"逐渐增强，复杂词汇单位在词典中独立立目的情况开始增多。《简明牛津词典》自第 9 版之后，甚至从之前的综合型宏观结构变为分析型宏观结构。相比之下，《现代汉语词典》各版本中，复杂词汇单位的立目情况并不统一，分解性立目、整体性立目以及兼容性立目的情况都比较常见，在标准的把握方面并不统一。在认知语言学的影响下，学界开始注意语言单位的语义透明性程度对其词典立目的影响。到目前为止，语义隐晦型单位的词典立目较为普遍，语义透明性单位的立目则表现出较大的随机性。语言单位的语义透明性程度、使用频率以及组合能力都会对语言单位的立目资格产生影响，《简明牛津词典》与《现代汉语词典》在对上述因素的把握上较为主观。

第八章　结　语

　　词典考古学（lexicographic archaeology）是对同一家族词典间的比较，是词典学研究的一个组成部分。词典考古学可以比较同一部词典不同版本之间的异同；比较源于同一部词典的各部词典的异同；比较由同一出版商出版的各种词典之间的异同，在批判性词典对比研究中极具可行性。通过词典考古学，可以揭示语言事实自身的发展变化，暴露词典编纂中的一些重要问题，同时有助于词典评论和对词典编纂人员的培训。

——伊尔森（Ilson，1986）

第一节　《现代汉语词典》与《简明牛津词典》的继承性与原创性

　　很多编纂者，包括评论者，在对某部词典进行推介时，都会迫不及待贴上"原创性词典"的标签。其实如果追溯到词典最早的起源（实际上由于资料原因也很难进行此类追溯），可以认为没有哪一部现代意义上的词典是从零开始构建的。"从历时角度来看，后起的词典往往是'基于'先前的某部词典或者干脆是从先前的某部词典中'派生'出来的。"（Hartmann，2001：45）某一类型词典基本编纂范式的最初形成，可能主要得益于早期的某一部开创性词典。朗德尔（Rundell，2010：198）指出，（英语）词典编纂中的一个显著特点是，任何一种创新之举，只要有可能提高词典的质量，迟早都会被极具竞争力的同类型词典所效仿。可见，词典编纂范式的完善是一个后出转精的渐进过程，是世界范围内同类型词典的精华部分不断添加聚集的结果。在词典范式基本完善之后，同一类型的词典在选词立目、词典释义、配例设置以及用法说明等方面都呈现出标准化特点。

　　从词典用户的视角分析，同一类型词典如果其基本范式相对固定，词典用户就可以基本掌握该类型词典中所包含的主要信息模块、相关信息模块的主要内容、信息呈现的基本方式以及在词典文本中大致的位置，有利于用户对词典信息的快速提取。实际上，自 18 世纪开始，世界范围内语文词典的编纂范式已经基本形成。这之后的语文词典所做的工作，是如何结合目标描写语言的特点，对基本范式进行调整、发展，以实现自身的优化。

在现代社会中，一部经过时间和用户考验的优秀词典，既会有对国内外同类型词典的合理继承或借鉴，也会具有一定程度的原创性。同一类型词典间的差异主要体现在继承性与原创性的程度上。王宁（2008）认为，判定一部辞书是否属于原创，要在同一或近似类型中进行比较，并要看这部辞书的编纂背景，考察它编纂之前的终点。王宁先生采取的是历时视角下词典的原创性分析，且关注的是同一语言文化中同一类型的词典，是一种语内词典的原创性分析。对词典原创性考查的另一视角是共时性视角，即关注同一时期不同语言文化中同一类型词典编纂的共性与个性特征，从对比中找出其差异性，并分析其中的原创性因素。

笔者认为，对辞书原创性的研究，需要历时与共时视角、语内与语际视角相结合。历时、语内的视角适合分析某一类型或某部词典"前修未密，后出转精"的发展演变。历时、语际的视角可以全方位地考查世界词典编纂场景中相同类型词典的继承与发展，共时视角则适合分析在某一特定时间截面上，同一类型的、语内或语际词典间的相互关系。在辞书原创性的研究中，从词典结构观的视角分析，对辞书原创性程度的判定涉及辞书在宏观结构、微观结构、中观结构等方面所起到的建设性作用，以及对后来同类型词典编纂所产生的影响。

（一）《现代汉语词典》的继承性与原创性

《现代汉语词典》在 20 世纪 50 年代末开始编纂，当时世界范围内语文词典的编纂已经达到了很高的水平。19 世纪中叶，法国的拉鲁斯（Larousse）出版公司出版了各种拉鲁斯词典，其中小拉鲁斯词典以释义简明扼要著称。20 世纪 50 年代，《罗贝尔法语词典》编纂出版。20 世纪，《简明牛津词典》《牛津英语词典》在词典学界赢得了极高的美誉度。在中国国内，20 世纪 20 年代兴起了"国语运动"和"白话文运动"。在这一文化背景下，《国语辞典》应运而生。王宁（2008）指出《国语辞典》在词典编纂体例上有三个第一：第一次建立了"以字头为条目标志、以聚合在字头下的词为解释单位的新体例"；第一次采用"以注音符号声母为纲、韵母为目的编排方式……现代汉语辞书真正意义上的音序排列法由此形成"；第一次"在白话文学书面语的基础上，广泛收集白话口语词"。苏新春（2006）认为"在对现代汉语词汇的描写、规范的自觉性上，在诸多体例的创立与革新上，《现代汉语词典》都做出了非常独到的贡献。但在指导思想、编纂方法等方面对《国语辞典》的继承仍是非常明显的，其编纂过程一如《国语辞典》，在资料上也作了相当的继承。"在《国语辞典》所确立的基本编纂范式的基础上，《现代汉语词典》以搜集整理的一百多万卡片为语料，在此基础上进行独立研编。《现代汉语词典》所做的工作，一是如何在经典语文词典范式继承的基础上进行范式优化，使之能够与现代汉语规范型词典的编纂特点相契合；二是自主解决因为汉语语言自身特点导致的、超越常规语文词典基本编纂范式范围的语言信息处理问题，如汉语中语素、词、词组的分界问题，对轻声、儿化以及离合词的处理问题，这些都没有可资借鉴的蓝本词典。

《现代汉语词典》的原创性体现在如下方面：第一，全面、系统地描写了现代汉语普通话词汇系统，并在科学描写的基础上进行了引导性的规范。第二，确立了现代汉语口语单位在语言系统中的独立地位，彻底抛弃了"书面语至上"的词典立目原则。第三，在进行充分学术研究的基础上，对繁体字、异体字、异形词等进行推介型的规范，对汉语的轻声、儿化、离合词等进行了科学的词典处理。第四，在国家相关拼音正词法规则的指导下，逐步完善并确立了拼音文本的分词连写方式。第五，确立了刚性规范与柔性引导相结合的现代汉语规范词典编纂模式。

《现代汉语词典》在汉语语言学界具有极高的声誉，张志毅和张庆云（2015：347）称之为"以词典形态存在的词汇学、语义学和词典学著作"。无论是在汉语规范型语文词典理论建设方面还是在实践方面，《现代汉语词典》都具有筚路蓝缕之功。与《简明牛津词典》一样，《现代汉语词典》在对母本语文词典基本范式合理继承的基础上，在对目标描写语言进行科学研究的基础上，经过独立研编形成自己独特的词典设计特征，且因为其典范性被后起的其他词典所参考或效仿，最终成为难以逾越的母本词典。

（二）《简明牛津词典》的继承性与原创性

在 18 世纪，英国语文词典编纂已经取得了很高的水平，尤以约翰逊的《英语词典》为最。《简明牛津词典》不是第一部语文词典，它也不是从零构建的，在编纂伊始《牛津英语词典》就是它的蓝本词典。在 20世纪初期开始编纂的《简明牛津词典》既可以汲取之前出版的语文词典在收词、释义以及例证处理等方面的成功经验，又可以从蓝本词典《牛津英语词典》中获取大量的语料并批判性地继承其编纂范式，最终将这些因素很好地整合到自己的整体结构之中。

《简明牛津词典》的原创性是一种扩展型的原创。所谓"扩展"，指的是《简明牛津词典》在编纂体例上明显可以看到蓝本词典的影响。《简明牛津词典》第 8 版的主编艾伦（Allen，1986）认为，《牛津英语词典》对《简明牛津词典》的影响体现在如下方面：第一，部分义项排列的时间标准。《简明牛津词典》是一部共时性语文词典，但在部分多义词目中，义项排列是按照时间顺序，而不是按照逻辑顺序排列的，在一些多义条目中，古旧义项被排在最前面。第二，分析性词源信息的系统性植入。《牛津英语词典》作为世界上最著名的历时性语文词典，精准的词源信息是其最明显的特色。第三，通过释义显示立目单位的语法信息，主要是通过括注的方法提供典型搭配。《简明牛津词典》因此深受好评，但这一处理范式同样源于《牛津英语词典》。

不过《简明牛津词典》并没有全套照搬《牛津英语词典》的体例。首先，在立目单位的选择上，《简明牛津词典》以当时的英语词汇为收录主体，《牛津英语词典》则旨在"逢词必录"。其次，《牛津英语词典》的配例全部都是源自相关作品的书证，这是由它作为历时性词典的性质决定的。而《简明牛津词典》第 1 版的配例全部是自撰例，二者对配例的选择策略完全不同。如果从源头追溯，采用自撰例也不是《简明牛津词典》的首创。至少在 1694 年的《法兰西学院词典》中，自撰例已经被大量使用。虽然目前并没有相关材料来证实《简明牛津词典》对前者的借鉴，但可以想见的是，一旦某种编纂体例在某著名的词典中出现并流传下来，对后起的同类型词典一定会有示范作用。

学界普遍公认的《简明牛津词典》第 1 版的原创性包括：第一，释义用词简约、精准，形成了所谓的"电报体"释义风格；第二，例证丰富，尤其是"by""the""in"等功能词，其例证的篇幅甚至超过了释义；第三，复合词、派生词以及词组等内嵌于词典的微观结构之中，提高了词典文本的信息密度。上述论述针对的是《简明牛津词典》的总体特点。

从词典宏观结构方面分析，在收词立目方面，《简明牛津词典》最大的创新性体现在对"常用词优先"原则的全面贯彻上。20 世纪之初，在现代意义的语料库出现之前，词典编纂者最重要的资料来源是引文档案（citation file）。引文档案往往摘录的是语段中的特殊用法，对常用词汇或义项的覆盖不足或者干脆省略，因此对真实场景中的语言使用情况的代表性不足（王馥芳、罗敏莉，2004）。在评论《牛津英语词典》的引文档案时，詹姆斯·默里指出：引文摘录的志愿者经常忽略普通用法，对非普通用法却过于重视。就像一个捕鸟高手，看见远处有一只罕见的鸟就会惊喜异常，而对身边草地上散布的普通家禽则视而不见。这种以"难词"为导向的资料收集工作导致词典词表中生僻词汇的数量过多。在《简明牛津词典》的编纂中，福勒兄弟明确强调要以"常用词为主"①，确定以现代英语为描写对象，这成为《简明牛津词典》所有版次的基本原则。这一立目原则具有开创性意义，明确了常用词汇在现代语文词典编纂中的基础地位，在词典中形成了以高频词为核心的完整词汇收录和描写体系。

在"常用词为主"的立目原则指导下，《简明牛津词典》对常用词进行了深度处理，并占用了大量的词典篇幅。但词典用户调查表明，词典用户更经常查询的是非常用词。为了解决编用之间的矛盾，在词典篇幅有限的情况下，《简明牛津词典》第 1 版中出现大量的合成性词条（synthetic entries），即与立目单位相关的派生词或复合词全部被内嵌于同一主词目之下，形成嵌套式的词目结构。这也是《简明牛津词典》"压缩型、高信息密度"词典文本产生的重要原因。

第二节　《现代汉语词典》与《简明牛津词典》的共性与个性特征

作为两部在各自文化中具有典范性的中型语文词典，《简明牛津词典》与《现代汉语词典》相关版本既有共性，也有个性。其共性特征体现了优秀通用语文词典的基本特点，其个性特征则是由其编纂目的、目标用户、目标描写语言系统的差异等方面决定的。

（一）《现代汉语词典》与《简明牛津词典》的共性特征

1. 建立在丰富语言材料和学术研究基础上的词典编纂实践活动

笔者坚持认为，词典编纂不仅仅是"术"的范畴，更是"学"的领域。没有坚实的语言理论和词典学理论作为基础，词典的体系性和科学性都无从谈起，所谓的词典最终只能沦落成"关于词的一份单子"。

---

① 因为强调收录常用词汇，在《简明牛津词典》第 1 版序言中出现的重要单词"telegraphese"（电报体），也没有被该版收录和立目。

　　尽管本来靠教书赖以谋生的福勒兄弟谦虚地表示他们"在没有被教会怎样游泳之前，就一头扎进了词典编纂的大海"，但是，早期的词典编纂者都不是专业的，福勒兄弟也是如此。与其他词典编纂者不同的是，《简明牛津词典》在编纂伊始，就站在了其蓝本词典《牛津英语词典》的肩膀之上。充分占有语言材料是优质词典编写的基础，福勒兄弟可以自由使用蓝本词典《牛津英语词典》所搜集到的丰富语料。而且由于蓝本词典《牛津英语词典》的示范作用，在选词立目、条目分合、词典释义、义项排列以及词源信息方面，《简明牛津词典》的起点非常高，这是其他同类词典根本无法企及的，《简明牛津词典》也因此奠定了深厚的学术基础。尤其是《牛津英语词典》所提供的词源信息，在《简明牛津词典》的立目、释义、词源描述方面起到了关键性作用。以同形词条目分合为例。《简明牛津词典》立目单位的分合是以词源为标准的，即历史上属于同一语源的处理为多义词，在词典中合并立目；历史上属于不同语源的则处理为同义词，在词典中分立条目。即使发展到现在，世界范围内绝大部分的语文词典（其中也包括我国的《现代汉语词典》）还是采用语义标准来判断同形词在词典立目中的分合。要是没有《牛津英语词典》坚实的词源学基础做后盾，在短短的五年时间内，《简明牛津词典》第 1 版就不可能达到如此高的学术水准。《简明牛津词典》后续版本在第 1 版的高平台上继续推进，不断进行结构性优化，词典文本内的结构关系日益完善。在第 8 版之后，在语料库技术的影响下，基于语感的词典编纂方法让位于基于语料库的编纂方法，《简明牛津词典》的描写性特点进一步加强，在选词立目、释义以及用法说明方面都体现出描写主义的相对客观性。

　　自第 1 版开始，《现代汉语词典》已经从整体上勾勒出现代汉语词典的基本面貌，确立了以词汇学理论为依据的字词立目处理方案，从文字学的角度确定通用字形与词形，采用现代汉语拼音方案对立目单位进行注音，尤其关注轻声、儿化、变调的问题，同时不断完善分词连写的注音方式；在释义中秉承共时性原则，不详列古义等。《现代汉语词典》第 1 版通篇没有谈到理论，但是词汇学、语义学、语音学、语法学方面的相关理论贯彻到每个条目的编写之中。到了第 5 版，《现代汉语词典》对立目单位的语法属性进行了全面的描写，极具开创性。在这之前，甚至没有哪部现代汉语语法书能够做到这一点。自此，现代汉语词类划分有了词典依据。在第 6 版中，分词连写的注音方式进一步得到细化，分词连写的规范基本确立。在第 6 版的"说明"部分，《现代汉语词典》首次公开表示"本次修订坚持以学术研究为先导，注重修订工作的科学性和系统性……收字、收词、释义、配例等各个环节设立了相关的十几个研究专题，由修订组和所内研究人员逐一进行调查研究"。《现代汉语词典》是一部词典形式的现代汉语学术著作，"它继承并向前推进了汉语语音学、语法学、修辞学，特别是词汇学、词义学、词典学的科学成果"。（张志毅、张庆云，2015：347）

2. 语文性突出，兼顾百科性

语文词典与百科词典是谢尔巴做出的最重要的词典分类。但是，对一些语言信息的理解，必须要有百科信息的参与，因此任何一部语文词典，都不可能完全排除百科信息，其主要差异在于词典文本中语言信息与百科信息的比例与配置问题。《简明牛津词典》与《现代汉语词典》收词都以当代常用语言符号为主体，在此基础上，酌情收录百科条目。在后期的版本，尤其是在《简明牛津词典》第 6 版、《现代汉语词典》第 3 版之后，由于社会的发展，百科条目在社会生活中的参与度不断提高，因此两部词典中百科条目的增录趋势比较明显，大约占总词目的四分之一。尽管如此，两部词典中百科条目的设置，从来就不是为了解决"物"的问题，而是为了更好地解决"语"的问题。换言之，两部词典中百科信息的设置一直是为了更好地解决词典用户的语言使用问题，主次关系非常明显，确保了其宏观结构整体上的语文性特点。

3. 共时性为主，历时性为辅

作为通用型语文词典，《简明牛津词典》与《现代汉语词典》在收词方面一直坚持共时性原则。两部词典所收录的词汇分为两类：一是严格意义上的现代通用词汇，这是词典收词的核心部分。二是目标词典用户在语言解码活动中可能会遇到的古旧词汇，是词典收词的边缘部分。《简明牛津词典》与《现代汉语词典》中所谓的共时性，并不是指只收录现代的词汇，而是指要收录的词汇，要么是现代的，要么是与现代有关的。一言以蔽之，《简明牛津词典》与《现代汉语词典》中的历时性语言符号，需要有现代社会中的书面资料证明它们仍然具有一定的使用频率。也就是说，历时性符号能够在两部词典中出现，取决于它们在书面语体中的共时性呈现。这是两部词典宏观结构共时性的保证。

（二）《简明牛津词典》与《现代汉语词典》的个性特征

《简明牛津词词典》自 1911 年的第 1 版到 2011 年的第 12 版，历时百年，《现代汉语词典》自 1960 年试印本印出，到 2016 年第 7 版出版，历时 50 余年，这期间社会与语言的变化沧海桑田。同时，《简明牛津词典》12 个版次历经 9 任主编[①]，《现代汉语词典》到目前为止已有 7 个版次。在如此长的编纂周期内，语言学、词典学理论研究也在不断推进，《简明牛津词典》与《现代汉语词典》相关版次在编纂范式上也必须有所调整。

一、商业驱动型词典与规范驱动型词典

《简明牛津词典》与《现代汉语词典》在编纂目的上存在巨大差异。

如前所述，《简明牛津词典》第 1 版的母本词典是《牛津英语词典》。由于《牛津英语词典》是"英语语言的历史记录"（Landau，2001：79），是一项史无前例的词典编纂工程，雇用了 77 个自愿者阅读相关书籍以提供语料。"（主编）默里一天收到一千多条引文，词典完成的日期一再拖后"（Sutcliffe，1978：57），"《牛津英语词典》编写了几十年，耗资巨大，距离完工还是遥遥无期"（McMorris，2002：73）。在这种情况下，科伦拉登出版社[②]非常需要有新的资金注入。使情况更为糟糕的是，"其他的出版社[③]已经在利用包括《牛津英语词典》在内的多卷本词典来编写自己的词典"（Kamińska，2014：42）。在这种内外交困的情况下，编委会决定找人编写一部两卷本的《牛津英语词典》的简写本，也就是现在的《简明牛津词典》。可见，在编纂伊始，《简明牛津词典》的任务是尽快开编、尽快出版、尽快赚钱，为《牛津英语词典》筹措更多的资金。因此，《简明牛津词典》最终能编

---

① 《简明牛津词典》第 1 版和第 2 版的主编都是 H. W. 福勒和 F. G. 福勒；第 4 版和第 5 版的主编是 E. 麦金托什（不过在第 4 版的扉页上，主编的名字写的还是 H. W. 福勒和 F. G. 福勒，这应该是出于维护词典的权威性以及谋求更好的商业利益方面的考虑。实际上的修订工作是由 E. 麦金托什完成的；第 6 版和第 7 版的主编都是 J. B. 赛克斯。

② 牛津大学最早没有独立的出版社，出版事务都是委托牛津大学的一些出版商做的。1668 年牛津大学成立了专门的出版机构，于 1713 年搬到了克拉伦登大厦，一直到 1830 年。牛津大学出版社早先主要出版宗教方面的书籍，19 世纪下半叶进行重组，负责营销的亚历山大·麦克米伦（Alexander Macmillan）出版了一系列书籍，并冠以克拉伦登出版社（Clarendon Press）。麦克米伦的继任者亨利·弗劳德（Henry Frowde）在牛津大学授权出版的书籍上标注的是"牛津大学出版社"，而由牛津办公室（Oxford Office）发行的书则标注克拉伦登出版社。总体上，克拉伦登出版社以其学术性著称，相比之下，牛津大学出版社则强调对教育的普及。《简明牛津词典》第 1 版到第 9 版由克拉伦登出版社出版，自第 10 版开始则冠以牛津大学出版社之名（Kamińska，2014：38-39）。

③ 如 1901 年出版的《钱伯斯二十世纪词典》（*Chambers 20th Century Dictionary*）即属于此列。

成什么样子，没有人知道。或者说，《简明牛津词典》最终能编成什么样子，取决于出版社当时能够找到什么样的人来编写这部词典，这里面涉及编写者的语言素养、文字功底以及编纂技巧，更重要的是，他/她（们）愿意为这部词典付出多少心血和时间。克伦拉登出版社很幸运，因为福勒兄弟在编写语法书《国王英语》时所表现出的"学术性和按规定交稿的守时特点"（Allen，1986），最终找到他们并委以重任①。福勒兄弟具有很好的语言天赋，对语言现象极其敏感，对语言的把握和理解超过常人。他们先期都做过一些词典编纂实践工作，熟悉传统词典编纂流程。而且两个人都具备对词典编纂者而言非常重要的工匠精神。这些为《简明牛津词典》的编写奠定了良好的基础。尤其重要的是，《简明牛津词典》本是为《牛津英语词典》融资之用的精简本，因此可以利用《牛津英语词典》所有的语料，还包括当时尚未编成的《牛津英语词典》，这在很大程度上保证了《简明牛津词典》的学术性。

　　与《简明牛津词典》开编之初的诸多不确定性相比，《现代汉语词典》的编纂一开始就站在国家语言文字战略发展的层面上。1956 年，中国国务院发布了关于推广普通话的重要指示，责成中国科学院（1977 年组建了中国社会科学院）语言所负责编纂完成"以确定词汇规范为目的的中型现代汉语词典"。因此《现代汉语词典》是"为推广普通话、规范汉语规范化服务的"，完全不同于商业性词典对经济效益的迫切要求，更关注词典的社会效应和文化影响。《现代汉语词典》前后任主编吕叔湘和丁声树先生是语言学泰斗，后期的修订主持人单耀海、晁继周、韩敬体、江蓝生、谭景春以及程荣诸先生，在语言学与词典学研究方面也各有建树，保证了《现代汉语词典》的学术性。同时，中国（社会）科学院语言所是国内语言学研究的重镇，聚集了国内著名的语言研究者，其研究领域涵盖古今中外，既包括传统的文字、音韵、训诂、修辞，又包括外国语言学、哲学与西方文化等，这为《现代汉语词典》的编纂提供了坚实可靠的学术基础。与福勒兄弟"在游泳中学会游泳不同"，《现代汉语词典》的编纂者一开始就站在理论的制高点上，在编

---

①　福勒兄弟并不是编写《牛津英语词典》的第一人选。《牛津英语词典》的编辑布拉德利（Bradley）坚持让《牛津英语词典》编写组内部的成员来编写《牛津英语词典》的简写本，（McMorris，2002：76）但他本人和克雷吉（Craigie）又都拒绝做这项工作。因为找不到合适的人选，简写本的编写拖延了很长时间。直到 1906 年，牛津大学出版社负责经济事务的弗劳德（Frowde）的助手米尔福德（Milford）才写信给福勒兄弟，希望他们接手这项编写任务。幸运的是，福勒兄弟同意了。

纂初期发表的《中型现代汉语词典编纂法（初稿）》（郑奠、孙德宣、傅婧等，1956），利用词汇学、语音学、语法学、语义学等相关理论，具体分析了《现代汉语词典》在选词立目、注音、释义以及整体编排等方面的重要问题，确定了基本的词典编写体例。

综上，《简明牛津词典》是一部明显的商业驱动型词典，而《现代汉语词典》作为一部担负词汇规范任务的词典，属于学术型词典的范畴。兰多（Landau，2001：23）认为商业性词典①多由私人投资资助，目的在于营利；而学术型词典一般由政府机构、大学、基金会或个人捐款提供资金，不以营利为目的。吉尔伯特（Guilbert，1969）认为学术性词典与商业性词典之间的一个主要差别是商业词典的编者不是语言学家（转引自胡开宝，2005）。诚如其言，在《简明牛津词典》第 8 版之前，词典主编都不是专业的语言学家或词典学家②。不过这在早期语文词典的编纂中极为普遍。

笔者认为，商业性词典更倾向于迎合目标用户的信息查询需求，呈现出明显的用户驱动特点；而学术性词典更注重对目标语言系统的描写或规范，强调学理上的系统性和科学性，呈现出较为明显的理论驱动特点。但是，词典的学术性和商业性是一个"多"或"少"的程度问题，而不是"是"或"否"的性质问题。《国际词典学百科全书》（WDD，1988）指出：词典的产生，总是为了满足某种（些）特定目的。词典从编纂到最后出版，除了作为文化产品必须具有的文化传播功能外（这一

---

① 目前部分学者还是对商业性词典存在着一些偏见，如兰多（Landau，2001：108）认为，"在商业性词典编纂实践中，没有人会去关心同形同音词与多义词在理论上的区别"。其实，在《简明牛津词典》第 1 版中，福勒兄弟就已经通过在立目单位右肩上标数字的方法，标示了同形词，如block[1]（木块）和block[2]（拥堵）、tear[1]（撕开）和tear[2]（眼泪）。这种对同音词的处理方法也一直被《现代汉语词典》所采纳。

② 第 1 版的编者亨瑞·瓦特森·福勒和他的弟弟弗兰西斯·乔治·福勒是教师，两个人从未受过词典学方面的专业训练。第 3 版的编者梅热勒是退役的英国军官，在印度服兵役期间与亨瑞·福勒有书信往来，1922 年回到英国后协助亨瑞·福勒修订《简明牛津词典》第 2 版和《牛津小词典》（*Pocket Oxford Dictionary*），审读《现代英语用法词典》（*Modern English Usage*）（Brewer，2007：69）第 4 版、第 5 版的主编麦金托什是苏格兰的一个老师。《简明牛津词典》第 6 版、第 7 版的主编赛克斯大学主修数学，后来拿到物理学博士学位，不过赛克斯极具语言天赋，能够使用六种语言进行阅读，"牛津出版社对他的语言天赋印象深刻"（波奇菲尔德，2004）。《简明英语词典》第 8 版的主编艾伦是《简明牛津词典》诸多版次中第一个具有语言学背景的专业词典编纂人员。第 8 版的很多设计特征都体现出了艾伦的语言学素养。第 9 版的主编汤普森（Tompson）、第 10 版的皮尔索尔（Pearsall）以及第 11 版的索恩斯（Soanes）和史蒂文森（Stevenson）都有着良好的教育背景和丰富的词典编纂经验。史蒂文森也是第 12 版的主编，与韦特（Waite）一道负责第 12 版的修订。

部分主要由编纂者完成），词典还必须具有较强的经济功能（这是出版商的关注焦点，也是词典编纂者的信心所在）。任何词典都必然具有一定程度的学术性，否则用户不会购买和使用；同时，任何词典都需要进入商业领域被用户体验和评价，否则词典不会有生命。

二、宏观结构描写性与规范性的差异

除了第 1 版必须具有的创新性之外，《简明牛津词典》其余各版本，尤其是第 2 版到第 5 版，特别注重对第 1 版编纂范式的沿袭。此时，词典文本的规范性主要体现在对内容的选择性呈现上。也就是说，《简明牛津词典》并不硬性规定词典用户应该怎样说，但是它一直在描写"受过良好教育的英国人"在怎样说。它告诉词典用户"你可以选择"，然后又建议"你最好从这些里面选择"。这样一种选择性的词典描写，实质上是一种隐性的规范。

自第 6 版之后，《简明牛津词典》收词中的英伦三岛本土化英语的壁垒被打破，词典开始容纳更多的英语变体形式，词典由"英语一元标准论"转化为"英语多元标准论"，对英语词汇的描写性特点开始突出。《简明牛津词典》自第 8 版开始完成了词典文本的电子化。词典微观结构中出现了用法注释（usage notes），词典外部构件（outside matter）进一步丰富。第 8 版在前言部分明确宣称该词典采取的是描写性原则而不是规范性原则，对词汇单位的收录、解释和说明都体现出描写性特点。而且，在第 8 版之后，随着语料库的建设以及对强有力的语料提取软件的使用，《简明牛津词典》的描写性特征进一步增强，且与语言的真实使用情况更为契合。第 9 版中词典结构进一步优化，用法注释从词典微观结构中分离出来，成为中观结构的一部分。后置页部分的信息由第 8 版的 9 类增加到 17 类，并且后置页部分还增加了语言信息模块"语体指南"（style guide），这是该系列词典对语用学知识的第一次系统性体现，对语言单位的描写维度更为开阔。第 10 版将"语体指南"进行扩充，除原有的用法说明之外，还增加了"词的构成"（word formation）栏目，以利用构词规则类推出更多的语言单位。第 10 版是比较特殊的一版，该版本体现了美国大学词典的特征，立目单位的选择兼收并蓄，科技词汇的比例飙升，百科性特点较先前诸版极为突出。第 10 版强调收词范围广、数量大，从第 1 版的详解型词典变成阅读型词典，在各版次中，该版对第 1 版"常用词优先"编纂策略的偏离程度最大。第 11 版删掉了"词的构成"栏目，在一些立目单位之下，出现了"词的历史"（word history）栏目，这是对牛津系列词典中的传统项目词源信息更为通俗化的表述，表现出较为明显的用户友善特点。在第 12 版中"用法说明"栏目更为全面和准确，且"用法说明"部分只是对立目单位的相关信息进行如实陈述，并不进行评价与引导。至此，《简明牛津词典》的描写性特征进一步彰显。

　　《现代汉语词典》第 1 版勾勒出现代汉语词汇的形体、语音、语义及其语法信息，确立了现代汉语词汇的基本面貌。由于历史原因，第 2 版只在此基础上进行微调。第 3 版对词目进行增减，共时性、语文性特点更为突出，对相关语言文字法规的执行更为彻底。第 4 版增补新词新义，并对某些异体字词的形体进行重新调整，以强调其规范性。第 5 版在学理上的重大突破是：在区分词与非词的基础上，全面标注词类。这是对汉语词汇语法属性的全面梳理，自此之后，现代汉语词汇单位实现了"词有定类"。第 6 版确立了立目单位读音标注中的分词连写基本模式，除此之外，继续按照国家标准对相关词汇单位进行规范。与《简明牛津词典》相关版本"先侧重规范后偏向描写"不同，在《现代汉语词典》第 1 版到第 7 版的编写中，规范性原则是主导性原则。第 1 版在"说明"部分明确指出"这部词典是为推广普通话、促进汉语规范服务的，在字形、词形、注音、释义等方面，都朝着这个方面努力"。第 3 版的"说明"部分指出"（本词典）增、删、改的原则仍依据《现代汉语词典》的编写宗旨，目的是使这部词典在推广普通话、促进汉语规范化方面，在汉语教学方面，继续起到它应有的作用"。第 4 版的"说明"部分表示"增补本以及国家有关规定对某些字形、词形做了修正……根据国家有关标准对附录《计量单位表》做了修订"。第 5 版的"说明"部分指出"全面正确地执行国家的语言文字规范和科技语规范是本书的重要原则……我们在修订工作中始终与有关部门保持密切联系"。第 6 版的"说明"部分指出"本词典除全面正确贯彻以往国家有关语言文字和科学技术等方面的规范和标准外，还注意吸收和反映近年来国家语言文字工作委员会组织专家学者制定、修订的有关字形、字音等方面的规范标准的最新成果"。第 7 版修订幅度较小，"说明"部分表示其修订内容主要是"全面落实 2013 年 6 月由国务院公布的《通用规范汉字表》"。可见，规范性是《现代汉语词典》所有版次的主线。但是，《现代汉语词典》的规范并不仅仅限于对国家相关语言文字规定的亦步亦趋，唯命是从。一方面，它坚定地完成了所担负的现代汉语词汇的规范任务，另一方面，它坚持以学术研究为先导，在国家语言文字规范暂时未能准确覆盖的领域，起到了引领规范的作用。因此，笔者认为，《现代汉语词典》基于规范，但又不囿于规范。《现代汉语词典》相关版本是"标准描写词典"而不是"标准规定词典"。

三、目标用户的差异

《简明牛津词典》第 1 版的目标用户是"受过良好教育的英语使用者"（见《简明牛津词典》第 1 版前言），定位的是精英阶层，所以收词立目以及释义中都表现出非常明显的文学倾向，此时语言规定主义占主导地位。自第 6 版开始，目标用户群扩大到包括英伦三岛之外的其他英语国家，自第 9 版开始，用户群不仅仅限于英语使用者，而是扩大到海外用户群。目标词典用户的变化使得《简明牛津词典》在编纂范式上进行了相应的调整，描写性特点明显，以涵盖更多的语言变体形式，在信息的选择和呈现上也更趋向于用户友善。总之，《简明牛津词典》相关版次的描写对象从本土英语扩大到世界英语，目标用户也相应地从英伦三岛扩大到海内外英语用户和英语学习者。

与《简明牛津词典》的"精英意识"不同，《现代汉语词典》的目标用户一直是"中等以上文化程度的读者"，大众意识突出，这与它所担负的汉语词汇规范任务是契合的。

第三节 《现代汉语词典》可能的优化空间

汉英语文词典对比研究的终极目的，是服务并优化我国的语文词典编纂实践。兹古斯塔（Zgusta，1971：263）指出，"有造诣的词典编纂者的真正艺术是：能理解什么是最好的传统，能理解未来发展的一般趋势，并且将这些知识贯穿于词典之中。词典有坚实的基础，材料来源与历史，而又能预见并促进未来的发展"。《现代汉语词典》做到了这一点。《现代汉语词典》历经调整，不断优化，确立了现代汉语通用型语文词典编纂的基本设计特征，代表了传统词典编纂模式下汉语语文词典编纂所能达到的最高水平。与《简明牛津词典》相比，二者各有特色。甚至在某些方面，如在对语言的规范性问题上，《现代汉语词典》的处理极具特色，为世界上同类型辞书树立了非常好的榜样，是非常难得的蓝本词典。

差异、优势和特色都可以在对比中清楚地显现。尽管《现代汉语词典》取得了很高的成就，但与《简明牛津词典》相比，仍存在着可优化空间，主要表现在如下四个方面。

1. 加强对科技词汇的层次性收录并进行显性标注

贝朗（Béjoint，1988）指出，"当语文词典的词表结构大致确定后，常用词的多义性、义项区分、句法以及共现关系等方面的问题就不再突出，取而代之的是词表的选择——因为科技词汇总是与命名活动相关"。科技词汇与社科词汇都属于百科词汇的范畴。在社科类词目的收录与修订上，《现代汉语词典》在总体稳定的前提下，表现出极高的时效性特点，这一点是《简明牛津词典》无法企及的，无须赘言。但是，在科技词汇的收录上，《现代汉语词典》存在两个问题。一是需要明确科技词汇在总体上所包含的种类，这是科技词汇收录的科目平衡性要求。二是决定某一特定类型的收录层次，这是科技词汇收录的层次性要求。除此之外，另一个浩大的工程是：为科技词汇以及普通词位所引申出的学科意义提供学科标签。目前《现代汉语词典》中学科标签的缺失，导致用户不能从形式上区分出无标记的通用词汇与有标记的专业词汇，学科标签的缺失也导致了很多专业词汇的释义不准确，甚至导致了专业义项在释义中的遗漏。在科技词汇的处理方面，《简明牛津词典》提供了可资借鉴的范例。

2. 复杂词汇单位立目策略的一致性

在吕叔湘先生所撰写的《现代汉语词典》编写细则中，只有一条有关成语收录的规则，其他复杂词汇单位的收录和立目问题均未涉及。历版《现代汉语词典》收录了不少上述复杂词汇单位，且后期版本的补录也在不断进行。但对于复杂词汇的收录原则与立目策略则鲜有论及，在词典处理中有时会出现前后不一致的情况。

复杂词汇单位异质性的（heterogeneous）特点突出，不同类型的复杂词汇单位在语义凝固性、句法灵活性以及词法可替换性上存在着不同程度的差异。语义隐晦程度高、句法灵活性与词法可替换性极差，规约性强的复杂词汇单位，在《现代汉语词典》中总是采取整体性立目策略。但对一些句法上有一定灵活性的复杂词汇单位，如"打退堂鼓"，或是词法上可部分替换的复杂词汇单位，如"不成体统"，或是一些可以拆分出更小的、更具组合能力复杂词汇单位，如"唇齿相依"，《现代汉语词典》或采取整体性立目策略，或采取分解性立目策略，或采用二者兼备的兼容性立目策略，处理情况很不一致，且其差异化处理的依据并不清楚。《现代汉语词典》在这方面需要做的工作包括：第一，根据频率因素确定词典中应该收录的复杂词汇单位；第二，分析复杂单位在语义凝固性、句法灵活性以及词法可替换性方面的差异，在此基础上进行归类并分析其类型特点。对同一类型的复杂词汇单位，确立其主导性立目策略是整体性策略还是分解性策略。考虑到纸质词典的空间限制，控制兼容性立目策略在复杂词汇单位立目中的使用。

3. 从单一的纸质词典发展为以纸质词典为主、电子化词典为辅的多元词典模式

纸质词典是传统语文词典编纂中最为常见的形式。随着科技的发展，在当代社会中，词典主要通过三种方式出版发行：一是单纯发行纸质版本，如《现代汉语词典》第 1—6 版；二是纸质版本与电子版本同步发售，如《简明牛津词典》第 12 版；三是只发行电子版，如《牛津英语词典》第 3 版的网络版。朗德尔（Rundell，2015）指出，在全世界范围内，有三类词典的纸质版本销量逐渐萎缩，分别是面向本族语用户的通用单语语文词典、大型的双语词典以及外向型单语学习词典。显然《现代汉语词典》属于第一种类型。

到目前为止，《现代汉语词典》纸质版非常畅销。但是，从世界范围看，语文词典从纸质版本迈向电子化版本是主要的发展趋势。电子化词典的优势非常明显：无限的储存空间（storage space）①内，词典可以涵盖更多的立目单位；立目单位也无须一定按照音序排列，可以按照语义聚合关系在同一窗口呈现；电子化词典的超链接可以在相关语言信息之间、语言信息与百科信息之间形成参见；检索结构的多维性以及信息呈现的多窗口性使得用户检索更为快捷。《简明牛津词典》第 12 版的纸质版本同时推出网络版，可以预见，随着整个社会电子化程度的加深，用户使用纸质版本的概率越来越小，语文词典可能会出现在电子书、电脑甚至是手机 APP 上。《现代汉语词典》第 7 版现在已经实现了电子化，下一步可以考虑在此基础上进一步优化电子化词典的表述空间（presentation space）。

4. 从"好的词典"变成"可信的词典"

阿特金斯和朗德尔（Atkins & Rundell，2008：45）区分了"好的词典"（good dictionary）和"可信的词典"（reliable dictionary）。所谓"好的词典"，指词典向用户揭示立目单位的典型意义、与其他单位的

---

① 罗伯特·卢（Lew，2011）区分了词典的储存空间和表述空间。前者指容纳词典全部内容的空间，后者则指对词典信息（lexicographic information）进行呈现的空间。

组合情况以及所出现的语篇类型等。所谓"可信的词典",指词典对立目单位相关信息的描写与语言使用者在真实的交际环境中对该单位的使用情况基本一致。阿特金斯与朗德尔的区分,颠覆了大多数人,包括词典学研究者对词典的传统认识。通常认为,好的词典必然是权威性的词典,自然也是可信的词典。但显然,在强调以语料库为词典编纂基础的词典编纂者看来,"好的词典"不一定是"可信的词典"。

"可信的词典"对目标语言系统进行的是"镜像描写",能够反映语言社团真实的语言使用状况,这种真实的状况可能是语言使用者无法感知或者习焉不察的,但在语料库中却能够被清楚地呈现。要编纂"可信的词典",必须占有大量语料、在此基础上对语料进行分类和分析。从传统上看,词典编纂所凭借的语料来源包括以下方面:第一,词典编纂者自身对语言的掌握与内省;第二,对语言合作人进行的语言使用状况调查;第三,开展各种类型的阅读项目(reading programme),建立引文(citatition)档案;第四,建立为词典编纂服务的语料库,同时利用网络语料库监控新词的使用状况(Atkins & Rundell,2008:46-53)。可见,从"好的词典"到"可信的词典",语料库的建设及其相关的信息处理技术是关键。

基尔加里夫和特格韦尔(Kilgarriff & Tugwell,2002:125)将语料库与词典学的结合分为四个阶段。第一个阶段是计算机产生之前,主要使用人工方法搜集语言使用实例,最终建成引文档案(citation files)。传统语文词典,如《牛津英语词典》和《现代汉语词典》都是通过这种模式编纂而成的。第二阶段是20世纪80年代早期。这一时期出现了百万词级的语料库,关键词索引技术用于词典编纂之中。第三阶段在20世纪90年代晚期,出现了10亿词级以上的巨型语料库。语料的覆盖性与代表性得到了进一步的保障。第四阶段是21世纪之后,WordSmith(词匠)、WordSketch(词语速写)等语料查询软件可以对每个英语词汇单位的具体特征进行全面描写。现代英语语文词典的编纂已经进入了第四个阶段,我国的词典编纂现在仍处在第二个阶段。而且,在我国建成的语料库中,相当一部分只是电子形式的大型文档资料库,只能提供关键词索引,无法像WordSketch那样对词汇单位进行全方位的语言特征描写。《英语词典》的编纂者约翰逊曾把词典编纂者定义为"无害的苦工",兹古斯塔(Zgusta,1971:490)在此基础上妙论迭出,"要是以为计算机的大规模利用会从根本上改变词典编纂者的地位,那就错了……他不可能晋升为无害的电工"。的确,计算机技术不会降低词典编纂者在语料分析方面的工作强度，但计算机技术却可以使编纂者从语料收集、整理的材料工作中解放出来。不可否认，在语料库时代之前出版的、依靠人工收集语料的《简明牛津词典》第 1 版到第 7 版以及《现代汉语词典》相关版本受到了用户的欢迎和学界的好评。但是，我们也要意识到：用户永远只能从市场上所提供的产品中选择自己相对中意的产品，并发表用户体验。

欲善其事，先利其器。在词典结构设置合理、词典文本日益完善的情况下，汉语语文词典面临的最主要的任务和最大挑战，是从现在的"基于大型电子文档库"的词典编纂转变成"基于真正的大型动态语料库"的词典编纂。我国要从辞书大国走向辞书强国，大型动态语料库的建设以及语料库开发工具是关键。科研单位与出版社可以建设自己的语料库并努力实现资源共享，同时，国家层面的大型动态语料库更需要发展。在这方面，英语国家语料库（British National Corpus）、美国国家语料库（American National Corpus）、澳大利亚语料库（The Australian Corpus）、捷克国家语料库（The Czech National Corpus）以及匈牙利国家语料库（The Hungarian National Corpus）为我们提供了可资借鉴的范例。

张志毅和张庆云（2015：1）认为我国离辞书强国还有 50 年的距离。若诚如其言，则其中的距离在于现代化词典编纂技术与手段的应用，而不在于词典编纂水平。

参 考 文 献

鲍克怡. 1993. 现代汉语工具书的代表之作. 辞书研究, （5）：1-6.

北京语言学院语言教学研究所编. 1986. 现代汉语频率词典. 北京：北京语言学院出版社.

曹先擢，晁继周. 2002. 《现代汉语词典》的历史地位. 中国辞书论集. 成都：四川辞书出版社：1-11.

曹先擢，晁继周. 2003. 《现代汉语词典》的历史地位//中国辞书学会学术委员会主编. 2003. 中国辞书论集 2002. 成都：四川辞书出版社：82-91.

常俊跃. 2005. 研究范式的选择与我国的外语教学研究. 外语界, （5）：46-52.

晁继周. 1992. 略论规范型词典的特点——兼论《现代汉语大词典》的收词原则. 辞书研究, （5）：145-151.

晁继周. 1993. 从比较中认识规范型词典——再论规范型词典的特点. 辞书研究, （1）：12-19.

晁继周. 2004. 论异形词整理的原则. 中国语文, （1）：70-76.

晁继周. 2005. 语文词典论集. 北京：商务印书馆：184-191.

晁继周. 2012. 与时俱进的《现代汉语词典》. 辞书研究, （4）：1-7.

晁继周，单耀海，韩敬体. 1995. 关于规范型词典的收词问题. 语言文字应用, （2）：89-93.

陈宝勤. 2011. 汉语词汇的生成与演化. 北京：商务印书馆.

陈嘉映. 2003. 语言哲学. 北京：北京大学出版社.

陈开举. 2002. 认知语境、互明、关联、明示、意图——关联理论基础. 外语教学, （1）：29-32.

陈抗. 1994. 评《现代汉语词典》对异体字的处理. 中国语文, （4）：282-286.

陈黎莉. 2004. 评《韦氏三版新国际英语词典》. 闽西职业大学学报, （2）：91-94.

陈霞村. 2004. 聚焦《现汉》——《现代汉语词典》评校. 长春：吉林文史出版社.

陈一. 2008. 偏依性对举结构与语法单位的对称不对称. 世界汉语教学, （3）：28-42.

陈原. 1983. 社会语言学. 上海：学林出版社.

陈章太. 2006. 《现代汉语词典》及其第 5 版的收词. 语言文字应用, （1）：12-14.

程娟. 2004. 《现代汉语词典》词语功能义项计量考察. 语文研究, （1）：45-51.

程荣. 1996. 语词词典的编纂与现代汉语规范化. 语言文字应用，（2）：79-83.

程荣. 1999. 汉语辞书中词性标注引发的相关问题. 中国语文，（3）：218-224.

程荣. 2001. 单音词和单音语素与同义复音词的注释问题//李如龙，苏新春主编. 2001. 词汇学理论与实践. 北京：商务印书馆：238-257.

程书秋. 2012. 现代汉语短语使用情况的优先序列考察. 汉语学报，（2）：91-94.

储泽祥，智红霞. 2012. 动词双音化及其造成的语法后果——以"战胜"的词汇化过程为例. 汉语学习，（2）：14-22.

戴浩一. 2002. 概念结构与非自主语法：汉语语法概念系统初探. 当代语言学，（1）：1-12.

丁琳琳. 2009. 《第一批异体字整理表》发布以来的汉字异体字整理研究. 山东大学硕士学位论文.

董琨. 2004. 正确解读王力先生的词典学思想——现汉性质词典"义项按历史发展脉络排列"说质疑. 语言文字应用，（3）：41-43.

董秀芳. 2002. 论句法结构的词汇化. 语言研究，（3）：56-65.

董秀芳. 2003. "不"与所修饰的中心词的粘合现象. 当代语言学，（1）：12-24.

董秀芳. 2004. 汉语的词库与词法. 北京：北京大学出版社.

董秀芳. 2007. 词汇化与话语标记的形成. 世界汉语教学，（1）：50-61.

董秀芳. 2009. 汉语的句法演变与词汇化. 中国语文，（5）：399-409.

董秀芳. 2011. 词汇化：汉语双音词的衍生和发展（修订本）. 北京：商务印书馆.

董于雯. 2011. 汉语常用双音节词语义透明度研究——兼论对汉语词汇教学的启示. 国际汉语学报，（1）：178-187.

杜丽荣，邵文利. 谈谈《通用规范汉字表》异体字整理中存在的问题. 学术界，2015（02）：116-124，326.

方传余. 2007. "同志"一词的社会语言学研究. 语言教学与研究，（1）：28-33.

方环海，刘继磊. 2005. "完了"的虚化与性质. 语言科学，（4）：98-102.

方梅. 2000. 自然口语中弱化连词的话语标记功能. 中国语文，（5）：459-470.

冯光武. 2005. 语用标记语和语义/语用界面. 外语学刊，（3）：1-10.

符淮青. 1985. 现代汉语词汇. 北京：北京大学出版社.

符淮青. 2006. 词义的分析和描写. 北京：外语教学与研究出版社.

付晓雯. 2006. 《现代汉语词典》异体字研究. 山东师范大学硕士学位论文.

高更生. 1991. 谈异体字整理. 语文建设，（10）：22-27.

高少萍. 2009. 还原历史的真实——对比《苏联百科词典》和《俄罗斯百科词典》人物性词条的收录与释义. 辞书研究，（4）：104-110.

高永伟. 2010. 谈谈 1949 年前的英汉成语词典. 辞书研究，（5）：159-172.

高永伟，陆谷孙. 2002. 当代英语新词语词典. 北京：外语教学与研究出版社：序言.

高增霞. 2004. 自然口语中的话语标记"完了". 语文研究，（4）：20-23.

葛本仪. 1985. 汉语词汇研究. 济南：山东教育出版社.

顾曰国. 1992. 礼貌、语用与文化. 外语教学与研究，（4）：10-17.

关俊红. 2008. 《现代汉语词典》凡例对比研究. 求索，（5）：197-199.

管志斌. 2012. "得了"的词汇化和语法化. 汉语学习，（2）：107-112.

郭启新. 2011. 约翰逊及其《英语词典》研究. 南京大学博士学位论文.

郭锐. 1999. 语文词典的词性标注问题. 中国语文，（2）：150-158.

郭锐. 2002. 现代汉语词类研究. 北京：商务印书馆.

郭熙. 2013. 民国时期的两部字典. 辞书研究，（4）：66-71.

郭锡良. 1997. 介词"于"的起源和发展. 中国语文，（2）：131-138.

郭小武. 2000. 电子文本的简繁转换——关于简体古籍逆向工程的实验报告. 语言文字
　　用，（4）：79-86.

韩敬体. 1997. 《现代汉语词典》修订工作概述. 辞书研究，（1）：6-14.

韩敬体. 2005. 做好词典编写工作，为促进现代汉语规范化服务. 语言文字应用，
　　（3）：35-37.

韩敬体. 2006. 增新删旧，调整平衡——谈《现代汉语词典》第 5 版的收词. 中国语
　　文，（2）：179-186.

韩敬体. 2009. 词语的混同、分立与辞书编纂问题//温端政，吴建生主编. 2009. 汉语
　　语汇学研究. 北京：商务印书馆：95-98.

何九盈. 2006. 《现代汉语词典》第 5 版的新面貌. 语言文字应用，（1）：3-5.

何自然. 1999. 语用学方法论刍议. 解放军外国语学院学报，（4）：1-3.

侯学超. 1998. 现代汉语虚词词典. 北京：北京大学出版社.

胡开宝. 2005. 论英汉词典历史文本对汉语现代化进程的影响. 外语与外语教学，
　　（3）：57-60.

胡明扬，谢自立，梁式中等. 1982. 词典学概论. 北京：中国人民大学出版社.

黄德宽. 2007. 论汉字规范的现实基础及路径选择. 语言文字应用，（4）：2-7.

黄建华. 1987. 词典论. 上海：上海辞书出版社.

黄建华. 1999. 词典学的回首与前瞻. 外语研究，（3）：1-2.

黄建华. 2000. 词典论（修订版）. 上海：上海辞书出版社.

黄建华，陈楚祥. 2001. 双语词典学导论. 北京：商务印书馆.

黄文平. 2013. 《现代汉语词典》第 6 版"单词"释"词"释义方式研究. 四川外国语
　　大学硕士学位论文.

江蓝生. 2004. 《现代汉语词典》与吕叔湘先生的辞书学思想. 《辞书研究》，

（6）：1-9.

江蓝生. 2013. 《现代汉语词典》第6版概述. 辞书研究，（2）：1-19.

姜伟光. 2001-4-9. 电视人的"然后". 报刊文摘，3版.

蒋绍愚. 1989. 古代汉语词汇纲要. 北京：北京大学出版社.

蒋文华. 1999. 《现代汉语词典》（修订本）增收新词语的原则. 河东学刊，（2）：44-45.

焦红梅. 2013. 从"开交"到"不可开交"的演变——关于肯定与否定的不对称现象. 时代文学，（6）：169-170.

教育部，国家语言文字工作委员会. 2013. 通用规范汉字表. 北京：语文出版社.

孔昭琪. 2001. 等而下之的"完了". 语文建设，（8）：29.

库恩. 2012. 科学革命的结构（第四版）. 金吾伦，胡新和译. 北京：北京大学出版社.

夸克. 1980. 词语天地：《六千词——韦伯斯特国际三版新词典补遗》、《当代英语简明牛津词典》（第六版）、《韦伯斯特新大学词典》（第八版）等. 吴莹译. 辞书研究，（4）：81-94.

赖特. 2012. 语言政策与语言规划：从民族主义到全球化. 陈新仁译. 北京：商务印书馆.

兰多. 2005. 词典编纂的艺术和技巧. 章宜华，夏立新译. 北京：商务印书馆.

李枫. 2014. 《现代汉语词典》（第6版）新增词语研究. 吉林大学硕士学位论文.

李国英. 2007. 《汉语大字典》误用《释名》声训考辨（三）. 励耘学刊，（2）：126-137.

李晋霞，李宇明. 2008. 论词义的透明度. 语言研究，（3）：60-65.

李军. 2007. 道歉行为的话语模式与语用特点分析. 语言教学与研究，（1）：11-19.

李开. 1990. 现代词典学教程. 南京：南京大学出版社.

李开. 1991. 论现代应用语言学的理论建构. 南京社会科学，（4）：85-88.

李凌，黄蔚. 2012-09-01. 一部词典引发汉语"保卫战". 中国教育报，2版.

李仕春. 2013. 汉英词典100核心词释义对比研究. 中南大学学报，（6）：252-258.

李涛. 2010. 词典中的正误对比信息呈现模式研究——基于五本英语学习词典的实证研究. 辞书研究，（1）：105-110.

李天明. 2013. 浅析《现代汉语词典》第6版新增收的若干属性词——兼谈词典属性词收录的原则. 汉语言文学研究，（1）：133-138.

李锡胤. 1986. 词典的广度、深度，词义层次及体系. 辞书研究，（3）：1-13.

李侠. 2012. 配位结构、词汇语义与词典释义. 外语学刊，（6）：69-73.

李运富. 2006. 关于"异体字"的几个问题. 语言文字应用，（1）：71-78.

李志江. 1996. 论《现代汉语词典》的百科条目//吕叔湘，胡绳等主编. 《现代汉语词典》学术研讨会论文集. 北京：商务印书馆：202-216.

李志江. 2002. 《现代汉语词典》异形词处理的层次. 辞书研究，（6）：27-34.

李志江. 2009. 试论《现代汉语词典》熟语的收录原则//温端政，吴建生主编. 2009. 汉语语汇学研究. 北京：商务印书馆：129-142.

厉兵. 2004. 为什么必须质疑《现代汉语规范词典》"规范"二字?. 博览群书，（7）：10-12.

梁丽，冯跃进. 2003. 认知语言学中的基本层次范畴及其特征. 华中科技大学学报，（4）：106-110.

梁盟. 2006. 《现代汉语词典》中的外来词研究. 辽宁师范大学硕士学位论文.

梁式中. 1985. 论多词语对释//辞书研究编辑部编. 1985. 词典和词典编纂的学问. 上海：上海辞书出版社：157-181.

刘秉仁. 1981. 新版《简明牛津词典》评介. 外语界，（1）：30-31.

刘川民. 2000. 从两种版本的比较谈《现代汉语词典》的收词. 川北教育学院学报，（2）：6-10.

刘大为. 2012. 字母词：语码转换与外来词的角色冲突. 当代修辞学，（5）：90-92.

刘红妮. 2007. 非句法结构"算了"的词汇化与语法化. 语言科学，（6）：11-21.

刘红妮. 2010. 词汇化与语法化. 当代语言学，（1）：53-61.

刘慧. 2013. 利用语义韵研究改进对外汉语学习词典释义及用例——以"可想而知"为例. 辞书研究，（6）：27-33.

刘丽燕. 2009. 汉英名物词基义释义比较——基于《现代汉语词典》（第五版）和《柯林斯高阶英语词典》. 洛阳师范学院学报，（6）：165-167.

刘柳，陈丛梅. 2010. 从《牛津高阶英语词典》前后页材料变化看用户友好原则. 辞书研究，（2）：78-85.

刘庆隆. 1982. 现代汉语词典的收词. 辞书研究，（1）：16-26.

刘庆隆. 1983. 中国化、借鉴与国际化. 辞书研究，（5）：148-152.

刘叔新. 1984. 词汇学和词典学问题研究. 天津：天津人民出版社.

刘艺. 2010. 口语词语的界定及《现代汉语词典》（第5版）口语词语的量化分析. 汉语学习，（1）：105-109.

刘又辛. 1980. 关于整理异体字的设想. 辞书研究，（3）：20-35.

刘又辛. 1993. 从文字的分类模式看汉字的历史地位. 西南师范大学学报，（2）：101-104.

柳凤运. 1997. 《现代汉语词典》与《简明牛津英语词典》. 《辞书研究》，（1）：102-108.

陆谷孙. 2001. "新牛津"，"新英语"——《新牛津英语词典》（外教社版）代序. 外国语，（1）：78-80.

陆俭明. 1982. 现代汉语副词独用刍议. 语言教学与研究，（2）：27-41.

陆俭明. 2004. "规范"二字须慎用. 博览群书，（7）：6-8.

陆俭明. 2012. "汉语危机论"是杞人忧天. 中国社会语言学，（2）：4-6.

陆志韦. 1964. 汉语的构词法. 北京：科学出版社.

吕叔湘. 1958.《现代汉语词典》编写细则//中国社会科学院语言研究所词典编辑室编. 2004.《现代汉语词典》五十年. 北京：商务印书馆：1-7.

吕叔湘. 1961. 关于汉语词典的编辑工作//韩敬体主编. 2004. 现代汉语词典编纂学术论文集. 北京：商务印书馆：3-5.

吕叔湘. 1980. 现代汉语八百词. 北京：商务印书馆.

吕叔湘. 1984. 汉语语法论文集（增订本）. 北京：商务印书馆.

吕叔湘，胡绳等主编. 1996.《现代汉语词典》学术研讨会论文集. 北京：商务印书馆.

梅俊杰. 1985. 评介《简明牛津词典》第七版. 辞书研究，（5）：109-114.

梅孝达. 1980.《简明牛津辞典》第六版简介. 教学研究，（1）：25-27.

闵家骥. 1981. 略谈收词. 辞书研究，（3）：20-29.

闵龙华. 1995.《现代汉语词典》收词立目商榷. 南京师范大学学报，（1）：48-51.

莫爱屏. 2004. 话语标记语的关联认知研究. 语言与翻译，（3）：3-8.

莫爱屏. 2007. 话语中视角现象的语用翻译. 外语学刊，（4）：103-107.

潘文国. 2012. 字母不是汉字，字母词可有限收录. 当代修辞学，（5）：92-94.

潘雪莲. 2001. 规范型词典的收词原则. 中国社会科学院硕士学位论文.

潘雪莲. 2018. 谈谈语文词典释义的思想性——以《现代汉语词典》第6版、第7版释义修订为例. 中国语文，（6）：761-765.

彭伶楠. 2005. "好了"的词化、分化和虚化. 语言科学，（3）：74-80.

彭伶楠. 2006. 现代汉语双音词"X了"的虚化与词汇化研究——以"好了""行了""完了""罢了"为例. 上海师范大学硕士学位论文.

（清）钱大昕. 2001. 十驾斋养新录. 杨勇军整理. 上海：上海书店出版社：133-134.

钱旭菁. 2008. 汉语语块研究初探. 北京大学学报，（5）：139-146.

裘锡圭. 1988. 文字学概要. 北京：商务印书馆.

冉永平. 2000. 话语标记语的语用学研究综述. 外语研究，（4）：8-14.

冉永平. 2002. 话语标记语 you know 的语用增量辨析. 解放军外国语学院学报，（4）：10-15.

冉永平. 2003. 话语标记语 well 的语用功能. 外语，（3）：58-64.

荣月婷. 2009. 英汉学习型词典中话语标记语语用信息的标注. 辞书研究，（1）：92-98.

邵敬敏，朱晓亚. 2005. "好"的话语功能及其虚化轨迹. 中国语文，（5）：399-407.

邵文利. 2003. 《第一批异体字整理表》存在的主要问题及其原因. 语言文字应用，（1）：47-55.

沈家煊. 1999. "转指"和"转喻". 当代语言学，（1）：3-15.

沈家煊. 2012. 怎样对比才有说服力——以英汉名动对比为例. 现代外语，（1）：1-13.

沈阳. 1997. 现代汉语复合词的动态类型. 语言教学与研究，（2）：25-41.

施茂枝. 1999. 述宾复合词的语法特点. 语言教学与研究，（1）：123-134.

石典. 2004. "语言文字规范与辞书编纂"学术座谈会简记. 中国语文，（3）：276-278.

石定栩. 2009. 无定代词与独立"的"字结构. 外语教学与研究，（2）：83-91.

石肆壬. 1981. 词典学论文选译. 北京：商务印书馆.

石文. 1980. 谈谈《简明牛津词典》. 辞书研究，（4）：148-155.

石毓智. 1989. 现代汉语的否定性成分. 语言研究，（2）：12-21.

石毓智. 2001. 肯定与否定的对称与不对称（增订本）. 北京：北京语言文化大学出版社.

斯波斯基. 2011. 语言政策：社会语言学中的重要论题. 张治国译. 北京：商务印书馆.

宋文. 2008. 《现代汉语词典》异形词研究. 山东师范大学硕士学位论文.

宋宣. 2008. 现代汉语类义语素与语义范畴的显性表达. 毕节学院学报，（2）：92-98.

宋宣. 2011. 汉语偏正复合名词语义透明度的判定条件. 云南师范大学学报，（3）：42-48.

苏宝荣. 2002. 关于异形词整理和规范的理论思考. 辞书研究，（4）：1-12.

苏宝荣. 2010. 词汇学研究对语文辞书编纂的两大贡献. 辞书研究，（1）：48-56.

苏宝荣. 2012. 辞书学与语言学、辞书研究与辞书编纂沟通的桥梁. 辞书研究，（5）：23-24.

苏宝荣. 2013a. 以理论研究引领《现代汉语词典》修订在规范化上取得新突破. 辞书研究，（2）：20-24.

苏宝荣. 2013b. 字母词的"风波"与汉语的规范化. 北华大学学报，（2）：4-6.

苏宝荣. 2016. 汉语复合词结构的隐含性、多元性及其认知原则. 《学术研究》，（1）：162-165.

苏培成. 1994. 现代汉字学纲要. 北京：北京大学出版社.

苏新春. 2000. 当代汉语变化与词义历时属性的释义原则——析《现代汉语词典》二、三版中的"旧词语". 中国语文，（2）：174-181.

苏新春. 2001. 《现代汉语词典》对异形词的整理及对当前词汇规范的启示. 语言文字

应用，（3）：88-94.

苏新春. 2006. 论《现代汉语词典》与《重编国语辞典》的词汇比较研究. 中国海洋大学学报，（4）：53-59.

苏新春. 2007.《现代汉语词典》第五版的改进及对进一步完善的期盼——兼谈"现汉学"的建立. 深圳大学学报，（5）：134-139.

苏新春，黄启庆. 2003. 新词语的成熟与规范词典的选录标准——谈《现代汉语词典》（二〇〇二年增补本）的"附录新词". 辞书研究，（3）：106-113.

孙德宣. 1980.《现代汉语词典》编纂杂语. 辞书研究，（1）：1-12.

孙行之. 2012-7-23. 一部词典的时代印迹. 第一财经日报，3 版.

孙萍. 2016.《现代汉语词典》第 6 版与第 1 版词语比较研究. 新疆师范大学硕士硕士学位论文.

孙银新. 2003. 现代汉语的原生词素. 淮北煤炭师范学院学报，（6）：25-28.

索绪尔. 1983. 普通语言学教程. 高名凯译. 北京：商务印书馆.

谭景春. 2008. 语义综合与词义演变及动词的宾语. 中国语文，（2）：99-108.

谭景春. 2010. 名名偏正结构的语义关系及其在词典释义中的作用. 中国语文，（4）：342-355.

谭景春. 2012. 词典释义中的语义归纳与语法分析——谈《现代汉语词典》第6版条目修订. 中国语文，（6）：561-567.

谭景春. 2013. 加强研究，提高质量——谈《现代汉语词典》第 6 版条目修订. 辞书研究，（2）：45-51.

谭景春. 2015. 谈谈词典释义的三条基本原则——以《现代汉语词典》第6版释义修订为例. 辞书研究，（2）：20-25.

谭景春. 2018. 谈谈语文词典收词的思想性——以《现代汉语词典》第7版增补条目为例. 中国语文，（2）：223-225.

唐树梅. 2014. 1912—1949 年汉语中的外来词考释. 西华师范大学学报，（6）：76-79.

唐余俊. 2007.《现代汉语词典》收词原则与收词范围研究. 南京师范大学硕士学位论文.

万凌云. 2004. "规范"的遗憾——从《现代汉语规范词典》和《现代汉语词典》之争说起. 出版广角，（5）：23.

王春茂，彭聃龄. 1999. 合成词加工中的词频、词素频率及语义透明度. 心理学报，（3）：266-273.

王春茂，彭聃龄. 2000. 重复启动作业中词的语义透明度作用. 心理学报，（2）：127-132.

王馥芳. 2004. 传统词典如何更好地表现"动态性". 辞书研究，（2）：5-13.

王馥芳. 2010. 优势和不足——《新英汉词典》（第四版）和《朗文当代英语词典》（第五版）的比较. 辞书研究，（5）：74-81.

王馥芳，陆谷孙. 2004. 词典编纂如何对待语流中的一次性用词用法. 国外外语教学，（4）：43-49.

王馥芳，罗敏莉. 2004. 语料库词典学的兴起与发展. 辞书研究，（5）：45-53.

王光汉. 2013. 词典与规范. 上海：上海辞书出版社.

王洪君，富丽. 2005. 试论现代汉语的类词缀. 语言科学，（5）：3-17.

王力. 1945. 理想的字典//王力. 1980. 龙虫并雕斋文集（第一册）. 北京：中华书局.

王宁. 1997. 谈《现代汉语词典》（修订本）的词目纂集. 语言文字应用，（2）：68-69.

王宁. 2004a. 维护"规范"的权威性. 语文建设，（1）：34-35.

王宁. 2004b. 争论的焦点在哪里？——评《现代汉语规范词典》的命名. 《社会科学评论》，（2）：10-14.

王宁. 2008. 论辞书的原创性及其认定原则——兼论《现代汉语词典》的原创性和原创点. 《辞书研究》，（1）：1-13.

王宁. 2009. 从汉字改革史看"简繁之争". 社会科学管理与评论，（2）：58-61.

王铁琨. 2006-10-18. 中国辞书的"强国梦"还有多远. 中华读书报，19 版.

王铁琨. 2007. 规范化、现代化与辞书强国——中国辞书事业发展的思考. 辞书研究，（1）：2-7.

王芝芬. 1979. 选词十忌. 辞书研究，（2）：91-93.

王自强. 1964. 需要继续整理异体字. 文字改革，（8）：4-5.

卫乃兴. 2007. John Sinclair 的语言学遗产——其思想与方法评述. 外国语，（4）：14-19.

卫乃兴. 2010. 共选与外语教学. 外语教育，（3）：17-20.

魏励. 2004. 《现代汉语词典》对异体字的处理. 中国语文，（3）：278-283.

魏向清. 1998. 英语语言学的发展与英语词典. 解放军外语学院学报，（1）：13-17.

魏向清. 2015. 国家辞书编纂出版规划的战略定位. 辞书研究，（1）：1-9.

魏向清，王东波，耿云冬. 2014. 中国辞书发展状况报告：1978—2008. 北京：商务印书馆.

魏向清，张柏然. 2001. 新世纪词典学理论研究趋势展望. 外语与外语教学，（4）：54-56.

魏向清，张柏然. 2007. 汉语走向世界与中国双语辞书工作者的历史责任. 辞书研究，（1）：49-54.

温切斯特. 2009. 万物之要义——《牛津英语词典》编纂记. 魏向清译. 北京：商务印书馆.

温锁林，宋晶. 2006. 现代汉语称谓并用研究. 语言文字应用，（3）：2-10.

文秋芳，苏静，监艳红. 2011. 国家外语能力的理论构建与应用尝试. 中国外语，（3）：4-10.

吴福祥. 2003. 关于语法化的单向性问题. 当代语言学，（4）：307-322.

吴福祥. 2005a. 汉语体标记"了"、"着"为什么不能强制性使用. 当代语言学，（3）：237-250.

吴福祥. 2005b. 汉语语法化研究的当前课题. 语言科学，（2）：20-32.

吴建平，荣永昌. 2003. 《简明牛津词典》（第 10 版）的启示. 《辞书研究》，（2）：123-132.

吴莹. 1982. 《牛津英语词典补编》编纂方针. 辞书研究，（2）：40-42.

肖伟志. 2016. "规范汉字"的法律意义——从"赵 C"姓名权案到《现代汉语词典》第 6 版事件的法学联想. 法学论坛，（4）：53-60.

邢富坤. 2012. 多词单位的描写识别与词典编纂. 当代语言学，（4）：407-417.

熊学亮. 1999. 认知语境的语用可及程度分析. 外国语，（6）：17-23.

徐朝华. 2003. 上古汉语词汇史. 北京：商务印书馆.

徐海. 2004. 《新牛津英语词典》的创新与英语单语词典编纂的新趋势. 辞书研究，（2）：104-111.

徐海. 2012. 英语学习型词典例证的解码与编码功能——以词条 monopoly 中的例证为个案研究. 辞书研究，（2）：33-39.

徐时仪. 2004. 语法化札记三则. 南阳师范学院学报，（4）：46-51.

徐枢，谭景春. 2006. 《现代汉语词典》第 5 版词类标注说明. 中国语文，（1）：74-86.

许德楠. 1982. 怎样处理若干形容词肯定式、否定式的不对称. 辞书研究，（5）：101-107.

严辰松. 2007. 限制性"X 的"结构及其指代功能的实现. 解放军外国语学院学报，（5）：7-16.

杨金华. 1987a. 释义·义项划分·义项排列（下）——《现代汉语词典》和《小罗贝尔法语词典》的对比初探. 辞书研究，（5）：41-49.

杨金华. 1987b. 释义·义项划分·义项排列（上）——《现代汉语词典》和《小罗贝尔法语词典》的对比初探. 辞书研究，（4）：98-105.

杨金华. 2012. 语文词典对比研究初探. 上海：上海辞书出版社.

杨金华. 1988. 语文词典的词条信息——《现代汉语词典》与《小罗贝尔法语词典》

对比之二. 辞书研究，（5）：106-115.

杨金华. 1991. 《现代汉语词典》和《小罗贝尔词典》的收词对比. 辞书研究，
（2）：59-68.

杨景廉，王嘉民. 1983. 语文词典的插图. 辞书研究，（4）：13-18.

杨文全. 2000. 近百年的中国汉语语文辞书. 成都：巴蜀书社.

么孝颖. 2008. 称谓语=称呼语吗?——对称谓语和称呼语的概念阐释. 外语教学，
（4）：20-24.

姚汉铭. 1995. 试论新词语与规范化. 语言教学与研究，（1）：82-95.

叶梦. 2012. 汉语词典和英语词典释义的对比研究. 中南大学硕士学位论文.

印成姬. 2000. 《现代汉语词典》1983 年版与 1996 年版词义对比研究. 北京语言文化
大学硕士学位论文.

雍和明. 2000. 从现代语言学看英汉语文词典编纂. 外语与外语教学，（4）：43-45.

雍和明，罗振跃，张相明. 2006. 中国辞典史论. 北京：中华书局.

雍和明，罗振跃，张相明. 2010. 中国辞典 3000 年. 上海：上海外语教育出版社.

雍和明，彭敬. 2013. 近三十年英语词典编纂最新进展——理论借鉴与实践反思. 辞书
研究，（4）：1-8.

雍和明，彭敬. 2015. 英语词典史. 北京：商务印书馆.

于国栋，吴亚欣. 2003. 话语标记语的顺应性解释. 解放军外国语学院学报，（1）：
11-15.

于屏方. 2007. 动作义位释义的框架模式研究. 北京：中国社会科学出版社.

于屏方，杜家利. 2009. 汉、英词典对比研究. 北京：中国社会科学出版社.

于屏方，杜家利. 2010. 英、汉学习词典对比研究. 北京：中国社会科学出版社.

于屏方，杜家利，张科蕾等. 2016. 外向型学习词典研究. 北京：商务印书馆.

于屏方，张科蕾，彭冬林等. 2014. 英、日、法、汉语文词典对比研究. 北京：中国社
会科学出版社.

袁毓林. 1995. 谓词隐含及其句法后果——"的"字结构的称代规则和"的"的语法、
语义功能. 中国语文，（4）：241-255.

袁毓林. 2007. 论"都"的隐性否定和极项允准功能. 中国语文，（4）：306-320.

源可乐. 1991. 介绍《简明牛津辞典》第八版. 现代外语，（3）：62-63.

源可乐. 2002a. 老牌词典近百年演变的启示. 辞书研究，（5）：66-74.

源可乐. 2002b. 评《简明牛津词典》第十版. 广东外语外贸大学学报，（1）：18-21.

源可乐. 2011. 从发音词典看英国语音的发展和演变. 辞书研究，（1）：45-57.

曾立英. 2005. "我看"与"你看"的主观化. 汉语学习，（2）：15-22.

张安娜. 2015. 现代汉语书面语词和口语词差异及其对应关系研究. 华东师范大学硕士

学位论文.

张斌. 2001. 《现代汉语虚词研究丛书》总序. 汉语学习，（5）：75-76.

张斌，张谊生. 2012. 非真值语义否定词"不"的附缀化倾向. 上海师范大学学报，
　　（5）：86-94.

张伯江. 2005. 功能语法与汉语研究. 语言科学，（6）：42-53.

张伯江. 2012. 双音化的名词性效应. 中国语文，（4）：338-346.

张博. 2006. 《现汉》（第5版）条目分合的改进及其对汉语词项规范的意义. 语言文
　　字应用，（4）：116-122.

张博. 2008. 现代汉语复音词义项关系及多义词与同音形词的分野. 语言研究，
　　（1）：11-18.

张博. 2009. 《现代汉语词典》条目义项与词语义位的不对应及其弥合空间. 江苏大学
　　学报，（5）：43-51.

张博. 2010. 并用释词的释义角色及其与被释词的语义对应关系——兼议《现汉》与
　　并用释词相关的几个问题. 语言文字应用，（4）：84-92.

张博. 2012. 语文辞书中多义释词的使用方式及其改进建议. 辞书研究，（1）：10-19.

张博. 2013. 《现代汉语词典》第6版释义修订的类型及特征. 辞书研究，（2）：
　　25-33.

张晨阳. 2012. 汉语话语标记语"X了"的研究. 南京师范大学硕士学位论文.

张棻. 2012-08-28. 百余学者举报新版《现汉》违法. 北京晚报，19版.

张家太. 1988. 汉语新词语琐议. 沈阳师范学院学报，（2）：14-19.

张静. 2015. 《现代汉语词典》第五、六版中的方言词比较研究. 扬州大学硕士学位
　　论文.

张立飞. 2012. "自主/依存"概念对立的语法体现——以指称性"X的"结构的使用
　　为例. 解放军外国语学院学报，（6）：5-9.

张立飞. 2013. 指称性"X的"结构的形式和功能——从语用省略到构式网络. 解放军
　　外国语学院学报，（3）：24-31.

张庆云. 1995. 义位的民族个性. 外语与外语教学，（2）：7-12.

张书岩. 2005. 《规范汉字表》对异体字的确定. 语言文字应用，（1）：25-38.

张书岩. 2006. 从《现汉》对异体字的处理看它的规范观. 语言文字应用，（1）：
　　29-31.

张一鸣. 2013. 《湖海新闻夷坚续志》与《汉语大词典》收词、释义. 湘潭大学硕士学
　　位论文.

张志毅，张庆云. 2001. 词汇语义学. 北京：商务印书馆.

张志毅，张庆云. 2015. 理论词典学. 北京：商务印书馆.

章宜华. 2011. 对外汉语学习词典释义问题探讨——国内外二语学习词典的对比研究. 世界汉语教学，（1）：120-128.

章宜华. 2013. 权威词典修订中的体例继承、规范与释义创新——以《现代汉语词典》第六版为例. 学术研究，（11）：145-150.

章宜华，雍和明. 2007. 当代词典学. 北京：商务印书馆.

赵盼. 2015. 《现代汉语词典》（第 6 版）标<口>词语调查研究. 四川外国语大学硕士学位论文.

赵艳芳. 2001. 认知语言学概论. 上海：上海外语教育出版社.

郑奠，孙德宣，傅婧等. 1956. 中型现代汉语词典编纂法（初稿）//邵荣芬. 2009. 邵荣芬语言学论文集. 北京：商务印书馆：附录.

郑林曦. 1982. 精简汉字字数的理论和实践. 北京：中国社会科学出版社.

郑述谱. 1993. 汉语与外语词典义项划分之比较. 辞书研究，（3）：1-7.

中国社会科学院语言研究所词典编辑室. 2004. 《现代汉语词典》五十年. 北京：商务印书馆.

钟吉宇. 1963. 谈谈第一批异体字表的几个问题. 文字改革，（4）：10-12.

周道娟. 2001. 《现代汉语词典》新旧版本动词、名词、形容词同一义项释义对比研究. 北京语言文化大学硕士学位论文.

周荐. 1993. 比喻词语和词语的比喻义. 语言教学与研究，（4）：145-155.

周荐. 1999. 从词长看词典语汇单位的确定. 辞书研究，（2）：34-39.

周庆生. 2005. 国外语言规划理论流派和思想. 世界民族，（4）：53-62.

朱德熙. 1983. 自指和转指：汉语名词化标记"的、者、所、之"的语法功能和语义功能. 方言，（1）：16-31.

兹古斯塔. 1983. 词典学概论. 林书武，宁榘，冯加方等译. 北京：商务印书馆.

Abate, F. R. 1985. Dictionaries past & future: Issues and prospects. *Dictionaries*, (7): 270-283.

Abecassis, M. 2008. The ideology of the perfect dictionary: How efficient can a dictionary be? *Lexikos*, (18):1-14.

Alego, J. 1989. Dictionaries as seen by the educated public in Great Britain and the USA. In F. J. Hausmann, O. Reichmann, H. E. Wiegand, et al. (Eds.) (1989/1991), *Wörterbücher/ Dictionaries/Dictionnaires: An International Encyclopedia of Lexicography* (pp.28-34). Berlin: Walter de Gruyter.

Algeo, J. 1993. Desuetude among new English words. *International Journal of Lexicography*, 6(4): 281-293.

Alego, J. 1994. Problems in new-word lexicography. *Dictionaries*, 15: 39-46.

Allen, R. E. 1986. A concise history of *The Concise Oxford Dictionary*. In R. R. K. Hartmann

(Ed.), *The History of Lexicography: Papers from the Dictionary Research Centre Seminar At Exeter, March 1986* (pp.1-11). Amsterdam/Philadelphia: John Benjamins Publishing Company.

Allén, S. 1997. LEXIS: Opening speech at the Seventh Euralex International Congress. *International Journal of Lexicography*, (4): 304-310.

Alsina, V. & Decesaris, J. 2002. Bilingual lexicography, overlapping polysemy, and corpus use. In B. Altenberg & S. Granger (Eds.), *Lexis in Contrast* (pp.215-230). Amsterdam/Philadelphia: Benjamins.

Altenberg, B. 1998. On the phraseology of spoken English: The evidence of recurrent word-combinations. In A. P. Cowie (Ed.), *Phraseology: Theory, Analysis, and Applications* (pp.101-122). Oxford: Clarendon Press.

Anderson, G. 2001. *Pragmatic Markers and Sociolinguistic Variation*. Amsterdam/Philadelphia: John Benjamins Publishing Company.

Andreasson, A. 1996. *Svenska Akademiens Ordbok* and *Oxford English Dictionary*: A comparison of their microstructure. *International Journal of Lexicography*, (2): 83-101.

Apresjan, J. 2000. *Systematic Lexicography*. Oxford: Oxford University Press.

Atkins, B. T. S. 1992/1993. Theoretical lexicography and its relation to dictionary-making. *Dictionaries*, (14): 4-43.

Atkins, B. T. S. & Rundell, M. 2008. *The Oxford Guide to Practical Lexicography*. Oxford: Oxford University Press.

Baider, F. H. 2007. The death of the author, the birth of the lexicographer: How French historical dictionaries construct history. *International Journal of Lexicography*, (1): 67-84.

Bailey, R. W. 1986. Dictionaries of the next century. In R. Illson (Ed.), *Lexicography: An Emerging International Profession* (pp. 123-137). Manchester: Manchester University Press.

Baker, M. 1988. *A Theory of Grammatical Function Changing*. Chicago: The University of Chicago Press.

Baker, M., Francis, G. & Tognini-Bonelli, E. 1993. *Text and Technology: In Honour of John Sinclair*. Amsterdam: Benjamins.

Balteiro, I. 2011. Prescriptivism and descriptivism in the treatment of anglicisms in a series of bilingual Spanish-English dictionaries. *International Journal of Lexicography*, (3): 277-305.

Banczerowski, J. 1980. Some constrastive considerations about semantics in the communication process. In J. Fisiak (Ed.), *Theoretical Issues in Constrastive Linguistics*. Amsterdam: John Benjamin B. V.

Barber, C. 1993. *The English Language: A Historical Introduction*. Cambridge: Cambridge University Press.

Barnhart, C. L. 1962. Problems in editing commercial monolingual dictionaries. In Householder & S. Saporta (Eds.), *Problems in Lexicography* (pp. 161-181). Bloomington: Indiana University.

Barnhart, C. L. 1978. American lexicography 1947-1973. *American Speech*, 53 (2): 83-140.

Barnhart, R. K. 1995. Some thoughts about neologisms before starting. *Journal of the Dictionary Society of North America*, (16): 23-38.

Barth-Weingarten, D. & Couper-Kuhlen, E. 2002. On the development of final though: A case of grammaticalization? In W. Ilse & G. Diewald (Eds.), *New Reflections on Grammaticalization* (pp. 345-361). Amsterdam: Benjamins.

Battenburg, J. 1991. *English Monolingual Learners' Dictionaries: A User-Oriented Study*. Tübingen: Max Niemeyer.

Baugh, S., Harley, A. & Jellis, S. 1996. The role of corpora in compiling *The Cambridge International Dictionary of English*. *International Journal of Corpus Linguistics*, (11): 39-59.

Bayard, D. & Krishnayya, S. 2001. Gender, expletive use, and context: Male and female expletive use in structured and unstructured conversation among New Zealand University students. *Women and Language*, (1): 1 -15.

Béjoint, H. 1981. The foreign student's use of monolingual English dictionaries: A study of language needs and reference skills. *Applied Linguistics*, 2 (3): 207-222.

Béjoint, H. 1988. Scientific and technical words in general dictionaries. *International Journal of Lexicography*, 1 (4): 354-368.

Béjoint, H. 1999. Compound nouns in learners' dictionaries. In T. Herbst & K. Popp (Eds.), *The Perfect Learners' Dictionary(?)* . Tübingen: Niemeyer.

Béjoint, H. 2000. *Modern Lexicography: An Introduction*. Oxford: Oxford University Press.

Béjoint, H. 2002. *Modern Lexicography: An Introduction*. Beijing: Foreign Language Teaching and Research Press.

Béjoint, H. 2010. *The Lexicography of English*. Oxford: Oxford University Press.

Benbow, T., Carrington, P., Johanessen, G., et al. 1990. Report on the *new Oxford English Dictionary* user survey. *International Journal of Lexicography*, 3 (3): 155-203.

Benson, M. 1990. Collocations and general-purpose dictionaries. *International Journal of*

Lexicography, 3 (1): 23-34.

Benson, P. 2001. *Ethnocentrism and the English Dictionary*. London: Routledge.

Bergenholtz, H. 2003. User-oriented understanding of descriptive, proscriptive and prescriptive lexicography. *Lexikos,* (13): 65-80.

Bergenholtz, H. & Gouws, R. H. 2006. How to do language policy with dictionaries. *Lexikos,* (16): 13-45.

Bergenholtz, H. & Gouws, R. H. 2007. The access process in dictionaries for fixed expressions. *Lexicographia,* (23): 237-260.

Bergenholtz, H. & Gouws, R. H. 2010. A functional approach to the choice between descriptive, prescriptive and proscriptive lexicography. *Lexikos,* (20): 26-51.

Bergenholtz, H. & Tarp, S. 1995. *Manual of Specialised Lexicography: The Preparation of Specialised Dictionaries*. Amsterdam & Philadelphia: Benjamins.

Biber, D., Johansson, S. & Leech, G. 1999. *Longman Grammar of Spoken and Written English*. London: Pearson Education Limited.

Bogaards, P. 1996. Dictionaries for learners of English. *International Journal of Lexicography,* 9(4): 277-320.

Bogaards, P. 2001. The use of grammatical information in learners' dictionaries. *International Journal of Lexicography,* (2): 97-121.

Boisson, C. 1988. Earlier quotations for Amerindian loanwords in English. *International Journal of Lexicography,* (4): 343-353.

Boisson, C., Kirtchuk, P. & Béjoint, H. 1991. Aux origines de la lexicographie: Les premiers dictionnaires monolingues et bilingues. *International Journal of Lexicography,* 4 (4): 261-315.

Bray, L. 1988. La Lexicographie Bilingue Italien-Allemand, Allemand-Italien du Dix-Septième Siècle. *International Journal of Lexicography,* (4): 313-342.

Brewer, C. 2007. *Treasure-House of the Language: The Living OED*. Yale: Yale University Press.

Brinton, L. J. & Traugott, E. C. 2005. *Lexicalization and Language Change*. Cambridge: Cambridge University Press.

Bryman, A. 1984. The debate about quantitation and qualitative research: A question of method or epistemology. *British Journal of Sociology,* (35) : 75-92.

Burchfield, R. W. 1979. The fowlers: Their achievements in lexicography and grammar. *The English Association Presidential Address*, June: 35-47.

Burchfield, R. W. 1980. Dictionaries and ethnic sensibilities. In L. Machaels & C. Ricks

(Eds.), *The State of the Language* (pp. 15-23). Berkely: University of California Press.

Burkett, E. M. 1979. *American Dictionaries of the English Language Before 1861.* Metuchen: The Scarecrow Press.

Carr, M. 1993. "Mind-Monkey" metaphors in Chinese and Japanese dictionaries. *International Journal of Lexicography,* (3): 149-180.

Carr, M. 1994. Yamato-Damashii "Japanese spirit" definitions. *International Journal of Lexicography,* (4): 279-306.

Carr, M. 1997. Internet dictionaries and lexicography. *International Journal of Lexicography,* 10 (3): 209-230.

Carter, R. 1989. Review of LDOCE2 and COBUILD1. *International Journal of Lexicography* 1989, 1(2): 30-43.

Carter, R. & McCarthy, M. 1988. *Vocabulary and Language Learning.* London: Longman.

Chan, A. Y. W. & Taylor, A. 2001. Evaluating learner dictionaries: What the reviews say. *International Journal of Lexicography,* (3): 163-180.

Chen, W. G. 2017. The discoursal construction of the lexicographer's identity in a learner's dictionary: A systemic functional perspective. *International Journal of Lexicography,* 30(3): 322-349.

Chen, Y. Z. 2010. Review of *A New English-Chinese Dictionary. International Journal of Lexicography,* (2): 236-241.

Chen, Y. Z. 2011. Studies on bilingualized dictionaries: The user perspective. *International Journal of Lexicography,* (2): 161-197.

Chujo, K. 2006. An investigation into the star-rated words in English-Japanese learner's dictionaries. *International Journal of Lexicography,* (2): 175-197.

Clear, J. 1987. Overview of the role of computing in COBUILD. In J. M. Sinclair (Ed.), *Looking UP: An Account of the COBUILD Project* (pp.41-61). London: Harper Collins Publishers.

Clear, J., Fox, G., Francis, G., et al. 1996. COBUILD: The state of the art. *International Journal of Corpus Linguistics,* 1(2) : 303-314.

Coffey, S. 2006. High-frequency grammatical lexis in advanced-level English learners' dictionaries: From language description to pedagogical usefulness. *International Journal of Lexicography,* (2): 157-173.

Coinnigh, M. 2013. Tracing inspiration in proverbial material: From the *Royal Dictionary* (1699 & 1729) of Abel Boyer to the *English-Irish Dictionary* (1732) of Begley and McCurtin. *International Journal of Lexicography,* (1) 23-57.

Cormier, M. C. & Fernandez, H. 2005. From the *Great French Dictionary* (1688) of Guy Miège to the *Royal Dictionary* (1699) of Abel Boyer: Tracing inspiration. *International Journal of Lexicography*, (4): 479-507.

Cowie, A. P. 1981. The treatment of collocations and idioms in learners' dictionaries. *Applied Linguistics*, (3): 223-235.

Cowie, A. P. 1998a. *Phraseology: Theory, Analysis, and Applications*. Oxford: Clarendon Press.

Cowie, A. P. 1998b. Phraseological dictionaries: Some east-west comparisons. In A. P. Cowie (Ed.), *Phraseology* (pp. 209-228). Oxford: Clarendon Press.

Cowie, A. P. 1999a. Phraseology and corpora: Some implication for dictionary-making. *International Journal of Lexicography*, 12(4): 307-323.

Cowie, A. P. 1999b. English Dictionaries for Foreign Learners — A History. Oxfofrd: Clarendon Press.

Cowie, A. P. 2002. *English Dictionaries for Foreign Learners: A History*. Beijing: Foreign Language Teaching and Research Press.

Cowie, A. P. 2009. *The Oxford History of English Lexicography*. Oxford: Oxford University Press.

Cowie, A. P., Mackin, R., & McCaig, I. R. 1983. *Oxford Dictionary of Current Idiomatic English, Vol. 2*. Oxford: Oxford University Press.

Creamer, T. B. I. 1989. *Shuowen Jiezi* and textual criticism in China. *International Journal of Lexicography*, (3): 176-187.

Cruse, D. A. 1986. *Lexical Semantics*. Cambridge: Cambridge University Press.

Crystal, D. 1997. *A Dictionary of Linguistics and Phonetics* (4th edn.). Oxford: Blackwell.

Crystal, D. 2003. *The Cambridge Encyclopedia of the English Language* (2nd edn.). Cambridge: Cambridge University Press.

Crystal, D. 2008. *A Dictionary of Linguistics and Phonetics*. Oxford: Blackwell Publishing.

De Cesare, Anna-Maria. 2003. Sur Quelques Aspects de la Catégorie de l'Adverbe. Focus sur Six Dictionnaires Monolingues de l'Italien. *International Journal of Lexicography*, (1): 3-17.

de Schryver, Gilles-Maurice. 2011. Do dictionaries define on the level of their target users? A case study for three Dutch dictionaries. *International Journal of Lexicography*, (1):5-28.

Dixon, R. M. W. 2008. Australian aboriginal words in dictionaries. *International Journal of Lexicography*, 21(2): 129-152.

Dobrovol'skij, D. 2000. Contrastive idiom analysis: Russian and German idioms in theory and in the bilingual dictionary. *International Journal of Lexicography*, (3): 169-186.

Dubois, J. 1981. Models of the dictionary: Evolution in dictionary design. *Applied Linguistics*, 2(3): 236-249.

Dubois, J. & Dubois, C. 1971. *Introuduction à la Lexicographie: le Dictionnaire*. Paris: Larousse.

Dziemianko, A. 2011. User-friendliness of noun and verb coding systems in pedagogical dictionaries of English: A case of Polish learners. *International Journal of Lexicography*, (1): 50-78.

Dziemianko, A. & Lew, R. 2013. When-definitions revisited. *International Journal of Lexicography*, (2): 154-175.

Erman, B. & Warren, B. 2000. The idiom principle and the open-choice principle. *Text*, 20(1): 29-62.

Feldman, L. B. & Soltano, E. G. 1999. Morphological priming: The role of prime duration, semantic transparency, and affix position. *Brain and Language*, 68(1): 33-39.

Fellbaum, C. 1990. English verbs as a semantic net. *International Journal of Lexicography*, 3 (4): 278-301.

Fellbaum, C. 2014. Large-scale lexicography in the digital age. *International Journal of Lexicography*, 28(4): 378-395.

Fennell, B. A. 2005. *A History of English: A Sociolinguistic Approach*. Oxford: Blackwell.

Finkenstaedt, T. & Wolff, D. 1973. *Ordered Profusion: Studies in Dictionaries and the English Lexicon*. Heidelberg: Carl Winter, Universitatsverlag.

Fontenelle, T. 2008. *Practical Lexicography: A Reader*. Oxford: Oxford University Press.

Francis, G., Hunston, S. & Manning, E. 1996. *Collins Cobuild Grammar Patterns 1: Verbs*. London and Glasgow: HarperCollins.

Fraser, B. 1970. Idioms within a transformational grammar. *Foundations of Language*, 6: 22-24.

Fraser, B. 1996. Pragmatic markers. *Pragmatics*, 6: 167-190.

Frawley, W. 1989. The dictionary as text. *International Journal of Lexicography*, 2 (3): 231-248.

Fraser, B. 1990. Approach to discourse markers. *Journal of Pragmatics,* (14): 383-395.

Fraser, B. 1999. What are discourse markers. *Journal of Pragmatics*, (31): 931-952.

Friend, J. H. 1967. *The Development of American Lexicography 1798—1864*. The Hague: Mouton.

Fuertes-Olivera, P. A. & Velasco-Sacritán, M. 2001. A critical comparison of the macrostructure and microstructure of two bilingual English-Spanish dictionaries of economics. *International Journal of Lexicography*, (1): 31-55.

Furiassi, C. 2003. False anglicisms in Italian monolingual dictionaries: A case study of some electronic editions. *International Journal of Lexicography*, (2): 121-142.

Gates, E. 1992. Should a dictionary include only the "good" words? *Symposium on Lexicography*, (5) 265-275.

Geeraerts, D. 1989. Principles of monolingual lexicography. In F. J. Hausmann, O. Reichmann, H. E. Wiegand, et al. (Eds.) (1989/1991), *Wörterbücher/ Dictionaries/ Dictionnaires: An International Encyclopedia of Lexicography* (Volume 1: 1989, volume 2: 1990, volume 3: 1991) (pp. 287-296). Berlin: Walter de Gruyter.

Gouws, R. H. & Potgieter. L. 2010. Does Johnson's prescriptive approach still have a role to play in modern-day dictionaries? *Lexikos*, (20): 234-247.

Gove, P. B. 1961. *Webster's Third New International Dictionary of the English Language*. Springfield, MA: Merriman.

Gove, P. B. 1968a. On defining adjectives, part I. *American Speech*, 43: 5-32.

Gove, P. B. 1968b. On defining adjectives, part II. *American Speech*, 43: 243-267.

Green, J. 1996. *Chasing the Sun: Dictionary Makers and the Dictionaries They Made*. London: Jonathan Cape.

Halliday, M. A. K., McIntosh, A. & Strevens, P. 1964. *The Linguistic Sciences and Language Teaching*. London: Longman.

Halpern, J. 2016. Compilation techniques for pedagogically effective bilingual learners' dictionaries. *International Journal of Lexicography*, (3):323-338.

Hanks, P. 1992. Computational analysis and definitional structure. *Lexicographica*, (8): 100-129.

Hanks, P. 2000. Do word meanings exist? *Computers and the Humanities*, (34): 205-215.

Hanks, P. 2010. Compiling a monolingual dictionary for native speakers. *Lexikos*, (20): 580-598.

Harris, J. 1704. *Lexicon Technicum*. https://lbezone.ust.hk/bib/b426257.

Hartmann, R. R. K. 1983. *Lexicography: Principles and Practice*. London: Academic Press.

Hartmann, R. R. K. 1986. *The History of Lexicography*. Amsterdam: J. Benjamins.

Hartmann, R. R. K. 1994. Bilingualised versions of learner's dictionaries. *Fremdsprachen Lehren und Lernen*, 23: 206-220.

Hartmann, R. R. K. 2000. European lexicography: Perspectives on dictionary research with special reference to the countries of the European Union. *Dictionaries*, (21): 1-21.

Hartmann, R. R. K. 2001. *Teaching and Researching Lexicography*. Harlow: Longman.

Hartmann, R. R. K. 2003. *Lexicography: Critical Concepts I-III*. London & New York: Routledge.

Hartmann, R. R. K. & James, G. 2000. *Dictionary of Lexicography*. Beijing: Foreign Language Teaching and Research Press.

Hausmann, F. J. 1985. Trois paysages dictionnairiques: La Grande-Bretagne, la France et l' Allemagne. *Lexicographica International Annual*, (1):24-50.

Hausmann, F. J., Reichmann, O., Wiegand, H. E., et al. 1989/1991. *Wörterbücher/ Dictionaries/Dictionnaires: An International Encyclopedia of Lexicography* (Volume 1: 1989, volume 2: 1990, volume 3: 1991). Berlin: Walter de Gruyter.

Hausmann, F. J. & Wigand, H. E. 1989. Component parts and structures of general monolingual dictionaries: A survey. In F. J. Hausmann, O. Reichmann, H. E. Wiegand, et al. (Eds.) (1989/1991), *Wörterbücher/Dictionaries/Dictionnaires: An International Encyclopedia of Lexicography* (Volume 1: 1989, volume 2: 1990, volume 3: 1991) (pp.328-360). Berlin: Walter de Gruyter.

Herbst, T. & Popp, K. 1999. *The Perfect Learners' Dictionary (?)*. Tübingen: Max Niemeyer Verlag.

Higashi, N. 1992. Review of the *Concise Oxford Dictionary of Current English* (8th edn.). *International Journal of Lexicography*, 5(2):129-160.

Hoey, M. P. & O'Donnell, M. B. 2008. Lexicography, grammar, and textual position. *International Journal of Lexicography*, 3(20): 293-309.

Horton, E. H. & Horton, B. W. 1996. The slimline kanji dictionaries. *International Journal of Lexicography*, (2): 132-146.

Householder, F. W. & Saporta, S. 1962. *Problems in Lexicography*. Bloomington: Indiana University Press.

Howarth, P. 1996. *Phraseology in English Academic Writing: Some Implications for Language Learning and Dictionary Making*. Tübingen: Niemeyer.

Howarth, P. 1998. The phraseology of learners' academic writing. In A. P. Cowie (Ed.), *Phraseology: Theory, Analysis and Application* (pp.161-186). Oxford:Clarendon Press.

Hubler, A. 1983. *Understatement and Hedges in English*. Amsterdam and Philadephia: John Benjamins.

Hüllen, W. 2006. *English Dictionaries 800-1700: The Topical Tradition*. Oxford: Clarendon.

Hunston, S. 2011. *Corpus Approaches to Evaluation: Phraseology and Evaluative Language*.

New York: Routledge.

Hunston, S. & Francis, G. 1999. *Pattern Grammar*. Amsterdam: John Benjamins Publishing Company.

Hunston, S. & Francis, G. 2000. *Pattern Grammar, A Corpus-driven Approach to the Lexical Grammar of English.* Amsterdam: Benjamins.

Ilson, R. 1985. The linguistic significance of some lexicographic conventions. *Applied Linguistics*, 6(2):162-172.

Ilson, R. 1986a. Lexicographic archaeology: Comparing dictionaries of the same family. In R. R. K. Hartmann (Ed.), *The History of Lexicography: Papers from the Dictionary Research Centre Seminar At Exeter, March 1986* (pp.127-136). Amsterdam/Philadelphia: John Benjamins Publishing Company.

Ilson, R. 1986b. *Lexicography: An Emerging International Profession*. London: Manchester University Press.

Ilson, R. 1987. *A Spectrum of Lexicography: Papers form AILA, Brussels, 1984*. Amsterdam & Philadelphia: Benjamins.

Ilson, R. 1988. How big is your dictionary. *Verbatim* (2): 9-10.

Ilson, R. 1999. Nine learners' dictionaries. *International Journal of Lexicography*, (3): 223-237.

Jackson, H. 1998. *Words and Their Meaning*. London: Longman.

Jackson, H. 2002. *Lexicography: An Introduction.* London/ New York: Routledge.

Jackson, H. 2013. *The Bloomsbury Companion to Lexicography*. London: Bloomsbury Publishing.

Jiang, G. Y. & Chen, Q. Y. 2017. A micro exploration into learner's dictionaries: A prototype theoretical perspective. *International Journal of Lexicography*, 30 (1):108-139.

Johnson, S. 1755. *Johnson, Preface to the Dictionary*. Edited by Jack Lynch [online]. http://andromeda.rutgers.edu/~jlynch/Texts/preface.html.

Jucker, A. & Ziv, Y. 1998. Discourse markers: Introduction. In A. Jucker & Y. Ziv (Eds.), *Discourse Markers: Description and Theory* (pp.1-12). Amsterdam: Benjamins.

Kachru, B. 1985. *English in the World*. Cambridge: Cambridge University Press.

Kachru, B. 1996. World Englishes: Agony and ecstasy. *Journal of Aesthetic Education*, 30(2): 135-155.

Kachru, B. 1992. *The Other Tongue: English Across Cultures*. Urbana: University of Illinois Press.

Kachru, B. & Kahane, H. 1995. *Cultures, Ideologies, and the Dictionary: Studies in Honor of*

Ladislav Zgusta. Tübingen: Niemeyer.

Kamińska, M. A. 2014. *A History of the Concise Oxford Dictionary*. Frankfurt am Main: Peter Lang.

Kamiński, M. P. 2016. In search of lexical discriminators of definition style: Comparing dictionaries through N-grams. *International Journal of Lexicography*, 29 (4): 403-423.

Kilgarriff, A. 1997. Putting frequencies in the dictionary. *International Journal of Lexicography*, (2): 135-155.

Kilgarriff, A. 1998. The hard parts of lexicography. *International Journal of Lexicography*, 11 (1): 51-54.

Kilgarriff, A. & Tugwell, D. 2002. Sketching words. In M. H. Corréard (Ed.), *Lexicography and Natural Language Processing: A Festschrift in Honour of B. T. S. Atkins* (pp.125-137). Göteborg University: ERUALEX.

Kipfer, B. A. 1984. *Workbook on Lexicography*. Exeter: University of Exeter.

Kirkpatrick, A. 2007. *World Englishes: Implications for International Communication and English Language Teaching*. Cambridge: Cambridge University Press.

Knowles, E. 1997. *The Oxford Dictionary of Phrase, Saying and Quotation*. Oxford: Oxford University Press.

Knowles, E. 2004. *The Oxford Dictionary of Quotations* (2nd edn.). Oxford: Oxford University Press.

Knowles, E. 2011. One hundred years of the *Concise Oxford Dictionary*. In A. Stevenson & M. Waite (Eds.), *The Concise Oxford English Dictionary* (12th edn.) (pp.viiii-xvii). Oxford: Oxford University Press.

Kŏveceses, Z. 2001. A cognitive linguistic view of learning idioms in an FLT context. In M. Putz, S. Niemeier & D. Dirven (Eds.), *Applied Cognitive Linguistics II: Language Pedagogy* (pp.87-116). Berlin and New York: Mouton de Gruyter.

Lambert, J. 2017. Ornithonymy and lexicographical selection criteria. *International Journal of Lexicography*, 30(1): 39-62.

Landau, S. I. 1984. *Dictionaries: The Art and Craft of Lexicography*. New York: Charles Scribner's Sons.

Landau, S. I. 1991. *Dictionaries: The Art and Craft of Lexicography*. Cambridge: Cambridge University Press.

Landau, S. I. 1994. The American College Dictionary. *International Journal of Lexicography*, 7 (4): 311-351.

Landau, S. I. 1999. Review of *The New Oxford Dictionary of English*. *International Journal of*

Lexicography, (3): 250-257.

Landau, S. I. 2001. *Dictionaries: The Art and Craft of Lexicography* (2nd edn.). Cambridge: Cambridge University Press.

Langacker, R. W. 1991. *Foundations of Cognitive Grammar, vol. 2, Descriptive Application.* Stanford: Stanford University Press.

Lemmens, M. & Wekker, H. 1991. On the relationship between lexis and grammar in English learners' dictionaries. *International Journal of Lexicography*, (1): 1-14.

Lew, R. 2010. Multimodal lexicography: The representation of meaning in electronic dictionaries. *Lexikos*, (20): 290-306.

Lew, R. 2011. Online dictionaries of English. In P. A. Fuertes-Olivera & H. Bergenholtz (Eds.), *E-Lexicography: The Internet, Digital Initiatives and Lexicography* (pp.230-250). London/New York: Continuum.

Liang, P. C. & Xu, D. 2017. The contribution of dictionary use to the production and retention of the middle construction for Chinese EFL learners. *International Journal of Lexicography*, (1): 85-107.

Libben, G. 1994. How is morphological decomposition achieved? *Language and Cognitive Processes*, 9(3): 369-391.

Libben, G. 1998. Semantic transparency in the processing of compounds: Consequences for representation, processing, and impairment. *Brain and Language*, 61(1): 30-44.

Libben, G., Gibson, M., Yoon, Y., et al. 1997. Semantic transparency and compound fracture. *CLASNET Working Papers*, 9: 1-13.

Libben, G., Gibson, M., Yoon Y. B., et al. 2003. Compound fracture: The role of semantic transparency and morphological headedness. *Brain and Language*, 84(1): 50-64.

Libben, G. & Jarema, G. 2006. *The Representation and Processing of Compound Words.* Oxford: Oxford University Press.

Lu, H. G. & Wei, X. Q. 2016. Towards an integrated collocation dictionary plus for advanced EFL learners: Greater availability and equal accessibility. *International Journal of Lexicography*, (2): 156-183.

Lyons, J. 1977. *Semantics.* London: Cambridge University Press.

Mair, V. H. 1991. Brief desiderata for an alphabetically ordered Mandarin-English dictionary. *International Journal of Lexicography*, (2): 79-98.

Malkiel, Y. 1987. How English dictionaries present the etymology of words of romance origin. In R. Burchfield (Ed.), *Studies in Lexicography* (pp.178-195). Oxford: Clarendon Press.

Marslen-Wilson, W. 1987. Functional parallelism in spoken word recognition. *Cognition*, 25(2): 71-102.

Marslen-Wilson, W., Bozic, M. & Randall, B. 2008. Early decomposition in visual word recognition: Dissociating morphology, form, and meaning. *Language and Cognitive Processes*, 23: 394-421.

Marslen-Wilson, W., Tyler, L. K., Waksler, R., et al. 1994. Morphology and meaning in the English mental lexicon. *Psychological Review*, (101): 3-33.

Marslen-Wilson, W. & Zwitserlood, P. 1989. Accessing spoken words: The importance of word onsets. *Journal of Experimental Psychology: Human Perception & Performance*, 15(3): 576-585.

McArthur, T. 1986. *Worlds of References-Lexicography, Learning and Language: From Clay Tablets to Computer.* Cambridge: Cambridge University Press.

McArthur, T. 2004. Is it world or international or global english, does it matter? *English Today*, 20(3): 3-20.

McCreary, D. R. 2002. American freshmen and English dictionaries: "I had *aspersions* of becoming an English teacher". *International Journal of Lexicography*, (3): 181-205.

McDermott, A. & Moon, R. 2005. Introduction: Johnson in context. *International Journal of Lexicography*, 18(2): 153-155.

McEnery, T. 2012. *Corpus Linguistics: Method, Theory and Practice.* Cambridge: Cambridge University Press.

McMorris, J. 2002. *The Warden of English: The Life of H. W. Fowler.* Oxford: Oxford University Press.

Meer, G. 1999. Metaphors and dictionaries: The morass of meaning, or how to get two ideas for one. *International Journal of Lexicography*, (3): 195-208.

Michiels, A. 2000. New development in the DEFI matcher. *Internationla Journal of Lexicography*, (3): 151-167.

Miller, G. A. 1956. The magical number seven, plus or minus two: Some limits on our capacity for processing information. *Psychological Review*, 63: 81-97.

Miller, G. A. & Selfridge, J. A. 1950. Verbal context and the recall of meaningful material. *American Journal of Psychology*, 63: 83-95.

Milory, J. & Milroy, L. 1985. *Authority in Language—Investigating Language Prescription and Standardization.* London: Routledge & Kegan Paul Ltd.

Monroy, R. C. 2004. New transcriptional policies in the latest English pronunciation dictionaries: A help or hindrance to the foreign learner? *International Journal of*

Lexicography, (3): 275-290.

Moon, R. 1998. *Fixed Expressions and Idioms in English: A Corpus-Based Approach*. Oxford: Clarendon Press.

Moon, R. 2002. Dictionaries: Notions and expectations. In A. Braasch & C. Povlsen (Eds.), *Proceedings of the Tenth EURALEX International Congress*(pp.629-636). Copenhagen: University of Copenhagen.

Moon, R. 2004. On specifying metaphor: An idea and its implementation. *International Journal of Lexicography*, (2): 195-222.

Moon, R. 2007. Sinclair, lexicography, and the cobuild project: The application of theory. *International Journal of Corpus Linguistics*, 12(2): 159-181.

Nakao, K. 1989. English-Japanese learner's dictionaries. *International Journal of Lexicography*, 2 (4): 295-314.

Nation, I. S. P. 2001. *Learning Vocabulary in Another Language*. Cambridge: Cambridge University Press.

Nielsen, S. 1990. Mediostructure in bilingual LSP dictionaries. *Hermes*, 4: 49-66.

Nielsen, S. 2009. Reviewing printed and electronic dictionaries: A theoretical and practical framework. In S. Nielsen & T. Sven, *Lexicography in the 21th Century* (pp. 23-41). Amsterdam/Philadelphia: John Benjamins.

Norman, K. R. 1995. A report on two Pāli dictionaries. *International Journal of Lexicography*, (2): 115-125.

Norri, J. 1996. Regional labels in some British and American dictionaries. *International Journal of Lexicography*, 9(1): 1-29.

Norri, J. 2018. Definitions of some sensitive medical words in dictionaries of English. *International Journal of Lexicography*, 31 (3): 253-273.

Norris, J. 1996. Regional labels in some British and American dictionaries. *International Journal of Lexicography*, (1): 1-29.

Norris, J. 2000. Labelling of derogatory words in some British and American dictionaries. *International Journal of Lexicography*, (2): 71-106.

Ogilvie, S. 2008. Rethinking burchfield and world English. *International Journal of Lexicography*, 21(1): 23-59.

Osselton, N. E. 1998. Reviews: *Oxford English Dictionary* additions series. *International Journal of Lexicography*, (3): 245-247.

Osselton, N. E. 2006. Usage guidance in early dictionaries of English. *International Journal of Lexicography*,19(1): 99-105.

Osselton, N. E. 2007. Innovation and continuity in English learners' dictionaries: The single-clause When-definition. *International Journal of Lexicography*, (4): 393-399.

Packard, J. L. 2000. *The Morphology of Chinese: A Linguistic and Cognitive Approach.* Cambrigde: Cambridge University Press.

Piotrowski, T. 2009. Review of S. Tarp. Lexicography in the Borderland between Knowledge and Non-Knowledge. General Lexicographical Theory with Particular Focus on Learner's Lexicography. *International Journal of Lexicography*, (4): 80-486.

Prćić, T. 1999. The treatment of affixes in the "Big Four" EFL dictionaries. *International Journal of Lexicography*, (4): 263-280.

Przepiórkowski, A., Hajič, J., Hajnicz, E., et al. 2017. Phraseology in two slavic valency dictionaries: Limitations and perspectives. *International Journal of Lexicography*, 30 (1):1-38.

Ptaszynski, M. O. 2010. Theoretical considerations for the improvement of usage labelling in dictionaries: A combined formal-functional approach. *International Journal of Lexicography*, (4) 411-443.

Pulcini, V. & Scarpino, C. 2017. The treatment of grammatical information on anglicisms in some Italian dictionaries. *International Journal of Lexicography*, 30 (4): 504-519.

Quemada, B. 1972. Lexicology and lexicography. In T. A. Sebeok (Ed.), *Current Trends in Linguistics* (pp. 395-475). The Hague: Mouton.

Quirk, R. 1953. Some recent interpretations of old English digraph spellings. *Language*, 29:16-38.

Quirk, R. 1972. The image of the dictionary. In R. Quirk (Ed.) (1974), *The Linguist and the English Language* (pp.148-163). London: Edward Arnold.

Quirk, R. 1974. The social impact of dictionaries in the U.K. In R. Quirk (Ed.), *The Linguist and the English Language* (pp. 148-163). London: Edward Arnold.

Quirk, R. 1986. Opening remarks. In R. Ilson. (Ed.), *Lexicography: An International Emerging Profession* (pp.1-6). Manchester: Manchester University Press.

Quirk, R. 1990. Language varieties and standard language. *English Today*, 3(1) : 3-10.

Read, A. W. 1978. The sources of ghost words in English. *Word*,(2): 95-104.

Read, J. 1993. The development of a new measure of L2 vocabulary knowledge. *Language Testing*, (10): 355-371.

Redeker, G. 1991. Linguistic markers of discourse structure. *Linguistics*, (29): 1139-1172.

Rey, A. 1972. Usages, Jugements et Prescriptions Linguistiques. *Langue Française*, 16: 4-28.

Rey-Debove, J. 1970. *La Lexicographie.* Paris: Didier/ Larousse.

Rey-Debove, J. 1971. Étude linguistique et sémiotique des dictionnaires français contemporains. The Hague & Paris: Mouton.

Rodríguez-Álvarez, A. & Rodríguez-Gil, M. E. 2006. John Entick's and Ann Fisher's dictionaries: An eighteenth-century case of (cons)Piracy? International Journal of Lexicography, (3): 287-320.

Rosch, E. 1975. Cognitive representations of semantic categories. Journal of Experimental Psychology, 104: 192-233.

Rosch, E. 1978. Principles of categorization. In E. Rosh & B. Lloyd (Eds.), Cognition and Categorization (pp. 27-48). Hillsday/New Jersey: Erlbaum Ass.

Rosch, E., Caroline, B. M., Wayne, D. G., et al. 1976. Basic objects in natural categories. Cognitive Psychology, (8):382-439.

Rosch, E. & Mervis, C. B. 1975. Family resemblances: Studies in the internal structure of categories. Cognitive Psychology, (7): 573-605.

Rundell, M. 1988. Changing the rules: Why the monolingual learner's dictionary should move away from the native-speaker tradition. In M. Snell-Hornby (Ed.), ZuriLEX '86 Proceedings (pp.127-137). Tubingen: Franke Verlag.

Rundell, M. 1998. Recent trends in English pedagogical lexicography. International Journal of Lexicography, (4): 315-342.

Rundell, M. 2010. What future for the learner's dictionary? In I. J. Kerneman & P. Bogaards (Eds.), English learners' dictionaries at the DSNA, 2009 (Tel Aviv, Islael). Jerusalem: K Dictionaries.

Salerno, L. 1999. Grammatical information in the bilingual dictionary: A study of five Italian-French dictionaries. International Journal of Lexicography, (3): 209-222.

Sandra, D. 1990. On the representation and processing of compound words: Automatic access to constituent morphemes does not occur. Quarterly Journal of Experimental Psychology, 42 (3): 529-567.

Schäfer, J. 1973. John Minsheu: Scholar or charlatan? Renaissance Quarterly, 26: 23-45.

Schäfer, J. 1980. Documentation in the O.E.D.: Shakespeare and Nashe as Test Cases. Oxford: Clarendon Press.

Schiffrin, D. 1987. Discourse Markers. Cambridge: Cambridge University Press.

Schreuder, R. & Baayen, H. 1995. Modeling morphological processing. In L. B. Feldman(Ed.), Morphological Aspects of Language Processing (pp.131-156). Hillsdale, NJ: Erlbaum.

Shcherba, L. V. 1940. Towards a general theory of lexicography. International Journal of

Lexicography, 8(4): 314-350.

Sheidlower, J. T. 1995. Principles for the inclusion of new words in college dictionaries. *Dictionaries*, 16: 32-44.

Siepmann, D. 2015. Dictionaries and spoken language: A Corpus-based review of French dictionaries. *International Journal of Lexicography*, (2): 139-168.

Sinclair, J. 1987. *Looking Up: An Account of the Cobuild Project in Lexical Computing.* London and Glasgow: Harper Collins.

Sinclair, J. 1991. *Corpus, Concordance, Collocation.* Oxford: Oxford University Press.

Sinclair, J. 1996. Prospects for automatic lexicography. In A. Zettersten & V. Pedersen (Eds.), *Symposium on Lexicography VII: Proceedings of the Seventh Symposium on Lexicography May 5-6, 1994 at the University of Copenhagen* (pp.1-10).Tübingen: Niemeyer.

Sinclair, J. 2004. *Language, Corpus and Discourse.* London: Routledge.

Skehan, 1998. *A Cognitive Approach to Language Learning.* Oxford: Oxford University Press.

Sobkowiak, W. 2008. Pronunciation of acronyms and abbreviations in e-LDOCE and e-MEDAL. *International Journal of Lexicography*, (1): 61-68.

Starnes, D. T. & Gertrude, E. N. 1991. *The English Dictionary from Cawdrey to Johnson.* Amsterdam: John Benjamins Publishing Company.

Strevens, P. 1978. *In Honour of A. S. Hornby.* Oxford: Oxford University Press.

Stubbs, M. 1996. *Text and Corpus Analysis.* Oxford: Blackwell.

Stubbs, M. 2001. *Words and Phrases: Corpus Studies of Lexical Semantics.* Oxford: Blackwell.

Sutcliffe, P. 1978. *The Oxford University Press: An Informal History.* Oxford: Clarendon Press.

Svensén, B. 1993. *Practical Lexicography: Principles and Methods of Dictionary-making.* Oxford: Oxford University Press.

Svensén, B. 2009. *A Handbook of Lexicography: The Theory and Practice of Dictionary-Making.* Cambridge: Cambridge University Press.

Swanepoel, P. 2001. Dictionary quality and dictionary design: A methodology for improving the functional quality of dictionaries. *Lexikos*, (11): 160-190.

Swanepoel, P. 2008. Towards a framework for the description and evaluation of dictionary evaluation criteria. *Lexikos*, (18): 207-231.

Szpila, G. 2006. False friends in dictionaries: Bilingual false cognates lexicography in Poland. *International Journal of Lexicogrpahy*, (1):73-98.

Tarp, S. 2000. Theoretical challenges to practical specialized lexicography. Lexikos, (10): 189-208.

Tarp, S. 2008. *Lexicography in the Borderland Between Knowledge and Non-knowledge.*

Tübingen: Niemeyer.

Tarp, S. 2014. Theory-based lexicographical methods in a functional perspective: An overview. *Lexicographica*, (30) : 58-76.

Tarp, S. & Gouws, R. H. 2008. A lexicographic approach to language policy and recommendations for future dictionaries. *Lexikos*, (18): 232-255.

Taylor, J. R. 1995. *Linguistic Categorization: Prototypes in Linguistic Theory* (2nd edn.). Oxford: Clarendon Press.

Taylor, J. R. 2002. *An Introduction to Cognitive Grammar.* Oxford: Oxford University Press.

Traugott, E. & Dasher, R. 2002. *Regularity in Semantic Change.* Cambridge: Cambridge University Press.

Traugott, E. & Dasher, R. 2005. *Regularity in Semantic Change.* Cambridge: Cambridge University Press.

Ullmann, S. 1962. *Semantics: An Introduction to the Science of Meaning.* Oxford: Basil Blackwell.

Ungerer, F. & Schmid, H. J. 1996. *An Introduction to Cognitive Linguistics.* London: Pearson Education Limited.

Ungerer, F. & Schmid, H. J. 2001. *An Introduction to Cognitive Linguistics.* Beijing: Foreign Languages Teaching and Research Press.

Urdang, L. 1966. The system, designs and devices used to process the random house dictionary of the English language. *Computers and the Humanities*,1: 31-33.

Urdang, L.1993. Review of *The American Heritage Dictionary of the English Language* (3rd edn.). *International Journal of Lexicography*, 6(4) : 130-140.

Urdang, L. 1997. Review of empire of words, the reign of the OED. *International Journal of Lexicography*, 10(1): 75-82.

van Sterkenburg, P. 2003. *A Practical Guide to Lexicography.* Amsterdam & Philadelphia: John Benjamins.

Vilppula, M. 1995. The sun and the definition of day. *International Journal of Lexicography*, (1): 29-38.

Walker, C. 2009. The treatment of collocation by learners' dictionaries, collocational dictionaries and dictionaries of business English. *International Journal of Lexicography*, (3): 281-299.

Wang, F. F. & Lu, G. S. 2007. Inheritance plus innovation: On the revision of the English-Chinese dictionary. *International Journal of Lexicography,* (4):1-38.

Weinreich, U. 1964. *Webster's Third*: A critique of its semantics. *International Journal of*

American Linguistics, (4):405-409.

Weinreich, U., Labov, W. & Maivin I. H. 1968. Empirical foundations for a theory of language change. In W. P. Lehmann & Y. Malkiel (Eds.), *Direction for Historical Linguistics: A Symposium* (pp.95-195). Austin and London: University of Texas Press.

Widdowson, H. G. 1998. Context, community and authentic language. *TESOL Quarterly*, (4): 705-716.

Wiegand, H. E. 1984. On the structure and contents of a general theory of lexicography. In R. R. K. Hartmann (Ed.), *LEXeter'83 Proceedings. Papers from the International Conference on Lexicography at Exeter* (pp.13-30). Tübingen: Niemeyer.

Wiegand, H. E. 1988. Was eigentlich ist Fachlexikographie? Mit Hinweisen zum Verhältnis von sprachlichem und enzyklopädischem Wissen. In H. Munske, P. Polenz, et al. (Eds.), *Deutscher Wortschatz: Lexikologische Studien. Ludwig Erich Schmitt zum 80. Geburtstag von seinen Marburger Schülern* (pp.371-409). Berlin & New York: de Gruyter.

Wiegand, H. E. 1999. *Semantics and Lexicography:* Selected Studies (1976-1996). Tübingen: Niemeyer.

Willinsky, J. 1994. *Empire of Words: The Reign of the OED*. Princeton, NJ: Princeton University Press.

Winchester, S. 2003. *The Meaning of Everything: The Story of the Oxford English Dictionary*. Oxford: Oxford University Press.

Worcester, J. E. 1846. *A Universal and Critical Dictionary of the English Language*. Boston: Wilkins, Carter, and Company.

Wray, A. 2002. *Formulaic Language and the Lexicon*. Cambridge: Cambridge University Press.

Xu, H. 2005. Treatment of deictic expressions in example sentences in English learners' dictionaries. *International Journal of Lexicography*, (3): 289-311.

Xu., H. 2008. Exemplification policy in English learners' dictionaries. *International Journal of Lexicography*, (4): 395-418.

Xu., H. 2015. Treatment of the preposition to in English learners' dictionaries: A cognitive approach. *International Journal of Lexicography*, (2): 207-231.

Yang, N. & Wei, X. Q. 2016. Metaphor information in *Macmillan English Dictionary for Advanced Learners*: Presentation & effectiveness. *International Journal of Lexicography*, 29(4): 424-451.

Yang, W. X. 2007. On pragmatic information in learners' dictionaries, with particular reference to LDOCE4. *International Journal of Lexicography*, (2):147-174.

Yorio, C. 1980. Conventionalized language forms. *TESOL Quarterly*, 14: 433-442.

Zgusta, L. 1971. *Manual of Lexicography*. The Hague: Moutou.

Zgusta, L. 1989. *The Oxford English Dictionary* and other dictionaries. *International Journal of Lexicography*, 2(3): 188-230.

Zgusta, L.1992. The Czech-Chinese dictionary and the theory of lexicography. *International Journal of Lexicography*, (2): 85-128.

Zhao, G. 2014. Book review of *New Age Chinese-English Dictionary* (2nd edn.). *International Journal of Lexicography*, 27 (4): 435-451.

Zhao, G. 2015. Book review of *The Contemporary Chinese English*. *International Journal of Lexicography*, 28(1) :107-123.

Zhao, G. 2016. Making a user-friendly bilingual dictionary for Chinese translators: On the revision of *A New Century Chinese-English Dictionary*. *International Journal of Lexicography*, 29(4): 452-489.

Zwitserlood, P. 1994. The role of semantic transparency in the processing and representation of dutch compounds. *Language and Cognitive Processes*, 9(3): 341-368.

参 考 词 典

李行健主编. 2002. 现代汉语规范词典. 北京：外语教学与研究出版社，语文出版社.

陆谷孙主编. 2007. 英汉大词典（第二版）. 上海：上海译文出版社.

吕叔湘主编. 2003. 现代汉语八百词（增订本）. 北京：商务印书馆.

商务印书馆辞书研究中心编. 2000. 应用汉语词典. 北京：商务印书馆.

张志毅，张庆云编著. 2005. 新华同义词词典（中型本）. 北京：商务印书馆.

张志毅，张庆云编著. 2008. 新华反义词词典（中型本）. 北京：商务印书馆.

中国科学院语言研究所编. 1960. 现代汉语词典（试印本）. 北京：商务印书馆.

中国科学院语言研究所编. 1965. 现代汉语词典（试用本）. 北京：商务印书馆.

中国社会科学院语言研究所词典编辑室编. 1996. 现代汉语词典. 第 3 版. 北京：商务印书馆.

中国社会科学院语言研究所词典编辑室编. 1978. 现代汉语词典. 北京：商务印书馆。

中国社会科学院语言研究所词典编辑室编. 1983. 现代汉语词典. 第 2 版. 北京：商务印书馆.

中国社会科学院语言研究所词典编辑室编. 2002. 现代汉语词典. 第 3 版增补本. 北京：商务印书馆.

中国社会科学院语言研究所词典编辑室编. 2005. 现代汉语词典. 第 5 版. 北京：商务印书馆.

中国社会科学院语言研究所词典编辑室编. 2012. 现代汉语词典. 第 6 版. 北京：商务印书馆.

中国社会科学院语言研究所词典编辑室编. 2016. 现代汉语词典. 第 7 版. 北京：商务印书馆.

中国社会科学院语言研究所词典编辑室编. 2002. 汉英双语现代汉语词典. 北京：外语教学与研究出版社.

COD1   Fowler, H. W. & Fowler, F. G. (eds.). 1911. *The Concise Oxford Dictionary of Current English*. Oxford: Clarendon Press.

COD2   Fowler, H. W. (ed.). 1929. *The Concise Oxford Dictionary of Current English*. Oxford: Oxford University Press.

COD3   Fowler, H. W., Le Mesurier, H. G. & McIntosh, E. (eds.). 1934. *The Concise Oxford*

Dictionary of Current English. Oxford: Oxford University Press.

COD4　McIntosh, E. (ed.). 1951. *The Concise Oxford Dictionary of Current English.* Oxford: Oxford University Press.

COD5　McIntosh, E. (ed.). 1964. *The Concise Oxford Dictionary of Current English.* Oxford: Oxford University Press.

COD6　Sykes, J. B. (ed.). 1976. *The Concise Oxford Dictionary of Current English.* Oxford: Oxford University Press.

COD7　Sykes, J. B. (ed.). 1982. *The Concise Oxford Dictionary of Current English.* Oxford: Oxford University Press.

COD8　Allen, R. E. (ed.). 1990. *The Concise Oxford Dictionary of Current English.* Oxford: Oxford University Press.

COD9　Thompson, D. (ed.) 1995. *The Concise Oxford Dictionary of Current English.* Oxford: Oxford University Press.

COD10　Pearsall, J. (ed.). 1990. *Concise Oxford English Dictionary.* Oxford: Oxford University Press.

COD11　Soanes, C. & Stevenson, A. (eds.). 2004. *Concise Oxford English Dictionary.* Oxford: Oxford University Press.

COD12　Stevenson, A. & Waite, M. (eds.). 2011. *Concise Oxford English Dictionary.* Oxford: Oxford University Press.

CALD　Gillard, P. (ed.). 2003. *Cambridge Advanced Learners Dictionary.* Cambridge: Cambridge University Press.

CIDE　Procter, P. (ed.). 1995. *Cambridge International Dictionary of English.* Cambridge: Cambridge University Press.

Gove, P. (ed.). 1961. *Webster's Third New International Dictionary of English.* Massachusetts: Merriam Webster Company.

外国人名原名译名对照①

Aarts	阿尔特斯
Abecassis	艾比克西斯
Abercrombie	阿伯克伦比
Agnes	阿格尼丝
Aitchison	艾奇逊
Alego	阿莱格
Allen	艾伦
Allwood	奥尔伍德
Alsina	阿尔西纳
Altenberg	阿尔滕贝格
Anderson	安德森
Andreasson	安迪森
Apresjan	阿普列详
Atkins	阿特金斯
Ayto	艾托
Baayen	巴依恩
Baider	贝德尔
Bailey	贝利
Balteiro	巴特龙
Banczerowski	班策洛夫斯基
Barnhart	巴恩哈特
Barth	巴思
Battenburg	巴腾伯格

① 英语姓名的对照，主要参照新华通讯社译名资料组编写的《英语姓名译名手册》（第 5 版）
（商务印书馆，2018）。当《英语姓名译名手册》中的一些译法与语言学界通用的说法有所
不同时，本书采用的是学界通用说法。涉及其他语种的外文名字，主要依据陆谷孙主编的
《英汉大词典》第 2 版（上海译文出版社，2007）附录五"英、法、德、俄、西班牙语译音
表"以及附录八"常见日本人姓名拉丁字母拼写法"为翻译依据。

Bauer	鲍尔
Baugh	鲍
Bayard	贝亚德
Begley	贝格利
Béjoint	贝朗
Benson	本森
Bergenholtz	伯根霍尔茨
Biber	比伯
Blount	布朗特
Bock	博克
Bogaards	伯高兹
Boisson	布瓦松
Bolinger	博林格
Boyer	博耶
Bradley	布拉德利
Bray	布雷
Bréal	布雷阿尔
Breton	布雷顿
Brinton	布林顿
Bryman	布里曼
Bullokar	布洛卡
Burchfield	伯奇菲尔德
Burzio	伯奇奥
Busse	巴斯
Carr	卡尔
Carrol	卡罗尔
Carter	卡特
Cawdrey	考德里
Cesare	塞萨雷
Chafe	蔡菲
Chesterfield	切斯特菲尔德
Chujo	清见
Clear	克利尔
Cockeram	科克拉姆

Coffey	科菲
Coinnigh	康恩奈
Collins	柯林斯
Collison	科利森
Cooper	库珀
Cormier	科米尔
Couper	库珀
Cowie	考伊
Coxhead	考克斯黑德
Crabbe	克拉布
Craigie	克雷吉
Creamer	克里默
Cropp	克罗普
Cruse	克鲁斯
Crystal	克里斯特尔
Cumming	卡明
Dale	戴尔
Dasher	达舍
David	戴维
Davies	戴维斯
Debove	德布芙
Decesaris	狄西沙雷
Denisov	德尼索
Diab	迪亚伯
Dixon	狄克逊
Dobrovol'skij	杜波沃斯基
Dohi	多伊
Dolezal	多尔扎尔
Dressler	德雷斯勒
DuBois	杜波依斯
Dziemianko	兹米安克
Ellis	埃利斯
Endicott	恩迪科特
Entick	恩提科

Faerch	费阿奇
Fernandez	费尔南德斯
Fernando	费尔南多
Fillmore	菲尔莫尔
Finkenstaedt	芬肯施泰特
Firth	弗斯
Fisher	菲舍尔
Florio	弗洛里奥
Ford	福特
Fowler	福勒
Fox	福克斯
Francis	弗朗西斯
Fraser	弗雷泽
Frawley	弗劳利
Fries	弗里斯
Frowde	弗劳德
Fuertes	富尔特斯
Furiassi	富里亚西
Gates	盖茨
Geeraerts	吉尔雷尔斯
Gibson	吉布森
Gil	吉尔
Gilliver	基利佛
Goldberg	戈德伯格
Gorbahn	戈尔巴恩
Gotz	戈特兹
Goulden	古尔登
Gouws	古乌斯
Gove	戈夫
Grant	格兰特
Gray	格雷
Green	格林
Grimm	格里姆
Grin	格林

Guilbert	吉尔伯特
Hague	黑格
Halliday	韩礼德
Halpern	哈尔彭
Hanks	汉克斯
Hargreaves	哈格里夫斯
Harley	哈利
Hartmann	哈特曼
Hasan	哈桑
Hatherall	哈瑟拉尔
Hausmann	豪斯曼
Hazenberg	黑曾伯格
Heath	希思
Heidelberg	海德尔伯格
Herberg	赫伯格
Herbst	赫布斯特
Hermans	赫尔曼斯
Herzog	赫佐格
Higashi	东村
Hiroth	希罗斯
Hoey	霍伊
Hornby	霍恩比
Horton	霍顿
Howarth	豪沃思
Hudson	赫德森
Hulbert	赫尔伯特
Hulstijn	赫尔斯蒂金
Hunston	亨斯顿
Hyams	海厄姆斯
Ilson	伊尔森
Ishibashi	石桥
Jackson	杰克逊
Jain	贾因
James	詹姆斯

Jansen	詹森
Jefferson	杰斐逊
Jellis	杰利斯
Johansson	约翰森
Johnson	约翰逊
Jucker	尤柯尔
Kachru	卡彻勒
Kamiński	卡明斯基
Kamińska	卡明斯卡
Kammerer	卡默勒
Katre	卡特
Kay	凯
Kempson	肯普森
Kersey	克西
Kilgarriff	基尔加里夫
Kipfer	基普弗
Kirkpatrick	柯克帕特里克
Kirtchuck	柯查克
Klotz	克洛茨
Knowles	诺尔斯
Koveeses	科维西斯
Krashen	克拉申
Krishnayya	克里什纳亚
Kuhn	库恩
Kuhlen	库伦
Kühn	屈恩
Kumalo	库马洛
Labov	拉波夫
Lambert	兰伯特
Landau	兰多
Langacker	兰奈克
Laufer	劳弗
Leech	利奇
Lemmens	莱门斯

Levelt	莱文尔特
Levis	莱维斯
Lew	卢
Lewis	刘易斯
Libben	里本
Lodge	洛奇
Loftus	洛夫特斯
Lorge	洛奇
Louw	洛
Lyons	莱昂斯
MacFarquhar	麦克法夸尔
Mackin	麦金
Mair	梅尔
Malakhovski	马拉可夫斯基
Malkiel	马尔基尔
Marrello	马托雷
Marschak	马斯查克
Marslen	马斯兰
Martin	马丁
McArthur	麦克阿瑟
McCaig	麦凯格
McCarthy	麦卡锡
McCorduck	麦科达克
McCreary	麦克里里
McCurtin	迈克柯提恩
McIntosh	麦金托什
McMorris	麦克莫里斯
Medin	梅丁
Meer	梅尔
Mergeal	默金尔
Mertens	默滕斯
Mesurier	梅热勒
Michiels	米切尔斯
Milford	米尔福德

Miller	米勒
Mitchell	米切尔
Mittmann	米特曼
Monroy	蒙罗伊
Moon	穆恩
Морковкин	莫勒科乌基恩
Morkovkin	莫可夫基恩
Morris	莫里斯
Müllich	米利希
Murphy	墨菲
Murray	默里
Nakao	中尾
Natalicio	纳塔利西奥
Nation	内申
Nesi	奈斯
Neubauer	纽鲍尔
Nielsen	尼尔森
Nimb	尼姆伯
Norman	诺曼
Norri	诺瑞
Norris	诺里斯
Odlin	奥德林
Ogden	奥格登
Ogilvie	奥格尔维
Olivera	奥利维拉
Olney	奥尔尼
Onions	奥尼恩斯
Ooi	奥伊
Osselton	奥赛尔顿
Packard	帕卡德
Palmer	帕尔默
Partington	帕廷顿
Passow	帕索
Pearsall	皮尔索尔

Pedro	佩德罗
Perlmutter	珀尔马特
Philip	菲利普
Piotrowski	彼得罗夫斯基
Popp	波普
Prćić	普阿西克
Prinsloo	普林斯卢
Ptaszynski	帕兹恩斯基
Pulcini	普尔西尼
Quemada	凯马达
Quillian	奎利恩
Quirk	夸克
Read	里德
Redeker	雷德克
Reichmann	莱克曼
Reif	里夫
Renouf	雷努夫
Revard	瑞瓦德
Rey	雷伊
Richards	理查兹
Richman	里奇曼
Ripfel	里普费尔
Rodríguez-Álvarez	罗德里格斯-阿尔瓦雷斯
Roget	罗热
Rolland	罗兰
Rollins	罗林斯
Rosch	罗施
Rundell	朗德尔
Salerno	萨勒诺
Sampson	桑普森
Sandra	桑德拉
Schaeder	谢德
Schäfer	谢弗
Schmid	施密德

Schmitt	施米特
Schiffrin	希夫林
Scholfield	斯科菲尔德
Schreuder	施罗伊德
Schryver	斯基维
Selfridge	塞尔弗里奇
Sharpe	夏普
Shcherba	谢尔巴
Sheidlower	谢德洛尔
Siepmann	西普曼
Simpson	辛普森
Sinclair	辛克莱
Skehan	斯凯恩
Soanes	索恩斯
Sobkowiak	塞伯克维科
Stark	斯塔克
Stein	斯坦
Steiner	斯坦纳
Sterkenburg	斯德肯伯格
Stevenson	史蒂文森
Stock	斯托克
Stubbs	斯塔布斯
Sussex	萨赛克斯
Sutcliffe	萨克利夫
Svensén	斯文森
Sweet	斯威特
Sykes	赛克斯
Szpila	兹佩拉
Takebayashi	提科比耶什
Tarp	塔普
Thorndike	桑代克
Tickoo	蒂库
Tomaszczyk	托马斯捷科
Tompson	汤普森

Tono	东野
Traugott	特劳戈特
Trench	特伦奇
Tugwell	特格韦尔
Ungerer	昂格雷尔
Urdang	厄当
Vanandroye	瓦纳罗耶
van Dijk	范迪克
Velasco-Sacritán	贝拉斯科-萨克里坦
Vilppula	维尔普拉
Waite	韦特
Waksler	沃克斯勒
Walker	沃克
Waring	韦林
Webster	韦伯斯特
Weinert	韦纳特
Weingarten	温加藤
Weinreich	温瑞克
Weinrich	温里奇
Wekker	韦克
West	韦斯特
Whitcut	惠特克特
Wiegand	威甘德
Wierzbicka	韦茨贝卡
Willinsky	维林斯基
Wilson	威尔逊
Wolff	沃尔夫
Worcester	伍斯特
Wray	雷
Yael	耶尔
Yip	伊普
Yoon	尤恩
Yorio	约瑞奥

Zgusta	兹古斯塔
Zimmer	齐默
Zwitserlood	威斯路德